安徽省高等学校"十三五"规划教材

ECONOMY

第2版

统计学

陈兆荣　吴杨 ◎ 主编

北京师范大学出版集团
BEIJING NORMAL UNIVERSITY PUBLISHING GROUP
安徽大学出版社

图书在版编目(CIP)数据

统计学/陈兆荣,吴杨主编. —2版. —合肥:安徽大学出版社,2019.4(2023.2重印)
ISBN 978-7-5664-1753-4

Ⅰ.①统… Ⅱ.①陈…②吴… Ⅲ.①统计学—高等学校—教材 Ⅳ.①C8

中国版本图书馆 CIP 数据核字(2019)第 023278 号

统 计 学(第 2 版)
TONG JI XUE

陈兆荣 吴 杨 **主编**

出版发行：北京师范大学出版集团
　　　　　安徽大学出版社
　　　　　(安徽省合肥市肥西路 3 号 邮编 230039)
　　　　　www.bnupg.com
　　　　　www.ahupress.com.cn

印　　刷：	安徽省人民印刷有限公司
经　　销：	全国新华书店
开　　本：	787 mm×1092 mm　1/16
印　　张：	22.75
字　　数：	498 千字
版　　次：	2019 年 4 月第 2 版
印　　次：	2023 年 2 月第 5 次印刷
定　　价：	59.00 元

ISBN 978-7-5664-1753-4

策划编辑：邱　昱　方　青　姚　宁　　　　装帧设计：李　军
责任编辑：邱　昱　方　青　　　　　　　　美术编辑：李　军
责任印制：陈　如　孟献辉

版权所有　侵权必究

反盗版、侵权举报电话：0551—65106311
外埠邮购电话：0551—65107716
本书如有印装质量问题，请与印制管理部联系调换。
印制管理部电话：0551—65106311

编委会

主　编　陈兆荣　吴　杨

副主编　王翠翠

编　委（排名不分先后，以姓氏笔画为序）

王　珺　王翠翠　华欢欢

吴　杨　陈兆荣　张权中

胡云霞　黄　雯

第 2 版 前 言

统计学是经济和管理类各专业必修的专业基础课，是一门关于社会经济活动数量表现和数量关系的方法论科学，随着社会的发展，统计的运用领域越来越广泛，不管是在经济管理领域，还是在军事、医学、生物、物理、化学等领域的研究中，人们对数量分析与统计分析都提出更高的要求。

为了适应统计学课程建设和教材更新的要求，适应市场经济对应用型人才的需求，把握统计学为认识社会规律服务的方向，我们根据统计教学大纲的要求，在总结多年来的教学经验并参阅大量国内外相关资料的基础上，组织长年从事高校统计学教学工作的教师编写了本书。参与本教材编写的全体教师长期致力于统计教学与统计研究工作，探索出了学生学习统计学比较成功的模式。

在内容安排上，本教材贯彻了"大统计"学科建设的思想，力求使社会经济统计与数理统计融为一体。本书分九章，系统地介绍了统计学基本理论，包括统计数据搜集与整理、静态分析指标、动态分析方法、抽样推断与参数估计、假设检验与方差分析、相关与回归分析、统计指数分析、统计预测与决策等内容。在编写过程中，充分考虑到高等院校经管类各专业的教学要求和应用型人才培养的要求，书中对编写内容做了统筹设计，不仅包括统计基本理论、统计描述、统计推断，还增设了假设检验与方差分析、统计预测与决策等内容。为突出应用型教材的特色，本书还介绍了 Excel 软件在相应统计分析部分的应用，力图引导读者全面掌握 Excel 统计分析功能和技术。在写作方法上力求简明扼要、深入浅出、实用新颖，每个章节开始设有"学习目标""案例导引"激发学生对该章内容强烈的兴趣；章节末尾有"案例研讨"，突出该章知识的应用性。章节中穿插了"知识拓展""知识链接"和"课堂讨论"，丰富了学生知识面，启发学生思考问题；章后均有复习思考题，以巩固基本知识和提高基本技能。

本书由吴杨教授、陈兆荣副教授担任主编,负责全书的设计、审定、修改、总纂和定稿工作。吴杨提出了全书编写体系及编写原则要求,后经陈兆荣、吴杨共同修改,最后由陈兆荣统校全书。参加本书编写的有吴杨、陈兆荣、王翠翠、黄雯、王珺、华欢欢、张权中、胡云霞。全书编写的具体分工如下:第一章由吴杨编写;第六章、第九章由陈兆荣编写;第二章由王珺编写;第三章由张权中编写;第四章由胡云霞编写;第五章由王翠翠编写;第七章由黄雯编写;第八章由华欢欢编写。

　　在编写过程中,我们参考了国内外的有关书籍和教材,吸取了各书的经验,并引用了其中的一些材料和数据,在此,谨向各书的编者和出版者表示深切的谢意。

编　者

2019 年 2 月

第 1 版

前　言

　　统计学是经济和管理类专业必修的专业基础课,是一门关于社会经济活动数量表现和数量关系的方法论科学。随着社会的发展,统计的应用领域越来越广泛,无论是在经济管理领域,还是在军事、医学、生物、物理、化学等领域的研究中,人们对数量分析与统计分析都提出了更高的要求。

　　为了适应统计学课程建设和教材更新的要求,适应市场经济对应用型人才的需求,把握统计学为认识社会规律服务的方向,我们根据统计教学大纲的要求,在总结多年的教学经验并参阅大量的国内外相关资料的基础上,组织全国多所高校中长年从事统计学教学工作的教师编写了本教材。参与本教材编写的全体教师,长期致力于统计教学与统计研究工作,探索出了经济管理类专业学生学习统计学较成功的模式。

　　本教材在内容安排上,贯彻"大统计"学科建设的思想,力求使社会经济统计与数理统计融为一体。本教材分为九章,系统地介绍了统计学的基本理论,包括统计数据搜集与整理、静态分析指标、动态分析方法、抽样推断与参数估计、假设检验与方差分析、相关与回归分析、统计指数分析、统计预测与决策等内容。在编写过程中,我们考虑到高等院校经管类专业的教学要求和应用型人才的培养要求,对编写内容作了统筹设计,不仅包括统计基本理论、统计描述、统计推断,还增设了假设检验与方差分析、统计预测与决策等内容。为突出应用型教材的特色,还介绍了Excel软件在相应统计分析部分的应用,力图引导读者全面掌握Excel的统计分析功能和技术。在编排上力求简明扼要、深入浅出、实用新颖,每个章节开始有"案例导引",以此激发学生对该章内容的兴趣,帮助学生了解该章的主要学习目标;章节中穿插了"知识链接",从而拓展学生的知识面,启发学生思考问题;每章末均有"本章习题""案例研讨",突出该章知识的应用性,以巩固基本知识和提高基本技能。

编　者
2012 年 12 月

目 录

第一章 绪论 ··· 1

第一节 统计学的产生和发展 ··· 3
一、古典统计学 ··· 3
二、近代统计学 ··· 4
三、现代统计学 ··· 4

第二节 统计与统计学 ··· 6
一、统计工作 ··· 6
二、统计数据资料 ··· 6
三、统计学 ··· 6

第三节 统计学的研究方法 ··· 7
一、实验设计法 ··· 7
二、大量观察法 ··· 8
三、统计描述法 ··· 9
四、统计推断法 ··· 9

第四节 统计学的分科 ··· 10
一、描述统计学和推断统计学 ··· 10
二、理论统计学和应用统计学 ··· 11

第五节 统计学与其他学科的关系 ··································· 11
一、哲学、数学与理论统计学的关系 ··································· 12
二、经济学与统计学的关系 ··· 12
三、经济统计学与经济核算的关系 ····································· 12

第六节 统计学中的一些基本概念 ··································· 13
一、总体和总体单位 ··· 13
二、统计标志 ··· 14
三、统计指标 ··· 15

四、统计指标体系 ·· 17
　　五、变异、变量和变量值 ·· 18
第七节　Excel 系统介绍 ·· 18
　　一、Excel 在统计中的运用 ··· 18
　　二、Excel 的整体构成及功能 ·· 19
　　三、Excel 入门操作综述 ·· 21

第二章　统计数据的搜集与整理 ·· 26

第一节　数据的计量与类型 ·· 28
　　一、数据的计量 ·· 28
　　二、数据的类型 ·· 29
第二节　统计数据的搜集 ·· 31
　　一、统计数据的来源 ·· 31
　　二、统计调查的组织方式 ··· 32
　　三、统计调查的种类 ·· 38
　　四、统计调查误差 ··· 39
第三节　调查方案的设计 ·· 40
　　一、制定统计调查方案的必要性 ·· 40
　　二、统计调查方案的主要内容 ··· 41
第四节　统计数据整理 ··· 43
　　一、统计数据的预处理 ·· 44
　　二、统计分组 ··· 46
　　三、统计分组方法 ··· 49
　　四、频数分布 ··· 54
第五节　统计表和统计图 ·· 55
　　一、统计表 ·· 56
　　二、统计图 ·· 57
第六节　Excel 在统计数据整理和显示中的应用 ······································· 62
　　一、用 Excel 进行分组和编制频数分布表 ······································· 62
　　二、用 Excel 绘制统计图 ··· 67

第三章　静态分析指标 ··· 75

第一节　总量指标 ··· 77
　　一、总量指标的概念与作用 ·· 77

二、总量指标的计量单位和种类 ·· 78
　　三、总量指标的统计要求 ·· 79
　第二节　相对指标 ·· 80
　　一、相对指标的概念与作用 ·· 80
　　二、相对指标的分类及计算方法 ·· 81
　　三、相对指标的统计要求 ·· 86
　第三节　平均指标概述 ·· 88
　　一、平均指标的概念及作用 ·· 88
　　二、平均指标的特点及种类 ·· 89
　　三、算术平均数、众数和中位数的比较 ··· 97
　第四节　变异指标 ·· 98
　　一、变异指标的概念及作用 ·· 98
　　二、变异指标的种类和计算 ·· 100
　第五节　偏态与峰度 ·· 103
　　一、偏态的概念和测度 ·· 103
　　二、峰度的概念和测度 ·· 104
　第六节　Excel在数据概括性度量中的应用 ·· 105
　　一、用Excel的统计函数进行特征值的计算 ··· 105
　　二、运用宏程序进行特征值的计算 ·· 108

第四章　动态分析方法 ·· 116

　第一节　动态数列的概念和种类 ·· 118
　　一、动态数列的概念和作用 ·· 118
　　二、动态数列的种类 ·· 118
　　三、动态数列的编制原则 ·· 120
　第二节　动态数列的水平分析指标 ·· 121
　　一、发展水平和平均发展水平 ·· 121
　　二、增长水平和平均增长水平 ·· 125
　第三节　动态数列的速度分析 ·· 126
　　一、发展速度 ·· 126
　　二、增长速度 ·· 127
　　三、平均发展速度和平均增长速度 ·· 128
　　四、速度分析与水平分析的结合应用（增长1％的绝对值）·· 130

第四节 动态数列的变动分析 ·················· 130
一、动态数列的构成因素和组合模型 ·················· 130
二、长期趋势变动分析 ·················· 132
三、季节变动分析 ·················· 136
四、循环变动分析 ·················· 140

第五节 Excel 在时间数列分析中的应用 ·················· 141
一、时间数列水平分析指标计算 ·················· 141
二、时间数列速度分析指标计算 ·················· 142
三、长期趋势的测定与预测 ·················· 143
四、季节变动的测定 ·················· 145

第五章 抽样与参数估计 ·················· 149

第一节 抽样推断概述 ·················· 151
一、统计推断 ·················· 151
二、总体参数和样本统计量 ·················· 153

第二节 抽样误差 ·················· 156
一、统计调查误差的种类 ·················· 156
二、抽样分布 ·················· 158
三、抽样误差的衡量 ·················· 165

第三节 抽样估计的方法 ·················· 166
一、参数估计的基本问题 ·················· 166
二、一个总体参数的区间估计 ·················· 169
三、样本容量的确定 ·················· 171

第四节 抽样的组织形式 ·················· 172
一、简单随机抽样 ·················· 173
二、类型抽样 ·················· 175
三、等距抽样 ·················· 176
四、整群抽样 ·················· 177
五、阶段抽样 ·················· 178

第五节 Excel 在抽样推断中的应用 ·················· 179
一、概率计算 ·················· 179
二、区间估计 ·················· 180

第六章　假设检验与方差分析 ································· 191

第一节　假设检验的一般问题 ································· 193
一、假设检验的基本思想 ······································· 193
二、假设检验中的两类错误 ····································· 194
三、假设检验的步骤 ··· 195
四、P 值法检验 ··· 197

第二节　1 个正态总体的假设检验 ······························ 199
一、总体的均值检验 ··· 199
二、总体的方差检验 ··· 201
三、总体比例检验 ··· 201

第三节　2 个正态总体的假设检验 ······························ 202
一、2 个正态总体均值之差的检验 ······························· 202
二、2 个总体方差之比的检验 ··································· 203
三、2 个总体比例之差的检验 ··································· 204

第四节　单因素方差分析 ······································ 205
一、问题的提出 ··· 205
二、方差分析的基本原理和步骤 ································· 206

第五节　双因素方差分析 ······································ 209
一、无交互影响的双因素方差分析 ······························· 210
二、有交互作用的双因素方差分析 ······························· 213

第六节　Excel 在假设检验和方差分析中的应用 ··················· 216
一、利用数据分析宏程序中的假设检验 ··························· 216
二、利用各种统计分布函数 ····································· 217
三、方差分析的 Excel 实现 ···································· 217

第七章　相关与回归分析 ····································· 223

第一节　相关分析概述 ······································· 225
一、相关关系的概念 ··· 225
二、相关关系的种类 ··· 226

第二节　相关分析指标的测定 ································· 228
一、相关表和相关图 ··· 228
二、相关系数 ··· 230

第三节 一元线性回归分析 ·· 233
一、回归分析的概念和特点 ··· 233
二、一元线性回归分析 ·· 235

第四节 多元线性回归分析 ·· 242
一、多元线性回归模型的建立 ····································· 243
二、多元线性回归模型的评价 ····································· 244

第五节 Excel 在相关与回归分析中的应用 ······················ 246
一、用 Excel 进行相关分析 ·· 246
二、用 Excel 进行回归分析 ·· 249

第八章 统计指数分析 ·· 256

第一节 指数的含义与分类 ·· 258
一、指数的含义 ··· 258
二、指数的分类 ··· 258
三、总指数编制的基本问题 ·· 260

第二节 综合指数 ·· 262
一、拉氏指数 ·· 263
二、帕氏指数 ·· 264

第三节 平均指数 ·· 265
一、加权算术平均法 ··· 265
二、加权调和平均法 ··· 266

第四节 指数体系和因素分析 ··· 268
一、指数体系 ·· 268
二、总量变动的因素分析 ··· 268

第五节 统计指数的应用 ··· 271
一、居民消费价格指数 ·· 272
二、股票价格指数 ·· 274
三、消费者信心指数 ··· 277

第六节 Excel 在指数分析中的应用 ································· 279

第九章 统计预测与决策 ··· 284

第一节 统计预测概述 ·· 287
一、统计预测的概念与作用 ·· 287

二、统计预测的基本类型 …………………………………………………… 288
　　三、统计预测的基本原理 …………………………………………………… 288
　　四、统计预测的步骤 ………………………………………………………… 289
第二节　统计预测方法 …………………………………………………………… 290
　　一、定性预测方法 …………………………………………………………… 290
　　二、定量预测方法 …………………………………………………………… 297
　　三、预测误差分析 …………………………………………………………… 303
第三节　Excel 在统计预测中的应用 …………………………………………… 303
　　一、Excel 在移动平均预测法中的应用 ………………………………… 304
　　二、Excel 在指数平滑预测法中的应用 ………………………………… 305
第四节　统计决策概述 …………………………………………………………… 308
　　一、统计决策的概念 ………………………………………………………… 308
　　二、统计决策的种类 ………………………………………………………… 310
　　三、统计决策的原则 ………………………………………………………… 312
　　四、统计决策的作用和步骤 ………………………………………………… 313
第五节　单目标决策方法 ………………………………………………………… 316
　　一、非确定型决策法 ………………………………………………………… 316
　　二、决策树法 ………………………………………………………………… 319
第六节　多目标决策方法 ………………………………………………………… 321
　　一、多目标决策的类型和原则 ……………………………………………… 321
　　二、多目标决策的方法 ……………………………………………………… 321

附　　录 ……………………………………………………………………………… 327

参考文献 ……………………………………………………………………………… 346

后　　记 ……………………………………………………………………………… 347

第一章

绪 论

学习目标

了解统计学的基本框架体系，系统把握统计学的涵义、研究对象、学科性质、研究方法及统计活动的过程；

了解统计学产生和发展；

理解统计学的基本概念。

案例导引

"二战"期间,在欧洲和太平洋地区的盟军战机以惊人的速度被击落。战争初期,超过4万架战机可能会因为德国和日本的对空高射炮坠毁。1943年8月的一天,由盟军联合发起的空袭中,超过60架B-17、B-24被击落。美国空军指挥官坐不住了,几名高级军官从战场飞往华盛顿,直奔哥伦比亚大学统计学教研室,找到统计学教授亚伯拉罕·沃尔德。美国空军迫切需要解决战机损失率的关键问题,沃尔德教授受命于危难之际,带领一组统计专家来到前线。他在各个部队走访了一圈,然后制作了陆军航空队所用的B-17、B-24等轰炸机大尺寸模型。紧接着,只要有执行任务的轰炸机部队返航,统计学家们就在第一时间去机场,详细地记录下每一架飞机的损伤情况,随后在模型上用墨汁将所有被击中的部位涂黑。让厂家给轰炸机上这些没有被涂成黑色的部位,尽快增加装甲。在场的几个厂商代表质疑说:"为什么是这些没有被击中的地方?难道那些被击中次数最多的部位不需要增加装甲吗?"沃尔德说:"这些部位之所以没有被涂黑,不是因为那里不会被击中,而是因为所有被击中这些部位的飞机,最终都没有返回基地。"果然,在采取沃尔德的建议后,盟军轰炸机部队战损大幅下降。事实上,沃尔德教授的观点是正确的,他的数据统计显示,被涂黑的位置在机身和机翼,这些部位正是飞机最强大的地方,能承受伤害并依然能安全返回基地。因此沃尔德认为这些部位并不是需要加强的关键。相反,有成千上万的飞机没有飞回来,是因为它们被击中了其他部位:发动机、尾部和驾驶舱,这些部位才应该被重点保护。这是一种困扰所有领域数据分析师的认知偏差。一个困扰美国空军的"生存偏差"问题得到彻底解决,统计学家影响了"二战"进程。沃尔德的独到之处,就是在分析问题的时候,能够做到不被表面现象所迷惑,在使用数据之前首先考虑到了数据的代表性问题,进而得到了正确的统计分析结果。

资料来源:梁水源.改变"二战"进程的统计学家[J].思维与智慧,2017.

第一节　统计学的产生和发展

"统计"一词已有几千年的历史,最早出现于中世纪拉丁语的Status,意思是各种现象的状态和状况。由这一语根组成意大利语Stato,表示"国家"的概念,也含有国家结构和国情知识的意思。根据这一语根,最早作为学名使用的"统计"是德国政治学教授阿亨瓦尔(G. Achenwall),在1749年所著《近代欧洲各国国家学纲要》一书绪言中,把国家学名定为Statistika(统计)这个词。原意是指"国家显著事项的比较和记述"或"国势学",认为统计是关于国家应注意事项的学问。此后,各国相继沿用"统计"这个词,并把该词译成各国文字,法国译为Statistique,意大利译为Statistica,英国译为Statistics,日本最初译为"政表""政算""国势""形势"等,直到1880年在太政官中设立了统计院,才确定以"统计"二字正名。1903年(清光绪廿九年),由钮永建、林卓南等翻译了日本学者横山雅南所著的《统计讲义录》,把"统计"一词从日本传到我国。1907年(清光绪卅三年),彭祖植编写的《统计学》同时在我国与日本出版,这是我国最早的一本"统计学"书籍。

随着人们对统计规律的认识逐渐加深和总结归纳,形成了统计学。统计学成为系统和独立的科学已有300多年的历史。按其产生和发展,可以划分为古典统计学、近代统计学和现代统计学三个时期。

一、古典统计学

古典统计学指17世纪70年代至19世纪初期统计学的萌芽时期。

(一)政治算术学派

政治算术学派产生于17世纪中叶的英国,主要代表人物是威廉·配第(William Petty,1623—1687)和约翰·格朗特(Johan Graunt,1620—1674)。政治算术学派在当时的欧洲大陆广泛传播,并逐渐形成了两大支流,即以信奉配第为主的经济统计派和以信奉格朗特为主的人口统计派。18世纪,人口统计派占主导地位,并以人口推算为其中心课题。

(二)国势学派

国势学派产生于18世纪的德国,其创始人是Helmstadt大学教授海尔曼·康令(Hermann Conring,1606—1681)博士。国势学派只是对国情的记述,未能进一步揭示出社会经济现象的规律,也不研究事物的计量分析方法,只是用比较级和最高级的词汇对事物的状态进行描述。所以,人们也把它叫作"记述学派(旧学派或德国学派)",并认为国势学派有统计学之名而无统计学之实。

（三）古典概率论的应用

古典概率论的研究虽始于16世纪的意大利，但17世纪中叶才得到一般化的解法。并在18世纪的法国、瑞士等国得到广泛发展，最终于19世纪初叶由法国数学家、统计学家拉普拉斯形成完整的应用理论体系。

二、近代统计学

近代统计学指19世纪初至20世纪初统计学的形成时期，产生了两个主要学派：

（一）数理统计学派

比利时的凯特勒博士（Lambert Adolphe Jacques Quetelet，1796—1874）深受拉普拉斯的影响，在其著作《社会物理学》中将概率论引入统计学。由于这一贡献，他被认为是古典统计学的完成者、近代统计学的先驱、数理统计学派的奠基人，并被称为"近代统计学之父"。

（二）社会统计学派

社会统计学派产生于19世纪后半叶的德国。该学派的创始人是克尼斯（K. G. A. Knies，1821—1898），代表人物有厄恩斯特·恩格尔（Lonrenz Ernst Engel，1841—1896）和梅尔（Georg Mayr，1841—1925）等，他们通过对工人家庭生活费用的调查发现了"恩格尔法则"，并用一定的消费单位"凯特"来表示整个家庭的消费能力等。

三、现代统计学

20世纪初以来统计学的迅速发展，统计科学在这一时期出现了新的分化组合。

（一）欧美数理统计学

20世纪初的戈赛特（英 William Sealy Gosset，1876—1937）的T分布理论；20世纪20年代费雪（英 R、A、Fisher，1890—1962）的F分布理论；20世纪30年代的尼曼（波兰 Jerzy Splawa Neyman，1894—1981）等人的假设检验理论及置信区间估计等理论；20世纪40年代的瓦尔德（美 A、Wasld，1902—1950）等学者的统计决策理论，多元分布理论等。到了20世纪50年代，经过几代大师的努力，推断统计的基本框架已经建成，并逐渐成为20世纪的主流统计学。

自20世纪中期至今是统计学全面发展的阶段。由于受计算机和新兴科学的影响，统计学越来越依赖于计算技术，成为数量分析的方法论科学。

（二）东方社会经济统计学

苏联的大多数统计学家受社会统计学派的影响，主张统计学是一门实质性的社会科学。

（三）统计学的发展趋势

由于科学技术的迅猛发展，社会发生了巨大变化，统计学也进入了快速发展时期。

1. 由记述统计向推断统计发展

记述统计是对所搜集的大量数据资料进行加工整理、综合概括，通过图示、列表和数字，如编制次数分布表、绘制直方图、计算各种特征数等方式对资料进行分析和描述。而推断统计则是在搜集、整理观测的样本数据基础上对有关总体作出推断。其特点是根据带随机性的观测样本数据以及问题的条件和假定（模型），对未知事物以概率形式作出的表述性推断。目前，西方国家所指的科学统计方法主要就是指推断统计。

2. 由社会、经济统计向多分支学科发展

20 世纪以前，统计学的研究领域主要是人口统计、生命统计、社会统计和经济统计。今天，统计学几乎覆盖了社会生活的一切领域，成为通用的方法论科学，被广泛应用于研究社会和自然界的各个方面，并发展成为有着许多分支学科的科学。

3. 统计预测和决策科学的发展

传统的统计是对已经发生和正在发生的事物进行统计，以提供统计资料和数据。自 20 世纪 30 年代以来，特别是第二次世界大战以来，由于经济、社会、军事等方面的客观需要，统计预测和统计决策科学有了很大的发展，从而使统计学走出了传统的领域而被赋予了新的意义和使命。

4. 信息论、控制论、系统论与统计学的结合

信息论、控制论、系统论在许多基本概念、基本思想、基本方法等方面有着相通之处，三者从不同角度提出了解决同一问题的方法和原则。三种理论的创立和发展，彻底改变了世界的科学图景和科学家的思维方式，也使统计科学和统计工作从中吸取了营养、拓宽了视野、丰富了内容，出现了新的发展趋势。

5. 计算机等新技术、新方法的应用

近几十年计算机技术的不断发展，使得统计数据的搜集、处理、分析、存贮、传递、印制等过程日益现代化，提高了统计工作的效能，扩大了统计技术的应用领域。如今，计算机等新技术、新方法已经成为统计科学不可分割的组成部分，随着这些技术的发展，统计理论和实践在深度、广度方面也在不断发展。

6. 统计在现代化管理和社会生活中的地位日益重要

社会、经济和科学技术的发展，使统计在现代化的国家管理和企业管理以及人们的社会生活中的地位变得越来越重要。英国统计学家哈斯利特说："统计方法的应用是这

样普遍,在我们的生活和习惯中,统计的影响是这样巨大,以致统计的重要性无论怎样强调也不过分。"甚至有的科学家还把我们的时代叫作"统计时代"。显然,统计科学的发展及其未来,已经被赋予了划时代的意义。

第二节 统计与统计学

统计作为一种社会实践活动已有悠久的历史。在外语中,"统计"与"国家"来自同一词源。可以说自从有了国家就有了统计实践活动。最初,统计只是为统治者管理国家的需要而搜集资料,弄清国家的人力、物力和财力,作为国家管理的依据。今天,"统计"一词已被人们赋予多种含义,因此很难对它给出一个简单的定义。在不同场合,统计一词具有不同的含义。它可以是指统计数据的搜集活动,即统计工作;也可以是指统计活动的结果,即统计数据资料;还可以是指分析统计数据的方法和技术,即统计学。

一、统计工作

统计工作是搜集、整理、分析和研究统计数据资料的工作过程。统计工作在人类历史上出现较早。随着历史的发展,统计工作逐渐得以发展和完善,并成为国家、公司部门和个人及科研单位认识与改造客观世界和主观世界的一种有力工具。统计工作可以简称为"统计"。例如,某统计师在回答自己的工种时,会说我是干统计的。这里所说的"统计"指的就是统计工作。

二、统计数据资料

统计数据资料是统计工作活动进行搜集、整理、分析和研究的主体及最终成果。不管是社会、集体和个人,还是国家、公司和科研机构,都离不开统计数据资料。个人的学习、工作和家政管理,需要对有关的统计数据资料进行搜集和分析;公司和企业要管理好生产和销售,就必须进行市场调研、生产控制、质量管理、人员培训、成本评估等,这就需要对有关的生产资料、市场资料、成本资料、人员资料、质量数据等进行搜集、整理、分析和研究;国家要管理经济建设和社会发展,更离不开有关国民经济和社会发展的统计资料。我国新"三步走"发展战略提出的"到2010年实现GNP比2000年翻一番",就需要我国有关GNP的相关数据资料,以此为基础进行分析和决策。还有国家统计局编辑、中国统计出版社出版的每年一册的《中国统计年鉴》以及国家统计局每年年初公布的《国民经济与社会发展统计公报》等都是统计数据资料,也可称为"统计"。通常电视、广播和报纸杂志所说的"据统计"中的统计指的就是统计数据资料。

三、统计学

统计学是对研究对象的数据资料进行搜集、整理、分析和研究,以显示其总体特征和规律性的学科。统计学的研究对象是客观事物的数量特征和数据资料,它是以搜集、整理、分析和研究等统计技术为手段,通过对所研究对象的总体数量关系和数据资料去伪存真、去粗取精,达到显示、描述和推断被研究对象的特征、趋势和规律性的目的。

统计工作和统计学之间是实践和理论的关系。统计理论来源于统计实践,它是对统计工作经验的总结和概括。反过来,统计理论又是指导统计工作的原则和方法。

总之,统计工作、统计数据、统计学三者间,统计工作是基础。没有统计工作,缺少实践基础,统计学也就不可能得以形成和发展。

统计学由一套收集和处理统计数据的方法组成,这些方法来源于对统计数据的研究,目的在于对统计数据的研究,若统计数据不用统计方法分析,则就是一组数据而已,无法得到任何有益的结论。

统计数据不是指单个数字,而是由多个数字构成的数据集。单个数据分析无需用统计方法,也无法得到事物变化的规律;只有经过对同一事物进行多次观察或计量得到大量数据,才能用统计方法探索出事物的变化规律。

第三节 统计学的研究方法

根据研究对象的性质和特点,统计学形成了自己专门的研究方法,基本方法有实验设计法、大量观察法、统计描述法和统计推断法。

一、实验设计法

统计需要分析数据,首先需要考察数据的来源是否合适,实验采集的数据是否符合分析的目的和要求。如果实验数据不能反映现象的真实情况,或不能用以估计总体的数量特征,那么接下来的一系列分析工作也将是白费工夫。例如,要比较某农作物 A 品种和 B 品种的收获率高低,分别在两地段播种 A 品种和 B 品种,结果获得 A 品种单位面积产量高于 B 品种的数据。如果根据这个数据判断 A 品种优于 B 品种,那么这个结论就太不可靠了。因为,影响农作物收获率高低的因素不但有种子品种的差异,还有土地区位、土地肥沃程度等差异。所以,我们需要事先做出安排,在实验结果数据的差异中排除可控因素(土地)的差异,而显示不可控因素(品种)的差异。所谓"实验的统计设计"就是指设计实验的合理程序,使得收集到的数据符合统计分析方法的要求,以便得出有效且客观的结论。这种方法主要适用于自然科学研究和工程技术领域的统计数据搜集。

实验统计设计要遵循以下三个基本原则:

(一)重复性原则

重复性原则指在相同条件下多次重复实验。如果只把一次实验所得的数据作为总体的估计量,精度就会很差,这时实验的误差就等于观察的误差,此时就很难用观察的数据来代表总体情况。多次重复实验的好处是明显的,其一,可以获得更加精确的效应估计量;其二,可以获得实验误差的估计量。这些都是提高估计精度或缩小误差范围所需要的。

(二)随机性原则

随机性原则是指在实验设计中,对实验对象的分配和实验次序都是随机安排的。这种随机安排可以使可控的影响因素作用均匀化,突出不可控影响因素的作用。例如,在种子品种的实验中如果不是将A品种固定在甲地段、B品种固定在乙地段,而是将两地段随机地选择不同品种进行多次重复实验,可以断定这种安排在不同品种收获率的差异中,土地因素的影响会大大减少,而品种因素的影响会大大提高。所以,随机性原则是实验设计的重要原则。

(三)区组化原则

区组化原则是利用类型分组技术,对实验对象按有关标志顺序排队,然后依次将各单位随机地分配到各处理组中,使各处理组组内标志值的差异相对扩大,而处理组组间的差异相对缩小,这种实验设计安排被称为"随机区组设计",可以提高处理组的估计精度。

二、大量观察法

大量观察法是统计学所特有的方法。所谓"大量观察法"是指对研究事物的全部或足够数量进行观察的方法。社会现象或自然现象都受各种社会规律或自然规律相互交错作用的影响。在现象总体中,个别单位往往受偶然因素的影响,如果任选其中之一进行观察,其结果不足以代表总体的一般特征;只有观察全部或足够数量的单位并加以综合,影响个别单位的偶然因素才会相互抵消,现象的一般特征才能显示出来。大量观察的意义在于可以使个体与总体间在数量上的偏误相互抵消。

大量观察法的数学依据是大数定律。大数定律是随机现象的基本规律。大数定律的一般概念是:在观察过程中,每次取得的结果不同,这是由偶然性因素所致的,但大量、重复观察结果的平均值却几乎接近于确定的数值。狭义的大数定律就是指概率论中反映上述规律一些表述平均数的规律性与随机现象的概率关系的定理。

大量观察法的本质意义在于经过大量观察,把个别的、偶然的差异性相互抵消,而显示出必然的、集体的规律性。例如,当我们观察个别家庭或少数家庭的婴儿出生时,生男生女的比例参差不齐,有的是生男不生女,有的是生女不生男,有的是女多男少,有的是男多女少。然而,经过大量观察,男婴、女婴的出生数则趋向均衡。也就是说,观察的次数愈多,离差的值就愈小,或者说频率出现了稳定性。这就表明,同质的大量现象是有规律的,尽管个别现象受偶然性因素的影响会出现偏差,但当观察数量达到一定程度时就呈现出规律性。

三、统计描述法

统计描述是指对由实验或调查得到的数据进行登记、审核、整理和归类,计算出各种能反映总体数量特征的综合指标,并加以分析以从中抽出有用的信息,用表格或图像把它表示出来。统计描述是统计研究的基础,它为统计推断、统计咨询、统计决策提供必要的事实依据。统计描述也是对客观事物的认识不断深化的过程,通过对分散无序的原始资料的整理归纳,运用分组法、综合指标法和统计模型法得到现象总体的数量特征,揭露客观事物的内在数量规律性,从而达到认识事物的目的。

（一）分组法

分组法是研究总体内部差异的重要方法,通过分组可以研究总体中不同类型事物的性质以及它们的分布情况。如产业的经济类型及其行业分布情况,研究总体中的构成和比例关系,三次产业的构成、生产要素的比例等,研究总体中现象之间的相关依存关系,企业经营规模和利润率之间的关系等等。

（二）综合指标法

综合指标法是指运用各种统计指标来反映和研究客观总体现象的一般数量特征和数量关系的方法。综合指标可以显示出现象在具体时间、地点条件下的总量规模、相对水平、集中趋势和变异程度,并进一步从动态上研究现象的发展趋势和变化规律。

（三）统计模型法

统计模型法是综合指标法的扩展,它是根据一定的理论和假定条件,用数学方程去模拟客观现象之间相互关系的一种研究方法。利用这种方法,可以对客观现象和过程中存在的数量关系进行比较完整和全面的描述,凸显所研究综合指标间的关系,从而简化客观存在的、复杂的其他关系,以便利用模型对所关心的现象的变化进行评估和预测。

四、统计推断法

统计在研究现象的总体数量关系时,需要了解的总体对象的范围往往是很大的,甚至是无限的,由于经费、时间和精力等原因的限制,有时只能从中观察部分单位或有限单位并对其进行计算和分析,进而根据局部观察结果来推断总体。例如,要说明一批灯泡的平均使用寿命,只能从该批灯泡中抽取一小部分进行检验,推断这一批灯泡的平均使用寿命,并给出这种推断的置信程度。这种在一定置信程度下,根据样本资料的特征,对总体的特征做出估计和预测的方法被称为"统计推断法"。

统计推断法是现代统计学的基本研究方法,在统计研究中得到了极为广泛的应用,它既可以用于对总体参数的估计,也可以用作对某些分布特征的假设检验。从某意义上说,统计学就是在不确定条件下作出决策或推断的一种方法。

第四节 统计学的分科

统计方法已被应用到自然科学和社会科学的众多领域,统计学也发展成由若干分支学科组成的学科体系。从统计方法的构成来看,统计学可以分为描述统计学和推断统计学;从统计方法的研究模式和统计方法的应用角度来看,统计学可以分为理论统计学和应用统计学。

一、描述统计学和推断统计学

描述统计学(Descriptive Statistics)研究如何取得反映客观现象的数据,并以图表形式对收集的数据进行加工处理和显示,进而通过综合概括与分析得出反映客观现象的规律性数量特征。其内容包括统计数据的收集方法、数据的加工处理方法、数据的显示方法、数据分布特征的概括与分析方法等。

推断统计学(Inferential Statistics)则是研究如何根据样本数据去推断总体数量特征的方法,它是在对样本数据进行描述的基础上,对统计总体的未知数量特征作出以概率形式表述的推断。

描述统计学和推断统计学的划分,反映了统计方法发展的前、后两个阶段;同时,也反映了应用统计方法在探索客观事物所具有的数量规律性方面的不同过程。描述统计学和推断统计学在用统计方法探索客观现象数量规律性中的地位,如图1-1所示。

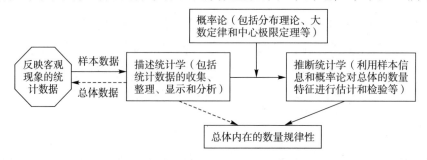

图 1-1 统计学探索客观现象数量规律性的过程

从图 1-1 可以看到,统计研究过程的起点是统计数据,终点是探索出客观现象之间内在的数量规律性。在这一过程中,如果搜集到的是总体数据(如普查数据),则经过描述统计之后就可以达到认识总体所具有的数量规律性的目的;如果所获得的只是研究总体中的一部分数据(样本数据),那么要找到总体的数量规律性,则必须应用概率论的知识并根据样本信息对总体进行科学的推断。

显然,描述统计和推断统计是统计方法的两个组成部分。描述统计是整个统计学的基础,推断统计则是现代统计学的主要内容。由于在现实问题的研究中获得的数据主要是样本数据,因此,推断统计在现代统计学中的地位和作用越来越重要,已成为统计学的核心内容。当然,这并不是说描述统计不重要,如果没有描述统计来收集可靠的统计数据并提供有效的样本信息,即使再科学的统计推断方法也难以得出切合实际的结论。从描述统计学发展到推断统计学,既反映了统计学发展所取得的巨大成就,也是统计学发展成熟的重要标志。

二、理论统计学和应用统计学

理论统计学(Theoretical Statistics)是指统计学的数学原理,它主要研究统计学的一般理论和统计方法的数学理论。现代统计学用到了几乎所有方面的数学知识,从事统计理论和方法研究的人员需要有坚实的数学基础。此外,由于概率论是统计推断的数学和理论基础,因而,广义地讲,统计学也应该包括概率论在内。理论统计学是统计方法的理论基础,没有理论统计学的发展,统计学也不可能发展成为今天这样一个完善的科学知识体系。

在统计研究领域中,从事理论统计学研究的人相对较少,大部分是从事应用统计学(Applied Statistics)研究的。应用统计学研究如何用统计方法解决实际问题。由于在自然科学及社会科学领域中,都需要通过数据分析来解决实际问题,因而,统计方法的应用几乎扩展到了所有的科学研究领域。例如,统计方法在生物学中的应用形成了生物统计学,在医学中的应用形成了医疗卫生统计学,在农业试验、育种等方面的应用形成了农业统计学。统计方法在经济和社会科学研究领域的应用也形成了若干分支学科。例如,统计方法在经济领域的应用形成了经济统计学及其若干分支,在管理领域的应用形成了管理统计学,在社会学研究和社会管理中的应用形成了社会统计学,在人口学中的应用形成了人口统计学等等。以上这些应用统计学的不同分支采用的统计方法基本都是一样的,即都是描述统计和推断统计中的主要方法。但由于各应用领域都有其特殊性,统计方法在不同领域的应用中又形成了各自的特点。

第五节 统计学与其他学科的关系

统计学的迅速发展,已使它从各门实质性科学中分离出来,并逐渐形成了与经济学、哲学、数学等并列的一级学科的发展趋势。但统计学在某些方面还与其他科学有着密切的联系,并很难将它们严格区分开来。

一、哲学、数学与理论统计学的关系

哲学是关于世界观的学说，是自然知识和社会知识的概括和总结，是人类认识世界最一般的方法论学说。因此，对于认识社会的具体方法论科学——统计学，也必然以哲学为其方法论基础，它在把统计方法应用于其他科学领域的研究以探索客观规律性的实践活动中起着哲学普遍原理的指导作用（例如，哲学中实践第一的观点，在统计学中要求统计资料、数字要真实，不能虚报和瞒报）。

数学是研究现实世界的空间形式和数量关系的科学。它属于自然科学，是其他科学的数理基础。统计学是计量分析的工具，它离不开数学方法，与数学有着密切的关系。首先，统计学对客观事物的数量认识，需要遵循各类事物间数量关系的客观性，而数学方法正是对客观数量关系的规律性认识，所以采用数学方法是对数量关系进行处理和认识的捷径。其次，统计研究经常利用数学模型来进行，通过模型对事物向所具有的数量关系进行本质的反映，抛开了杂乱的次要因素及随机因素的影响，属于科学的认识方法。第三，统计学中各种特征值的计算都是数学方法的具体体现，所以说统计研究中注意数学方法的应用是科学发展和进步的客观要求。而统计学与数学的主要区别就在于数学是以确定性数量关系为主要研究对象，统计学是以随机性数量关系为主要研究对象。

任何事物都是在质与量的辩证统一中存在和发展的，统计学正是在这种关系中侧重于对事物的数理规律的研究。它在哲学思想的指导下，应用数学等方法为其他科学研究和管理提供了有效的方法论工具。

二、经济学与统计学的关系

经济学是研究与资源最优配置相关的一系列经济问题的各类学说。为使资源配置最优，需要客观地认识各种经济规律，了解各类经济现象的特征，这主要是实证经济学的任务，而实证分析借助的工具主要就是统计学。

作为经济学的分支——计量经济学，是以经济理论为基础，运用数学和统计方法对经济数据和信息进行分析，以测定经济关系的方法论科学。

作为统计学的分支——经济统计学，是以经济理论为指导，对经济生活中各类指标、经济关系进行计量、反映以及分析研究的学说。

三、经济统计学与经济核算的关系

经济统计学是以经济生活中大量存在的数量特征及数量关系作为对象的统计学科，它以经济现象指标体系的设计与核算及指标间的数量关系为主要研究内容，为经济管理活动和经营分析行为提供依据和方法。这样经济统计学就必然以经济核算为主要的研究内容，而属于经济核算范畴的并不只是统计核算，它主要包括会计、统计和业务三种核算，这三种核算各自独立、相互联系，共同构成经济核算的有机整体。会计核算是以企业的资金运动为对象的微观经济具体的价值量核算,业务核算是以各类业务工作为对象的具体实物量核算,统计核算是以经济生活的总体行为为对象的,是不同于前两种具体核算的综合性核算。经济统计核算主要包括两部分内容:一是国民经济核算,即以一定的经济理论为指导,综合运用统计、会计和数学等方法,对某地区的国民经济各类总量指标及其构成在特定时刻的存量及一定时期内的各类经济流向和流量进行的综合核算。二是企业经济统计核算,是在会计和业务核算的基础上,为满足宏观经济核算和企业自身经营管理的需要,对企业经济总量及其构成进行的各类存量和流量的核算。

第六节 统计学中的一些基本概念

一、总体和总体单位

统计总体简称"总体",是指客观存在的、在同一性质基础上结合起来的许多个别单位的整体。构成总体的这些个别单位被称为"总体单位"。例如,所有的工业企业就是一个总体,这是因为在性质上每个工业企业的经济职能都是相同的,即都是从事工业生产活动的基本单位。这些工业企业的集合就构成了统计总体。对于该总体来说,每一个工业企业就是一个总体单位。

总体可以分为有限总体和无限总体。如果总体所包含的单位数是有限的,则称为"有限总体",如人口数、企业数、商店数等。若总体所包含的单位数是无限的,则称为"无限总体",如连续生产的某种产品的生产数量、大海里的鱼资源数量等。对有限总体可以进行全面调查,也可以进行非全面调查。而对无限总体只能抽取一部分单位进行非全面调查,据以推断总体。

(一)统计总体具有的主要特点

1. 同质性

同质性是指总体中的各个单位必须具有某种共同的属性或标志数值。例如,国有企业总体中每个企业共同的标志属性是国家所有。同质性是总体的根本特征,只有个体单位是同质的,统计才能通过对个体特征的观察研究,归纳和揭示出总体的综合特征和规律性。

2. 大量性

大量性是指总体中包括的总体单位有足够多的数量。总体是由许多个体在相同性质基础上结合起来的整体,个别或很少几个单位不能构成总体。总体的大量性,可使个别单位某些偶然因素的影响表现为数量上偏高或偏低的差异,其间相互抵消,从而显示出总体的本质和规律性。

3. 差异性

差异性(或称变异性)是指总体的各单位之间有一个或若干个可变的品质标志或数量标志,从而表现出相应的差异。例如,某领域的职工总体中各单位间有男、女的性别属性差异,有 20 岁、21 岁、22 岁、23 岁、24 岁、25 岁、26 岁等年龄标志数值的差异。

(二)确定总体与总体单位须注意的要点

1. 构成总体的单位必须是同质的,不能把不同质的单位混在同一总体之中

例如,研究工人的工资水平,就只能将靠工资收入的职工列入统计总体的范围。同时,也只能对职工的工资收入进行考察,对职工由其他方面取得的收入就要加以排除,这样才能准确反映职工的工资水平。

2. 总体与总体单位具有相对性,并随着研究任务的改变而改变

同一单位可以是总体也可以是总体单位。例如,如果要了解全国工业企业职工的工资收入情况,那么全部工厂是总体,各个工厂是总体单位。如果要了解某个企业职工的工资收入情况,那么该企业是总体,每位职工的工资是总体单位。

二、统计标志

(一)标志和标志表现

统计标志简称"标志",是指统计总体中各单位所具有的共同特征的名称。从不同角度考察,每个总体单位可以有许多特征,如每个职工可以有性别、年龄、民族、工种等特征,这些都是职工的标志。

标志表现是标志特征在各单位的具体体现。职工的性别是"女",年龄为 32 岁,民族为汉族等,这里的"女""32 岁""汉族"就是性别、年龄、民族这三个标志的具体体现,也就是标志表现。

(二)标志的分类

1. 按变异情况分

标志按变异情况可分为不变标志和变异标志。当一个标志在各个单位的具体表现都相同时,这个标志被称为"不变标志";当一个标志在各个单位的具体表现有可能不同时,这个标志就称为"可变标志"或"变异标志"。如中国第五次人口普查规定:"人口普查的对象是具有中华人民共和国国籍并在中华人民共和国国境内常住的人。"按照这一规定,在作为调查对象的人口总体中,国籍和在国境内居住是不变标志,而性别、年龄、民族、职业等则是变异标志。

不变标志是构成统计总体的基础,因为至少必须有一个不变标志将各总体单位联结在一起,才能使它具有"同质性",从而构成一个总体。变异标志是统计研究的主要内

容,因为如果各个标志在各总体单位之间的表现都相同,那就没有进行统计分析研究的必要了。

2. 按性质分

标志按其性质可以分为品质标志和数量标志。品质标志表示事物所具有的质的特性,是不能用具体数值表示的,如职工的性别、民族、工种等。数量标志表示事物所具有的量的特性,是可以用具体数值表示的,如职工年龄、工资、工龄等。品质标志主要用于分组,将性质不相同的总体单位划分开来,便于计算各组的总体单位数,计算结构和比例指标。数量标志既可用于分组,也可用于计算标志总量以及其他各种质量指标。

三、统计指标

（一）统计指标及其构成要素

统计指标一般有两种理解和两种使用方法。

第一,统计指标是指反映总体现象所具有的数量特征的概念。如人口数、商品销售额、劳动生产率等。它包括三个构成要素:指标名称、计量单位、计算方法。这是统计理论与统计设计上所使用的统计指标含义。

第二,统计指标是反映总体现象数量特征的概念和具体数值。例如,2001年我国国内生产总值为95533亿元。这个概念中包括了指标数值。按照这种理解,统计指标除了包括上述三个构成要素外,还包括时间限制、空间限制、指标数值。这是统计实际工作中经常使用的统计指标的含义。因此,统计指标包括六个具体的构成因素。

一般认为,对统计指标的这两种理解都是成立的。在作一般性统计设计时,只能设计统计指标的名称、内容、口径、计量单位和方法,这是不包括数值的统计指标。然后经过搜集资料、汇总整理、加工计算可以得到统计指标的具体数值,用来说明总体现象的实际数量状况及其发展变化的情况。从不包括数值的统计指标到包括数值的统计指标,在一定意义上反映了统计工作的过程。

（二）统计指标的特点

1. 数量性

数量性指所有的统计指标都可以用数值来表现,这是统计指标最基本的特点。统计指标所反映的是客观现象的数量特征,这种数量特征是统计指标存在的形式,没有数量特征的统计指标是不存在的。正因为统计指标具有数量性的特点,它才能对客观总体进行量的描述,才使得统计研究运用数学方法和现代计算技术成为可能。

2. 综合性

综合性是指统计指标既是同质总体大量个别单位的总计,又是大量个别单位标志差异的综合,是许多个体现象数量综合的结果。例如,某人的年龄、某人的存款额不能叫作"统计指标",一些人的平均年龄、储蓄总额、人均储蓄才叫作"统计指标"。统计指标的形成都必须经过从个体到总体的过程,它通过个别单位数量差异的抽象化来体现总体综合数量的特点。

3. 具体性

统计指标的具体性有两个方面的含义:一是统计指标不是抽象的概念和数字,而是一定的、具体的社会经济现象的量的反映,是在质的基础上形成的量的集合。这一点使社会经济统计和数理统计、数学相区别。二是统计指标说明的是客观存在的、已经发生的事实,它反映了社会经济现象在具体地点、时间和条件下的数量变化,这一点又和计划指标相区别。统计指标反映的是过去的事实和根据这些事实综合计算出来的实际数量,而计划指标则说明未来所要达到的具体目标。

(三)标志与指标的区别和联系

1. 区别

第一,标志是说明总体单位特征的,指标是说明总体特征的。例如,一个工人的工资是数量标志,全体工人的工资总额是统计指标。

第二,标志包括用文字表示的品质标志和用数值表示的数量标志,指标则都是用数值表示的,没有不能用数值表示的指标。

2. 联系

第一,统计指标的数值多是由总体单位的数量标志值综合汇总而来的。例如,工资总额是各个职工的工资之和,工业总产值是各个工业企业的工业总产值之和。由于指标与标志之间存在这种综合汇总关系,所以有些统计指标的名称与标志是一样的(如上例中的工业总产值)。

第二,标志与指标之间存在着变换关系。如果由于统计研究目的的变化,原来的统计总体变成总体单位了,则相对应的统计指标也就变成了数量标志。反过来,如果原来的总体单位变成总体了,则相对应的数量标志也就变成了统计指标。

(四)统计指标的种类

1. 按说明总体内容的不同分类

统计指标按说明总体的内容,可分为数量指标和质量指标。

数量指标是说明总体外延规模的统计指标。如人口数、企业数、工资总额、商品销售额等。数量指标所反映的是总体的绝对数量,具有实物的或货币的计量单位,其数值的大小,随着总体范围的变化而变化,它是认识总体现象的基础指标。

质量指标是说明总体内部数量关系和总体单位水平的统计指标。如人口的年龄构成、性别比例、农业——轻工业——重工业比例、平均单产、平均工资等。它通常是用相对数和平均数的形式来表现,其数值的大小与范围的变化没有直接关系。

2. 按作用和表现形式的不同分类

统计指标按作用和表现形式的不同,可分为总量指标、相对指标和平均指标。其中,总量指标又可以分为实物指标、劳动指标和价值指标三种(这些统计指标的含义、内容、计算方法和作用各不相同将在以后各章中叙述)。

3. 按管理功能作用的不同分类

统计指标按管理功能作用的不同,可分为描述指标、评价指标和预警指标。

描述指标主要反映社会经济运行的状况、过程和结果,提供对社会经济总体现象的基本认识,是统计信息的主体。例如,反映社会经济条件的土地面积指标、自然资源拥有量指标、社会财富指标、劳动资源指标、科技力量指标,反映生产经营过程和结果的国民生产总值指标、工农业总产值指标、国民收入指标、固定资产指标、流动资金指标、利润指标,反映社会物质文化的娱乐设施指标、医疗床位数指标等等。

评价指标是用于对社会经济运行的结果进行比较、评估和考核,以检查工作质量或其他定额指标的完成情况所使用的指标(包括国民经济评价指标和企业经济活动评价指标)。

预警指标一般用于对宏观经济运行情况进行监测,对国民经济运行中即将发生的失衡、失控等进行预报和警示。通常选择国民经济运行中的关键性、敏感性经济现象来建立相应的监测指标体系。例如,针对经济增长、经济周期波动、失业、通货膨胀等,可以建立国民生产总值与国民收入增长率、社会消费率、积累率、失业率、物价水平、汇率、利率等预警指标。

四、统计指标体系

由于各种现象的复杂多样性,现象之间相互联系的性质,只用个别统计指标来反映是不够的,需要采用统计指标体系来进行描述。统计指标体系就是各种相互联系的统计指标所构成的一个有机整体,用来说明所研究现象各个方面相互依存和相互制约的关系。统计指标体系因各种现象本身之间联系的多样性和统计研究目的的不同而分为不同的类别。

根据所研究问题的范围大小,可以建立宏观统计指标体系和微观统计指标体系。宏观统计指标体系是反映整个现象大范围的统计指标体系(如反映整个国民经济和社会发展的统计指标体系)。微观统计指标体系是反映较小范围的统计指标体系(如反映企业或事业单位的统计指标体系)。介于这两者之间的可以称为"中观统计指标体系"(如反映各地区或各部门的统计指标体系)。

根据所反映现象范围的内容不同,统计指标体系又可以分为综合性统计指标体系和专题性统计指标体系。综合性统计指标体系是较全面地反映总系统及其各个子系统的综合情况的统计指标体系(如国民经济和社会发展统计指标体系)。专题性统计指标体系则是反映某一个方面或某一问题的统计指标体系(如经济效益指标体系就是专题性统计指标体系)。

统计指标体系也可以将若干个统计指标之间的联系表现为一个方程关系。例如，工资总额＝平均工资×职工人数；商品销售额＝商品销售量×商品销售价格。

统计指标体系对于统计分析和研究具有重要的意义。

一个设计科学的统计指标体系，可以描述现象的全貌和发展的全过程，分析和研究现象总体中存在的矛盾以及各种因素对现象总体变动结果的影响方向和程度，也可以对未来的指标进行计算和预测，对未来现象发展变化的趋势进行预测。

五、变异、变量和变量值

统计中的标志和指标都是可变的，如人的性别有男女之分，各时期、各地区、各部门的工业总产值各有不同，这种差别叫作"变异"。变异就是有差别的意思，包括质的差别和量的差别。变异是统计的前提条件。

变量就是可以取不同值的量，这是数学上的一个名词。在社会经济统计中，变量包括各种数量标志和全部统计指标，它都是以数值形式表示的，但不包括品质标志。变量是数量标志的名称或指标的名称，变量的具体数值则称为"变量值"。例如，职工人数是一个变量，因为各个工厂的职工人数不同。某工厂有 852 人，另一工厂有 1686 人，第三个工厂有 964 人等，这些都是职工人数这个变量的具体数值，也就是变量值。要注意区分变量和变量值。如上例，852 人、1686 人、964 人三个变量值的平均数，不能说是三个"变量"的平均数，因为这里只有"职工人数"这一个变量，并没有三个变量。以整数值变化的变量，称为"离散型变量"；也可以有连续数值变化的变量（即可以用小数值表示的变量），称为"连续型变量"。离散型变量的各变量值之间是以整数位断开的，如人数、机器台数、工厂数等，都只能按整数计算；连续型变量的数值是接连不断的，相邻的两数值之间可作无限分割，如身高、体重、年龄等。

变量值按是否连续可分为连续变量与离散变量。在一定区间内可任意取值的变量叫"连续变量"，其数值是连续不断的，相邻两个数值可作无限分割，就是可取无限个数值。例如，生产零件的规格尺寸、人体测量的身高、体重、胸围等为连续变量，其数值只能用测量或计量的方法取得。可按一定顺序——列举其数值的变量叫"离散变量"，其数值表现为断开的。例如，企业个数、职工人数、设备台数、学校数、医院数等，都只能按计量单位数计数，这种变量的数值一般用计数方法取得。

第七节　Excel 系统介绍

一、Excel 在统计中的运用

Microsoft Excel 是美国微软公司开发的在 Windows 操作环境下运行的电子表格系

统,自问世以来,深受各界青睐,无论是政府机关,还是企业学校,都在广泛使用。而现代统计的数据处理、图表制作、概率分布、估计检验、分析预测等内容,为 Excel 的应用提供了更广阔的空间。我们将 Excel 与统计理论有机结合,不仅可使现代统计有效应用,也可使 Excel 的功能有效发挥。

利用 Excel 电子表格技术,结合其统计函数和分析工具,可使统计的抽象概念、复杂定理形象直观地展现出来。具体包括:统计数据的整理和显示、数据的概括性度量、随机抽样过程、时间数列分析、指数分析、相关与回归分析以及 Excel 在统计预测中的应用。

二、Excel 的整体构成及功能

其一,介绍 Excel 软件的界面:

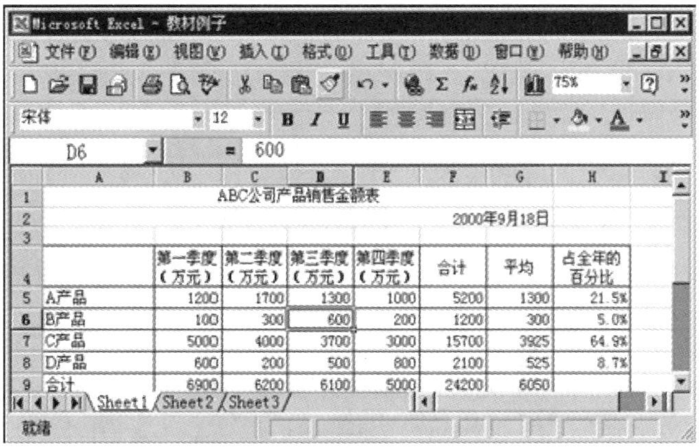

图 1-2　Excel 用户界面

其二,给出 Excel 中用到的基本概念示意图:

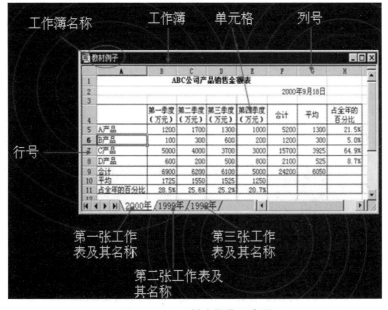

图 1-3　Excel 基本概念示意图

我们要进行的各种计算可以通过在此窗口的单元格中直接实现；而有关数据的整理则是在"数据"下拉菜单中实现的。具体的统计图形制作菜单操作程序为：从"插入"菜单中选择"图表"选项，打开"图表向导"对话框如下图所示。在"图表类型"列表中选择所需要的图表类型，单击"下一步"按钮（图1-4）。

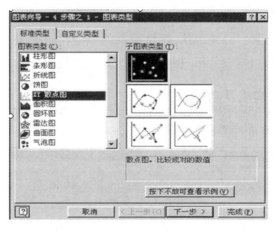

图 1-4 Excel 中统计图标制作窗口

数据的概括性度量、指数分析等相关计算通常可用函数来实现，具体操作为：打开"插入"菜单中的"函数"选项，弹出"粘贴函数"对话框（图1-5）。

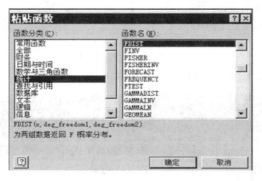

图 1-5 Excel 中调用函数窗口

方差分析、回归分析等则需要在 Excel "工具"菜单中加载宏，之后会在"工具"菜单中显示"数据分析"菜单，并在此菜单中做相应的操作。具体如下图所示：

图 1-6 Excel 中统计分析工具窗口

三、Excel 入门操作综述

(一)Excel 操作方法概述

要完成任一项 Excel 操作任务,一般有三种操作方法:鼠标操作、菜单操作和键盘命令操作。例如,想要将 A1 单元格的数据复制到 A2 单元格去,以下三种方式都可以完成。

1. 鼠标操作法

先用鼠标选中 A1 单元格,然后缓慢移动鼠标到 A1 单元格的右下角,当鼠标的形状变为黑色实心"十"字形之后(以下称之为"填充柄"),拖动鼠标到 A2 单元格,然后放开鼠标,则 A1 中的数据就复制到 A2 单元格中去了。

2. 菜单操作法

先用鼠标选中 A1 单元格,选择"编辑"菜单中的"复制"命令,然后用鼠标选中 A2 单元格,再选择"编辑"菜单中的"粘贴"命令,A1 中的数据就复制到 A2 单元格中去了。

3. 键盘命令操作法

直接用鼠标选中 A2 单元格,从键盘上输入"=A1"命令,则复制工作即告完成。

在实际使用过程中,应根据实际情况,尽量选择三种方法中最简洁的操作方法,以便提高操作速度。

(二)文件基本操作

1. 新建文件

进入"文件"菜单栏,选择"新建",即可创建一个新的 Excel 文件。

2. 打开文件

进入"文件"菜单栏,选择"打开"子菜单,可在 Excel 中打开一个已经存在的数据文件。它可以是 Excel 的数据文件,也可是 Excel 兼容的其他软件的数据文件。可在不同窗口中同时打开多个数据文件,并通过"窗口"菜单下方的选项,进行窗口切换。

3. 保存文件

进入"文件"菜单栏,选择"保存"命令,即可保存当前的数据文件。如果选择"另存为",可将当前工作簿存为一个新的文件。保存文件的格式可以是 Excel 的数据文件,也可是 Excel 兼容的其他软件的数据文件。

4. 文件打印

进入"文件"菜单栏,选择"打印",即可打印当前的工作簿文件。打印之前,可以选择"文件"菜单栏的"页面设置"和"打印预览"选项,进行打印前的页面设置操作和打印效果的预先浏览。

(三)数据的输入、输出操作

1. 数据的手动输入

建立一个新的 Excel 工作文件后,便可进行数据的输入操作。Excel 中以单元格为单位进行数据的输入操作。一般用上下左右光标键、Tab 键或用鼠标选种某一单元格,然后输入数据。

Excel 中的数据按类型通常可分为数值型、字符型、日期型和逻辑型四类。Excel 会根据输入数据的格式自动判断该数据属于什么类型。如日期型的数据输入格式为"月/日/年"、"月－日－年"或"时:分:秒"。要输入逻辑型的数据,输入"true"(真)或"false"(假)即可。若数据由数字与小数点构成,Excel 会自动将其识别为数字型。Excel 允许在数值型数据前加入货币符号,Excel 会将其视为货币数值型。Excel 也允许数值型数据用科学计数法表示,如 2×10^9 在 Excel 中可表示为 2E+9。除了以上三种格式以外的数据,Excel 会将其视为字符来处理。

2. 公式生成数据

Excel 中的数据也可由公式直接生成。例如在当前工作表中的 A1 和 B1 单元格中已输入了数值数据,欲将 A1 与 B1 单元格中的数据相加并将结果放入 C1 单元格中,则可按如下步骤操作:用鼠标选定 C1 单元格,然后输入公式"=A1+B1"或输入"=SUM(a1:b1)",按回车键之后即可完成操作。C1 单元格中此时存放的实际上是一个数学公式"A1+B1",因此 C1 单元格中的数值将随着 A1、B1 单元格中数值的改变而发生变化。

Excel 提供了完整的算术运算符,如+(加)、-(减)、*(乘)、/(除)、%(百分比)、^(指数)和丰富的函数,如 SUM(求和)、CORREL(求相关系数)、STDEV(求标准差)等,供用户对数据执行相应操作,此外,在 Excel 帮助文件中可以查到各类算术运算符和函数的完整使用说明。

3. 复制生成数据

Excel 中的数据也可由复制生成。实际操作中,可以在不同单元格之间复制数据,也可以在不同工作表或不同工作簿之间复制数据;可以一次复制一个数据,也可同时复制一批数据,这就为数据输入带来了极大的方便。普通单元格的复制结果与公式单元格的复制结果相差较大,下面分别予以说明。

普通单元格指的是非公式的单元格。普通单元格的复制,一般可以按如下步骤进行:

(1)拖动鼠标选定待复制的区域,选定之后该区域变为黑色。Excel 可以进行整行、整列或整个表格的选定操作。例如,如果要选定表格的第一列,可直接用鼠标单击列标"A";如果要选定表格的第一行,可直接用鼠标单击行标"1";如果要选定整个表格,可直接点击全选按钮。

(2)选定区域之后,用鼠标右击该区域,并选择"复制"选项,从而将区域内容复制到粘贴板中,此时可以发现该区域已被虚线包围。

(3)用鼠标右击目标区域,并选择"粘贴"选项,则单元格区域的复制即告完成。

公式单元格的复制一般可分为两种,一种是值复制,另一种是公式复制。值复制指的是只复制公式的计算结果到目标区域,公式复制指的是仅复制公式本身到目标区域。下面对它们的操作步骤分别予以说明。

值复制:

其一,拖动鼠标选定待复制区域。

其二,用鼠标右击选定区域,选择"复制"选项。

其三,用鼠标右击目标区域,再单击"选择性粘贴"子菜单。出现复制选项,选定"数值"选项,然后用鼠标单击"确定"按钮。

公式复制:

公式复制是 Excel 中成批数据计算的重要操作方法,公式复制的操作首先要区分好两个概念:单元格的相对引用与绝对引用。Excel 中的公式一般都会引用到公式中涉及的单元格的数值,如果你希望当公式复制到别的区域时,公式引用的单元格不会随之发生相对变动,那么你必须在公式中使用单元格的绝对引用。如果你希望当公式复制到别的区域之时,公式的引用单元格随之发生变动,就在公式中使用单元格的相对引用。Excel 默认的是相对引用单元格,如果在单元格的地址之前加入"$"符号那么意味着绝对引用单元格。

例如,在当前工作表中的 A1 和 B1 单元格中已输入了数值数据,用鼠标选定 C1 单元格,然后输入公式"=A1+B1",此公式引用的便是两个相对的单元格 A1、B1,也就是说,如果将该公式复制到 C2 单元格,公式所引用的单元格的地址将随之发生变化,公式将变为"=A2+B2"。如果将该公式复制到 F100 单元格,那么公式将变为"=D100+E100",这就是相对引用的结果,即公式的内容随着公式的位置变化而发生变化。如果在 C1 单元格输入"=$A$1+$B$1",则此公式便是绝对引用,不论将公式复制到何处,公式的内容都不会发生变化。

当然,绝对引用和相对引用亦可在同一公式之中混合使用。例如,如果在 C1 单元格中输入的是公式"=A$1+B$1",那么就意味着公式的内容不会随着公式的垂直移动而发生变动,而是随着公式的水平移动而变动。如果将该公式复制到 F100 单元格,那么公式将变为"=D$1+E$1"。可以作这样的归纳:公式中"$"符号后面的单元格坐标不会随着公式的移动而变动,而不带"$"符号后面的单元格坐标会随着公式的移动而变动。

在实际的使用中,如果能把单元格的相对引用与绝对引用灵活应用到 Excel 的公式之中,就能为数据的成批准确运算带来极大的方便。

(四)数据的移动操作

数据的移动操作可按如下步骤进行:

其一,拖动鼠标选定待移动区域。

其二，用鼠标右击选定区域，选择"剪切"选项。

其三，用鼠标右击目标区域，选择"粘贴"选项，则单元格区域的移动即告完成。

与数据的复制操作不同，公式单元格的移动操作不存在值移动或公式移动的区别，也不存在绝对引用和相对引用的区别，移动操作将把公式单元格的公式内容原原本本地移动到目标区域，且不作任何改动。

（五）数据的删除操作

数据的删除操作可按如下步骤进行：

其一，拖动鼠标选定待删除区域。

其二，用鼠标右击选定区域，选择"删除"选项，即可删除单元格区域内的的内容。

如果不小心删除了不该删除的区域，可以通过"编辑"菜单中的"撤销"命令来恢复被删除的内容。"撤销"操作是 Excel 中较常用的操作，如果不小心实施了错误的操作，可以通过"撤销"操作使工作表恢复原样。

（六）与其他软件交换数据的方法

在 Excel 中可以打开其他类型的数据文件，如 FOXPRO 系列的 DBF 数据库文件、文本文件、lotus1-2-3 的数据文件等。具体操作方法为：

在"文件"菜单中选择"打开"子菜单；在"打开文件"对话框中选择所要打开的文件类型及其所在目录；用鼠标双击该文件名，并按 Excel 提示步骤操作即可打开该文件。

Excel 文件同样也可存为其他类型的数据文件：

编辑好文件后，在"文件"菜单中选择"另存为"子菜单；在"另存为"对话框中选择所要打开文件的类型及其所在的目录；输入文件名之后，用鼠标单击"保存"按钮即可。

 复习思考题

1. 简述统计的含义及其关系。
2. 简述统计学与其他学科的关系。
3. 什么是统计学的研究对象？它有什么特点？
4. 统计研究的基本方法是什么？
5. 社会经济统计的任务和职能是什么？
6. 统计活动过程的阶段及各阶段的关系如何？
7. 什么是总体与总体单位？
8. 简述标志和指标的关系。
9. 什么是变量和变量值？
10. 什么是统计指标体系？为什么统计指标体系比统计指标更重要？
11. 什么是连续变量和离散变量？如何判断？

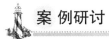

案例研讨

统计学与2000年美国总统大选

2000年的美国总统选举是美国历史上选票最接近的选举之一，最后出现了戏剧性的一幕。49个州的选票已经统计完毕，二人相差无几，因此最后一个州——佛罗里达州的选票就成了关键。2000年11月26日，佛罗里达州的选举官员宣布布什赢得了该州的537张选举人票。这样，布什就赢得了这次大选。

但是民主党认为选票设计有问题，认为打孔机故障导致许多废票，所以要求在被认为是民主党占多数的4个县用手工方法重新点票。其中的两个县按时完成了人工重新点票的工作，而另外两个大县Miami—Dade和Palm Beach到点票截止时还剩9000张票没点。于是法官Sauls认为没有新的证据能够推翻布什获胜的结果。但是在12月8日，佛罗里达州高级法院推翻了州选举委员会的结果，不仅要求在Miami—Dade县重新点票，而且要求重新人工清点其他县的无效票。清点的结果表明，以打孔方式投的票可以重新确认的百分比在每个县是不一样的，最低是8%，最高是26%，还有70%~80%的票仍是无法确认的无效票，电子扫描的废票中有5%可以重新确认。

12月12日，美国最高法院认为佛罗里达州法院的判决违背了第14补充修正案中的同等保护条款，认定当日即12月12日是人工计票的截止日，因为佛罗里达州立法机构希望得到选民的"安全港利益"，而要得到这一利益就必须在12月12日完成选举工作。就这样，最高法院并没有裁决谁胜谁负，而是在程序上作了决定，而到12日为止，戈尔仍是没能翻盘。双方的选票是49.8%和50.2%，实际的选民选票数十分接近，戈尔的选民投票数比布什多，但是选举人票数比布什少。

我们可以运用统计学对数据进行分析：

第一个问题，假定打孔机的重新确认率是26%，电子扫描的是5%，且假定已确认的选票中支持二人的比例与有效票是相同的，即假定截止后还没有清理的票中的支持比例与已知的相同，若把所有的票都点完，谁会获胜？

第二个问题，假定机器计票是所有选票的随机样本，那么戈尔获胜的可能性有多大？

第三个问题，假定法官Sauls同意民主党的要求，将选票全部清点完，戈尔的获胜率有多大？

资料来源：袁卫. 统计方法在法律与法庭审判中的应用 http://www.jcrb.com/xueshu/jiangzuo/200806/t20080613_21635.html

第二章

统计数据的搜集与整理

学习目标

理解数据计量尺度与数据类型；
掌握统计数据调查方法、抽样调查的组织形式；
掌握调查方案设计的主要内容；
理解统计整理的过程和统计图表的制作；
掌握数据分组的处理。

第三次全国农业普查

为摸清"三农"基本国情,查清"三农"新发展新变化,国务院组织开展了第三次全国农业普查。这次普查的标准时点为2016年12月31日,时期资料为2016年度。普查对象包括农业经营户、居住在农村有确权(承包)土地或拥有农业生产资料的户、农业经营单位、村民委员会、乡镇人民政府。普查主要内容是农业生产能力及其产出、农村基础设施及其基本社会服务和农民生活条件等。农业普查采用全面调查的方法,由普查员对所有普查对象进行逐个查点和填报。2017年12月14日国家统计局发布第三次全国农业普查主要数据公报显示,2016年全国农业经营户20743万户,其中规模农业经营户398万户。全国农业经营单位204万个。2016年末,在工商部门注册的农民合作社总数179万个,其中,农业普查登记的以农业生产经营或服务为主的农民合作社91万个。

农业经营主体数量 单位:万户、万个

	全国	东部地区	中部地区	西部地区	东北地区
农业经营户	20743	6479	6427	6647	1190
#规模农业经营户	398	119	86	110	83
农业经营单位	204	69	56	62	17
#农民合作社	91	32	27	22	10

注:农民合作社指以农业生产经营或服务为主的农民合作社。

资料来源:2016年第三次全国农业普查主要数据公报

第一节 数据的计量与类型

统计是与数据打交道的一门学科,其任务是研究现象的数量特征和数量表现,进而揭示现象的规律性。如果将统计比喻成动物,则数据就是食物,离开了数据,统计也就不存在了。因此,在开展统计工作或统计研究之前,我们需要对数据有一个全面的认识。

一、数据的计量

统计对象的可量性决定了在对社会经济现象的数量方面进行研究时,必须予以量化。根据抽象程度的不同,数据量化尺度大体分为以下几个层次:

(一)定类尺度(Nominal Scale)

定类尺度,或称"类别尺度",就是将研究对象按某种特征划分成若干部分,并给每一类别定名,但不对类别之间的关系做任何假定。例如,在人口统计中按性别分为男、女两组,"男""女"之间是平等的、并列的,记录时还可以用数字作为代号,如男性为"0",女性为"1"。定类尺度是最粗略、精度最低的计量尺度,也是最基本的计量尺度。这种测定尺度和分组在实际统计活动中使用极为广泛,主要用于计算各组数值占总体数值的比重以及众数等,但不能对各类编号进行加减乘除计算。

(二)定序尺度(Ordinal Scale)

定序尺度,或称为"顺序尺度",它是把各类事物按一定特征的大小、高低、强弱等顺序排列起来,构成定序数据。例如,将产品按其质量高低列成一等品、二等品、三等品;学生的成绩排列为优、良、中、及格、不及格等。这种测定尺度的量度层次要比定类尺度高一些,它不仅可以分类,而且可以确定这些类别的顺序,各类之间还能比较等级和次序上的差别。在运算上,各类量值除了具有等与不等的特征外,还有大于或小于之分,但其序号仍不能进行加减乘除计算。

(三)定距尺度(Interval Scale)

定距尺度,或称"间隔尺度",是把定序排列的各类事物间的差距以一定的度量单位明确起来,构成定距的数据。定距尺度使用的计量单位一般为实物单位或价格单位,如考试成绩以分计量、长度以米计量等等。定距尺度在统计数据中占据重要的地位,统计中的总量指标就是运用定距尺度计量的。在运算上,除了等于、不等于、大于、小于之外,还可进行加减运算,但不能进行乘除运算。例如,可以说30℃与25℃相差5℃,且它和

10℃与5℃之间的差距相等,但不能说10℃比5℃热1倍。

(四)定比尺度(Ratio Scale)

定比尺度,或称"比率尺度",是量度层次最高的数据测定尺度。它是在定距尺度的基础上增加了一个绝对零点,并抽象掉事物的度量差异的测定尺度。换言之,定距尺度中的"0"只表示某一个值,即 0 值;而定比尺度中的"0"是绝对零点,表示没有。例如,某人数学考试得 0 分,只能表示他的数学成绩是 0 分,不等于说他完全没有数学水平,但如说某人的身高为 0 米,则表示此人身高数据缺失。在运算上,定比尺度可以用于任何统计运算和比较。因此,许多统计的最终结果是以定比尺度给出的,定比尺度是广泛使用并值得推广的测定尺度。

上述四种计量尺度对事物的测量层次由低级到高级,由粗略到精确逐步递进。高层次的计量尺度可以具有低层次计量尺度的全部特性,但反过来并不成立。表 2-1 给出了上述四种计量尺度的测量层次和数学特性。

表 2-1 四种计量尺度的比较

数学特性＼计量尺度	定类尺度	定序尺度	定距尺度	定比尺度
分类($=$、$\neq$)	√	√	√	√
排序($<$、$>$)		√	√	√
间距($+$、$-$)			√	√
比值($\times$、$\div$)				√

在测定尺度的应用中,需要注意的是同类事物用不同的尺度量化会得到不同的尺度数据。如农民收入数据按实际值填写就是定距尺度;按高、中、低收入水平分就是定序尺度;按有无收入计量则成为定类尺度了;而如果说某人的收入是另一人的两倍,则是定比尺度。又如,学生成绩若具体打分就是定距尺度;用优、良、中、及格、不及格划分就是定序尺度。一般因研究的目的和内容不同,计量尺度也会不同。若不担心损失信息量,就可降低度量的层次,从而实现它们间的转化。例如,性别在医学上若根据荷尔蒙的比例来区分的话,就是定距尺度。而性别分为男、女,则是定类尺度。

二、数据的类型

(一)按照数据的计量尺度分类

1. 分类数据(Categorical Data)

分类数据以定类尺度(Nominal Scale)来衡量。分类数据是对事物进行分类的结果,数据的主要特征是采用文字、数字代码和其他符号对事物进行简单的分类和分组。

比如,对人口按性别、民族、行政区划和婚姻状况等作归类统计,对企业按照经济性质进行分类。使用分类数据时,各个类别的叫法只表明类别的名称,至于类别之间的关系,不作任何的假定。类别之间没有高低优劣之分,也不能进行加减乘除运算。在实践中,为便于计算机识别和信息传输,对于分类性质的统计数据,人们往往会给每一个类别赋予相应的数字代码。例如,男性用1表示,女性用0表示,但这些数字代码就好像给商品贴上标签一样,仅是示意性的,不可以直接进行数学运算。

2. **顺序数据**(Rank Data)

顺序数据,也可称为"等级数据",是对事物进行分类的结果,并表现出明显的等级或顺序关系。例如,学生的成绩可以分为优秀、良好、中等、及格和不及格;产品的质量可以分为优等品、合格品和不合格品;用户的满意程度可以分为很满意、满意、不满意和很不满意。顺序数据以定序尺度(Ordinal Scale)来衡量,只能比较大小,且类别之间有高低优劣之分,但不能进行加减乘除运算。

由于分类数据和顺序数据说明的都是事物的品质特征,通常用文字来表述,其结果均表现为类别,因此也把它们统称为"定性数据"或"品质数据"。

3. **数值型数据**(Metric Data)

数值型数据是使用自然或度量衡单位对事物进行测量的结果,说明的是现象的数量特征,其结果表现为具体的数值,因此也称为"定量数据"或"数量数据"。例如,考试成绩用百分制来表示;人的年龄用周岁来表示;产品的产量用件、箱和吨等来表示。各个数据之间不仅可以对比大小反映差别,还可以计算平均数。

数值型数据有两种衡量尺度:一是定距尺度(Interval Scale),这种尺度的每一间隔是相等的,只要给出一个度量单位,就可以准确地指出两个计数之间的差值,例如,安徽的最高温度是40℃,北京的最高温度是37℃,二者相差3℃,这类数据可以进行有意义的加减运算;二是定比尺度(Ratio Scale),这种尺度可以准确地计量两个数值之间的倍数,例如,旅客甲这次旅游花费了200元,旅客乙花费了100元,则旅客甲比旅客乙多花了1倍的钱,显然这类数据可以进行有意义的乘除运算。产品产量、销售额、固定资产投资、居民收入、消费支出、银行贷款余额等经济变量都属于这种类型。

(二)按照变量数列的形式分类

1. **时间序列数据**(Time Series Data)

时间序列数据是在不同时间上收集到的数据,它所描述的是现象随时间而变化的情况,如1978—2018年我国各年的人口总数、1978—2018年我国历年国内生产总值数据都属于时间序列数据。

2. **截面数据**(Cross-Sectional Data)

截面数据是在相同或近似相同的时间点上收集到的数据,它所描述的是现象在某一时刻或某一时间段内不同空间的变化情况,如2018年我国各地区的人口数、2018年我国各地区的国内生产总值数据都属于截面数据。

3. 面板数据(Panel Data)

面板数据是对若干个单位在不同时间进行重复跟踪调查所形成的数据集。例如，连续收集全国各个省、直辖市 2010—2018 年居民可支配收入、受教育程度和就业情况的数据。

(三)按照数值表现形式分类

1. 绝对数(Absolute Number)

绝对数是统计数据的基本表现形式，是其他形式指标形成的基础。现象的总体规模和水平一般都以绝对数形式来表现，一个地区的总人口、国内生产总值、货物周转量等都是绝对数。绝对数的计量单位一般为实物单位或价值单位，有时也采用复合单位。

实物单位可以是自然计量单位，也可以是物理计量单位。例如，人口数用"人"计量，对于一些化工产品和燃料，还折合成标准实物单位计量。价值单位是以货币形式进行计量，如国内生产总值、进出口总额等。复合计量单位是由两种或两种以上计量单位复合而成的，如以"吨·公里"为货物周转量的计量单位，以"千瓦·时"为用电量的计量单位。

2. 相对数(Relative Number)

相对数是由两个相互联系的绝对数进行对比而得到，以反映事物的相对数量。常用的相对数包括：结构相对数、比例相对数、比较相对数、动态相对数、计划完成相对数、强度相对数。相对数的计量单位大部分是无名数，但也有一些是采用有名数为计量单位。关于这些相对数的含义及其计算，本书将在后续章节作详细介绍。

3. 平均数(Average)

平均数反映现象总体的一般水平或分布的集中趋势。平均数是统计分析中最常用的指标之一，相关内容将在后面有关章节中再作详细介绍。

第二节 统计数据的收集

统计数据收集是根据统计研究预定的目的和任务，运用相应的科学的调查方法与手段，有计划、有组织地收集反映客观现实的统计资料的过程。统计数据收集是整个统计活动的基础阶段。准确性、及时性和完整性是统计数据收集的基本要求，其中准确性是统计数据收集的核心，及时性是统计数据信息价值的体现，完整性则是统计指标计算和统计分析的需要。

一、统计数据来源

从统计数据本身的来源看，统计数据最初都是来源于直接调查或实验。但从使用者的角度看,统计数据主要来源于两种渠道:一是来源于直接调查或科学实验,这是统计数据的直接来源,被称之为"第一手统计数据"或"直接统计数据";二是来源于别人调查或实验的数据,这是统计数据的间接来源,也被称之为"第二手统计数据"或"间接统计数据"。本节将从使用者的角度讲述统计数据的收集方法。

(一)统计数据的间接来源

对大多数数据使用者来说,亲自去做调查往往是不可能的。他们所使用的数据大多数是别人调查或科学实验的数据,对使用者来说称为"二手数据"。

二手数据主要是公开出版的或公开报道的数据,当然有些是尚未公开出版的数据。例如,公开出版的有《中国统计年鉴》以及各省、市、地区的统计年鉴等。提供世界各国社会和经济数据的出版物也有很多,如《世界经济年鉴》《国外经济统计资料》和世界银行各年度的《世界发展报告》等。联合国的有关部门及世界各国也定期出版各种统计数据。

除了公开出版的统计数据,还可以通过其他渠道使用一些尚未公开发布的统计数据,以及广泛分布于各种报纸、杂志、图书、广播、电视传媒中的各种数据资料。现在,随着计算机网络技术的发展,也可以在网络上获取所需的各种数据资料。

利用二手数据对使用者来说既经济又方便,但使用时应注意统计数据的含义、计算口径和计算方法,以避免误用或滥用。同时,在引用二手数据时,一定要注明数据的来源,以尊重他人的劳动成果。

(二)统计数据的直接来源

统计数据的直接来源主要有两个渠道:一是调查或观察;二是实验。

统计调查就是按照预定的统计任务的要求,运用各种科学的统计调查方法,有组织、有计划地向社会收集反映总体各单位标志特征的原始数据资料的过程。有统计部门进行的统计调查,也有其他部门或机构为特定目的而进行的专门调查,如市场调查等。实验是取得自然科学数据的主要手段。在本节中,着重讲授取得社会经济数据的主要方式和方法。

二、统计调查的组织方式

统计调查的组织方式是指组织收集调查数据的形式与方法。实际中常用的统计调查组织方式主要有统计报表、普查、抽样调查、重点调查和典型调查。

(一)统计报表

统计报表是依照国家有关法规,自上而下地统一部署,按照统一的表式、统一的指标项目、统一的报送时间和报送程序,自下而上地逐级地定期填报资料的一种调查组织方式。它的任务是经常地、定期地搜集反映国民经济和社会发展基本情况的资料,保证资料的全面性和连续性,为各级政府和有关部门制定国民经济和社会发展计划以及检查计划执行情况提供可靠的依据。

统计报表具有以下三个显著的优点:首先它是根据国民经济和社会发展宏观管理的需要而周密设计的统计信息系统,从基层单位日常业务的原始记录和台账(即原始记录分门别类的系统积累和总结)到包含一系列登记项目和指标,都可以力求规范和完善,使调查资料具有可靠的基础,保证资料的统一性,便于在全国范围内汇总、综合。其次它是依靠行政手段执行的报表制度,要求严格按照规定的时间和程序上报,因此,具有100%的回收率;而且填报的项目和指标具有相对的稳定性,可以完整地积累形成时间序列资料,便于进行历史对比和社会经济发展变化规律的系统分析。再次它既可以越级汇总,也可以层层上报、逐级汇总,以便满足各级管理部门对主管系统和区域统计资料的需要。

统计报表制度是一个庞大的组织系统。它不仅要求各基层单位有完善的原始记录、台账和内部报表等良好的基础,而且要有一支熟悉业务的专业队伍。因此,它占用很大的人力和财力。总结历史的经验教训,要很好地发挥统计报表制度的积极作用,必须严格按照统计法规办事,实行系统内的有效监督和管理;报表要力求精简,既要防止多、乱、滥发报表,又要防止虚报、瞒报和漏报。这样,才能保证统计数字的质量,降低统计的社会成本。

统计报表类型多样,按报送时间分为日报、月报、季报和年报等;按报送受体可分为国家、部门、地方统计报表。

(二)普查

普查(Census)是根据特定的统计研究目的而专门组织的一次性的全面调查,用以收集所研究现象总体的全面资料。普查是一次性调查,是专门组织的全面调查,即普查主要用来调查属于一定时点上的现象总量。普查主要用来全面、系统地掌握重要的国情国力方面的统计资料。由于普查涉及面广、耗费人力、财力、物力多、组织工作繁重,因此只能按一定周期进行。

各个国家对普查都给予了充分的重视,甚至把普查看作仅次于战争的"运动"。西方国家几乎没有统计报表制度,所有全面的资料只能依靠普查来获得。美国有专门的普查局负责各类普查,并有专门的网页提供相关的信息与资料。

1. 普查的特点

(1)它是全面性调查,主要用来调查反映国情国力的基本状况。

(2)它是一次性调查,主要用来调查时点现象的资料,但也不排斥时期现象的资料。

普查往往涉及面广,资料要求详细,需要耗费较多的人力、物力、财力和时间。一方面不宜过多采用,另一方面要搞好普查的工作。

2. 普查的组织形式

普查的组织形式主要有两种:一是组织专门的普查机构,配备一定数量的普查人员,对调查单位直接进行登记;二是利用被调查单位的原始记录和核算资料,由调查单位发放一定的调查表格,由被调查单位填报。

3. 普查的原则

为了取得准确的统计资料,保证普查工作的顺利进行,应遵循以下原则:

(1)规定统一的标准时间。如果要收集的是时点数据资料,则必须规定一个标准时点,以避免由于现象的时空变动而使调查资料出现重复或遗漏。例如,我国第三次农业普查的标准时点为2016年12月31日,普查资料反映的是在这一个时点上农业情况数据。

(2)尽可能在短期内完成登记工作。普查工作在规定的调查范围内要同时进行,并尽可能在最短的时间内完成,以便在方法和步骤上保持一致,从而减少误差。

(3)普查应尽可能按一定的周期进行,以便在历史普查资料对比中研究现象发展变化的规律和趋势。

(4)统一规定调查项目。在时间上,性质相同的普查,各次调查项目要尽可能保持相对稳定,以便将历次调查资料进行比较和分析。

(三)抽样调查

抽样调查(Sampling Survey)是一种非全面调查,它是在全部调查单位中抽取一部分单位作为样本来进行调查,再根据调查结果推断总体的一种调查方法。广义的抽样调查包括随机抽样与非随机抽样。

非随机抽样是一种按照人们主观愿望选取样本的方法,如下面提到的重点调查和典型调查,这种调查方式也称为"有目的的调查""判断调查"和"定额调查"。其目的是通过了解一部分个体的情况而获取全面的信息。但由于非随机抽样无法估计误差发生的概率,所以也就无法作统计推断。

一般提到的"抽样调查"主要是指随机抽样,其基本特征有两点:一是样本单位按随机原则抽取,这就排除了主观因素对样本选择的影响;二是对所抽得的样本进行调查,取得相关数据,并据此推断总体特征。接下来介绍的内容主要围绕概率抽样来进行。

1. 抽样调查的分类

抽样调查的组织方式主要有以下四种:

(1)简单随机抽样(Simple Random Sampling),又叫"纯随机抽样",这是最简单、最普遍的抽样组织方法。它是按照随机性原则,直接从总体的全部单位中抽取若干个单位作为样本单位,从而保证总体中每个单位在抽选中都有同等被抽中的机会。随机抽选样本单位的具体做法有:抽签法、随机数字表法和用计算机软件中的随机函数产生随机数法。

(2)分层抽样(Stratified Sampling),又叫"类型抽样"。它是将总体按照某一标志分为若干层,然后按照简单随机抽样的方式在每层抽取部分个体作为层内样本,再利用各层样本集合的结果去估计或推断各层及总体数量特征。分层抽样的特点是必须具备总体所有个体的名录以及至少一个分层标志的全面资料,各层的抽样相互独立,样本对总体的代表性取决于层内差异,与层间差异无关,因此分层时要注意选择合适的指标。

由于各个类型组的单位数一般是不相等的,所以从各个类型组中抽取多少样本单位有两种不同的确定方法。一种是按各组标志值变动的大小来确定,没有规定统一的抽样比例;另一种是按比例抽样,即保持每组样本单位数与样本容量之比等于各组总体单位数与全部总体单位数之比。

(3) 系统抽样(Systematic Sampling),又叫"等距抽样"或"机械抽样"。这种抽样方法是先把总体所有单位按某一标志排队,并根据总体单位数与样本单位数的比例计算出抽样距离和间隔,随机确定一个起始点作为第一个样本单位,之后每隔相等的距离和间隔抽取样本单位。

对总体单位排队时所采用的标志,可以是与调查项目有关的,也可以是与调查项目无关的,前者称为"有关标志排队法";后者称为"无关标志排队法"。例如,对某校学生学习情况进行调查,按身高排队就是无关标志排队,按考试分数排队就是有关标志排队。按无关标志排队的系统抽样,其抽样平均误差与简单随机抽样十分接近,一般都采用简单随机抽样的平均抽样误差公式代替计算。而采用有关标志排队时,其抽样平均误差一般要小于简单随机抽样的平均误差。

在实际进行抽样时必须注意到,系统抽样在排定顺序且第一个样本单位的位置确定后,其余单位的位置也就随之确定。因此,要避免抽样间隔和现象本身的周期性节奏相重合而引起系统性影响。如工业产品质量抽查,产品抽查时间间隔不宜和上下班时间一致,以防止发生系统性偏差。

(4) 整群抽样(Cluster Sampling),也称"集团抽样"。这种抽样方式是将总体单位划分为若干个群(组),然后以群(组)为单位从中随机抽取部分群(组),对抽中的群(组)内所有单位进行全面调查的抽样组织形式。如调查某县小学的教育情况,我们可以从该县中随机抽取若干个小学,然后对抽中的小学进行全面调查。整群抽样的特点是群的形成可以是自然的也可以是人为的,可以大小相同也可以大小有别,要尽量把总体差异转化为群内差异。

2. 抽样调查的特点

(1) 按照随机原则选取调查单位。所谓"随机原则"是指抽选被调查单位时,不受任何主观因素的影响,客观的使总体中每一个单位都有相同的中选或不中选的可能性,以保证入选单位的代表性。

(2) 抽样调查的目的在于根据部分单位的实际资料对总体的数量特征作出估计(即根据样本指标来推断总体指标)。

(3) 抽样误差可以事先计算并加以控制。抽样调查的结果存在抽样误差,但此误差可以事先计算出来,并可以控制在一定的范围内。

(4) 它是运用概率进行估计的方法。

3. 抽样调查的优越性

抽样调查方法与其他形式的统计调查方法相比具有明显的优越性,我们可以从统计调查的成果以及所付出的代价两方面来分析。普查和全面统计报表都是全面调查,可以得到对总体数量特征的全面认识,但是调查组织工作难度很大,所付出的代价也很大。重点调查和典型调查都是非全面调查,组织调查工作相对容易,所付出的代价较少,但是难以达到对总体数量特征的具体认识。只有抽样调查既具有组织调查工作比较简易的好处,又能达到认识总体数量特征的目的。其优越性可以归纳为以下四方面:

(1)经济性。由于抽样调查的调查单位数目少,调查范围比较集中,调查的工作量大大减轻,从而可以节省人力、财力、物力。

(2)时效性。抽样调查组织专业队伍深入现场直接取样,从而减少了中间环节,并且调查单位少,提高了调查的时效性,可以满足领导决策和经济管理的需要。

(3)准确性。由于抽样调查是按照随机原则选取调查单位,排除了主观因素的影响,使样本具有较高的代表性,并且抽样误差可以通过科学方法加以控制,调查结果比较准确可靠。

(4)灵活性。抽样调查的组织活动方便灵活,调查项目可多可少,调查范围可大可小,既适用于专题研究,也适用于经常性调查。

关于抽样调查的详细内容我们将在第五章讲解。

4. 抽样调查的作用

(1)对于不可能或不必要进行全面调查的场合,抽样调查具有其独特的作用。如:产品的破坏性检验、农产量抽样调查、城市职工家计调查等。

(2)抽样调查和全面调查相结合,可以验证、补充和修正全面调查的资料、数据。如:人口普查前后进行的人口抽样调查。

(3)利用抽样调查方法可以进行生产过程的质量控制。

(4)抽样调查方法可以用来检验总体特征的某些假设,判断假设的真伪,为行动决策提供依据。

(四)重点调查

1. 重点调查的概念

重点调查(Key-point Survey)是指在调查对象中,选择一部分重点调查单位收集统计资料的一种非全面调查。所谓"重点调查单位"是指在这些被调查的总体单位中数目不多,所占比重不大,但其调查的标志值却在总量中占有很大比重,在总体中具有举足轻重作用的单位。通过对这部分重点单位的调查,可以从数量上说明总体在该标志总量方面的基本情况。当调查任务只要求掌握基本情况,而部分单位又能比较集中地反映所要研究的问题时,采用重点调查较为适宜。比如,对钢铁行业的调查,由于大型的钢铁企业为数不多,但产出量却很大,因而可以通过对这些少数大型企业的调查,来掌握整个行业的大致情况。

2. 重点调查的特点

(1)它是选择重点单位进行调查。重点单位通常具备如下条件：一是这部分单位数占总体单位数要很小；二是在调查标志值方面，这部分单位的标志值总量要占总体标志值总量的绝大比重。

(2)调查的目的是为了反映总体的基本情况。重点调查既可以用于经常性调查，也可以用于一次性调查。当只要求掌握调查对象的基本情况，而在总体中确实存在重点单位时，进行重点调查是适宜的。但由于重点单位与一般单位差异较大，所以用重点单位的调查资料是不宜用来推算总体的。

(五)典型调查

1. 典型调查的概念

典型调查(Model Survey)是指根据调查的目的与要求，在对研究现象进行全面分析的基础上，有意识地选择有代表性的典型单位进行深入细致地调查，以便认识事物的本质与发展变化规律的一种非全面调查方法。所谓"典型单位"是指那些能充分、集中地体现调查对象总体的共性特征的最有代表性的单位。

2. 典型调查的特点

(1)有意识地选择典型单位进行调查。

(2)调查目的是为了认识事物的本质和一般规律。

(3)在某种场合也可以从数量上推断总体，但不能计算、推断误差。

3. 典型调查的方式

(1)"解剖麻雀"式调查，它在调查对象总体各单位之间的差异较小时适用。这时，只选择个别典型单位进行深入细致的调查，以找出同类事物的一般情况及其发展变化规律。

(2)"划类选典"式调查，它在调查对象总体各单位之间的差异较大时适用。这时，先对调查对象总体进行分类，然后从各类中选择少数具有代表性的典型单位进行深入细致的调查，找出事物的发展规律并以此对调查对象总体进行推断估计。

4. 典型单位的选择

典型调查的关键是选择典型单位，我们应根据具体的调查目的选择典型单位。

(1)如果是为了近似地估算总体的数值，那么可以在了解总体大致情况的基础上，把总体分成若干类型，按每一类型在总体中所占比例，选出若干典型单位。

(2)如果是为了了解总体的一般数量表现，那么可以选择中等水平的典型单位进行调查。

(3)如果是为了研究成功的经验或失败的教训，则可以选择先进典型和后进典型，或选择上、中、下各类典型，将其进行比较，最后确定几个典型单位。

以上各种调查方法各有其特点和适用范围,在实际工作中要将多种调查方法结合运用,从而形成统计调查方法体系。这是因为:第一,各种调查方法各有其特点和适用场合,但它们彼此间并不互相排斥;第二,客观现象的复杂性决定了必须用多种调查方法才能取得所需的资料;第三,各种方法的局限性也决定了只有用多种调查方法相结合才能互相弥补各自的缺陷。

三、统计调查的种类

根据不同的情况,统计调查可以分为以下种类(如图2-1所示):

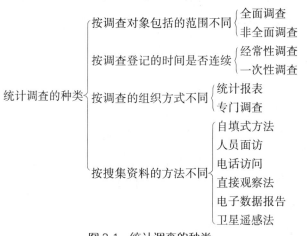

图2-1 统计调查的种类

（一）全面调查和非全面调查

按照调查对象包括的范围不同,统计调查可分为全面调查和非全面调查。全面调查是指对调查对象中的全部单位,无一例外地都进行调查登记或观察(如普查和全面统计报表)。非全面调查是指对调查对象中的一部分单位进行调查登记或观察(如重点调查、典型调查、抽样调查等)。

（二）经常性调查和一次性调查

按照调查登记的时间是否连续,统计调查可以分为经常性调查和一次性调查。经常性调查是指按照研究对象的不断变化,而连续不断地进行登记或观察,以反映事物在一定时期内的全部发展过程。一次性调查是指对被调查对象在某一时点上的状况进行一次性的登记,以反映事物在一定时点上的发展水平。

（三）统计报表和专门调查

按照调查的组织方式不同,统计调查可以分为统计报表和专门调查。统计报表是依据国家法律按照统一的规定、表式、上报时间、上报内容、计算方法和上报程序,由基层单位自下而上逐级向上级和国家定期提供统计资料的一种报告制度。专门调查是根据研究目的专门组织的调查(如普查、重点调查、典型调查、抽样调查等)。

(四)自填式方法、人员面访、电话访问、直接观察法、电子数据报告、行政数据和卫星遥感法

按照统计调查搜集资料的方法不同,统计调查可分为自填式方法、人员面访、电话调查、直接观察法、电子数据报告、行政数据、卫星遥感法等。

1. 自填式方法

自填式方法是指被调查者在没有访(问)员协助的情况下完成问卷。

2. 人员面访

人员面访是指访(问)员协助被调查者完成问卷,访问以面对面的形式进行。

3. 电话访问

访(问)员通过电话协助被调查者完成问卷。

4. 直接观察法

直接观察法指调查人员亲临现场对调查单位的调查项目直接清点、测量、计量,以取得相关资料的一种调查方法。

5. 电子数据报告

电子数据报告指被调查者以他们自己的格式提供电子数据,这也是一种自填式数据搜集方法的形式。

6. 行政数据

行政数据指从其他政府部门或组织的行政记录中搜集的信息。

7. 卫星遥感法

卫星遥感法是一种使用卫星高度分辨辐射来取得资料的一种调查方法。

除此之外,统计数据还有两种搜集模式,即纸张式数据搜集模式和计算机辅助式搜集模式。纸张式数据搜集模式是将问卷印在纸上,被调查者或访员用笔记录答案。数据录入是数据搜集后的一个单独过程。对于一次性调查来说,纸张式方法通常比计算机辅助式方法更简单、实惠,且开发所需时间也少。在计算机辅助式搜集模式中,问卷出现在计算机屏幕上,被调查者或访员将答案通过键盘输入计算机中,其数据收集比纸张式方法更完整、快速和有效。

四、统计调查误差

统计调查误差是指调查结果所得到的统计数字与调查总体实际数量表现的差别。统计调查误差包括登记性误差和代表性误差。

(一)登记性误差

登记性误差又称"调查误差",它是在调查过程中各个环节上造成的误差,有计算错

误、记录错误、计量错误、抄录错误、汇总错误、计算机输入误差等以及被调查者不愿或难以提供真实情况的误差,有时还存在调查人员弄虚作假的误差和各种人为因素干扰的误差。这种误差在所有的调查中都会产生,并且一般情况下,调查范围越广越大,观测的个体越多,产生误差的可能性越大。此类误差在理论上讲是可以避免的。

(二)代表性误差

代表性误差指由于不同的随机样本的选取所造成的误差,它又分为系统性误差和抽样误差两种。系统性误差又称为"偏差",是由于从总体中抽取调查单位时违反随机原则而造成的误差。抽样误差是偶然性的代表性误差,它指在抽样调查中,即使严格按照随机原则抽取调查单位,也不可避免的误差,这是由于抽样中的不同随机样本造成的。

 资料链接

　　随着计算机技术全面融入社会生活,信息爆炸已经积累到了一个开始引发变革的程度。它不仅使世界充斥着比以往更多的信息,而且其增长速度也在加快,进而引出了"大数据"的概念。

　　大数据分析强调的是对个体特征的分析,如个体上网搜索行为、个体购买行为、个体社交行为。通过这些个体行为的大量观测和分析达到预测行业趋势的目的。大数据具有以下四个特点:大量性 Volume;多样性 Variety;高速性 Velocity;价值性 Value。在大数据的概念下,统计数据"总体"的概念会被弱化。大数据相对于小数据时代的抽样,掌握了更多、更全面的信息。但其实大数据本身就是一种抽样,一种样本量巨大、更接近"真相"的抽样。在日常生活当中为了能够获取海量的互联网数据,可以通过有偿服务的方式获得数据包,也可以通过网络爬虫的方式利用互联网这个大平台获取所需要的信息数据。针对于网络爬虫,实现的方式除了有R、Python这样的编程软件外,还可以通过"八爪鱼""集搜客"等第三方数据搜集器软件完成。

第三节　调查方案的设计

一、制定统计调查方案的必要性

统计调查是一项复杂的工作,尤其是大型调查,涉及面广、涉及人员多,要想使调查圆满完成,无论采用什么样的调查方式方法,都要事先设计一个完整、周密的调查方案。设计调查方案是统计设计在统计调查阶段的具体化,它是保证统计调查顺利进行的前提。

二、统计调查方案的主要内容

一个完整的调查方案设计应该包括如图2-2中所示的内容:

图2-2 统计调查的主要内容

(一)明确调查目的

明确调查目的,就是要明确统计调查要解决什么问题,通过调查要取得什么样的资料,取得这些资料有什么用途等问题。只有明确了调查目的,才能有的放矢,根据调查目的收集相关资料。这样,既可以降低调查成本,又可以保证调查资料的时效性。例如,我国进行了6次人口普查,其目的均不一样。1953年人口普查是为了给全国人民代表大会及地方人民代表大会的选举做好选民登记工作,并为国家的经济、文化建设提供确切的人口数字。1964年人口普查是为给编制国民经济建设第3个5年计划和长远规划提供依据。1982年人口普查是为了进行社会主义现代化建设,统筹安排人民的物质和文化生活,为制定人口政策和规划提供人口资料。1990年人口普查是为了查清中国人口在数量、地区分布、结构和素质方面的变化,为科学地制定国民经济和社会发展战略与规划,安排人民的物质和文化生活,检查人口政策执行情况提供可靠的资料。2000年人口普查是为了准确查清人口在数量、地域分布、结构素质和居民环境等方面的变化情况,获得社会经济、人口等方面大量而丰富的信息。2010年人口普查的目的是全面掌握全国人口的基本情况,为研究制定人口政策和经济社会发展规划提供依据,为社会公众提供人口统计信息服务。

(二)确定调查对象和调查单位

调查对象和调查单位是根据调查目的而确定的。调查对象是指需要调查和研究的由许多性质相同的调查单位所组成的现象总体。调查单位是指所要研究的个体,也就是我们所要调查的具体单位,它是进行调查登记的标志承担者。例如,如果调查目的是为了获取国有企业的改制状况,那么所有的国有企业就是调查对象,而具体的每一个国有企业就是调查单位。

确定调查对象是一个比较复杂的问题,我们必须明确总体的界限,调查的范围,区别应调查和不应调查的现象。例如,调查城镇居民家庭收入状况就必须把城镇居民家庭与农村居民家庭的收入区分开来;调查城镇家庭中工人收入状况,除了要明确城镇家庭的范围外，还必须区分工人的界限。

确定调查单位，既是一个理论问题，又是一个实际问题。从理论角度出发，就是要赋予调查单位以科学的定义。从实际工作出发，还要区分调查单位与报告单位。调查单位是调查项目的承担者，而报告单位则是负责上报调查资料的单位。两者有时一致，有时不一致。如当要收集城镇居民家庭收入的状况资料时，每一个城镇家庭既是调查单位，也是报告单位；当要收集城镇居民家庭中工人收入状况资料时，城镇居民家庭中的工人则是调查单位，而城镇居民家庭则是报告单位。

对于抽样调查，确定调查对象就是明确目标总体，这是建立抽样框的前提。进行抽样调查方案设计，还应包括确定样本量的大小、样本的抽取方式和抽样的组织形式。

(三) 确定调查项目

调查项目就是调查工作中所要登记的调查单位的特征，也就是调查单位所承担的基本标志，它由一系列品质标志和数量标志构成。调查项目要解决的问题是向被调查者调查什么，也就是说，需要被调查者回答什么问题。在拟定调查项目时应注意如下三个问题：第一，所选择的项目是调查目的所必需的项目，以免内容繁杂，即对于不必要或者虽然需要但没有可能取得资料的项目要加以限制。第二，调查项目的含义要明确，并有统一的解释，以免被调查者按照各自不同的理解进行回答或产生误解，使调查结果无法汇总和进一步分析。第三，各个调查项目之间应尽可能彼此联系和衔接，以便将有关项目互相核对，提高调查资料的质量。

列入计划的调查项目是依据调查目的而确定的。仍以历年的人口普查为例，1953年人口普查的项目为姓名、与户主关系、性别、年龄、民族以及本户住址6项；1964年人口普查增加了本人成分、文化程度和职业3个项目；1982年人口普查项目为19项，增加了常住人口的户口登记状况，在业人口的行业、职业和不在业人口状况，生育子女总数、存活子女总数和生育胎次等；1990年人口普查项目达到21项，增加了"5年前居住地及其城乡类型"和"迁移原因"两个项目。2010年人口普查项目则在以前的基础上增加了社会保障、住房情况等。

(四) 调查表与问卷的设计

调查表就是把若干个调查项目按照一定的顺序排列在表格上所形成的统计表格。调查表一般有两种：一种是一览表，另一种是单一表。一览表一般在调查项目不多时采用，它是将许多调查单位填写在一张表上；单一表一般用于项目较多的调查，该表可容纳较多的标志，每个调查单位填写一份。

问卷也是用来收集调查数据的一种工具，是根据调查目的和要求所设计的，由一系列问题、备选答案、说明以及代码、表格等组成的一份调查表，即将调查的内容书面化，被调查者可自由地回答问卷中所提出的问题。

(五)确定调查时间和调查期限

1. 调查时间

调查时间是指调查资料所属的时间。在统计调查中,有的资料反映的是在某一时点上的状态现象的发展过程,这时必须规定统一的时点;有的资料所反映的现象是在某一时期内发展过程的结果,这时则必须明确所要收集的资料所属时期的起止时间,即登记的资料应是该时期第一天到最后一天的累计数字。例如,我国第6次人口普查的调查标准时点是2010年11月1日0点。

2. 调查期限

调查期限是指进行调查工作的时限,即调查工作的起止时间,它包括收集资料和报送资料的工作活动所需要的时间。为保证取得资料的时效性,应尽可能地缩短调查时限。例如,我国第6次人口普查规定的时限为2010年11月1日至11月10日登记完毕,调查时限为10天。

(六)制定调查的组织实施计划

调查的组织计划是指为确保实施调查的具体工作计划。调查工作的组织实施计划包括建立调查机构,组织与培训调查人员,确定调查步骤,明确调查方式、方法及调查地点,落实调查经费的来源与经费使用计划,确定调查资料的报送方法和公布调查结果的时间等内容。制定严密细致的实施计划是统计调查得以顺利进行的必要保证。

第四节 统计数据整理

数据整理指根据统计研究的任务和要求,对调查收集到的原始数据资料进行科学的综合与加工,使之系统化、条理化和综合化,并以图表的形式显示,从而得出反映总体特征的综合资料。通过统计调查或从现成的调查中获取的统计数据,只是一些个别单位分散的、不系统的原始数据,所反映的问题常常是事物的表面现象,不能深刻揭示事物的本质,更不能从量的方面反映事物发展变化的规律性。只有根据统计研究的目的,运用科学的方法,对数据进行加工整理,同时用图表形式将数据展示出来,才能发现经济社会现象的数量规律性,以便于我们能进一步理解和分析。

统计数据整理的程序一般包括以下几个部分:第一,统计数据的预处理,即对分散的原始数据进行审核和汇总;第二,统计数据的分组,对预处理后的原始数据,按其性质和特点,进行分组归类,对统计分组后的资料进行汇总和计算,计算出各组指标或综合指标。统计分组是统计整理的中心工作;第三,编制统计表或绘制统计图,按照一定的格式将分组汇总后的统计结果用统计表或统计图的形式描述出来,使事物的总体数量特征更加突出。

一、统计数据的预处理

统计数据的预处理是统计数据整理的先前步骤,它是在对数据进行分类或分组之前所做的必要处理,内容包括统计数据审核、数据汇总、数据的预加工处理等。

(一)统计数据的审核

统计数据的审核是保证统计数据整理质量的重要手段,为进一步的数据整理与分析打下坚实基础。从不同渠道取得的统计数据,在审核的内容和方法上都有所不同。对于通过直接调查取得的原始数据,主要从数据的完整性和准确性两个方面去审核;对于通过其他渠道取得的二手数据,除了要对其完整性和准确性进行审核,还需要着重审核数据的适用性和时效性。

1. 数据的完整性审核

完整性审核主要是审核所有调查项目和指标是否填写齐全,调查单位是否有遗漏。即检查是否有单位无回答或项目无回答。对于直接调查取得的原始数据,应该查看调查问卷或调查表项目是否填写完整,如果有太多空白便要询问调查人员,到底是调查人员的疏忽所致还是调查对象不能回答或不愿意回答,即刻进行空白填补工作。对于二手数据,要看其调查项目是否完备(或者说是否符合我们的研究分析需要),是否存在很多缺失值。

2. 数据的准确性审核

准确性审核是检查所填报的资料是否准确可靠。常用的审核方法有两种:

一是逻辑检查。首先检查数据是否真实地反映了客观实际情况,内容是否符合实际;其次审核数据是否符合逻辑,内容是否合理,各项目或数字之间有无互相矛盾的现象。

二是计算检查。主要检查各项指标的计算口径、计量单位是否符合规定,并通过各种计算方法来检查各指标间的数字是否相互衔接。

3. 数据的适用性和时效性审核

二手数据可以来自于多种渠道,有些数据可能是为了特定目的而通过专门调查取得的,或者是已经按照特定目的的需要作了加工整理。作为使用者来说,首先应弄清楚数据的来源、数据的口径以及有关的背景材料,以便确定这些数据是否符合自己分析研究的需要,是否需要重新加工整理等,不能盲目地生搬硬套。

此外,还要对数据的时效性进行审核。对于有些时效性较强的问题,如果所取得的数据过于滞后,则可能会失去研究的意义,一般需要使用最新的统计数据。数据在经过审核后,确认适合于我们的实际需要,才有必要对其作进一步的加工整理。

(二)统计数据的汇总

统计数据的汇总主要是针对直接调查取得的原始数据。通过统计调查搜集的原始数据,其中很大部分是以问卷或调查表格形式存在,这些数据往往分散、不系统,不易表现出总体的数量特征。通过将问卷或调查表格记录的各单位信息汇总成一个更大的数据表,作为进一步整理的基础。选择恰当的汇总技术,对提高汇总速度和保证汇总质量具有重要意义。

统计数据汇总的技术主要有两种,即手工汇总和电子计算机汇总。

1. 手工汇总

手工汇总就是用小型计算器进行汇总。采用这种汇总技术的方法有划记法、过录法、折叠法、卡片法。手工汇总适合于总体单位数量和调查项目较少的调查研究,在总体单位数量和调查项目较多的调查研究中,手工汇总不仅花费的时间会很长,而且容易出错。

2. 电子计算机汇总

电子计算机的运用大大提高了数据汇总的速度和精确度,目前其已成为我国统计工作的重要工具。电子计算机汇总活动大体分为以下几个步骤:

(1)选择统计软件,目前比较常用的是 Excel、SPSS、SAS 等统计软件。

(2)设置变量。

(3)将问卷或调查表的数据录入。

(4)逻辑检查。

(5)保存为数据表。

(三)数据的预加工处理

将数据录入计算机形成电子文档后,通常还需要对收集到的数据做进一步的预加工处理,以保证数据被清洗干净,这是数据分析过程中不可缺少的一个关键步骤。而且,随着数据分析的不断深入,对数据的加工处理还会多次反复,实现数据加工和数据分析的螺旋上升过程。

数据的预加工处理服务于数据分析和建模,常用的操作内容如图 2-3 所示:

图 2-3 其他预处理操作内容

1. 统计数据的筛选

数据筛选主要包括两方面的内容:一是将某些不符合要求的数据或有明显错误的数据予以剔除;二是将符合某种特定条件的数据筛选出来。

2. 数据排序

对于分类数据,如果是字母型数据,排序有升序、降序之分,但习惯上用升序;如果是汉字型数据,排序方式很多,与分析的目的有关系。对于数值型数据,排序只有两种,即递增和递减。

3. 缺失值处理

缺失值处理主要包括两种路径:一是直接删除含有缺失值数据的样本;二是用合理的替代值替换缺失值。

4. 变量计算

在原有数据的基础上,根据实际分析的需要,计算产生一些具有新含义的变量,或者对数据的原有分布进行转换等。

二、统计分组

(一)统计分组的概念和作用

统计分组是指根据统计研究目的和要求以及总体的内在差异,按照某一分组标志(或几个分组变量)将总体区分为若干性质不同又有联系的几个部分。构成总体的各个总体单位之间既具有共性又有差异,统计分组操作的目的就是将那些具有某个或某几个相同性质的总体单位归结在一起,而将不同性质的现象分开,即经过分组的资料,组内具有同质性,组间具有差异性。因此,统计分组的实质是在现象总体内进行的一种分类,揭示总体内在的数量结构以及总体之间的数量依存关系。

从分组的性质来看,分组兼有分和合的双重含义。对于现象总体而言,是"分",即把总体分为性质相异的若干部分;而对于总体单位而言,又是"合",即把性质相同的许多单位结合为一组。对于分组标志而言,是"分",即按分组标志将不同的标志表现分为若干组;而对于其他标志而言,是"合",即在一个组内的各单位,即使其他标志表现不相同,也只能结合在一组。由此可见,选择一种分组方法,突出了一种差异,显示了一种矛盾,必然同时掩盖了其他差异,忽略了其他矛盾。不同的分组方法,可能得出不同的结论。因此,统计分组必须先对所研究现象的本质作全面的、深刻的分析,确定所研究现象类型的属性及其内部差别,而后才能选择反映事物本质的正确分组标志。

统计分组在统计研究中的重要作用主要表现为以下三个方面:

1. 划分现象的类型

社会经济现象存在着复杂多样的类型,不同的类型有着不同的特点及发展规律。在整理大量的统计资料时,有必要运用统计分组方法将所研究的现象总体划分为不同的类型组来进行研究。例如,国民经济按产业分组,第一产业农业分成农、林、牧、渔业各组;第二产业分成工业和建筑业;第三产业服务业分成批发和零售业、交通运输、仓储和邮政业、住宿和餐饮业、金融业、房地产业、其他等。如表 2-2 所示：

表 2-2 2016 年国内生产总值初步核算数据

国内生产总值构成	绝对额/亿元	构成/%
国内生产总值	744127.2	100
第一产业	63670.7	8.6
农林牧渔业	65964.4	8.9
第二产业	296236.0	39.8
工业	247860.1	33.3
建筑业	49522.2	6.7
第三产业	384220.5	51.6
批发和零售业	71113.4	9.6
交通运输、仓储和邮政业	33355.3	4.5
住宿和餐饮业	13280.8	1.8
金融业	62132.4	8.3
房地产业	48132.8	6.5
其他服务业	152675.8	20.5

2. 揭示现象内部结构

在划分类别的基础上，将总体各单位连同其标志值分别归入所属的类型组中，汇总各组单位数和标志总量，计算各分组单位数或指标数值占总体单位总数或标志总量的比重，就可以揭示总体内部的构成，表明部分与总体、部分与部分之间的关系。例如，表 2-2 还显示了全国 2016 年各个产业总产值及其比重，可以看出第三产业在整个国内生产总值中占了 51.6% 的份额，是经济发展的支柱。

3. 分析现象之间的依存关系

一切社会经济现象都是相互联系、相互依存、相互制约而不是孤立存在的。但是，这种相互依存和制约关系的方向和程度却难以直接观察，通过统计分组，可以揭示这种关系及其在数量上的表现。表 2-3 是假设的某地区不同文化程度和收入水平之间存在依存关系的分组资料，它反映了随着文化程度的提高，平均收入水平也在不断提高，存在正向的依存关系。

表 2-3 20 家同类企业产量与单位成本关系表

产量/吨	企业数/家	平均单位成本/元
20	3	17.1
30	6	16.6
40	9	15.4
50	2	14.2

(二)分组标志的选择

统计分组可以按照不同的标志来进行,分组的标志是划分数据的标准和依据。分组标志的选择是否得当,关系到能否正确地反映总体的数量特征及其变化规律。

1. 正确选择分组标志需考虑的因素

正确选择分组标志,需要考虑以下几点:一是根据研究问题的目的来选择。每个研究对象都有许多特征或属性,分组标志选择不恰当,分组的结果就不能反映总体的性质特征,也就不能达到我们所要研究的目的。二是结合现象所处的具体环境和条件来选择。社会经济现象会随着时间、地点、条件的变化而变化,历史条件不同,事物的特征也会有所变化。分组标志的选择绝对不是一个单纯的技术性问题,而是需要研究者对研究目的、研究对象的特征有比较好的了解和把握。在此基础上,才能选择合适的分组标志。

2. 统计分组遵守的原则

统计分组必须遵守穷尽和互斥两个原则。穷尽原则就是要求总体中的每个单位都应该有组可依,或者说各分组的空间足以容纳总体所有的单位。互斥原则就是在特定的分组标志下,总体中的任何一个单位只能归属于某一组,而不能同时或可能归属于几个组。只有遵循以上两个原则才能使得每个总体单位有且只有某一个组可以归属。

(三)统计分组的种类

1. 按分组标志的多少不同,可分为简单分组与复合分组

简单分组是按照一个标志来分组,只反映总体某一方面的分布状况和内在结构。如图 2-4 所示:对班级学生只按照性别标志划分。

图 2-4　班级学生性别分组图

复合分组是对同一总体选择两个或两个以上标志层叠起来进行分组,即先按第一个标志进行分组,各组再按第二个标志分成小组,各小组继续按第三个标志分成更小的组,如此下去,直至完成所有标志的分组,形成复合分组体系。如图 2-5 所示:对某高校教师总体按性别、年龄、职称和学位四个标志分组。

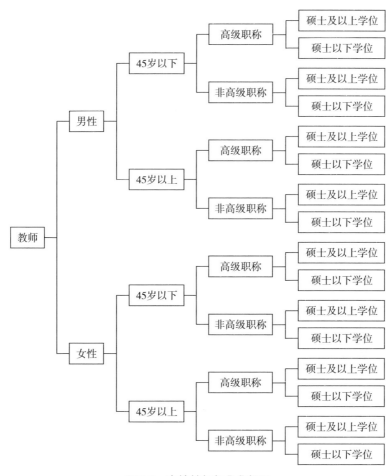

图 2-5 高校教师复合分组图

2.按分组标志的性质不同,可以分为品质分组与数量分组

品质分组也叫属性分组,是指总体按某一个或某几个标志进行分组,并在品质标志变异的范围内,划定各组的性质界限,根据每个个体的标志表现把他们分别归入不同的组中。品质分组比较简单,分组标志一经确定,一个品质标志表现即为一组,组的名称和组数也随之确定。例如对班级学生按照性别划分。

数量分组也叫变量分组,是指总体按某一个或某几个数量标志进行分组,并在数量标志变异的范围内,划定各组的数量界限,根据每个个体的标志表现把它们分别归入不同的组中。数量分组是反映总体内部数量差异的重要方法之一,并能够通过组间数量差异体现出性质不同。

三、统计分组方法

(一)品质分组

品质分组是按品质标志分组。一般地,对于以定类尺度或定序尺度计量的,采取品质分组。例如,一家市场调查公司为研究不同品牌饮料的市场占有率,对随机抽取的一家超市进行了调查。调查员在某天对50名顾客购买饮料的品牌进行了记录,如果一个顾客购买某一品牌的饮料,就将这一饮料的品牌名字记录一次。对收集的数据进行统计分组,每种饮料品牌为一组,如表2-4所示这是简单分组。

表2-4 不同品牌饮料分组表

饮料品牌	人数
可口可乐	15
农夫山泉	11
百事可乐	9
汇源果汁	9
康师傅	6
合计	50

表2-5是在之前调查人员获取的表2-4不同品牌饮料分组表的基础上加入了一个新的分组标志,则就形成了复合式分组。该表除了对饮料品牌进行分类外,还引入了性别标志,将顾客的饮料消费行为分成男、女两个不同的类别。

表2-5 不同品牌饮料分组表

饮料品牌 \ 性别	男	女	合计
可口可乐	9	6	15
农夫山泉	5	6	11
百事可乐	6	3	9
汇源果汁	4	5	9
康师傅	3	3	6
合计	27	23	50

(二)数量分组

数量分组是按数量标志分组。一般地,对于以定距尺度或定比尺度计量的,采取数量分组。按数量标志分组,应注意如下两个问题:首先,分组时各组数量界限的确定必须能反映事物质的差别;其次,应根据被研究的现象总体的数量特征,采用适当的分组形式,确定相宜的组距、组限。

1. 单项式分组与组距式分组

单项式分组就是用一个变量值作为一组,形成单项式变量数列。例如,某学院在校本科生年龄分组,可以分为17、18、19、20、21、22等组,如表2-6所示。单项式分组一般适用于离散型变量,且多用于变量值较少的情况,组数太多不便于观察数据分布的特征和规律。离散型变量是指所描述对象的变量值可以按一定次序一一列举的数量变量。

表2-6　某学院在校本科生年龄情况表

年龄	人数
17	105
18	536
19	548
20	542
21	551
22	134
合计	2416

组距式分组就是将变量值依次划分为几段区间，一段区间表现为"从……到……"的距离，把一段区间内的所有变量值归为一组，形成组距式变量数列。区间的距离就是组距，适用于连续型变量或者变量值较多的离散型变量。例如，对某高校在职教师的年龄进行分组，因为在职教师年龄跨度较大，采用单项式分组会导致无法观测数据形态，故而将年龄分为20～30岁、30～40岁、40～50岁、50～60岁、60～70岁5组，如表2-7所示。

表2-7　某高校在职教师年龄分布情况表（连续型分组）

年龄	人数
20～30	201
30～40	317
40～50	366
50～60	151
60～70	15
合计	1050

2. 连续型分组与间断式分组

在组距式分组中，各组包含许多变量值，每一组变量值中，最小值为下限，最大值为上限，组距是上下限的距离。凡是上下组组限相连的，称为连续组距式分组。例如，反映某高校在职教师年龄分布情况表，如表2-7所示。凡是上下组组限不相连的，称为间断组距式分组。例如，反映某高校在职教师年龄分布情况表，如表2-8所示。

表2-8　某高校在职教师年龄分布情况表（间断式分组）

年龄	人数
20～29	201
30～39	317
40～49	366
50～59	151
60～70	15
合计	1050

间断组距式分组适用于离散型变量,连续组距式分组适用于连续型变量和离散型变量。这一区别的原因在于离散型变量和连续型变量的特点以及统计分组的"穷尽、互斥"原则。连续型变量的可能取值无法一一列举出来,也就是说,在任何两个数值之间都存在无穷多的其他数值,如果采用间距式分组,各组的组限不相连,很有可能遗漏各组组限之间的变量值。为了遵守"穷尽"原则,连续型变量在分组时必须选择相连的组限。那么,这样是否违背了互斥原则呢?若某教师年龄恰巧是 30 岁,应该分在哪一组呢?为了解决这个问题,统计上规定凡是总体某单位的变量值是相邻两组的界限值时,这一单位归入作为下限值的那一组内,称为"上限不在内"原则。有了这一原则作为补充,上面提出的问题就迎刃而解,30 岁应分在 30～40 岁这一组。

3. 等距分组与异距分组

按数量标志进行组距式分组,还可以根据各组距是否相等,把组距式分组分为等距分组和异距分组。等距分组就是变量值在各组保持相等的距离,表 2-7 和表 2-8 都属于等距分组。凡是变量值变动比较均匀的情况,都采取等距分组。等距分组便于操作和绘制统计图。异距分组就是各组组距不全相等,见表 2-9。

表 2-9 某高校在职教师年龄分布情况表(异距分组)

年龄	人数
20～45	710
45～60	325
60～75	15
合计	1050

一般地,异距分组适用于以下几种场合:

(1)变量值分布很不均匀的场合。如果采取等距分组,组距大了,很多变量值都集中到某一两个组,总体的内部结构显现不出来;组距小了,一些组的单位数很少。故此在变量值分布存在明显偏斜的情况下,采用异距分组。

(2)变量值相等的量具有不同意义的场合。例如,生命中每一年对于不同生命阶段是不一样的,若按世界卫生组织给出的对年龄划分标准,得到异距分组结果,见表 2-9。

(3)变量值按一定比例发展变化的场合。例如,对城市的百货商店营业额分组,各个商店的年营业额差异很大,如采用等距分组,组数过多,很难表现出其分布规律,可以考虑用异距分组,5～50 万元、50～500 万元、500～5000 万元。

总之,采取等距或异距分组并没有严格的规定,研究者还是应该根据分组标志的特点以及研究的具体需要来确定。

4. 组距式分组中相关指标的计算

(1)组距。在组距式分组中,组距是上下限之间的距离。连续组距分组的组距计算是:

$$组距 = 本组上限 - 本组下限 \tag{2.1}$$

对于间断式分组的组距大小的计算,采用如下公式:

$$组距 = 本组上限 - 前组上限 \tag{2.2}$$

$$组距 = 本组下限 - 前组下限 \tag{2.3}$$

$$组距 = 本组上限 - 本组下限 + 1 \tag{2.4}$$

连续组距式分组的组距大小,也可根据公式(2.2)或(2.3)求得。

(2)组数。组距的大小直接关系到组数的多少。组距大,组数就少;组距小,组数就大,两者之间是此消彼长的关系。在实际分组时,可以按照美国学者斯特杰斯(H. A. Sturges)提出的经验公式来确定组数 K,即:

$$K = 1 + 3.3 \lg N \ (N \text{ 为总体单位数}) \tag{2.5}$$

我们也可以根据全部数据的最大值和最小值及上式求得的组数来确定组距,即:

$$组距 = \frac{最大值 - 最小值}{组数} \tag{2.6}$$

上述公式仅供参考,不能生搬硬套。组数和组距的确定应以能够显示数据的分布特征和规律为目的,选用组数的多少应依据所研究数据的特性和研究的目的确定。

(3)组中值。上下限之间的中点数值被称为"组中值",组中值的计算公式为:

$$组中值 = \frac{上限 + 下限}{2} \tag{2.7}$$

在计算平均指标或进行其他统计分析时,常以组中值来代表各组变量值的平均水平。当各组变量值表现为均匀分布时,组中值就能较强地代表各组变量值的水平。因此,在分组时,应尽可能地使组内各单位变量值分布均匀。

(4)开口组的组距与组中值。在编制组距式变量数列时,使用"……以上"或"……以下"这样不确定组距的组,被称为"开口组"。例如,表 2-10 中某高校在职教师年龄分组中,30 以下和 60 以上就是开口组。开口组的组距是近似地以相邻组的组距为本组的组距,如上例,30 以下的组,因相邻组的组距为 10,故第一组可视为 20~30,利用公式(2.8)计算其组中值为 25;60 以上的组距以邻组的组距 10 为本组组距,视为 60~70,利用公式(2.9)计算组中值为 65。开口组组中值的计算公式为:

$$组中值 = 上限 - \frac{相邻组的组距}{2} \tag{2.8}$$

$$组中值 = 下限 + \frac{相邻组的组距}{2} \tag{2.9}$$

表 2-10 某高校在职教师年龄分布情况表(开口组)

年龄	人数
30 以下	201
30~40	317
40~50	366
50~60	151
60 以上	15
合计	1050

四、频数分布

(一)频数分布

在统计分组的基础上,将总体中的所有单位按组进行归类整理,并按一定的顺序排列,形成总体中各个单位在各组间的分布,称为"频数分布"或"次数分布"。频数分布表现为一个数列,故又称"分配数列",它可以反映总体中各个单位在各组间的分布状态和分布特征。

频数分布由两个要素构成:一是总体按某变量所分的组;二是各组所出现的单位数,即频数。例如,表2-11中第1列是变量(某高校在职教师年龄)的分组;第2列是各组出现的次数,或者说分在各组的单位数,即频数,各组频数之和等于总体单位数;第3列是频率,频率是各组频数与总体单位数之比,它反映了各组频数的大小对总体所起作用的相对强度。频率的计算公式如下:

$$频率 = \frac{f_i}{\sum f_i} = \frac{f_i}{N}(其中, f_i 为频数, \sum f_i = N) \qquad (2.10)$$

频率具有两个性质:任何频率都是介于0和1之间的一个分数,一般用百分比来表示,$0 \leqslant f_i / \sum f_i \leqslant 1$;各组频率之和为1或100%,即$\sum \frac{f_i}{\sum f_i} = 1$。

表2-11 某高校在职教师年龄频数分布表

年龄	人数	频率(%)
20~30	201	19.14
30~40	317	30.19
40~50	366	34.86
50~60	151	14.38
60~70	15	1.43
合计	1050	100.00

对于异距分组,各组频数的多少还受到组距不同的影响,各组的频数可能会随着组距的扩大而增加,随着组距的缩小而减少。为了消除异距分组所造成的这种影响,须计算频数密度(或称次数密度)。频数密度的计算公式如下:

$$频数密度 = \frac{频数}{组距} \qquad (2.11)$$

$$频率密度 = \frac{频率}{组距} \qquad (2.12)$$

各组频数密度与各组组距乘积之和等于总体单位数,各组频率密度与各组组距乘积之和等于1。

(二)累计频数和累计频率

累计频数(或频率)可以是向上累计频数(或频率),也可以是向下累计频数(或频率)。向上累计频数(或频率)分布,其方法是先列出各组的上限,然后由变量值小的组向变量值大的组依次累计。向上累计频数表明某组上限以下的各组单位数之和;向上累计频率表明某组上限以下的各组单位数之和占总体单位数的比重。例如,表 2-12 是高校在职教师年龄分组累计表,表第 4 列和第 5 列分别为向上累计频数和频率,第 4 列的数字 518 表示年龄在 40 岁以下的教师累计有 518 个,而对应的第 5 列的 49.39% 表示年龄在 40 以下的教师在所有 1050 位教职工中占的比例为 49.39%。

表 2-12 某高校在职教师年龄分组累计表

年龄	人数	频率(%)	向上累计		向下累计	
			人数	频率(%)	人数	频率(%)
20～30	201	19.14	201	19.14	1050	100
30～40	317	30.19	518	49.33	849	80.86
40～50	366	34.86	884	84.19	532	50.67
50～60	151	14.38	1035	98.57	166	15.81
60～70	15	1.43	1050	100	15	1.43
合计	1050	100.00	—	—	—	—

向下累计频数(或频率)分布,其方法是先列出各组的下限,然后由标志值大的组向标志值小的组依次累计。向下累计频数表明某组下限以上的各组单位数之和;向下累计频率表明某组下限以上的各组单位数之和占总体单位数的比重。表 2-12 中第 6 列和第 7 列分别为向下累计频数和频率,第 6 列的数字 166 表示年龄在 50 岁以上的教职工累计有 166 位,而对应的第 7 列的 15.81% 表示年龄在 50 岁以上的教职工在所有 1050 位教职工中占的比例为 15.81%。

累计频数分布具有以下两个特点:第一组的累计频数等于第一组本身的频数;最后一组累计频数等于总体单位数。累计频率同样也具有两个特点:第一组的累计频率等于第一组本身的频率;最后一组的累计频率等于 1。

第五节 统计表和统计图

经过整理的统计数据可以用统计表也可以用统计图展示。统计表不仅条理分明,集中醒目,而且可以节省大量的文字叙述,也便于对比分析与积累;统计图的特点是形象、鲜明、直观,能够清晰地显示现象之间的相互关系。

一、统计表

(一)统计表的定义和结构

统计表是把由统计调查得来的原始数据通过整理,使其成为得以说明社会现象及其发展过程的数据,并按一定的顺序排列在表格中所形成的数据表格。统计表一般可以分为广义统计表和狭义统计表两种。广义统计表包括统计工作各阶段中所用的一切表格。狭义统计表指将汇总结果按一定顺序排列在由横行、纵列交叉结合而成的表格中。狭义统计表是统计分析的重要工具,它清楚地、有条理地显示了统计资料,并能直观地反映统计分析的特征。统计表的一般结构如表 2-13 所示。

表2-13 2016年全国居民人均可支配收入情况表 ← 总标题

单位:元

行标题	可支配收入	2016年	增加值	列标题
	工资性收入	13455.2	996.2	数字资料
	经营净收入	4217.7	262.1	
	财产净收入	1889.0	149.4	
	转移净收入	4259.1	447.2	

资料来源:国家统计局,《2017年中国统计年鉴》,www.stats.gov.cn。← 附加

统计表从形式上来看,其构成要素包括总标题、行标题、列标题、数字资料和附加 5 个部分。总标题置于表的正上方,是统计表的名称,它简明扼要地说明了全表的基本内容。行标题置于表的左端,是横行的名称(即总体各组名称或各指标名称),表示统计研究的对象。列标题置于表的上端,是各列的名称。行标题与列标题的位置依据统计资料和列表的具体情况,有时可以互换。如果统计表的数据是通过第二手资料整理获得或者统计表本身引用了他人的调查结果,则须在统计表的下端附加数据的来源说明。

(二)统计表的设计

统计表的设计总要求是简练、明确、实用、美观、便于比较。统计表设计过程中应注意的事项如下:

1. 统计表的设计

统计表应设计成由纵横交叉线条组成的长方形表格,长与宽之间保持适当的比例。

2. 线条的绘制

表的上下端应以粗线绘制,表内纵横线以细线绘制。表格的左右两端一般不画线,采用"开口式"。

3. 合计栏的设置

统计表各列若需合计时,一般将合计项目列在最后一行,各行若需合计时,可将合

计项目列在最后一列。

4. 标题设计

统计表的总标题和行、列标题要简明扼要，以简练而准确地表述统计资料的内容、资料所属的时间和空间范围。

5. 指标数值

表中数字应该填写整齐，对准位数，同一列应精确到小数点后同一位。当因数值太小可忽略不计时，可写上"0"；当缺某项数字时，可用符号"…"表示；不应有数字时用符号"—"表示。

6. 计量单位

必须注明数字资料的计量单位。当全表中只有一种计量单位时，可将它写在总标题的右下方。如果表中各行的指标数值计量单位不同，可在行标题后添加一列标明计量单位。

7. 注解或资料来源

为了保证统计资料的科学性和严肃性，在统计表下，应说明资料来源以便考察。必要时，还应在统计表下加上注解或说明。

二、统计图

(一)统计图的定义和结构

统计图是统计资料的一种表达方式，它简洁直观地表示统计表中枯燥的数据，可以帮助我们从众多的数据中发现规律，更迅速、更有效地传递信息，给人明确和深刻的印象。

统计图一般包括以下几个基本要素：

1. 标题

标题有图表标题、数值轴（横轴、纵轴）标题。图表标题是统计图的名称，它简明扼要地说明了全图的基本内容，一般置于统计图的下端。例如图2-6的图标标题是"2011—2017年中国数字阅读用户规模及增长率"，简要地说明了该图反映的研究对象（中国人口）、研究内容（数字阅读规模及增长率）以及研究内容发生的时间（2011—2017年）等要素。

2. 绘图区

绘图区是指依据统计表中的数据或原始数据绘制出图形的区域。在图2-6中，根据调查可知2011—2017年数字阅读规模逐步提升，2013年的增长率最高。

3. 图例

图例用来表明图中的数据系列，一般至于图表的右上方。如果只有一个数据系列则不需要图例。例如，图2-6中包括用户规模和年增长率两个数据系列，在图例中利用不同的图例,以示区别。

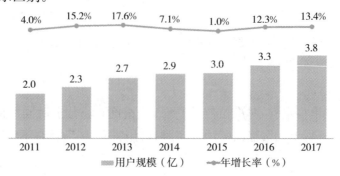

图 2-6　2011—2017 年中国数字阅读用户规模及增长率

(二)统计图的种类

统计图的种类很多,常用的有饼图、柱状图、直方图、折线图、茎叶图等。

1.饼图

饼图用圆形和圆内扇形的面积来表示数值的大小,主要用于表示总体中各组成部分所占的比重。如图 2-7 某专业男女生性别比情况,从图中可以了解到该专业男女生所占的比重,其中男生占 56%,女生占 44%。一般,饼图中的每一块"小饼"代表一个分组标志,其面积大小代表该分组标志在总体中所占的比例,比例越大,则"小饼"的面积越大,所有"小饼"加在一起就构成一个完整的圆饼,即表示各组的频率之和为 1。饼图由于其简单直观的特点在市场占有率的分析中运用较广。饼图适用于任何分组数据,但更多地应用于定类和定序尺度的数据。

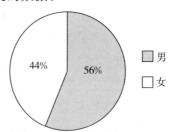

图 2-7　某专业男女性别比情况图

2.柱状图

柱状图是一种以长方形的长度为变量的表达图形的统计报告图,常用于比较数据之间的差别。根据表 2-6 的数据绘制某学院学生年龄分布柱状图。横轴表示年龄的代表值,纵轴表示频数或频率,依据各组组距的宽度和频数(频率)的高度绘成柱状形。从图 2-8 的图例中可以看出,纵轴为人数,表示每个年龄取值对应的在校生人数,其中 18—21 岁频数最高。图中可见,柱状图的各个条形柱并不相连,原因在于所反映的数据是离散型定距数据或定序、定类尺度数据,这些数据的特征是其在坐标轴上不连续,学生的年龄就是离散型数据。由此我们知道,柱状图只能使用于离散型定距数据或定序、定类尺度数据,不能用于连续型的数据。

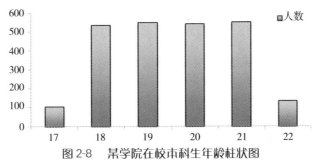

图 2-8　某学院在校本科生年龄柱状图

3. 直方图

直方图是用直方形的宽度和高度来表示各组频数分布的图形。绘制直方图时,横轴表示各组组限,纵轴表示各组的频数或频率,依据各组组距的宽度和频数(频率)的高度绘成直方形。图 2-9 是根据表 2-7 绘制的某高校在职教职工年龄分布直方图。直方图与柱状图存在细小的差异,直方图的长条形紧密地排列在一起,而柱状图的长条形是分散地排列,原因就在于我们前面提到的离散数据与连续数据之间的差别。因此,我们还必须在应用中注意直方图只适用于连续型的数据。

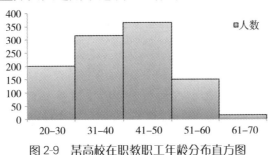

图 2-9　某高校在职教职工年龄分布直方图

4. 折线图

折线图是以线段的起伏来表示数量分布的特征。绘制时,横轴表示变量值,纵轴表示频数或频率,先根据变量值和其频数在坐标轴上绘出相应的点,再用折线将所有的点连接起来,以直观地表现数量分布的变动规律。图 2-10 是图 2-6 中 2011－2017 年中国数字阅读年增长率的单独折线图,从图中可以看出,年度增长率在 2013 年达到了最高点,后在 2015 发生了一个大幅度的变动。

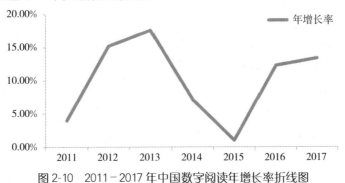

图 2-10　2011－2017 年中国数字阅读年增长率折线图

当所观察数据的组距越小且组数越多时,所绘出的折线图就会越光滑,并逐渐形成一条光滑的曲线,这种曲线就是频数分布曲线,反映了数据或统计量的分布规律。频数分布曲线在统计学中很重要,是描述各种统计量和分布规律的有效方法。在日常生活和经济管理中,较常见的有4种统计曲线,即正态分布曲线、偏态曲线、J型曲线和U型曲线。

(1)正态分布曲线。正态分布曲线也称"钟形曲线",如图2-11中的(a)图,其基本特征是"中间大,两头小",也就是说,中间的变量值分布频数多,靠近两边的变量值分布的频数少。形为左右对称,犹如倒挂的钟的形状。这是客观事物所具有的数量特征表现最多的一种频数曲线。例如,人的身高、体重、智商、考试成绩、农作物产量等等。

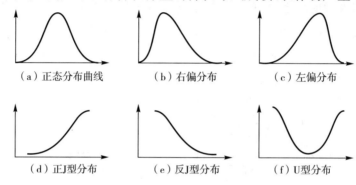

图2-11 几种常见的频数分布

(2)偏态曲线。偏态曲线根据尾部拖向哪一方又可分为右偏和左偏两种曲线,图2-11中的(b)图为右偏分布、(c)图为左偏分布。例如,人均收入分配的曲线就是右偏曲线,也就是说,低收入的人数较多,在收入较低的左边形成高峰,高收入的人数较少,且收入越高的人越来越少,在右边形成了一个细长的尾巴。

(3)J型曲线。J型曲线包括正J型和倒J型分布。比较常见的例子是西方经济学中的供给曲线和需求曲线。供给曲线如图2-11中的(d)图,随着价格的增加,供给量在不断增加,而需求曲线如图2-11种的(e)图,随着价格的增加,需求量在不断减少。

(4)U型曲线。U型曲线又称"生命曲线"或"浴盆曲线",人和动物的自然死亡率近似服从U型曲线分布。婴儿由于抵抗力弱,所以死亡率很高。随着对新环境的适应和年龄的增长,死亡率逐渐降低。到了中年时期,死亡率达到最低;进入老年后,身体出现衰退性病变,死亡率又逐渐提高。另外,人们的闲暇时间也是呈U型曲线分布的。婴儿时期和少儿时期,人们的闲暇时间最多;随着年龄的增长,人们开始学习、就业,闲暇时间逐渐减少;人到中年事业达到最高峰时家庭的负担也最重,上有老下有小,工作和家庭的双重压力使得中年人的闲暇时间最少;随着人们从中年步入老年,逐渐退出工作岗位,孩子也都长大离开家庭,老年人的闲暇时间又逐渐增加。

5.茎叶图

茎叶图又称"枝叶图",它的思路是将数据组中的数按位数进行比较,将数的大小基本不变或变化不大的位作为一个主干(茎),将变化大的位的数作为分枝(叶),列在主干的后面,这样就可以清楚地看到每个主干后面有几个数,每个数具体是多少。

若某班数学期末考试成绩分别为(40人):

67 65 85 75 70 72 75 58 69 83 82 73 96 69 85 83 78
74 80 70 65 84 85 81 70 88 90 86 77 78 86 92 93 85
72 76 70 83 88 75

则用茎叶图可表示如图 2-12 所示。由图可见,用茎叶图对一组数据进行分组和排序特别简单明了。

```
5 | 8
6 | 5 5 7 9 9
7 | 0 0 0 0 2 2 3 4 5 5 6 7 8 8
8 | 0 1 2 3 3 3 4 5 5 5 6 6 8 8
9 | 0 2 3 6
```

图 2-12 茎叶图

6. 箱形图

箱形图是由变量的 5 个特征值绘制而成的图形,由一个箱子和两条线段组成。5 个特征值是变量的最大值、最小值、中位数、第一四分位数和第三四分位数(中位数和四分位数将在第三章介绍)。连接两个四分位数画出一个箱子,箱子用中位数分割,把两个极点值与箱子用线条连接,即形成箱线图。箱线图可以直观地识别数据中的异常值;可以用于判断数据的偏态和拖尾的性质;还可以比较不同总体间数据形态上的差异。如图 2-13 展示的是某位老师所教授两个班统计学成绩的情况,从图中可以看出 2 班整个成绩最大值与最小值的差异、处于中间 50% 同学的成绩跨度以及中位数的数值都比 1 班高,并且从两个总体的长方形看跨度可以看出,1 班的数据更集中,平均值的代表性更强。

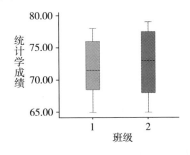

图 2-13 两班级统计学成绩情况箱线图

资料链接

数据可视化是指将相对晦涩难懂的数据通过可视的、交互的方式进行展示,从而形象、直观地表达数据蕴含的信息和规律。步入大数据时代,各行各业对数据的重视程度与日俱增,随之而来的是对数据进行一站式整合、挖掘、分析。可视化的需求日益迫切,数据可视化呈现出愈加旺盛的生命力,表现之一就是视觉元素越来越多样,从朴素的柱状图、饼状图、折线图,扩展到地图、气泡图、树图、仪表盘等各式图形;表现之二是可用的开发工具越来越丰富,从专业的数据库、财务软件,扩展到基于各类编程语言的可视化库,相应的应用门槛也越来越低。

在具体的实现过程中,数据可视化主要通过编程和非编程两类工具实现。主流编程工具包括 R、Python 和 Stata,它们既可以做数据分析,又可以做图形处理;非编程类工具包括 Excel、Power BI 和 Tableau 等可以快速上手的软件以及 Google 开发的 Google Charts、百度开发的 Echarts 和阿里巴巴开发的 DataV 等在线数据可视化工具。

第六节　Excel 在统计数据整理与显示中的应用

一、用 Excel 进行分组和编制频数分布表

在 Excel 中有两类方法可以实现分布数列的编制,一是使用相关函数,如 COUNTIF 函数、DCOUNT 函数和 FREQUENCY 函数;二是,应用 Excel 自带数据分析模块的"直方图"分析工具。

(一)利用频数分布函数进行数据分组

1. COUNTIF 函数

计数分布函数 COUNTIF,主要用于对区域中满足单个指定条件的单元格进行计数。例如,可以对以某一字母开头的所有单元格进行计数,也可以对大于或小于某一指定数字的所有单元格进行计数。COUNTIF 函数的语法形式为 COUNTIF(range, criteria)。其中 range 为要对其进行计数的一个或多个单元格,其中包括数字或名称、数组或包含数字的引用;criteria 为用于定义哪些单元格将被计算在内,其形式可以为数字、表达式、单元格引用或文本字符串。

【例 2.1】　构建学生男女性别分布。

(1)打开【例 2.1】数据工作表。

(2)在单元格 E2 中输入"性别",F2 中输入"频数"。

(3)在单元格 E3 和 E4 中分别输入"男""女"。

(4)在 F3 单元格中输入"＝COUNTIF(B2:B101,E3)"。

(5)在 F4 单元格中输入"＝COUNTIF(B2:B101,E4)"。

由此便获得调查总体的频数分布,从图 2-14 中可以看出,总体中男女性别比例差异不大。

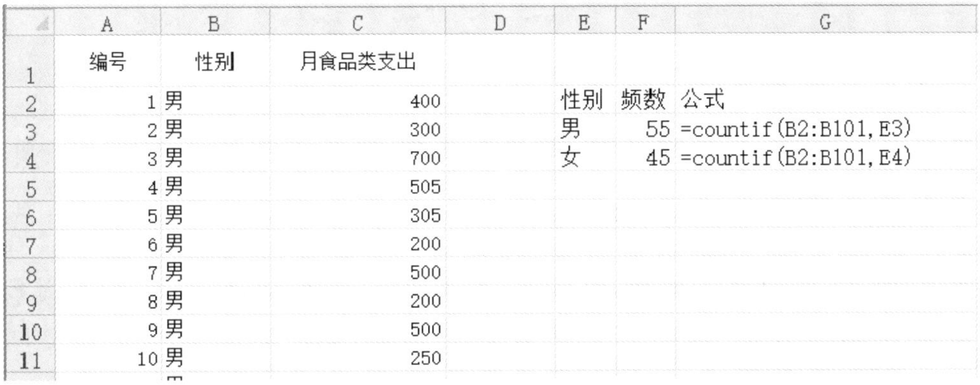

	A	B	C	D	E	F	G
1	编号	性别	月食品类支出		性别	频数	公式
2	1	男	400		男	55	=countif(B2:B101,E3)
3	2	男	300		女	45	=countif(B2:B101,E4)
4	3	男	700				
5	4	男	505				
6	5	男	305				
7	6	男	200				
8	7	男	500				
9	8	男	200				
10	9	男	500				
11	10	男	250				

图 2-14　男女性别占比频数分布

利用 COUNTIF 函数进行数据分组主要适用于品质标志分组以及数量分组中的单项式分组。而面对组距式分组时,主要使用 FREQUENCY 函数来完成。

2. FREQUENCY 函数

频数分布函数 FREQUENCY 主要用于计算数值在某个区域内的出现频率,然后返回一个垂直数组。由于函数 FREQUENCY 返回一个数组,所以它必须以数组公式的形式输入。频数分布函数 FREQUENCY 的语法形式为 FREQUENCY(data_array,bins_array)。其中,data_array 为一个数组或对一组数值的引用,用来计算频数、编制频数分布的数据;bins_array 为频数或次数的接收区域,表现为间隔的数组或对间隔的引用,该间隔用于对 data_array 中的数值进行分组。需要说明的是,FREQUENCY 计算结果返回的是一个数组,因此在结果输出时,需要按住 Ctrl＋Shift＋Enter 键得到结果。

【例 2.2】　构建月外出就餐支出分布。

(1)打开【例 2.2】数据工作表。

(2)在单元格 D2 中输入"分组",在单元格 E2 中输入"频数"。

(3)在 D3:D10 单元格区域中一次输入 0、100、200、300、400、500、600、700 作为频数接收区域,他们分别表明月外出就餐支出小于等于 0 的人数;月外出就餐支出小于等于 100、大于 0 的人数;月外出就餐支出小于等于 200、大于 100 的人数;月外出就餐支出小于等于 300、大于 200;等等。

(4)选定 E3:E10 单元格区域,插入 FREQUENCY 函数,输入＝FREQUENCY(B3:B102,D3:D10),并同时按住 Ctrl＋Shift＋Enter 组合键,得到频数分布表如图 2-15 所

示。从结果中可以看出,大多数人月外出就餐支出为 100－300 元。

	A	B	C	D	E
1	编号	月外出就餐支出			
2	1	400		分组	频数
3	2	300		0	0
4	3	700		100	25
5	4	505		200	31
6	5	305		300	16
7	6	200		400	10
8	7	500		500	13
9	8	200		600	3
10	9	500		700	2
11	10	250			

图 2-15　月外出就餐支出频数分布

(二)利用分析工具进行数据分组

使用 Excel 不仅可以通过创建公式、工作表函数进行数据分析,还可以利用 Excel 提供的一系列数据分析工具,称为"分析工具库",来处理更复杂的统计计算与分析问题。

1. 分析工具的安装

(1)打开 Excel2010 操作表,点击菜单栏的"文件"按钮,弹出的下拉菜单中找到"选项"。

(2)点击"选项",会弹出 Excel 选项对话框,并找到"加载项"选项。

图 2-16　"选项"卡对话框

(3)点击"加载项",进入到加载项的界面中,设置下方的管理选择"Excel 加载项"。

(4)点击"转到"按钮,出现加载宏设置框。

(5)在可用加载宏处对"分析工具库"和"分析工具库－VBA"前面单击对勾选中,之后点击"确定"。

图 2-17　加载宏对话框

回到 Excel2010 工作表界面,点击菜单栏的"数据",在数据功能右侧就会出现"数据分析工具"模块,如图 2-18 所示。

图 2-18　"数据分析"模块

2.直方图分析工具的内容

直方图分析工具是一个用于确定数据的频数分布、累计频数分布,并提供直方图的分析模块。它在给定工作表中数据单元格区域和接收区间的情况下,计算数据的频数和累计频数。

通过加载宏的方式安装好数据分析模块后,通过在"数据"菜单中,选择"数据分析"选项,弹出"数据分析"对话框,如图 2-19 所示。其中包含众多复杂的统计分析模块。

图 2-19　"数据分析"模块对话框

在"分析工具"的列表中,选择"直方图"分析工具,单击"确定"按钮,则弹出"直方图"对话框,如图 2-20 所示。

"直方图"对话框中各选项主要内容如下:

"输入区域":在此输入待分析数据区域的单元格引用。

"接受区域"(可选):在此输入接收区域的单元格引用,该区域应包含一组可选的用来定义接收区间的边界值。这些值应当按升序排

图 2-20 "直方图"对话框

列。与统计分组的"上限不在内"原则不同的是,只要某个数值等于或小于此边界值,则该值都将被归到以该边界值为上限的区间中。如果省略此处的接受区域,Excel 将在数据组的最小值和最大值之间创建一组平滑分布的接收区域。

"标志":如果输入区域的第一行或第一列中包含标志项,须勾选此复选框;如果输入区域没有标志项,则不需要勾选,Excel 将在输出表中自动生成数据标志。

"输出区域":指定输出表左上角单元格的引用。

"新工作表组":通过在当前工作簿中插入新工作表,并由 A1 单元格开始粘贴计算结果。

"新工作簿":创建一个新工作簿,并在工作簿的新工作表中粘贴计算结果。

"柏拉图":可以在输出表中同时按降序排列频数数据。

"累积百分率":可以在输出表中添加一列累计百分比数值,并同时在直方图中添加累计百分比折线。

"图表输出":可以在输出表同时生成一个嵌入式的直方图。

3. 直方图分析工具的使用

【例 2.3】 利用直方图模块构建月外出就餐支出分布。

(1)打开【例 2.2】数据工作表。

(2)在"数据"菜单中选择"数据分析"选项,并选择"直方图"分析工具。

图 2-21 "直方图"分析工具对话框

(3)在"输入区域"文本框中,选择 B1:B101,然后选择"标志"复选框,在"接受区域"输入预先设定好的 D3:D10 的分组标志,并在"输出区域"文本框中选择 E2。单击"确定"按钮。

	A	B	C	D	E	F
1	编号	月外出就餐支出				
2	1	400		分组标志	分组标志	频率
3	2	300		0	0	0
4	3	700		100	100	25
5	4	505		200	200	31
6	5	305		300	300	16
7	6	200		400	400	10
8	7	500		500	500	13
9	8	200		600	600	3
10	9	500		700	700	2
11	10	250			其他	0
12	11	410				

图 2-22　分析结果

二、用 Excel 绘制统计图

利用 Excel 绘制统计图可以将输入到工作表中的数据以图表的形式显示。这些图表与数据所在的工作表之间具有一种链接关系,修改工作表中的数据时,图表也会随之而更新。

Excel 有着强大的绘图功能,可以绘制出各式各样的统计图形,如柱形图、折线图、饼图、条形图、面积图、散点图等。生成图表有两种方法,一种是在某些分析工具中具有输出某些图形的选项,如"直方图"分析工具可以输出直方图;另一种是使用菜单插入图表,这个也是最常用的方法。

在"插入"选项卡上有"图表"选项组,默认有"柱形图""折线图""饼图""条形图""面积图""散点图"和"其他图表"7 个按钮。

图 2-23　图表选项卡

(一)利用直方图工具绘制图形

在【例 2.3】生成频数分布表格的操作过程中,勾选"图表输出",点击确定,即可根据上述的分析结果绘制出直方图。

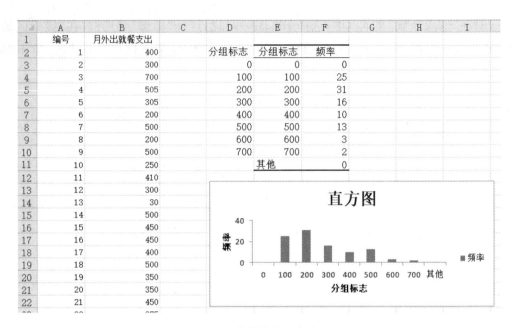

图 2-24　频数分布与直方图

但在输出图形中不难发现,默认的直方图各个柱形之间是彼此分开的,这与常用的直方图不一致,需要将 X 轴的坐标取值连接在一起。操作步骤如下:

第一步,单击某个柱形,右击鼠标,在弹出菜单中选择"设置数据系列格式"选项,弹出对应的对话框,如图 2-25 所示。

图 2-25　数据系列格式对话框

第二步,在对话框中"系列选项"的选项卡中,将"分类间距"调整为"无间距",即可以得到直方图,如图 2-26 所示。

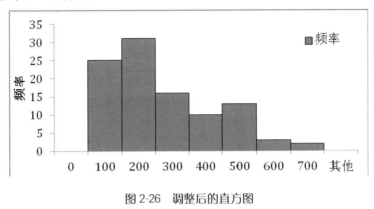

图 2-26　调整后的直方图

(二)利用图表模块绘制直方图

通过学习,我们可以知道直方图与柱形图之间具有一定的相似性,区别只是在柱形之间的距离。故而,我们可以考虑通过先用分组数据绘制柱形图,后调整柱形之间的间距得到直方图,同样可以得到如图 2-26 的结果。继续利用【例 2.2】分组后的数据,绘制直方图。具体的操作步骤如下:

(1)点击"插入"选项卡后,在图形模块点击"柱形图",在其中选择"二维柱形图",会在 Excel 空白页上生成放置图形框。

(2)此时,在界面上部会出现"图表工具"选项卡,其中包括"设计""布局"和"格式"三个用于绘制图形的选项模块。

图 2-27　设置数据系列格式

"设计"模块主要是对图表的类型、数据形式及来源、图表布局、图表样式和图表位置的设置。"布局"模块是用于对图表的标签、坐标轴、背景和深入分析的设置。"格式"模块是对图表色块的形状样式、图层排列和图形大小的设置。

在"设计"模块点击"选择数据",弹出"选择数据源"对话框,在其中设置图形所需要绘制的数据内容,其中包括"图表数据区域"选择分组结果的 D2:E10,水平(分类)轴标签选择 D3:D10。

(3)绘制后需要将柱形间的间隔删除,单击某个柱形,右击鼠标,在弹出菜单中选择"设置数据系列格式"选项,弹出"系列选项"对话框,在此选项卡中,将"分类间距"调整为"无间距",即可以得到直方图。

 复习思考题

1. 调查在校大学生的就业选择情况,则"就业选择情况"是(   )。
   A. 调查对象   B. 调查单位   C. 调查项目   D. 变量值
2. 拟对在校大学生的消费情况进行调查,则在结果展示时,消费情况适合使用的图形是(   )。
   A. 饼状图   B. 柱状图   C. 直方图   D. 折线图
3. 下列分组中属于按品质标志分组的是(   )。
   A. 学生按考试分数分组   B. 产品按品种分组
   C. 企业按计划完成程度分组   D. 家庭按年收入分组
4. 简述抽样调查、重点调查和典型调查的主要区别。
5. 在统计工作中为什么要强调多种调查方法的结合运用?
6. 某灯泡厂从一批灯泡中抽取 50 只灯泡进行检验,测得每只灯泡的耐用时间如下(单位:小时)
   851 901 800 914 991 827 909 904 891 996 886 928 999 946 950
   864 999 927 949 852 948 991 948 864 988 849 958 934 992 878
   998 928 978 816 918 999 854 900 936 938 869 949 890 927 878
   924 1024 1000 890 900

请以 50 小时为组距,将上述统计数据整理成组距数列绘制频数分布表,并绘制次数分布直方图。

7. 有 20 个工厂产值计划完成情况如下：

工厂代号	计划完成(%)	工厂代号	计划完成(%)	工厂代号	计划完成(%)	工厂代号	计划完成(%)
1	83.3	6	117.2	11	98.2	16	109.1
2	81.2	7	105.6	12	99.1	17	114.5
3	96.5	8	101.5	13	89.3	18	106.2
4	103.7	9	93.6	14	118.0	19	99.5
5	106.1	10	96.3	15	119.3	20	117.3

试按计划完成程度进行分组，并绘制频数分布表。

8. 今有某车间 40 名工人日产量资料如下（单位：件）
80,90,63,97,105,52,69,78,109,98,92,83,83,70,76,75,94,81,85,100,70,88,
73,78,64,88,61,81,98,89,96,64,75,88,108,82,67,85,95,58

（1）试编制等距数列，并计算各组频率及组中值。
（2）绘制次数分布直方图和折线图。

9. 请结合本校实际，针对学校图书馆利用情况设计调查方案和调查问卷。

案例研讨

《中华人民共和国 2017 年国民经济和社会发展统计公报》是由国家统计局编写的，用于介绍 2017 年全国经济和社会发展状况的正式文件，具有一定的权威性。在上一年度的统计公报中可以得到关于 2017 年国内人口、经济和就业发展情的描述。具体内容如下：

1. 人口

2017 年末，全国大陆总人口 139008 万人，比上年末增加 737 万人，其中城镇常住人口 81347 万人，占总人口比重（常住人口城镇化率）为 58.52%，比上年末提高 1.17 个百分点。户籍人口城镇化率为 42.35%，比上年末提高 1.15 个百分点。全年出生人口 1723 万人，出生率为 12.43‰；死亡人口 986 万人，死亡率为 7.11‰；自然增长率为 5.32‰。

2. 国内生产总值

2017 年，初步核算，全年国内生产总值 827122 亿元，比上年增长 6.9%。其中，第一产业增加值 65468 亿元，增长 3.9%；第二产业增加值 334623 亿元，增长 6.1%；第三产业增加值 427032 亿元，增长 8.0%。第一产业增加值占国内生产总值的比重为 7.9%，第二产业增加值比重为 40.5%，第三产业增加值比重为 51.6%。

3. 就业

2017 年末全国就业人员 77640 万人，其中城镇就业人员 42462 万人。全年城镇新增就业 1351 万人，比上年增加 37 万人。年末城镇登记失业率为 3.90%，比上年末下降 0.12 个百分点。全国农民工总量 28652 万人，比上年增长 1.7%。其中，外出农民工 17185 万人，增长 1.5%；本地农民工 11467 万人，增长 2.0%。

从上述三段文字中,可以了解到 2017 年国内"经济运行稳中有进、稳中向好、好于预期,经济社会保持平稳健康发展。"

此外,在国家统计局网站上,还推出了"可视化产品"的服务,通过点击对应的服务,就可以得到一些统计图和统计表,用以对统计局披露的信息进行展示。下列的图 2-28—图 2-33 就是对上述人口、国民经济总量和就业情况进行的可视化展示。

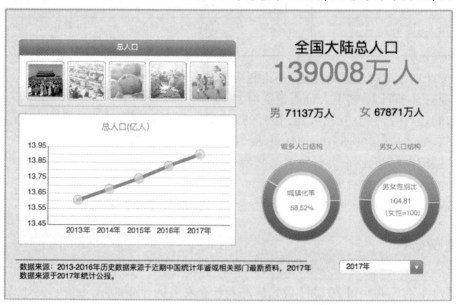

图 2-28　2017 年国内人口情况可视化图

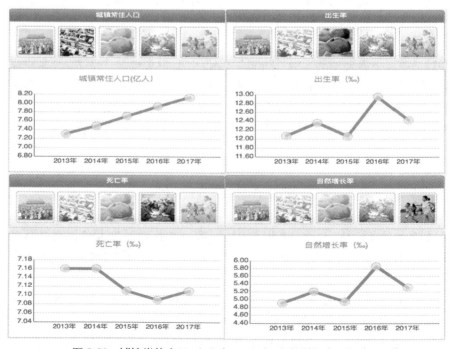

图 2-29　城镇常住人口、出生率、死亡率、自然增长率可视化图

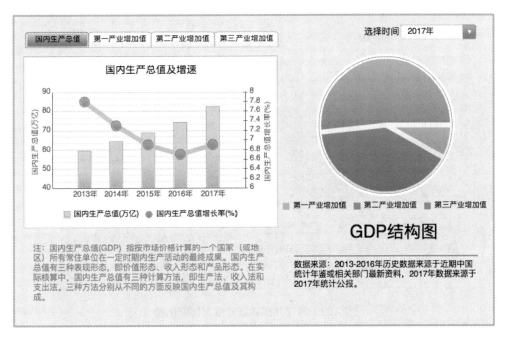

图 2-30　2017 年国内生产总值情况可视化图

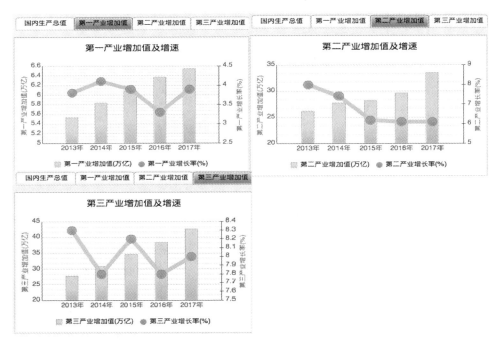

图 2-31　第一、二、三产业增加值及增速情况可视化图

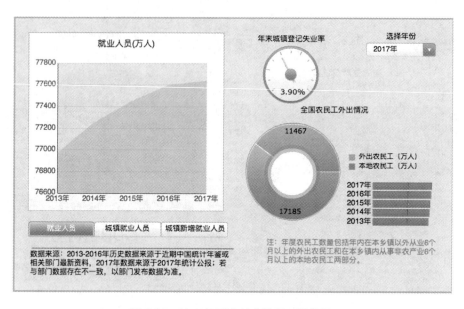

图 2-32 2017 年国内就业情况可视化图

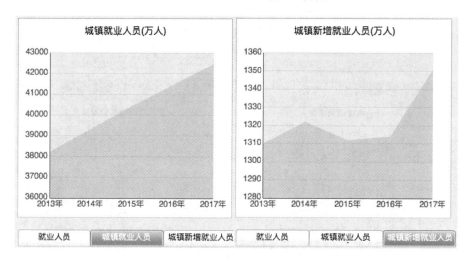

图 2-33 城镇就业人员与城镇新增就业人员可视化图

案例思考题：

对比上述的两种表述形式，阐述各自的优缺点，讨论使用时应注意的事项。

第三章

静态分析指标

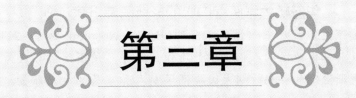
学习目标

理解总体指标、相对指标、平均指标、变异指标、偏态与峰度的概念及其作用；

掌握总体指标、相对指标、平均指标、变异指标、偏态与峰度的计算方法；

了解各类指标运用的原则；

能用各种指标分析实际数据及经济现象；

会运用EXCEL的函数和公式功能在各种指标计算中的应用。

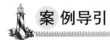
案 例 导 引

华盛顿大学医疗中心的彭斯医院济病计划

位于华盛顿大学医疗中心的彭斯医院（Bames Hospital）建于1914年，它主要给圣路易斯及其邻近地区的人们提供健康保健服务。该医院被公认为美国最好的医院之一。彭斯医院的济病计划大大提高了病人和家属的生活质量。济病队由医务主任、协调者、注册护理人员、家庭和住院病人注册护士、家庭健康护理员、社会工作人员、牧师、营养学家、训练有素的志愿者以及其他辅助服务的专业人员组成。济病队的协作和努力，使病人及其家属得到了战胜疾病、孤独和死亡的压力所必需的指导和支持。

在济病计划的协调和执行过程中，月报和季度汇总报表帮助济病人员监察不断发展中的服务水平，统计数据是监察计划政策贯彻的基础。

例如，该院收集的有关病人接受济病计划服务的时间数据。367个病人的样本记录显示病人接受服务的时间在1～185天。频数分布对于概括和交流服务时间数据是很有帮助的。另外，下面的数量描述统计方法也提供了关于病人接受济病计划服务的有价值的信息：

平均数：35.7天，中位数：17天，众数：1天。

这些统计指标表明病人接受济病计划服务的平均数或均值时间是35.7天，即一个多月时间。中位数显示一半病人接受济病计划服务的时间为17天或更短的时间。众数1天是发生频率最高的数据值，它表明大多数病人接受济病计划服务的时间都很短。

其他关于济病计划的统计概括指标包括允许接受服务的病人数、病人在家的天数与住院时间、出院病人数、病人在家和在医院的死亡数目。这些概括指标需根据病人和医疗范围进行分析。总之，描述方法提供了关于济病计划服务方面有价值的信息。

彭斯医院的济病协调员波拉·吉安尼诺女士（Paula Giannino）给我们提供了这个统计应用案例。

【思考与讨论】

1. 华盛顿大学医疗中心的彭斯医院济病计划属于何种服务？应用了哪些统计方法？
2. 这些方法对华盛顿大学医疗中心的彭斯医院提供了哪些有价值的信息？
3. 如果你是一名志愿者，你认为该计划还可应用哪些统计方法？

资料来源：[美]大卫·安德森.商务与经济统计学精要.陆成来等译.沈阳：东北财经大学出版社，2000.

第一节 总量指标

一、总量指标的概念与作用

（一）总量指标的概念

总量指标是反映社会经济现象在一定时间、空间条件下的总规模、总水平的综合统计指标。总量指标的表现形式为绝对数，故又称为"统计绝对数"。例如，我国的人口数、土地面积、粮食产量、国内生产总值等都反映现象的总量，因此，都是总量指标。又如，2016年全国规模以上工业企业实现利润总额68803.2亿元。2016年，规模以上工业企业中，国有控股企业实现利润总额11751.1亿元；集体企业实现利润总额476.9亿元；股份制企业实现利润总额47196.8亿元；外商及港澳台商投资企业实现利润总额17351.9亿元；私营企业实现利润总额24325.3亿元。它们反映了2016年全国规模以上工业企业利润的总水平。总量指标还可以表现为社会经济现象在一定时空条件下总量增减变化的绝对数。也就是说，同性质的总量指标之差仍然是总量指标。例如，2016年年末全国总人口为138271万人，比上年末增加809万人。

（二）总量指标的作用

总量指标是最基本、最重要的统计综合指标，是对统计调查得来的原始资料进行分组和汇总后得到的各项总计数字，是统计整理阶段的直接结果。在社会经济统计中，总量指标的应用十分广泛，其主要作用如下：

1. 总量指标是认识社会现象总体的起点

总量指标是反映现象的总体规模和发展变化水平以及某部门、单位等人、财、物的基本数据。它反映一个国家的基本国情和国力，反映某部门、单位等人、财、物的基本数据。例如，人们往往需要掌握一个国家在一定时间的人口总数、劳动力总量、社会总产值、国民收入、钢铁产量、粮食产量等总量指标，这是因为社会经济现象的基本状况往往首先表现为总量，我国土地面积为960万平方公里，2016年我国人口总数为138271万人，这两个统计绝对数反映了我国幅员辽阔、人口众多的基本特点。

2. 总量指标能够反映社会经济的发展规模、国情国力和生产建设成果

总量指标是进行宏观调控、制定经济发展政策的重要依据之一。例如，国内生产总值的增长、市场货币供应量以及进行国民经济的供给与需求的平衡、物资平衡、财务的借贷与核算等，都必须应用总量指标。

3. 总量指标是计算相对指标和平均指标的基础

相对指标和平均指标一般是在相关总量指标的基础上计算出来的,是总量指标的派生指标。例如,人口性别比例是男性人口与女性人口之比,单位面积粮食产量是粮食总产量与播种面积之比等。

二、总量指标的计量单位和种类

总量指标的数值不是抽象的数量,而是一定社会经济现象的数量表现,因此,它有相应的计量单位。正确确定总量指标的计量单位,才能准确地反映社会经济现象的规模或水平,以保证不同时期、不同地区同类总量指标的统一性和可比性。

(一)总量指标的计量单位

根据总量指标所反映社会经济现象性质的不同,其计量单位有实物单位、价值单位和劳动量单位3种形式。

1. 实物单位

实物单位是表示实物数量多少的计量单位,包括自然单位、度量衡单位与标准实物单位。自然单位指按被研究对象的自然状况来度量其数量(如企业以个计,自行车以辆计,电视机以台计等);度量衡单位指按统一的度量衡制度的规定来度量其数量(如粮食以千克计、棉布以米计、耕地以公顷计、水以吨计等);标准实物单位是将规格不同、基本用途相同的同类事物,按一定标准计算来度量其数量(例如,各种氮肥折合成含氮量100%的氮肥计,各种不同发热量的能源折合为7000大卡/千克的标准煤计算,各种不同型号的拖拉机折合为15马力/台的标准台计算等)。

2. 价值单位

价值单位是以货币来度量社会物质财富或劳动成果的一种计量单位。例如,工农业总产值、社会商品零售总额、产品成本、利润等都是以价值单位来计量的。又如2017年安徽省GDP总量27518.7亿元,2017年全年安徽财政总收入4858亿元,其中:地方财政收入完成2812亿元,全省财政支出完成6204亿元,全省税收收入3949亿元。这些指标基本都是以人民币元、千元、万元、亿元为计量单位。

按价值单位计量的指标的最大特点是它具有最广泛的综合性和概括能力,可以表示现象的总规模和总水平,但它脱离了物质内容,因此比较抽象,有时甚至不能正确反映实际情况。所以,实际工作中常常需要把价值指标和实物指标结合起来使用。

价值指标按计算价格的不同分为两种:一是按现行价格计算的价值指标,如工业总产值是用报告期内销售产品的实际出厂价格计算的,反应现象的实际水平,是研究国民经济中存在的现实经济关系和一些重要比例的数据;二是按不变价格计算的价值指标,它消除了价格变动因素的影响,可以真实地反映事物发展的水平和规模。

3. 劳动量单位

劳动量单位是以劳动时间来表示的计量单位(例如,工日、工时)。在很多工业企业内部,广泛使用劳动量单位来核算车间、班组和个人的工作量或产品的产量,并作为编制和检查计划的依据。

(二)总量指标的种类

总量指标按照不同的标准分类,主要有下面几种:

1.按反映总体现象的内容不同,分为单位总量和标志总量

单位总量是指总体内个体的总数,标志总量是指总体中各单位某种标志值的总和。例如,研究某地区工业企业的生产经营状况,则工业企业的总数是单位总量,工业总产值、工人数等是标志总量。在一个特定的总体内,只能存在一个单位总量,但可以同时存在多个标志总量。单位总量和标志总量并不是固定不变的,而是随着研究目的的不同而相互转换的。又如,同样是研究某地区工业企业,若研究目的是了解工业企业工人的平均工资水平,则工人数是单位总量,工资总额是标志总量。

2.按反映总体现象的时间状况不同,分为时期指标和时点指标

(1)时期指标。时期指标是反映时期现象在一段时间内发展的累计总量,如国内生产总值、社会总产品、人口出生数等。它具有三个基本特点:第一,不同时期的指标数值可以累计相加,反映现象在更长时期范围内的累计总量;第二,时期指标数量的大小与其对应的时间长短有着直接的关系,时期越长,对应的指标数值就越大;第三,时期指标一般是通过经常性调查来取得。

(2)时点指标。时点指标是说明在某一时点(瞬间)上的总量指标,如某一时刻的库存量、耕地面积、人口数等。时点指标也具有三个基本特点:第一,不同时点的指标数值不具有可加性,也就是相加后不具有实际意义,比如把我国六次人口普查的人口总数相加没有任何意义;第二,时点指标的数值大小与其时间间隔长短无直接关系,比如我们无法判断一个超市月末的库存是否会大于其月初的库存,因为影响库存的因素取决于该月内不断购进与发出的货物数量;第三,时点指标数值是间断计数的,一般是通过一次性调查取得,因为不可能对每个时点的数量都进行登记,通常是隔一段时间登记一次。

时期指标和时点指标的区别主要表现在:第一,时期指标的指标数值具有可加性,加总后表示更长时期内的指标值,例如,将 2011-2015 年的国内生产总值加总后表示"十二五"期间的国内生产总值。时点指标的指标数值不具有可加性,加总后的指标值没有实际意义。第二,时期指标的指标数值的大小与其所反映的时期长短有直接联系,时点指标的指标数值的大小与其所反应的间隔时间的长短没有直接联系。第三,时期指标的指标数值通常是通过连续不断的登记汇总取得的,时点指标的指标值通常是通过定期的一次登记取得的。

三、总量指标的统计要求

(一)总量指标要有明确的统一含义并使用科学的统计方法

总量指标的统计并非单纯的汇总技术问题,而需要明确其统计含义,确定合理的统计方法。如，统计国内生产总值，首先必须明确什么是国内生产总值，它与国民生产总值等指标有什么不同；其次要明确怎样计算国内生产总值，或者说使用什么方法统计国内生产总值。只有这样，才能统计出科学、准确的总量指标。

（二）计算实物指标时，要注意现象的同类性

只有同类的现象才能汇总计算实物总量。不过，对现象同类性的要求不能绝对化。如计算货物的运输总量时，就可以不考虑货物的类型，将各种货物的重量和里程直接汇总。

（三）要有统一的计量单位

同一个总量指标在不同时间、地点进行计量时，应选择一致的计量单位。若出现不一致的情况时，应进行换算使之一致，以便进行汇总、对比和分析。

第二节　相对指标

一、相对指标的概念与作用

（一）相对指标的概念

相对指标是质量指标的一种形式。在社会经济生活中，一事物与其他事物之间及事物本身各部分之间是相互依存、相互制约的。要深入了解事物的本质，不仅要了解事物的总体特征，还要从事物总体内各部分之间及与其他事物的关联程度的角度进行深入研究，以认识事物的本质和规律。相对指标就是应用对比的方法，将两个相互联系的指标数值加以对比计算的一种比值。相对指标是反映社会经济现象中某些相关事物间数量对比关系的综合指标，其表现形式为相对数，如比重、比例、速度、程度、密度等。例如，2016年我国城镇人口比重为57.34%，它是城镇人口数与全部人口数之比。因此，相对指标又称为"相对数"，它是两个有联系的指标数值之比。

相对指标数值的计算形式有如下两种：一种是复名数，即以分子分母的复合单位计量。如，能源消耗统计中的计量单位为：吨/万元。另一种是无名数。无名数是一种抽象化的数值，常用倍数、系数、成数、百分数、百分点、千分数表示。

（二）相对指标的作用

1. 相对指标为我们深入认识事物发展的质量与状况提供了客观依据

我们在分析一种社会经济现象时，仅仅利用某一项指标，而不把有关指标联系起来进行比较分析，是很难对事物的发展变化情况、事物间的比例构成状况等有深刻、全面

的认识。运用相对指标,可以帮助我们观察某一总体的任务完成情况、内部的结构比例状况、一事物在另一事物中的普遍程度、强度和密度等,从而有利于分析同类现象在不同时空上的联系与区别,为进一步认识现象的本质和特点提供客观依据。比如,增加值率就是一定时期内增加值占总产出的比重,是反映企业经济效益的重要指标。

2. 相对指标提供了现象之间的比较基础

相对指标为不能直接对比的现象提供了可以对比的基础。例如,要研究不同类型企业的生产经营状况,由于条件不同、产品不同,一般不能使用产值指标直接进行对比。但如果各企业都计算出劳动生产率、单位产值能耗等相对指标,就可以进行比较。

(三)相对指标的表现形式

1. 复名数

相对指标的表示有复名数和无名数两种。

复名数是以分子分母的复合单位来计量,一般是双重的计量单位。复名数主要用于强度相对指标的表示。例如,平均每人分配的粮食产量用"千克/人",一个地区的人口密度用"人/平方千米"表示,速度指标用"米/小时""米/秒",能源消耗统计中的计量单位为"吨/万元"等等。

2. 无名数

无名数是一种抽象化的计量单位,常用倍数、系数、成数、百分数、百分点、千分数表示。倍数与系数是将对比的基数抽象为"1"而计算出来的结果。成数是将对比的基数抽象为"10"而计算出来的结果,比如粮食增产一成,即增长 1/10。百分数是将对比的基数抽象为"100"而计算出来的结果,它是相对指标中最常用的一种表现形式。两个数字对比,若分子数值远大于分母数值,则可用倍数表示;若分子数值远小于分母数值时,则可以采用千分数等表示。如人口出生率、死亡率、自然增长率一般都用千分数表示。

二、相对指标的分类及计算方法

随着统计分析的目的和对比基础的不同,对比所起的作用也有所不同,从而形成不同的相对指标。相对指标一般分为计划完成情况相对指标、结构相对指标、比例相对指标、比较相对指标、动态相对指标和强度相对指标。

(一)计划完成情况相对指标

计划完成情况相对指标是将某一时期内(月、季、年)的实际完成数与计划任务数进行对比所得出的比值,借以表明计划完成程度的综合指标,通常用百分数表示。基本计算公式如下:

$$计划完成情况相对指标 = \frac{实际完成数}{计划任务数} \times 100\% \tag{3.1}$$

计划完成情况相对指标是统计工作中最常用的相对数,用来检查和分析计划执行的进度和均衡程度,反应计划执行的结果,并作为编制下期计划的参考。在计算时,要求分子、分母在指标的内容、范围、计算方法、计算单位及时间长度等方面完全一致。计算计划完成情况相对指标的基数是计划任务数,由于基数的表现形式有绝对数、平均数和相对数三种,因而计划完成相对数在表现形式上有所不同,但在计算方法上仍然以计划指标作为对比的基础或标准。

【例 3.1】 某企业 2017 年计划工业总产值为 560 万元,实际完成 616 万元,其计划完成程度相对指标为多少?

解: 根据公式(3.1),可以计算得到该企业 2011 年工业总产值计划完成程度相对指标:

$$\text{计划完成情况相对指标} = \frac{\text{实际完成数}}{\text{计划任务数}} \times 100\% = \frac{616}{560} \times 100\% = 110\%$$

该企业 2017 年工业总产值超额 10% 完成计划。

【例 3.2】 某企业 2017 年劳动生产率比 2016 年提高 10%,2017 年实际比 2016 年提高 15%,其计划完成程度相对指标为多少?

解: 根据公式(3.1),可以计算得到该企业 2017 年劳动生产率计划完成程度相对指标:

$$\text{计划完成情况相对指标} = \frac{\text{实际完成数}}{\text{计划任务数}} \times 100\% = \frac{(100+15)\%}{(100+10)\%} \times 100\%$$

$$= \frac{115\%}{100\%} = 104.5\%$$

该企业 2017 年劳动生产率超额 4.5% 完成计划。

【例 3.3】 某企业甲种产品单位成本计划降低率为 4%,实际成本降低率为 6%,其计划完成程度相对指标为多少?

解: 根据公式(3.1),可以计算得到该产品成本降低率计划完成程度相对指标:

$$\text{计划完成情况相对指标} = \frac{\text{实际完成数}}{\text{计划任务数}} \times 100\% = \frac{(100-6)\%}{(100-4)\%} \times 100\%$$

$$= \frac{94\%}{96\%} = 97.9\%$$

该企业甲种产品的单位成本超计划降低 2.1%。

由于计划任务的要求不同,对计划完成程度的评价也就有所不同。若计划指标是以最低限额规定的,如产量、产值、劳动生产率、利润等,一般来说,计划完成程度指标以等于或大于 100% 来表示完成和超额完成计划,大于 100% 的部分为超额完成计划部分。若计划指标是以最高限额规定的(如单位成本、经费预算等),则计划完成程度指标以小于或等于 100% 来表示超额完成和完成计划,小于 100% 的部分为超额完成计划部分。

(二)结构相对指标

结构相对指标是在统计分组汇总的基础上,各组的数值与总体数值之比,又称为

"比重",一般用百分数表示,各组比重之和等于1或100%。计算公式如下:

$$结构相对指标 = \frac{总体某组数值}{总体全部数值} \times 100\% \tag{3.2}$$

公式中分子、分母数值可以是单位总量,也可以是标志总量。

结构相对指标是统计分析中的常用指标,其作用如下:

第一,分析总体内部的结构,说明现象总体的性质和特征。比如,在人口调查的基础上,按文化程度将人口分为大专及以上、高中、初中、小学、不识字或识字很少几个类别,计算各类别的人数比重,可以反映人口素质的高低。据统计,2017年安徽省大专及以上文化教育水平的人口占全省的比重为12.74%。这说明安徽省人口的整体文化素质仍然很低,还需大力发展教育事业,提高我省整体文化水平。

第二,分析总体内部构成情况所发生的变化,显示现象发展的变化过程。例如,计算全国2006-2017年国内生产总值第一、二、三产业各年的结构相对指标,如表3-1所示,可以反映我国产业结构的发展变化趋势,可以看出我国第一产业的比重呈降低趋势,第二产业的比重变化不大,第三产业的比重上升较快。计算安徽省2006年-2017年国内生产总值第一、二、三产业各年的结构相对指标,如表3-2所示,也可以反映安徽省产业结构的发展变化趋势,但是可以比较出安徽省第一产业的比重虽然呈降低趋势,相比全国来看还需要加大力度调整,第二产业的比重变化不大,第三产业的比重上升较快,但比重仍然有较大的发展空间。

表3-1 全国国内生产总值构成情况

年份(年) 产业	2006	2007	2008	2009	2010	2011	2012	2013	2014	2015	2016	2017
第一产业(亿元)	23317.00	27788.00	32753.20	34161.80	39362.60	46163.10	50902.30	55329.10	58343.50	60862.10	63670.70	65468.00
第二产业(亿元)	104361.80	126633.60	149956.60	160171.70	191629.80	227038.80	244643.30	261956.10	277571.80	282040.30	296236.00	334623.00
第三产业(亿元)	91759.70	115810.70	138805.80	154747.90	182038.00	216098.50	244821.90	277959.30	308058.60	346149.70	38422.50	427032.00
合计(亿元)	219438.50	270232.30	319515.60	349081.40	413030.40	489300.50	540367.50	595244.50	643973.90	689052.10	744127.20	827123.00
第一产业占比(%)	10.63	10.28	10.25	9.79	9.53	9.43	9.42	9.30	9.06	8.83	8.56	7.92
第二产业占比(%)	47.56	46.86	46.93	45.88	46.40	46.40	45.27	44.01	43.10	40.93	39.81	40.46
第三产业占比(%)	41.82	42.83	12.82	44.33	44.07	44.16	45.31	46.70	47.84	50.24	51.63	51.63

表 3-2　安徽省国内生产总值构成情况

年份(年) 产业	2006	2007	2008	2009	2010	2011	2012	2013	2014	2015	2016	2017
第一产业(亿元)	1011.03	1200.18	1418.09	1495.45	1729.02	2020.30	2178.70	2348.10	2392.40	2456.70	2567.70	2611.70
第二产业(亿元)	2711.18	3370.96	4198.93	4905.22	6436.62	8226.40	9404.00	10404.00	11204.00	11342.30	11666.60	13486.60
第三产业(亿元)	2390.29	2789.78	3234.64	3662.15	4193.68	4863.60	5629.40	8286.80	7252.40	8206.60	9883.60	11420.40
合计(亿元)	6112.50	7360.92	8851.66	10062.82	12359.32	15110.30	17212.10	19038.90	20848.80	22005.60	24117.90	27518.70
第一产业占比(%)	16.54	16.30	16.02	14.86	13.99	13.37	12.66	12.33	11.48	11.16	10.65	9.49
第二产业占比(%)	44.35	45.80	47.44	48.75	52.08	54.44	54.64	54.65	53.74	51.54	48.37	49.01
第三产业占比(%)	39.10	37.90	36.54	36.39	33.93	32.19	32.71	33.02	34.79	37.29	40.98	41.50

(三)比例相对指标

总体内部各个组成部分之间存在着一定的联系,并在客观上保持着适当的比例。比例相对指标是反映总体中各组成部分之间数量联系程度和比例关系的综合指标,它是总体内部不同部分的数值进行对比的比值。其计算公式为:

$$\text{比例相对指标} = \frac{\text{总体中某一部分数值}}{\text{总体中另一部分数值}} \times 100\% \qquad (3.3)$$

【例 3.4】 2016 年我国男性人口数为 70815 万人,女性人数为 67456 万人,求该年度我国人口的性别比例。

解: 人口性别比属于比例相对指数,根据上述公式可求得:

$$\text{人口性别比} = \frac{\text{男性人口数}}{\text{女性人口数}} \times 100\% = \frac{70815}{67456} \times 100\% = 104.98\%$$

比例相对指标可以反映社会经济现象的重大比例关系,如投资与消费,进口与出口,轻工业与重工业,第一产业、第二产业、第三产业等之间的关系。按适当标准可以判断比例关系是否协调,以促进国民经济协调发展。

(四)比较相对指标

在同一时期内,同类事物不同总体由于所处的空间条件不同,发展状况也不一样,要了解他们之间的差异程度,就需要将不同空间条件下的同类事物进行对比。所谓"不同空间条件"就是指它既可以进行不同国家、地区、部门单位比较,还可以与标准水平或者平均水平进行比较。比较相对指标是将两个性质相同的指标作静态对比得出的综合

指标,其计算公式为:

$$比较相对指标 = \frac{某条件的某类指标数值}{另一条件下同类指标数值} \times 100\% \tag{3.4}$$

以某企业生产同类产品的甲、乙两个班组的平均每人日产量为例,可以根据公式求得比较相对指标(如表3-3所示)。

表3-3 甲乙两个班组平均每人日产量及比较相对指标数

班 次	平均每人日产量(件)	比较相对指标(%)
甲	250	125(250/200)
乙	200	80(200/250)

通过比较相对指标的分析表明:以100%作为标准,甲班每人平均日产量比乙班高25%(125%-100%),而乙班每人平均日产量比甲班低20%(100%-80%)。

比较相对指标既可以用于不同国家、地区、企业的比较,反映相互之间的发展差距,也可用于先进与落后的比较,还可以用于与标准水平、平均水平、先进水平或落后水平的比较,以确定自己的奋斗目标。例如,2017年安徽省地区生产总值为27518.7亿元,占同期江苏省地区生产总值85900.9亿元的32.04%,这说明安徽省的经济总量与江苏省的经济还有很大的差距。利用比较相对指标来分析社会经济现象,关键是要确定恰当的比较对象。

(五)动态相对指标

动态相对指标是同一总体中同一指标在不同时间上的数值之比。这个指标用于反映现象发展的速度,并据以推测现象变化的趋势。统计上把用来作为比较标准的时期称作"基期",而把与基期进行对比的时期称作"报告期",其计算公式如下:

$$动态相对指标(发展速度) = \frac{报告期某指标数值}{基期同一指标数值} \times 100\% \tag{3.5}$$

动态相对指标在统计分析中的应用非常广泛,在第九章将作进一步的探讨。

(六)强度相对指标

社会经济现象之间的数量对比关系,不仅表现在总体的内部各组成部分之间,而且表现为同一事物在不同空间的联系,以及有联系的不同事物之间的对比关系。强度相对指标是不属于同一总体的两个性质不同但相互间有联系的总量指标对比的比值,是用来反映现象的强度、密度和普遍程度、利用程度的综合指标。如,某省单位工业增加值能耗为1.08吨标准煤/万元,其计算公式为:

$$强度相对指标 = \frac{某一总体总量指标}{另一有联系而性质不同的总体总量指标} \times 100\% \tag{3.6}$$

【例3.5】 我国国土面积为960万平方公里,2016年年底总人口数为138271万人,求我国的人口密度。

解：人口密度属于强度相对指标，根据公式可求得：

$$我国的人口密度 = \frac{138271 \text{万人}}{960 \text{万平方公里}} = 144.03(\text{万人/平方公里})$$

【**例 3.6**】 某城市人口数为 20 万人，零售商业机构 600 个，求该市零售商业网密度。

解：零售商业网密度属于强度相对指标，根据公式可求得：

$$零售商业网密度 = \frac{600 \text{个}}{200 \text{千人}} = 3(\text{个/千人})$$

这是零售商业网密度正指标，说明该市居民每千人中有 3 个零售网点为他们服务，正指标数值愈大，说明零售网的密度愈大。零售商业网密度逆指标为：

$$零售商业网密度 = \frac{200000 \text{人}}{600 \text{个}} = 333(\text{人/个})$$

强度相对指标的分子、分母数值可以相互对调，所以强度相对指标就有正指标和逆指标之分。一般数值大小与现象强度、密度或普遍程度成正相关的称为"正指标"，成负相关的称为"逆指标"。例如，每平方千米的人数这一强度相对指标越大，表示人口密度越大，故为正指标；而人均拥有的耕地面积这一指标越大，表示人口的密度越小，故为逆指标。

强度相对指标被广泛地用于反映一个国家或地区的发展水平和经济实力的强弱，如人均 GDP、人均国民收入等；也可以反映现象的密度或普遍程度，如人口密度、商业网点密度、高速公路密度等；还可以反映社会生产活动的条件或经济效果，如农业机械化程度、每百万元产值利润等。

三、相对指标的统计要求

（一）要正确选择对比的基数

对比指标的可比性是指对比的指标在含义、内容、范围、时间、空间和计算方法等口径方面是否协调一致，相互适应。如果各个时期的统计数字因行政区划、组织机构、隶属关系的变更，或因统计制度方法的改变而不能直接对比的，就应以报告期的口径为准，调整基期的数字。许多用金额表示的价值指标，由于价格的变动，各期的数字进行对比，不能反映实际的发展变化程度。一般要按不变价格换算，以消除价格变动的影响。

（二）要保持对比指标的可比性

对比指标数值的计算方法是否可比，要注意研究发展的具体条件。将统计资料进行国与国间的对比时，要慎重研究不同社会制度国家所采用的指标计算方法的可比性问题。因为，指标计算方法不仅涉及实际的技术处理方法上的问题，还反映出理论观点上的原则区别，从而影响指标所包含的内容。

由于社会经济现象繁多且复杂，相对指标的种类多，结合对比分析的不同任务和目的对比指标的可比性具有一定的相对性，不能绝对化。就动态相对指标而言，报告期与基期的时期长短应该相同，才是可比的。但根据统计研究的任务，为了说明某些具体问题，不能过于强求指标数值的可比性。

计算和运用相对指标时，需要遵循可比性原则，主要是为了保证对比的结果能够确切说明问题，得出有意义的正确结论。因此，与可比性原则直接有关的问题就是选择基数和基期。基数是指标对比的标准，如果选择不当，就会失去相对数的作用，导致似是而非或错误的结论，甚至歪曲真相。一般来说，应结合研究目的来选择基数，选择的基数应当具有典型性。例如，在计算比较相对数时，对比的分母可以是平均水平、先进水平或国家制定的有关标准。基数与基期密切相连，一般应选择经济与社会发展比较稳定，以能说明国民经济生活方面有重要意义的时期作为基期，以便通过和这些时期进行对比，反映我国各个部门、各个环节和各个方面在不同阶段蓬勃发展的新局面。

(三)注意相对指标和总量指标的结合使用

绝大多数的相对指标都是两个有关的总量指标数值之比，用抽象化的比值来表明事物之间存在的对比关系的程度，并不能反映事物间在绝对量方面的差别。因此，如果相对指标离开了据以形成对比关系的总量指标，就不能深入地说明问题。

(四)注意定性分析与数量分析相结合

计算对比指标数值的方法是简便易行的，但要正确地计算和运用相对数，还应注重定性分析与数量分析相结合的原则。因为事物之间的对比分析，必须是同类型的指标，只有通过统计分组，才能确定被研究的现象是同质总体，从而便于同类现象之间的对比分析。也就是要在确定事物性质的基础上，再进行数量上的比较或分析，而统计分组在一定意义上也是一种统计的定性分类或分析。即使是同一种相对指标在不同地区或不同时间进行比较，也必须先对现象的性质进行分析，判断是否具有可比性。同时，通过定性分析，可以确定两个指标数值的对比是否合理。

(五)注意各种相对指标的综合应用

各种相对指标的具体作用不同，都是从不同的侧面来说明研究的问题。为全面深入地说明现象及其发展过程的规律性，应根据统计研究的目的，综合应用各种相对指标。例如，为了研究工业生产情况，既要利用生产计划的完成情况指标，又要计算生产发展的动态相对数和强度相对数。此外，把几种相对指标结合起来运用，可以比较、分析现象变动中的相互关系，更好地阐明现象之间的发展变化情况。由此可见，综合运用结构相对数、比较相对数、动态相对数等，有助于我们剖析事物变化中的相互关系及结果。

第三节 平均指标概述

一、平均指标的概念及作用

(一)平均指标的概念

在社会经济现象的同质总体中,每个总体单位都有区别于其他单位的数量特征,具体表现为数值大小不等、水平高低不同,这主要是因为各个单位的标志值是由多种因素交错影响的结果。但是,处在同质总体中的各个单位,都受一般基本条件和共同起作用的因素的影响。所以,就某一数量标志而论,它们在具体数值上的差异总有一定的限度,在一定时间、地点条件下,客观上存在该数量标志值的一般水平。平均指标主要用于反映社会经济现象总体各单位某一数量指标在一定时间、地点、条件下所达到的一般水平,又称为"统计平均数"。在社会经济统计中,平均指标是最常用的一种综合指标,它是一个抽象化的代表值,抽象掉了总体各单位在某一数量标志下具体表现的差异,所代表的是总体各单位的一般水平,而不是某一单位的具体数值。在统计分布中,它反映了总体单位分布的集中趋势,是总体变量集中倾向的代表值。

(二)平均指标的作用

平均指标的应用非常广泛,主要表现在以下几个方面。

1. 平均指标可用于对比分析

平均指标作为一个抽象值和代表值,不仅能使个别单位间的差异相互抵消,而且也不受总体单位多少的影响,因而具有广泛的比较作用。例如,两个城市的人口不同,某时期的商品销售额也不同,要比较两城市人民生活水平的高低,不宜用商品销售总额进行对比,但可用人均商品销售额这一平均指标进行比较,因为它消除了人口总数不同的不可比因素。平均指标可以比较出同类现象在不同空间的发展水平,反映其差距,也可以比较某一现象在不同时间的变化水平,以反映其发展趋势,如比较同一单位在不同时期的变动情况。

2. 平均指标是判断事物的标准

由于平均指标是一般水平的代表值,它反映了总体单位的集中趋势,因而可以作为判断个别单位优劣的参考标准。例如,"某县是本省的富裕县(或是贫困县)",其依据就是该县的平均收入高于(或低于)全省的平均水平。脱离了全省的平均收入这个标准,该判断就不一定成立。又如,"电视机在第四季度是销售旺季"这种说法,是指电视机在第四季度的销售量高于全年各季度的平均销售量,也是以平均数为标准进行衡量的。

3.平均指标可以分析现象之间的依存关系

在很多情况下,要分析现象间的依存关系,必须借助于平均指标。例如,将某种农作物的耕地按施肥量进行分组,在这种分组的基础上,分别算出各农作物的平均亩产量,就可以反映施肥量的多少与平均亩产量之间的依存关系。又如,要研究一个企业固定资产的规模大小和劳动生产率之间的关系,由于各企业的具体情况有别,不足以说明问题,而如果按照固定资产规模把所有企业分组,再计算各组的平均劳动生产率,就可明显地看出,在一定的条件下固定资产规模较大的企业,劳动生产率也较高。

4.平均指标可以进行数量上的估计推断

根据部分总体单位计算的平均指标,可以用来推断整个总体的平均数或标志总量。

5.平均指标可以进行数量上的推测和预测

6.平均指标对总量指标进行补充说明

二、平均指标的特点及种类

(一)平均指标的特点

平均指标的数值表现是平均数,故平均指标又称"统计平均数"。平均指标主要有以下几个重要特点:

第一,平均指标是将总体各单位变量值间的差异抽象化,反映出总体的综合特征。总体中每个单位的数量大小受许多因素的影响,有些是必然影响因素起决定作用,使各单位具有一定水平;还有一些是偶然因素,使各单位在数量上存在差异。通过平均可以消除偶然因素造成的差异,显示出必然因素作用达到的一般水平。

第二,平均指标能测定次数分布数列中各变量值分布的集中趋势。大量的客观事物总体服从于钟形分布,这种分布表明靠近平均数的变量值出现的次数较多,而远离平均数的变量值出现的次数较少。分布从两边向中间集中,中间是平均数,因此,平均数反映了总体的集中趋势。

第三,平均指标也是质量指标的一种表现形式,其数值的大小不随总体范围的大小而增减。

需要指出的是,平均指标只能就同质总体计算,如果总体单位是异质的,计算其平均数,只能是"虚构"的平均数,它不仅不能反映总体的一般水平,甚至会得出错误结论。

(二)平均指标的种类

平均指标可以分为数值平均数和位置平均数两大类。数值平均数是根据总体各单位标志值计算的,常用的有算数平均数、调和平均数和几何平均数;位置平均数是根据标志值所处的位置来确定的。反映顺序数据集中趋势,可用中位数和四分位数,而反映分类型数据的集中趋势则只能用众数。

平均指标按照反映的时间状况不同,可以分为静态平均数和动态平均数。静态平均数用来反映总体在一定时间、地点、条件下达到的一般水平;动态平均数也叫"序时平均数",用来反映总体在某一段时间内发展的一般水平。本节主要研究静态平均数,动态平均数将在之后章节介绍。

1. 数值平均数

(1)算术平均数。算术平均数是总体标志总量与总体单位总量的比值。

$$算术平均数 = \frac{总体标志总量}{总体单位总量} \tag{3.7}$$

它是平均指标中最常用的平均数计算方法和最基本的形式。例如,

$$产品单位成本 = \frac{总成本}{总产量} \qquad 农作物单位面积产量 = \frac{总产量}{总面积}$$

由于掌握的资料不同,可以采取两种方法计算算术平均数。

①简单算术平均数。根据未分组资料,把总体各单位标志值加总求和除以总体单位数而求得的平均指标称为简单算术平均数。计算公式为:

$$\bar{x} = \frac{x_1 + x_2 + \cdots + x_n}{n} = \frac{\sum x_i}{n} (i = 1, 2, \cdots, n) \tag{3.8}$$

其中,$\bar{x}$ 为算术平均数,x 为不同个体的标志值,$\sum$ 为求和符号,n 为个体数。

【例 3.7】 某企业的某零件生产小组共有工人 11 名,个人的日产量分别为 150 个、170 个、190 个、200 个、220 个、220 个、230 个、230 个、250 个、260 个、300 个,计算该生产小组的平均日产量。

解: 根据公式(3.8),可求得该零件生产小组的平均日产量

$$\bar{x} = \frac{x_1 + x_2 + \cdots + x_n}{n} = \frac{\sum x_i}{n}$$

$$= \frac{150 + 170 + 190 + 200 + 220 + 220 + 230 + 230 + 250 + 260 + 300}{11}$$

$$= 220(个)$$

②加权算术平均数。计算加权算术平均数时要分两种情况:一是依据单项式变量数列计算,二是依据组距式变量数列计算。在单项式变量数列的情况下,已知各组的变量值和各组的次数,其计算公式为:

$$\bar{x} = \frac{x_1 f_1 + x_2 f_2 + \cdots + x_n f_n}{f_1 + f_2 + \cdots + f_n} = \frac{\sum x_i f_i}{\sum f_i} (i = 1, 2, \cdots, n) \tag{3.9}$$

其中,$\bar{x}$ 为算术平均数,x 为不同个体的标志值,f 为不同个体标志值出现的次数,$\sum$ 为求和符号。

【例 3.8】 安徽某高校某班统计学考试成绩如表 3-3 所示,根据表中数据计算该班统计学课程考试的平均成绩。

表 3-4 50 个学生的统计学考试分数

考试分数(分)	组中值(分) x_i	人数(人) f_i	人数比例(%) $f_i/\sum f_i$	$x_i f_i$	$x_i f_i / \sum f_i$
60 分以下	55	5	10	275	5.5
60～70	65	8	16	520	10.4
70～80	75	12	24	900	18
80～90	85	10	20	850	17
90 分以上	95	15	30	1425	28.5
合计	—	50	100	3970	79.4

该班学生的统计学的平均分数为：

解：$\bar{x} = \dfrac{55 \times 5 + 65 \times 8 + 75 \times 12 + 85 \times 10 + 95 \times 15}{5 + 8 + 12 + 10 + 15} = \dfrac{3970}{50} = 79.4$（分）

从上述结果中可以看出，加权算术平均数的大小，不仅受到各组变量值大小的影响，而且还受到各组变量值权数大小的影响。如果某一组的权数越大，说明该组数值越多，那么该组数据的大小对算术平均数的影响也就越大；反之，则越小。

注意：【例 3.8】中我们计算平均数时，是用各组的组中值代表各组的实际数据，使用这一代表值时是假定各组数据在组内是均匀分布的。如果实际数据分布同这一假定吻合，那么，相对来说，计算的结果比较准确，否则误差会很大。

③算术平均数的数学性质。

Ⅰ 总体单位数与其算术平均数的乘积等于总体标志总量，$n\bar{x} = \sum\limits_{i=1}^{n} x_i$；

Ⅱ 各变量值与其算术平均数的离差之和等于 0，$\sum\limits_{i=1}^{n}(x_i - \bar{x}) = 0$；

Ⅲ 各变量值与其算术平均数的离差平方和最小，$\sum\limits_{i=1}^{n}(x_i - \bar{x})^2 \leqslant \sum\limits_{i=1}^{n}(x_i - A)^2$，设 A 为任意常数。

平均数在统计学中具有重要地位，它是进行统计分析和统计推断的基础，是一组数据的重心所在，是数据误差相互抵消后的必然结果。例如，对同一事物进行多次测量，所得结果可能不一致，这是由于测量误差所致，也可能是由于其他因素导致。利用平均数作为代表值，可以使误差相互抵消，反映出事物必然性的数量特征。

(2)调和平均数。调和平均数是总体各单位标志值倒数的算术平均数的倒数，也称"倒数平均数"，它是平均数的一种。但统计调和平均数与数学调和平均数不同。在数学中，调和平均数与算术平均数都是独立的、自成体系的，计算结果前者恒小于或等于后者。因而数学调和平均数定义为：数值倒数的平均数的倒数。但统计加权调和平均数则与之不同，它是加权算术平均数的变形，附属于算术平均数，不能单独自成体系，且计算结果与加权算术平均数完全相等。主要是用来解决在无法掌握总体单位数（频数）的情况下，只有每组的变量值和相应的标志总量，而需要求得平均数的情况下使用的一种数

据计量方法。根据所掌握的资料不同可以分为简单调和平均数和加权调和平均数,其计算公式分别如下:

简单调和平均数:

$$\bar{x}_H = \frac{n}{\sum \frac{1}{x}} \tag{3.10}$$

加权调和平均数:

$$\bar{x}_H = \frac{\sum m}{\sum \frac{m}{x}} = \frac{\sum xf}{\sum \frac{xf}{x}} = \frac{\sum xf}{\sum f} \tag{3.11}$$

【例 3.9】 设市场上某种蔬菜价格,早市每 500 克 0.25 元,中午每 500 克 0.2 元,晚上每 500 克 0.1 元。现早、中、晚各卖 500 克,问平均每 500 克价格是多少?

解:根据题意,按简单调和平均数计算,则:

$$\bar{x}_H = \frac{n}{\sum \frac{1}{x}} = \frac{3}{\frac{1}{0.25} + \frac{1}{0.2} + \frac{1}{0.1}} = 0.158$$

即该种蔬菜当天平均价格为每 500 克 0.158 元。

由上可知,简单调和平均数是在各标志总量为 1 或相等从而失去权数作用的情况下计算平均数的方法。因而,简单调和平均数是加权调和平均数的特例。那么,简单调和平均数与简单算术平均数之间的关系是否是变形关系呢?现用例子来证实。

【例 3.10】 如上例,若早、中、晚各买 500 克,问平均价格是多少?

解:用简单算术平均数计算:

$$\bar{x} = \frac{0.25 + 0.20 + 0.10}{3} = 0.183(元)$$

若用调和平均数计算,则为:

$$\bar{x}_H = \frac{\sum m}{\sum \frac{m}{x}} = \frac{0.25 + 0.2 + 0.1}{\frac{1}{0.25} \times 0.25 + \frac{1}{0.2} \times 0.2 + \frac{1}{0.1} \times 0.1} = 0.183(元)$$

调和平均数计算结果与简单算术平均数完全相同,但这里不是用简单调和平均数公式,而是用加权调和平均数公式计算的。可见,简单调和平均数与简单算术平均数之间并不存在变形关系。

(3)几何平均数。所谓"几何平均数"(Geometric Mean)是指 n 个观察值连乘积的 n 次方根。根据资料所给定的条件不同,几何平均数有加权和不加权之分。其计算公式分别为:

简单几何平均数:

$$\bar{x}_G = \sqrt[n]{x_1 \times x_2 \times x_3 \times \cdots \times x_n} \tag{3.12}$$

加权几何平均数：

$$\overline{x_G} = \sqrt[f_1+f_2+\cdots+f_n]{x_1^{f_1} \times x_2^{f_2} \times \cdots \times x_n^{f_n}} = \sqrt[\Sigma f]{\prod x^f} \tag{3.13}$$

几何平均数是适用于特殊数据计算的一种平均数。在实际生活中，它主要用于计算现象的平均增长率，也常用于计算特殊条件下的平均合格率、以复利方法计算的平均投资报酬率和平均发展速度等。

【例3.11】 某投资者的一笔资金投资某项目10年，投资回报率按照复利计算，10年后还本付息。各年的回报率如表3-5所示，试计算该投资者10年中投资的年平均回报率。

表3-5　10年中各阶段投资回报率

年份	投资回报率(%)	年数 f_i	投资回报的本利率(%) $x_i = 1 + r_i$
第1年	4	1	104
第2～4年	6	3	106
第5～8年	8	4	108
第9～10年	12	2	112

投资回报率为利率，也就是收益率，可视为资金随时间而增值的速度即增长速度。由上例可知，年均增长速度可由年均发展速度求出，因而10年中该投资者的年均回报率为：

$$\overline{x_R} - 1 = \sqrt[f_1+f_2+\cdots+f_n]{x_1^{f_1} \times x_2^{f_2} \times \cdots \times x_n^{f_n}} - 1$$
$$= \sqrt[10]{1.04^1 \times 1.06^3 \times 1.08^4 \times 1.12^2} - 1$$
$$= \sqrt[10]{2.03907} - 1 = 7.385\%$$

即10年中该投资者投资某项目的年均回报率约为7.835%。

2. 位置平均数

(1)众数。众数(Mode)是指总体中出现次数最多的标志值，通常用 Mo 来表示。由于众数是最普遍的标志值，因此，它表明了社会经济现象的一般水平。众数不需要通过全部变量值来计算，因此不受极端值的影响，常在总体中存在极端值时使用。

在实际生活中，众数被广泛运用，例如，消费者一天中最常消费的饮料品牌、集贸市场中某种商品最普遍的价格、工人的最普遍工资、大学生的最普遍成绩分布等，通常都是用众数来表示。因此，众数主要用来表明一组数据的集中程度也就是总体的一般水平。但必须注意，只有当总体单位数较多且有明显集中趋势时，众数的测定才具有价值。

【例3.12】

表3-6　某超市某日饮料的销售记录

饮料品牌	销售量(瓶)	销售量比例(%)
可口可乐	15	30
冰红茶	9	18
百事可乐	6	12
汇源果汇	11	22
农夫山泉	9	18
合计	50	100

这里的变量为"饮料品牌",不同类型的饮料就是标志值,在上述销售记录中,销售可口可乐的瓶数最多,为15瓶,占饮料总销售量的30%。因此,众数为"可口可乐"这一品牌,即 Mo=可口可乐。

由此得知,对于单项式变量数列,次数出现最多的那个组的变量值就是众数。

除此之外,我们还要考虑组距式变量数列,众数组的变量值为这一区间的数值,用下面公式来计算众数:

上限公式:

$$Mo = U - \frac{\Delta_2}{\Delta_1 + \Delta_2} i \tag{3.14}$$

下限公式:

$$Mo = L + \frac{\Delta_1}{\Delta_1 + \Delta_2} i \tag{3.15}$$

上式中,L、U 分别代表众数组的下限和上限,Δ_1 代表众数组的次数与以下组次数之差,Δ_2 代表众数组的次数与以上组次数之差。

众数是一组数据分布的峰值,不受极端值的影响。同时众数具有非唯一性,即一组数据可能有一个众数,也有可能有两个、多个众数或是没有众数。

(2)中位数。中位数(Median)属于统计学名词,是指将统计总体当中的各个变量值按大小顺序排列起来,形成一个数列,处于变量数列中间位置的变量值就称为"中位数",通常用 Me 表示。当变量值的项数 n 为奇数时,处于中间位置的变量值即为中位数;当 n 为偶数时,中位数则为处于中间位置的2个变量值的平均数。(注意:中位数和众数不同,中位数不一定在这组数据中,而众数必定在该组数据中)。某些场合下,用中位数反映社会现象的一般水平比用算术平均数更恰当。例如,在研究社会居民收入水平而居民收入水平的差距很大时,使用居民收入的中位数比用收入的算术平均数更能代表居民收入的一般水平。

从中位数的定义可知,只有顺序数据和数值型数据才可以用中位数来反映其一般水平和数据的集中程度。确定中位数一般有3个步骤,并分为未分组资料和分组资料2种情况:

①未分组资料。未分组的数据确定中位数时,先要对数据按照大小顺序加以排列;再确定中位数所处的位置,中位数的位置为 $\frac{n+1}{2}$;最后确定中位数数值,中位数数值为:

$$Me = \begin{cases} x_{\frac{n+1}{2}} \\ \frac{1}{2}(x_{\frac{n}{2}} + x_{\frac{n+1}{2}}) \end{cases} \tag{3.16}$$

【例3.13】 9个家庭的人均月收入数据如下所示:

原始数据	1500	750	780	1080	850	960	2000	1250	1630
排 序	750	780	850	960	1080	1250	1500	1630	2000
位 置	1	2	3	4	5	6	7	8	9

②分组资料。已分组数据确定众位数时,分以下几个步骤进行:确定中位数位置,中位数位置为 $\frac{\sum f}{2}$;根据向上累计次数判断中位数所在的组,向上累计次数是将变量值从小到大排序后,各组次数依次递进的累计,用 S 表示,其公式为:

上限公式为:

$$M_e = U - \frac{\frac{\sum f}{2} - s_{m+1}}{f_m} d \qquad (3.17)$$

下限公式为:

$$M_e = L + \frac{\frac{\sum f}{2} - s_{m-1}}{f_m} d \qquad (3.18)$$

上式中,L、U、d 分别为中位数所在组的下限值、上限值及组距;f_m 为中位数所在组的次数;S_{m-1} 为向上累计到中位数所在组前一组的累计次数;S_{m+1} 为向下累计到中位数所在组后一组的累计次数。

【例 3.14】 确定下表某城市居民月收入的中位数。

表 3-7 某城市居民月收入状况的中位数计算表

月收入(元)	组中值 x_i(元)	人数比例 $f_i/\sum f_i$(%)	向上累计 S(%)	向下累计 S(%)
500 以下	250	1.55	1.55	100.00
500~1000	750	21.98	23.53	98.45
1000~1500	1250	55.97	79.50	76.47
1500~3000	2250	16.94	64.44	20.50
3000~6000	4500	2.87	99.31	3.56
6000 以上	7500	0.69	100.00	0.69
合计	—	100.00	—	—

解: 按下限公式计算

$$Me = 1000 + \frac{\frac{100\%}{2} - 23.53\%}{55.97\%} \times 500 = 1000 + 236.47 = 1236.47(元)$$

按上限公式计算

$$Me = 1500 - \frac{\frac{100\%}{2} - 20.5\%}{55.97\%} \times 500 = 1500 - 236.537 = 1236.47(元)$$

(3)四分位数。中位数是将一组数据排序后二等分,因而又叫"二分位数"。类似地,如果将一组数据排序后四等分,便形成四分位数,十等分后形成十分位数。其中,四分位数有 3 个分割点,十分位数有 9 个分割点。四分位数是将标志值由低到高顺序排列,通过 3 个点将全部数据平均分为 4 个部分,其中每个部分包含 25% 的数据,处在 1/4 和 3/4 位置的标志值就是四分位数,前者称下四分位数 Q_L,后者称上四分位数 Q_U,而中间位置的自然就是我们前述中的中位数。

未分组资料的四分位数:

$$Q_L \text{ 的位置} = \frac{n+1}{4} \qquad Q_U \text{ 的位置} = \frac{3(n+1)}{4}$$

分组资料的四分位数:

下限公式为:

$$Q_1 = L_{Q_1} + \frac{\frac{\sum f}{4} - S_{Q_1-1}}{f_{Q_1}} d_{Q_1} \qquad Q_3 = L_{Q_3} + \frac{\frac{3\sum f}{4} - S_{Q_3-1}}{f_{Q_3}} d_{Q_3} \qquad (3.19)$$

上限公式为:

$$Q_1 = U_{Q_1} - \frac{\frac{\sum f}{4} - S_{Q_1+1}}{f_{Q_1}} d_{Q_1} \qquad Q_3 = U_{Q_3} - \frac{\frac{3\sum f}{4} - S_{Q_3+1}}{f_{Q_3}} d_{Q_3} \qquad (3.20)$$

【例 3.15】

表 3-8 某企业职工月工资的分组资料

按月工资分组(元)	职工数(人)	向上累计职工数(人)	向下累计职工数(人)
1000 以下	23	23	566
1000~2000	120	143	543
2000~3000	150	293	423
3000~4000	135	428	273
4000~5000	95	523	138
5000 以上	43	566	43
合 计	566	—	—

根据上表,采用向上累计资料计算某企业职工的月工资的 2 个四分位数的位置。

解: Q_1 的位置 $= \frac{\sum f + 1}{4} = \frac{566 + 1}{4} = 141.75$

Q_3 的位置 $= \frac{3(\sum f + 1)}{4} = \frac{3 \times (566 + 1)}{4} = 425.25$

根据计算结果可知下四分位数和上四分位数分别位于向上累计职工人数的第 2 组和第 4 组,所以月工资四分位数分别为:

$$Q_1 = L_{Q_1} + \frac{\frac{\sum f}{4} - S_{Q_1-1}}{f_{Q_1}} d_{Q_1} = 1000 + \frac{\frac{566}{4} - 23}{120} \times 100 = 1098.75 (\text{元})$$

$$Q_3 = L_{Q_3} + \frac{\frac{3\sum f}{4} - S_{Q_3-1}}{f_{Q_3}} d_{Q_3} = 3000 + \frac{\frac{3 \times 566}{4} - 293}{135} \times 100 = 3097.42(元)$$

同理,可以采用向下累计职工人数的资料得出月工资的四分位数,这里不再赘述。

注意:当四分位数的位置不在某一数值上时,可根据四分位数的位置,按照比例分摊四分位数两侧数值的差值。

三、算术平均数、众数和中位数的比较

算术平均数、众数和中位数都是反映现象一般水平的重要指标,也都是反映一组数据集中趋势的主要测度值,他们具有不同的特点和应用场合。

(一)算术平均数、众数和中位数的关系

从分布的角度来看,算术平均数($\bar{x}$)是全部数据的平均值,众数(M_o)始终是一组数据中出现次数最多的值,而中位数(M_e)则是处于一组数据中间位置的数值。按照统一的资料计算出来的算术平均数、众数和中位数之间存在一定的关系。这种关系具体表现在总体的分布情况上。

1. 对称分布

各单位数以算术平均数为对称轴,左右对称分布,如图 3-1 所示:

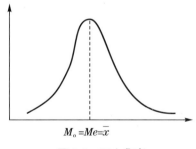

图 3-1　正态分布

2. 左偏分布

由于次数集中在变量值较大的一边,因而众数最大,算术平均数因受到较小数值影响而偏小,中位数居中,如图 3-2 所示:

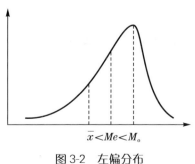

图 3-2　左偏分布

3.右偏分布

次数主要集中在变量值小的一边,因而众数最小,算术平均数受较大标志值影响而偏大,中位数居中,如图 3-3 所示:

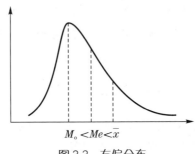

图 3-3　右偏分布

从上述 3 种情况我们可知三者之间的关系:如果数据的分布是对称的,三者必定相等;如果数据是左偏分布,说明数据存在极小值,必然拉动算术平均数向极小值一方靠拢,而中位数和众数是位置型数值,他们不会受极值的影响;如果数据是右偏分布,说明数据存在极大值,必然拉动算术平均数靠向极大值方向。

(二)算术平均数、众数和中位数的特点和应用

通过上面的论述,我们知道算术平均数、众数和中位数各有不同的特点,掌握他们之间的关系和各自的特点,有助于在实际应用中选择合理的指标测度数据。

算术平均数是通过计算全部数据信息,根据数值型数据计算得到的,而且它是实际生活、工作中被最广泛运用的平均指标。算术平均数适合作为数值型数据的一般水平和集中趋势的测度值。其缺点主要是易受极端值的影响,当数据存在较大偏度时,算术平均数的代表性较差,这时众数和中位数相对来说较好。

众数是一组数据分布的峰值,不受极端值的影响。因此,如果一组数据中存在极大值或是极小值,并且有明显集中趋势,那么众数是代表现象一般水平的最好指标。但众数也有缺点,即有时一组数据只有一个众数,有时一组数据会同时存在多个众数,也有可能没有众数。另外,虽然分类数据、顺序数据和数值型数据均可确定众数,但众数主要适合作为分类数据的一般水平和集中趋势的测度值。

中位数是一组数据处于中间位置上的测度值,不受数据极端值的影响。当一组数据存在较大偏度时,中位数往往是较好的选择。中位数适合作为顺序数据的集中趋势测度值。

第四节　变异指标

一、变异指标的概念及作用

(一)变异指标的概念

统计学上把反映总体各单位标志值的变动范围或变异程度的综合指标称为"标志

变异指标",也称为"标志变动度"。

平均指标用来代表个体某个标志的一般水平,它将总体各个单位标志值之间的差异抽象掉了。变异指标则是反映总体各个单位某个标志值之间的差异程度的指标。可以说,平均指标说明了总体各单位标志值分布的集中趋势,而变异指标则说明了总体各单位标志值的离中趋势。因此,在统计研究中,常常将平均指标和变异指标结合起来应用。

(二)变异指标的作用

变异指标的作用主要体现在以下 3 个方面:

1. 变异指标是衡量平均指标代表性的尺度

变异指标可以说明平均数代表性的大小。

平均数一般是总体数量标志的代表值,它反映了社会现象的集中趋势。变异指标则是总体中数量标志的变异程度,反映了社会现象的离中趋势。变异指标越大,平均数的代表性越小;反之,变异指标越小,平均值的代表性越大。因此,变异指标对于衡量平均数的代表性具有重要的判定作用。

【例 3.16】 假设有两组工人的日机器产量数据如下(单位:台):

甲:60　65　70　75　80
乙:50　60　70　80　90

这两个小组平均日机器产量都是 70 台。但由于各组工人日产量的变动程度不同,70 台这个平均数的代表性是不同的。其中,甲组工人日产量每日相差 5 台,乙组相差 10 台。因此,相对来说,各组工人的日平均产量的代表性,甲组较乙组好些。

2. 变异指标是用来研究现象稳定性的最重要量度

变异指标可以用来说明现象变动的均匀程度。例如,一种新的水果品种具备推广价值,不仅应具有较高的平均收获水平,而且还应具有较大的稳定性。也就是说,该品种在各地的收获率与平均水平比较接近,差异程度较小,这说明均匀性的指标就是变异指标。

【例 3.17】 某企业 2 个车间某月份的生产计划完成情况如表 3-7 所示:

表3-9　某企业2个车间某月份的生产计划完成情况

车间	生产计划完成百分数(%)			
	全月	上旬	中旬	下旬
甲车间	100	33	34	33
乙车间	100	12	38	50

从上表中我们可以得到,虽然 2 个车间生产计划都在 1 个月内完成,但甲车间完成情况比较稳定。

3. 变异指标可以反映总体变量分布的离中趋势

变异指标从侧面揭示了以平均数为中心,各变量值偏离中心的程度。一般来说,变异指标越大,说明总体各变量值离中心点越远,偏离平均数的程度越大,反之越小。同时,通过变量值的离中分析,也可以进一步研究标志变量的分布是否接近或偏离正态分布,从而帮助我们更好地认识数列分布的规律。

二、变异指标的种类和计算

(一)变异指标的种类

1. 全距

全距也称为"极差"(Range),是总体各单位标志值中的最大值与最小值之差,一般用 R 表示。极差越大就说明总体中的变量值变动度越大,其平均数的代表性也就越差;反之,变动度越小,其平均数的代表性越高。

R＝最大标志值－最小标志值

利用【例 3.13】的数据,计算各组的日机器产量的全距:

甲组:全距＝80－60＝20(台)

乙组:全距＝90－50＝40(台)

从上述结果可知,甲组工人日机器产量的变动范围较小,乙组则较大,那么甲组的平均数代表性较强。

全距是描述数据离散程度的最简单测度值。其计算简单,易于理解,但其容易受极端值的影响。由于全距只是利用了一组数据两端的信息,不能反映出中间数据的分散状况,因而不能准确描述出数据的分散程度。如果没有极大或极小值,则利用全距反映数据变动度比较合适。

2. 平均差

平均差是指总体中各单位标志值与平均数的离差绝对值的算术平均数,用"A. D"表示。离差是指总体中各单位的每一个变量值与平均数之差,也就是 $x-\bar{x}$。平均差越大,说明总体中的标志值变动度越大,平均数代表性就差;反之,则表示变动度越小,平均数代表性就越好。

由于离差之和 $\sum(x-\bar{x})$ 恒等于 0,因此,在测定离差大小时,先取绝对值 $|x-\bar{x}|$,再计算平均离差。

资料未分组时,采用简单平均差,其公式为:

$$A.D = \frac{\sum_{i=1}^{n}|x_i-\bar{x}|}{n} \tag{3.21}$$

分组数据计算平均差的公式为:

$$A.D = \frac{\sum|x_i-\bar{x}|f_i}{\sum f_i} \tag{3.22}$$

【**例 3.18**】 下面用 2 组学生的考试成绩为例,来说明平均差的计算方法,如表 3-8 所示。

表 3-10　甲、乙 2 组学生成绩平均差核算

甲 组			乙 组		
成绩(分)	$x-\bar{x}$	$\|x-\bar{x}\|$	成绩(分)	$x-\bar{x}$	$\|x-\bar{x}\|$
84	−1	1	80	−5	5
84	−1	1	82	−3	3
85	0	0	85	0	0
86	1	1	88	3	3
86	1	1	90	5	5
合计	—	4	合计	—	16

$$A.D_{甲} = \frac{4}{5} = 0.8(分)$$

$$A.D_{乙} = \frac{16}{5} = 3.2(分)$$

计算结果表明,在甲、乙 2 组学生平均成绩相等的情况下,甲组平均差小于乙组,因而甲组平均数的代表性比乙组好。

平均差是根据全部变量值计算出来的。与全距相比,在方法上有了一定的改进,它反映了总体的所有单位变量值的变异情况。然而,平均差在计算中使用了绝对值,在计算上不太方便(特别是在代数运算中)。在实际应用中,全距和平均差都不太常用,应用最为广泛的是方差和标准差。

3. 方差与标准差

方差(Variance)是各变量值与平均数离差平方的平均数。方差的平方根称为"标准差"(Standard Deviation)。方差(标准差)能较好地反映出数据的离散程度,也是实际生活、工作中应用最广泛的离散程度测度值。一般来说方差记为"σ^2",标准差记为"σ",计算公式分为未分组数据和分组数据两种情形。

(1)未分组数据。

$$\sigma = \sqrt{\frac{\sum_{i=1}^{n}(x_i-\bar{x})^2}{n}}, \quad \sigma^2 = \frac{\sum_{i=1}^{n}(x_i-\bar{x})^2}{n} \tag{3.23}$$

(2)分组数据。

$$\sigma^2 = \frac{\sum_{i=1}^{n}(x_i-\bar{x})^2 f_i}{\sum_{i=1}^{n} f_i}, \quad \sigma = \sqrt{\frac{\sum_{i=1}^{n}(x_i-\bar{x})^2 f_i}{\sum_{i=1}^{n} f_i}} \tag{3.24}$$

【例 3.19】 根据表 3-11 中数据,计算电视销售量的标准差。

表 3-11 某电脑公司销售量数据平均差计算表

按销售量分组	组中值(M_i)	频数(f_i)	$(M_i-\bar{x})^2$	$(M_i-\bar{x})^2 f_i$
140~150	145	4	40	160
150~160	155	9	30	270
160~170	165	16	20	320
170~180	175	27	10	270
180~190	185	20	0	0
190~200	195	17	10	170
200~210	205	10	20	200
210~220	215	8	30	240
220~230	225	4	40	160
230~240	235	5	50	250
合计	—	120	—	55400

解:$\bar{x}=185$,$s=\sqrt{\dfrac{\sum_{i=1}^{n}(M_i-\bar{x})^2 f_i}{n}}=\sqrt{\dfrac{55400}{120}}=21.47$(台)

由上述计算结果得知,每一天的销售量与平均数相比,平均相差 21.47 台。

从方差与标准差的公式中,我们可以看到它与平均差一样都是以离差来反映一组数据的差异程度,不同的地方在于它们对离差的处理方式不同。方差和标准差都是通过对离差进行平方来避免正负离差的互相抵消,这使得它在计算时不仅能够充分考虑所有数据的离散情况,而且避免了绝对值计算,使得数学上的处理更加方便。此外,方差在统计推断上具有较佳的统计与数学性质,这就使得方差成为"最重要的离中趋势测度量"。

4. 标准差系数

所谓"标准差系数"又称"均方差系数",是反映标志变动程度的相对指标。

标准差数值的大小不仅受标志值离散程度的影响,还受到标志值水平高低的影响,在对比分析不同水平的 2 个总体标志值的变异程度时,为了消除标志值水平高低的影响,就需要使用标准差系数。总体标准差系数的计算公式为:

$$V_\sigma = \dfrac{\sigma}{\bar{x}} \times 100\% \tag{3.25}$$

式中:V_σ 为标准差系数,σ 为标准差,$\bar{x}$ 为平均数。

【例 3.20】 甲、乙 2 个工厂工人的平均劳动生产率资料如表 3-12 所示：

表 3-12 甲、乙 2 个工厂工人的平均劳动生产率资料表

厂名	劳动生产率(元/人) $\bar{x}$	标准差(元) σ	标准差系数(%) $V_\sigma = \dfrac{\sigma}{\bar{x}}$
甲厂	16000	600	3.75
乙厂	8000	400	5.0

计算结果表明：$V_甲 < V_乙$，这说明甲厂工人的平均劳动生产率的离散程度小于乙工厂工人的平均劳动生产率的离散程度。

第五节 偏态与峰度

平均指标和变异指标都描述了数据分布的 2 种数量特征，即集中趋势和离散程度。就一组数据而言，集中趋势和离散程度无疑是数据分布最基本、最重要的特征。

要全面了解数据分布的特点，除了要知道集中趋势与离散程度外，还要了解数据分布的形状是否对称、偏斜的程度以及分布的扁平程度等，偏度和峰度就是对这些分布特征的描述。

偏态和峰度不是从各个单位变量值水平的角度来考察分布的代表值或变异度，而是从整个分布图形的形状来考虑问题。因此，他们所描述的是数据分布的形态特征。

一、偏态的概念和测度

统计学中，偏态(Skewness)用来衡量实数随机变量概率分布的不对称性。偏态大小用偏度来测定。偏度的值可以为正、可以为负或者无法定义。在数量上，偏度为负(负偏态)就意味着在概率密度函数左侧的尾部比右侧的长，绝大多数的值(包括中位数在内)位于平均值的右侧。偏度为正(正偏态)就意味着在概率密度函数右侧的尾部比左侧的长，绝大多数的值(包括中位数在内)位于平均值的左侧。偏度为 0 就表示数值相对均匀地分布在平均值的两侧，但不一定意味着其为对称分布。

偏态一词是由统计学家皮尔逊(K. Pearson)于 1895 年提出的，它是对数据分布对称性的测度。对偏态的统计量被称为"偏态系数"，记为 SK。在统计分析中测定偏态系数的方法有很多。

设样本标准差为 s，均值为 $\bar{x}$，组中值为 M_i，则对于未分组的原始数据，偏态系数的计算公式为：

$$SK = \frac{n\sum (x_i - \bar{x})^3}{(n-1)(n-2)s^3} \tag{3.26}$$

对于分组数据的计算公式为：

$$SK = \frac{\sum_{i=1}^{n}(M_i - \bar{x})^3 f_i}{ns^3} \tag{3.27}$$

如果一组数据呈对称分布,则偏态系数为 0;如果数据呈左偏分布,则偏态系数小于 0,这表示小于平均数的标志值分布较为分散;如果数据呈右偏分布,则偏态系数大于 0,这表示大于平均数的标志值分布较为分散。偏态系数的数值一般在 0 与 ±3 之间,越接近于 0,分布的偏斜度越小;越接近于 ±3,分布的偏斜度越大。

二、峰度的概念和测度

峰度(Kurtosis)一词是由统计学家皮尔逊于 1905 年首次提出的,它是对数据分布平峰或尖峰程度的测度。测度峰态的统计量是峰态系数,记作 K。

峰度是次数分布所具有的另一个数量特征,是用来表示次数分布曲线顶端的尖削程度。峰度通常分为 3 种:正态分布、尖峰分布和扁平分布。如果一组数据服从标准正态分布,则峰态系数的值等于 0;如果数据分布比正态分布尖或平,则峰态系数的值不等于 0。当 $K < 0$ 时为扁平分布,数据的分布比较分散;当 $K > 0$ 时为尖峰分布,数据分布较为集中。如图 3-4 所示:

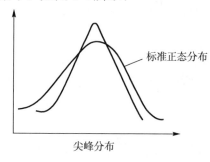
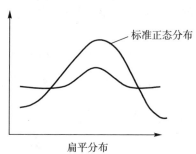

图 3-4

设样本标准差为 s,均值为 $\bar{x}$,组中值为 M_i,根据未分组数据计算峰态系数,通常采用下面的公式:

$$K = \frac{n(n+1)\sum(x_i - \bar{x})^4 - 3\left[\sum(x_i - \bar{x})^2\right]^2 (n-1)}{(n-1)(n-2)(n-3)s^4} \tag{3.28}$$

根据分组数据计算,则公式为:

$$K = \frac{\sum_{i=1}^{k}(M_i - \bar{x})^4 f_i}{ns^4} - 3 \tag{3.29}$$

【例 3.21】 根据表 3-13 数据，计算某电脑公司销售量的偏态及峰度。

表 3-13　某电脑公司销售量偏态及峰度核算

按销售量分组(台)	组中值(M_i)	频数 f_i	$(M_i-\bar{x})^3 f_i$	$(M_i-\bar{x})^4 f_i$
140～150	145	4	−256000	10240000
150～160	155	9	−243000	7290000
160～170	165	16	−128000	2560000
170～180	175	27	−27000	270000
180～190	185	20	0	0
190～200	195	14	17000	170000
200～210	205	10	80000	1600000
210～220	215	8	216000	6480000
220～230	225	4	256000	10240000
230～240	235	5	625000	31250000
合计	—	120	540000	70100000

解：①由上表中数据，计算偏态系数：

$$SK = \frac{\sum_{i=1}^{k}(M_i-\bar{x})^3 f_i}{ns^3} = \frac{\sum_{i=1}^{10}(M_i-185)^3 f_i}{120\times(21.49)^3} = \frac{540000}{120\times(21.49)^3} = 0.454$$

据上述计算结果可以看到，偏态系数为正值，但与 0 的差异不大，这说明电脑销售量为轻微右偏分布，即销售量较少的天数占据多数，而销售量较多的天数则占少数。

②峰度系数计算如下：

$$K = \frac{\sum_{i=1}^{k}(M_i-\bar{x})^4 f_i}{ns^4} - 3 = \frac{70100000}{120\times(21.49)^4} - 3 = 2.741 - 3 = -0.259$$

据上述计算结果可以看到，偏态系数为负值，但与 0 的差异不大，这说明电脑销售量为轻微扁平分布。

第六节　Excel 在数据概括性度量中的应用

描述性统计可通过 Excel 提供的统计函数或加载宏来完成，下面我们分别介绍 Excel 的描述性统计功能。

一、用 Excel 的统计函数进行特征值的计算

Excel 描述性统计函数主要包括一般统计函数、集中趋势函数和变异统计函数。

以某生产车间50名工人日加工零件数为例：

表 3-14　某生产车间 50 名工人日加工零件数　　　　　（单位：个）

117	122	124	129	139	107	117	130	122	125
108	131	125	117	122	133	126	122	118	108
110	118	123	126	133	134	127	123	118	112
112	134	127	123	119	113	120	123	127	135
137	114	120	128	124	115	139	128	124	121

如图 3-5 所示，单元格区域 B4：B53 是上例数据，C3：C15 是一些描述性统计量的说明，D3：D15 是一般统计结果，其做法有如下 2 种。

图 3-5　描述性统计量计算结果输出

（一）直接输入计算命令

操作如下：在单元格 D3 中输入公式"=COUNT(B4：B53)"并按回车键，得到 B4：B53 区域中非空数值型数据的总个数；在单元格 D4 中输入公式"=SUM(B4：B53)"按回车键，得到 50 名工人日加工零件数的总和；类似地，在 D5：D15 单元格中分别输入"=MAX(B4：B53)"、"=MIN(B4：B53)"、"=AVERAGE(B4：B53)"、"=MEDIAN(B4：B53)"、"=GEOMEAN(B4：B53)"、"=HARMEAN(B4：B53)"、"=AVEDEV(B4：B53)"、"=STDEV(B4：B53)"、"=VAR(B4：B53)"、"=KURT(B4：B53)"和"=SKEW(B4：B53)"函数，分别得到 50 个数据中的最大值、最小值、平均值、中位数、几何平均数和调和平均数及变异统计量的代表平均差、标准差、方差、峰度和偏度。

（二）利用 Excel 系统中的命令函数

操作如下：选定 E3，在工具栏"插入"中选择函数，弹出对话框如图 3-6 所示。在函数对话框中选择所要计算的函数命令，例如选择 COUNT 命令，点击后按"确定"，弹出对话框如图 3-7 所示。在 Value 1 中输入"B4：B53"按"确定"，得到数据的总个数为 50，如图 3-8 所示。其他指标运算方法与此相同。最终结果与直接输入命令计算是一样的。

图 3-6

图 3-7

	A	B	C	D	E	F
3	序号	日产量	单位总量	50	50	
4	1	117	标志总量	6149	6149	
5	2	108	最大值	139	139	
6	3	110	最小值	107	107	
7	4	112	平均数	122.98	122.98	
8	5	137	中位数	123	123	
9	6	122	几何平均数	122.722207	122.72221	
10	7	131	调和平均数	122.463314	122.46331	
11	8	118	平均差	6.2616	6.2616	
12	9	134	标准差	8.0267156	8.0267156	
13	10	114	方差	64.4281633	64.428163	
14	11	124	峰度	-0.4087136	-0.408714	
15	12	125	偏度	9.9447E-05	9.945E-05	
16	13	123				

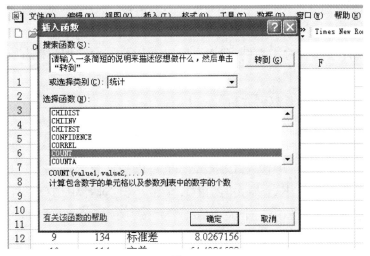

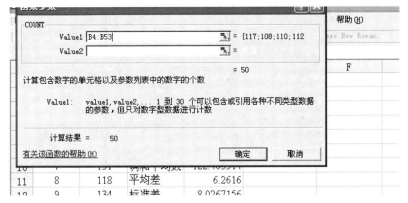

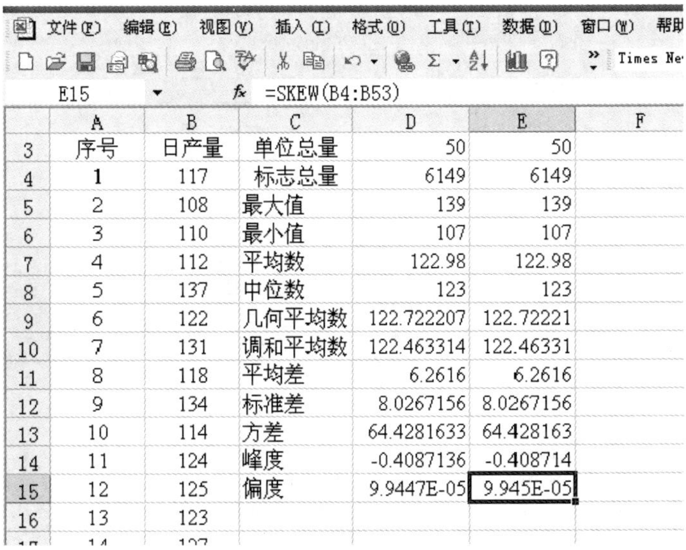

图 3-8

二、运用宏程序进行特征值的计算

除了利用上述统计函数完成统计数据分析外，Excel 还在数据分析的宏程序中提供了一个描述性统计过程。对于上例，我们也可以利用这个“描述性统计”宏程序来计算，其方法更为简单。步骤如下：

其一，点击工具栏中的“数据分析”。

其二，点击“描述统计”。

其三，在弹出的“描述统计”对话框（图 3-9）的“输入区域”中输入数据所在单元格区域“B4：B53”，在“输出区域”中输入“C3：C22”（也可以是任意区域），并选择输出“汇总统计”和“平均数置信度”，在“K 个最大值”和“K 个最小值”选择中选择系统默认值“1”，表示选择输出第 1 个最大值和第 1 个最小值。然后按“确定”，即得到图 3-10 所示特征值计算结果，该结果与前面利用统计函数计算的结果是一致的。

图 3-9

	A	B	C	D
3	序号	日产量	列1	
4	1	117		
5	2	108	平均	122.98
6	3	110	标准误差	1.135149006
7	4	112	中值	123
8	5	137	模式	122
9	6	122	标准偏差	8.026715596
10	7	131	样本方差	64.42816327
11	8	118	峰值	-0.408713596
12	9	134	偏斜度	9.94468E-05
13	10	114	区域	32
14	11	124	最小值	107
15	12	125	最大值	139
16	13	123	求和	6149
17	14	127	计数	50
18	15	120	最大(1)	139
19	16	129	最小(1)	107
20	17	117	置信度(95.0%)	2.281165949

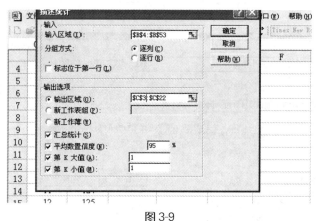

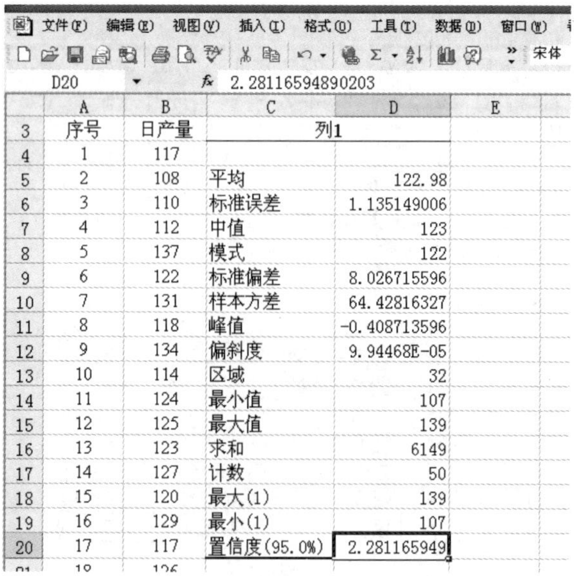

图 3-10

复习思考题

1. 试述总量指标、相对指标和平均指标的概念和作用。
2. 分析价值指标和实物指标及其优缺点。
3. 常用变异指标有哪些？其作用是什么？
4. 试述算数平均数、众数和中位数之间的相互关系及各自运用的场合。
5. 试述标准差和标准差系数的区别，并论述什么情况下运用标准差系数。
6. 某工厂生产班组有 12 名工人，每个工人日产产品件数为：17、15、18、16、17、16、14、16、15、18、16，计算该生产班组工人的平均日产量。
7. 某企业工人按年工资分组资料如下：

按年工资分组（元）	工人数（人）
600～700	10
700～800	15
800～900	35
900～1000	12
1000～1100	8
合计	80

计算工人工资的平均数、中位数、众数、全距、标准差、标准差系数。

8. 一般来说，大家进入银行，都会在银行等待办理相关业务。某日，我们在银行随机抽取 30 名客户，调查其在银行办理业务时的等待时间（分钟）如下：

23	35	31	24	27
43	32	25	34	41
14	17	31	14	16
15	9	19	22	28
10	8	18	27	30

利用 Excel 计算以下静态指标：
(1) 各种反映集中趋势的指标。
(2) 各种反映离散程度的指标。
(3) 峰态系数和偏态系数。
(4) 根据以上各个指标计算的结果分析当前银行办理业务过程中存在的问题。

9. 银行对某笔投资的年利率按复利计算,25年期利率分配如下表所示,试计算其平均年利率。

年限	利率(%)	年数
第1年	3	1
第2年至第5年	5	4
第6年至第13年	8	8
第14年至第23年	10	10
第24年至第25年	15	2
合计	—	25

10. 甲、乙2班同时对《统计学原理》课程进行测试,甲班平均成绩为70分,标准差为9.0分,乙班的成绩分组资料如下:

按成绩分组(分)	学生人数(人)
60以下	20
60~70	6
70~80	25
80~90	12
90~100	5

计算乙班学生的平均成绩,并比较甲、乙2班哪个班的平均成绩更有代表性?

11. 某地区商业局下属20个零售商店,某月按零售计划完成百分比资料分组如下:

按计划完成百分比分组(%)	商店人数	本月实际零售额(万元)
90~100	4	200
100~110	10	1000
110~120	6	800
合计	20	2000

请计算该局平均计划完成程度。

12. 请你通过 Internet 和图书馆等渠道,搜集以下表中几个省市的国内生产总值及人口、城乡居民收入的资料,并就此计算各种静态指标。最后利用 Excel 软件计算各个指标并分析各省市的经济发展状况。

地区	2018 国内生产值（亿元）	2018 年底总人口数（万人）		2018 年城乡居民收入（元）	
		城镇人口	农村人口	城镇居民收入	农村居民收入
北京					
上海					
重庆					
安徽					
河南					
江苏					
浙江					
甘肃					
宁夏					
西藏					

13. 有顾客反映某家航空公司售票处售票的速度太慢。为此，航空公司收集了解了 100 位顾客购票所花费时间的样本数据（单位：分钟），结果如下表所示：

2.3	1.0	3.5	0.7	1.0	1.3	0.8	1.0	2.4	0.9
1.1	1.5	0.2	8.2	1.7	5.2	1.6	3.9	5.4	2.3
6.1	2.6	2.8	2.4	3.9	3.8	1.6	0.3	1.1	1.1
3.1	1.1	4.3	1.4	0.2	0.3	2.7	2.7	4.1	4.0
3.1	5.5	0.9	3.3	4.2	21.7	2.2	1.0	3.3	3.4
4.6	3.6	4.5	0.5	1.2	0.7	3.5	4.8	2.6	0.9
7.4	6.9	1.6	4.1	2.1	5.8	5.0	1.7	3.8	6.3
3.2	0.6	2.1	3.7	7.8	1.9	0.8	1.3	1.4	3.5
11.0	8.6	7.5	2.0	2.0	2.0	1.2	2.9	6.5	1.0
4.6	2.0	1.2	5.8	2.9	2.0	2.9	6.6	0.7	1.5

航空公司认为，为 1 位顾客办理 1 次售票业务所需的时间在 5 分钟之内就是合理的。上面的数据是否支持航空公司的说法？顾客提出的意见是否合理？请你对上面的数据进行适当的分析，并思考下列问题。

(1)对数据进行适当的分组（分 10 组），分析数据的分布特点（绘制直方图）。
(2)根据分组后的数据，计算中位数、众数、平均数和标准差。
(3)顾客提出的意见是否合理？为什么？
(4)使用哪一个平均指标来分析上述问题比较合适？

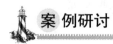

案例研讨

护士们对工作的满意程度

由于护士们对工作、工资、升职机会的满意程度的评分标准不尽相同,我们可以采用以下几种方法对它进行分析:

其一,可利用各种描述统计指标概括样本数据的特点:

1. 平均数指标:$X(工作)=79.8$　$X(工资)=54.46$　$X(升职机会)=59.08$

单从平均数指标来看,可以认为护士们对她们所从事的"护士"这份职业相对来说是最满意的,而对工资却不尽满意,对于升职机会则是一般满意。

2. 全距:$R(工作)=32$　$R(工资)=65$　$R(升职机会)=76$

3. 平均差:$A.D(工作)=7.328$　$A.D(工资)=11.4016$　$A.D(升职机会)=12.68$

4. 方差:$\sigma^2(工作)=68.69388$　$\sigma^2(工资)=217.478$　$\sigma^2(升职机会)=266.0343$

5. 标准差:$\delta(工作)=8.2882$　$\delta(工资)=14.7471$　$\delta(升职机会)=16.3106$

6. 标准差系数:$V(工作)=0.10386$　$V(工资)=0.2703$　$V(升职机会)=0.2761$

标准差系数越小,平均数的代表性就越好,离散程度就越小。

从以上几个指标来看,护士们对她们所从事职业的满意程度可归纳为:一是对护士这份工作是最满意的,二是工资,三是对升职机会是最不满意的。

其二,作出各指标的散点图:

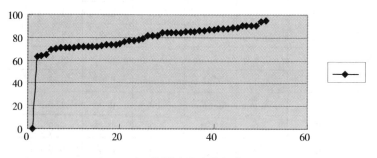

对工作满意程度的评分

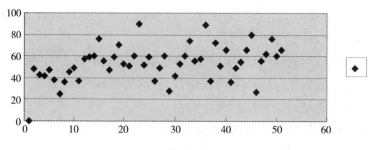

对工资满意程度的评分

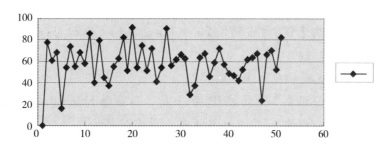

对升职机会满意程度的评分

综合上面3个散点图,我们可以看出护士们对于护士这份工作的满意程度是最高的,因为其分布比较集中,其次是升职机会,最后是工资。

其三,因为分值越大代表的满意程度就越高。所以,对于这3种标量,我们可以把它们分成几个等级:

对工作满意程度评分分组(分)	满意程度	比重(%)
60~70	满意	8
70~85	比较满意	56
85~95	非常满意	36

对工资满意程度评分分组(分)	满意程度	比重(%)
40以下	很不满意	18
40~50	不满意	20
50~60	一般	28
60~75	满意	24
75以上	比较满意	10

对升职机会评分分组(分)	满意程度	比重(%)
40分以下	很不满意	10
40~60	不满意	40
60~70	满意	26
70~80	很满意	14
80分以上	非常满意	10

这样的分组不一定合理,但从各个分组中我们还是可以看出护士们对于她们工作的满意程度:

其一,对于"护士"这个职业来说,她们是最满意的。就其工作性质来说,她们觉得自己可以胜任这份工作,我们也认为她们至少不讨厌这份工作。

其二，从所给样本数据来看，最不满意的该是工资了，评分在60分以上的只占34%，而对于升职机会来说，却占到了50%。于是我们可以认为，她们最不满意的是从事这份职业所拿到的工资。

然而，这些因素又是由什么决定的呢？

其一，应该是这份职业本身的性质：护士属于服务性行业，且需要有一定的专业知识，具有很强的专业性，还要求这些医务人员有较强的责任心、爱心，有时候甚至需要忘我的牺牲精神。因此，人们对护士还是比较尊敬的，不是有比喻把她们称作"天使"嘛！于是，护士们在工作的时候，心里面自然而然地就会有一种自豪感和成就感，虽然很累，但是她们知道自己为别人提供了方便，会感到欣慰，从而会更加努力地工作，我把这些归结为她们对于这份职业感到满意的主要原因。

其二，对于工资，有以下因素的影响：

一是工作压力大。对于此类服务性质的行业，病人可以说就是"上帝"，万一有什么做得不好的地方，病人向院方领导反映，她们很有可能吃不了兜着走。

二是付出与所得不成正比。在大型医院，护士们每天要面对很多的病人，而她们要做的，譬如：消毒、扫地、给病人打针、送药、端水等，是很普通但又很枯燥的事情。一天下来，护士们腰酸背痛。护士位还要整天都在充满着消毒药水味的环境里工作。试问，如果没有稍微可观的收入，她们能满意并不抱怨吗？做事情要讲究成本和收益，还要讲究回报率。

三是生活开支过大。据了解，护士多是年轻女性，大多是从大专学校、卫校、本科医学院校毕业的，对于刚参加工作的这些年轻女性来说，生活的开支无疑占据了她们工资的很大一部分。尤其是现在就业形势十分严峻，竞争相当激烈，住房是解决异地工作的人们面临居住问题的一个最大问题，她们中的大多数也许还得靠租借房子解决居住问题，每个月要支付租金，每天得吃饭，还要购买生活必需品、支付通讯费用。有一些护士还有感情生活的开支以及对未来生活的预算——结婚、买房。所有这些都严重吞噬着她们那可怜的收入。

四是工资分配的标准。按照现行的工资分配制度，每个级别的护士工资是相差一个档次的，对于这些年轻的护士们来说，无论是从资历上，还是从技术上，都比不上那些主治医师。据我了解，在医院里，她们的工资水平是最低的，并不是因为她们表现不好，而是她们的资历不够高。

对于升职机会，从前面的假设来看，我们可以认为护士们对于她们职业的升职机会是满意的。升职对于医务工作者来说，并不像在政府机关里工作那么具有吸引力。也许，一个普通的护士由于勤奋工作，做了护士长，她觉得这是对她工作的肯定，是一种奖励，她就会觉得很满足。再者，职位对于一个从事这类行业的人来说，并不重要，重要的是名声。在医院里面，只要工作踏实，态度良好，平时注意提高自身的素质，升职对于一个护士来说并不是什么难事，只不过是可以升到什么职位的问题了。机会对于她们来说还是不少的。

对于解决护士们对工资不满的建议：

其一，对工资不满，大多数是因为发钱太少。所以，最直接的办法就是提高护士们的工资。然而，怎么提高，用什么提高，却又是让人头痛的问题。是政府补贴，还是国家拨款？如果说人们对工资的数额感到不满，其中有一个原因是国家对这类人所从事的行业不够重视。医院不是盈利性组织，只是一个服务性的团体，属于第三产业，她们的福利和工资，政府应给予高度的重视。

其二，可以适当改进工资分配制度，实行真正意义上的"按劳分配"制度。虽然工作量难以用货币加以量化，但可以用物质形式给予补贴。比如：每个月给职工发放定额的食用油、优质粮食等生活必需品。逢年过节，更可以发给她们必须购买的"年货"和"慰问品"。

其三，提高医院的硬件设备，尽量减少她们的工作量。某些不一定要进行人为作业的工作，可以交给科技发明去完成，以减轻工作压力。

资料来源：百度文库

案例思考题：

1. 对护士工作进行一些思考。
2. 怎样求出标准差系数？

第四章

动态分析方法

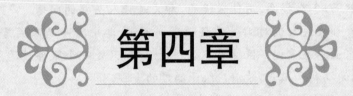

学习目标

了解动态数列的基本理论与编制方法；

能用动态数列的水平指标、速度指标进行数据分析；

能够对数据资料进行定性与定量的趋势发展分析。

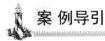

基于季节指数的蔬菜价格变动趋势分析及预测

蔬菜因不耐储存和运输不便等特征,导致其具有明显的季节性。若能预测未来蔬菜的市场价格,使生产者、批发商和相关管理者提前作出决策,则有利于促进蔬菜市场的均衡供应,稳定蔬菜市场的价格。研究表明,蔬菜整体的价格和上市量总体呈现出波动上升趋势,其中蔬菜整体价格表现出显著的季节性波动,每年1月蔬菜价格最高,7月蔬菜价格最低,而上市量的季节性波动幅度相对较小。

叶菜和果菜的年均价格呈现出平稳上升趋势,而根茎菜年均价格呈现出波动上升趋势,3种蔬菜的上市量走势总体均保持平稳上升趋势。

果菜、叶菜和根茎菜价格均表现出非常显著的季节性变化,尤其是果菜更为明显,同样季度上市量也表现出非常显著的季节性。通过蔬菜整体、果菜、叶菜和根茎菜的价格预测可知,未来2年价格均继续呈现出季节性变动的缓慢上升趋势,且价格变动并不是季节这单一因素主导,还受到其他随机因素影响,尤其是叶菜表现最为明显。

资料来源:张标,张领先等.基于季节指数的蔬菜价格变动趋势分析及预测[J].农业经济,2017.

第一节 动态数列的概念和种类

一、动态数列的概念和作用

动态数列是指将同类现象在不同时间上发展变化的一系列统计指标,按时间先后顺序排列所形成的统计数列。由于动态数列表现出时间上的动态变化,故又称为"时间数列"。

动态数列一般由 2 个基本要素构成:一是现象所属的时间;二是现象在一定时间条件下的具体指标数值。现象所属的时间可以是一段时间,如年度、季度、月份,也可以是某一时点,如年末、月末、年初、月初等。动态数列的具体表现形式如表 4-1 所示。

表 4-1 中国国内生产总值等动态数列

年份(年)	国内生产总值(亿元)	第三产业占 GDP 比重(%)	年末总人口(万人)	职工平均工资(元)
2007	270230.3	42.9	132129	24932
2008	319515.5	42.8	132802	29229
2009	349081.4	44.3	133450	32736
2010	413030.3	44.1	134091	37147
2011	489300.6	44.2	134735	42452
2012	540367.4	45.3	135404	47593
2013	595244.4	46.7	136072	52388
2014	643974.0	47.8	136782	57361
2015	689052.1	50.2	137462	63241
2016	744127.2	51.6	138271	68993

资料来源:中国统计年鉴.北京:中国统计出版社,2017.

研究动态数列具有重要的作用,通过动态数列的编制和分析,可以反映客观现象发展变化的过程和结果;可以研究客观现象发展变化的方向、水平、速度和趋势;也可以进一步对现象的发展变化进行预测;还可以发现同一空间不同现象之间或不同空间同一现象之间在发展过程中的相互关系。

二、动态数列的种类

动态数列按照其指标的性质和表现形式不同,可以分为总量指标动态数列、相对指标动态数列和平均指标动态数列三大类型。总量指标动态数列也称"绝对数动态数列",它是基本的动态数列,相对指标动态数列和平均指标动态数列是派生数列。

(一)总量指标动态数列

总量指标动态数列(Time Series of Aggregate Indicators)是指把一系列同类现象的总量指标按时间先后顺序排列起来所形成的动态数列。它反映客观现象在各个时期达到的绝对水平及其变化发展的状态。表4-1中的国内生产总值和年末人口数都属于总量指标动态数列。

按照总量指标所反映内容的不同,可以分为总体单位总量和总体标志总量两种。如年末人口数是总体单位总量,国内生产总值和第三产业产值是总体标志总量。根据总量指标反映的客观现象所属时间的不同,又可将总量指标动态数列分为时期数列和时点数列。

由于时期指标与时点指标的不同特点,决定了时期数列与时点数列具有不同的特征:

1. 能否累加

时期指标可以相加,所得数值表明现象在一个更长时期的数值。例如,月度国内生产总值相加得到季度国内生产总值,季度国内生产总值相加得到年度国内生产总值。而时点数列中的每个指标都是表明某一时间点上瞬间现象的数量,相加以后无法说明其属于哪一时点的数量,因此相加后不具有实际经济意义。

2. 与时间长短的关系

一般来说,时期数列中指标所属时期越长,指标数值越大。例如,季度国内生产总值总是大于月度国内生产总值,而年度国内生产总值总是大于季度国内生产总值。而时点指标的时间单位是瞬间,因而许多现象时间间隔的长短与指标数值的大小没有直接关系。

3. 取得的方式

时期数列中每个指标的数值,都是通过连续不断的登记而取得的。时点指标反映的是现象在某一时刻上相应状况的总量,只需在某一时点上进行统计。取得该时点的资料,不必连续统计,指标值采取间断统计的方法来获得。

(二)相对指标动态数列

相对指标动态数列(Time Series of Relative Indicators)是由一系列同类的相对指标数值按时间顺序排列形成的动态数列,用来说明现象之间的数量对比关系或相互联系的发展变化过程。表4-1中的第三产业所占比率属于相对指标动态数列,它包括:

其一,由2个时期数列对比所形成的相对指标动态数列。
其二,由2个时点数列对比所形成的相对指标动态数列。
其三,由1个时期数列和1个时点数列对比所形成的相对指标动态数列。

由于相对指标动态数列反映事物之间数量关系的发展变化动态,各期相对数的对比基数不同,因此其各项水平数值不能直接相加。

(三)平均指标动态数列

平均指标动态数列(Time Series of Average Indicators)是把一系列同类的平均指标按时间先后顺序排列起来而形成的动态数列,它反映现象总体中各单位某一标志的一般水平的发展变动趋势。数列中的各个指标数值也不能相加。表 4-1 中的职工平均工资就属于平均指标动态数列。

三、动态数列的编制原则

编制动态数列的目的是要通过对不同时间上各个指标值的对比,分析客观现象的发展变化规律。因此,保持动态数列中指标值的可比性是编制动态数列的基本原则。具体表现在以下几个方面:

(一)时间上要可比

在时期数列中,由于时间长短直接影响指标值的大小,所以必须保持各指标值所属时期长短一致,如果不一致,则应作必要的调整。

在时点数列中,虽然不存在指标值所属时间长短的问题,但仍需注意时点间隔是否一致。虽然指标值的大小与时间间隔没有直接关系,但为了更好地分析其长期趋势、增加可比性,应尽量保持时间间隔一致。

(二)总体范围要一致

总体范围是指动态数列指标数值所包括的地区范围、隶属关系范围等。在进行动态数列分析时,要使指标数值的总体范围前后一致,只有范围一致才能对比。例如,研究某市的人口发展情况,要注意该市的行政区域划分是否有变动,因为这种变动将使人口数发生变动,造成统计口径不一致。

如果各个指标数值所属的总体空间范围不一致,则前后数值就不能直接进行对比,此时应对指标数值进行调整,使总体范围前后达到一致,再作动态分析。

(三)指标经济内容要一致

同一名称的统计指标在不同时间,其经济内容可能不同。一般来说,只有同质的现象之间才能进行动态对比,表明现象发展变化的过程及趋势。例如,中华人民共和国自成立以来,曾采取工农业总产值、社会总产值、国民收入和国内生产总值等指标反映经济活动总量,这些指标都有不同的经济内容。在编制中华人民共和国自成立以来经济活动总量的动态数列时,需要对这些指标加以区别和调整,只有这样才具有可比性。

(四)指标值的计算方法、计算价格和计量单位要一致

采用什么方法计算、按照何种价格或单位进行计量,各个指标值都要保持前后一

致。如国内生产总值有 3 种计算方法：生产法、支出法和收入法。理论上这 3 种方法的计算结果应该相同，但由于资料获得的渠道不同，3 种方法计算的国内生产总值往往存在差异。所以，在编制动态数列时，应注意各指标的计算方法是否统一。另外，在研究工业企业劳动生产率时，产量可以用实物量计算，也可以用价值量计算；人数可以是全部职工数，也可以是生产工人数。编制动态数列时要有明确标示，以保证前后各期的统一。如果按实物指标计算，就应采取统一的计量单位，否则就违背了指标值可比性的原则；如果按价值量计算，就要区分以现行价格计算还是以不变价格计算的问题。在同一动态数列中，各指标值的计算价格也要保持一致。

第二节　动态数列的水平分析指标

由动态数列可以计算发展水平、平均发展水平、增长量与平均增长量。

一、发展水平和平均发展水平

（一）发展水平

在动态数列中，各项具体的指标数值叫作"发展水平"（Level of Development），即该指标反映的是客观现象在所属时间的发展水平。在表 4-1 中，2014 年的国内生产总值为 643974 亿元，即为 2014 年的 GDP 发展水平，2014 年的年末人口数为 136782 万人，即为 2014 年的人口发展水平。在一个动态数列中，发展水平按时间顺序可以记为 $a_1, a_2, \cdots, a_{n-1}, a_n$。在对各个时间的发展水平进行比较时，把作为比较基础的那个时间称为"基期"（Base Period），相对应的发展水平称为"基期水平"；把需要考察的那个时间称为"报告期"（Report Period），相对应的发展水平称为"报告期水平"。基期和报告期将根据研究需要而定。

（二）平均发展水平

为了综合说明客观现象在一段时期内发展变化的一般水平，需要计算平均发展水平。平均发展水平（Average Level of Development）又叫"序时平均数"，就是不同时期发展水平的平均数。平均发展水平不仅可以用来修匀动态数列，消除现象在短时间内的波动，使动态数列更明显地反映出现象的发展变化趋势，还经常用来对比不同单位、地区、部门乃至国家在某一时间内现象发展的一般水平。另外，它还可以剔除长期趋势以外的其他因素的影响，以显示出总体现象发展变化的基本趋势和规律性。

"平均发展水平"与"平均指标"（Average Indicators）的概念既有相同之处也有不同之处。相同点是 2 种平均数都是所有变量值的代表数值，表现的都是现象的一般水平。

不同点是平均发展水平是不同时间存在差别的某一指标的平均值,反映该指标的一般水平;平均发展水平是从动态上说明现象的一般水平,是根据动态数列来计算的。而平均指标是现象的某一数量标志在总体各单位的数量表现(标志值)的平均值,反映该数量标志的标志值在同一时间下在总体各单位达到的一般水平。平均指标是从静态上说明现象的一般水平,是根据变量数列计算的。

计算平均发展水平的方法是根据动态数列指标的性质来确定的,总量指标、相对指标和平均指标的平均发展水平的计算方法如下。

1. 总量指标平均发展水平

总量指标分为时期指标和时点指标,两者计算平均发展水平的方法不同。

(1)时期数列的平均发展水平。时期数列的平均发展水平采取简单算术平均法。用公式表示为:

$$\bar{a} = \frac{a_1 + a_2 + \cdots + a_n}{n} = \sum \frac{a}{n} \tag{4.1}$$

式中,$\bar{a}$ 为平均发展水平,$a_1, a_2, \cdots, a_n$ 为各个时期发展水平,n 为时期项数。

【例 4.1】 对表 4-1 中的国内生产总值数列,计算年度平均国内生产总值。

解: 根据时期数列平均发展水平计算公式,2007 至 2016 年的平均国内生产总值为:

$\bar{a}=(270230.3+319515.5+\cdots+689052.1+744127.2)/10=505392.3$(亿元)

所以,从 2007 至 2016 年的年度平均国内生产总值为 505392.3 亿元。

(2)时点数列平均发展水平。时点数列的平均发展水平的计算方法与时期数列比较有所不同。

① 连续时点数列平均发展水平的计算。在统计中,逐日排列的时点资料,将视为连续时点资料。连续时点数列是以天为间隔的时点数列,有间隔相等和间隔不等 2 种情况。

如果时点数列的资料是逐日进行记录的,并且又是逐日进行排列的,属于间隔相等的连续时点数列,其平均发展水平可按公式(4.2)计算,即:

$$\bar{a} = \frac{a_1 + a_2 + \cdots + a_n}{n} = \sum \frac{a}{n} \tag{4.2}$$

式中,$\bar{a}$ 为平均发展水平,$a_1, a_2, \cdots, a_n$ 为各个时点指标数值,n 为时点项数。

【例 4.2】 某企业 2017 年 10 月上旬每日职工人数的资料如表 4-2 所示,求该企业 10 月上旬平均每日的职工人数。

表4-2 某企业10月上旬每日职工人数

日期(日)	1	2	3	4	5	6	7	8	9	10
人数(人)	230	223	212	226	226	230	230	230	235	235

解: 该企业 10 月上旬平均每日的职工人数计算公式如下:

$$\bar{a} = \frac{230+223+212+\cdots+235}{10} = 228(人)$$

如果被研究现象不是逐日变动一次,则可根据每次变动的记录资料,以每次变动持

续的时间间隔为权数对其时点水平进行加权,应用加权平均法计算其平均发展水平。其计算公式为:

$$\bar{a} = \frac{a_1 f_1 + a_2 f_2 + \cdots + a_n f_n}{f_1 + f_2 + \cdots + f_n} = \frac{\sum af}{\sum f} \tag{4.3}$$

式中,$\bar{a}$ 为平均发展水平,$a_1, a_2, \cdots, a_n$ 为各个时点指标数值,n 为时点项数,f_i 为时间间隔。

【例 4.3】 某企业 2010 年 4 月上旬每日职工人数的资料如表 4-3 所示,4 月 1 日职工人数为 250 人,4 日新进 12 人,6 日离开企业 4 人,8 日新进 8 人,9 日新进 6 人,求该企业 4 月上旬平均每日的职工人数。

表 4-3 某企业 4 月上旬职工人数

日期(日)	1	4	6	8	9
人数(人)	250	262	258	266	272

解:该企业 4 月上旬的职工人数不是逐日变动的,而是每隔一段时间变动一次,每次的间隔时间不同,可利用公式(4.3)计算该企业 4 月上旬平均每日的职工人数,计算如下:

$$\bar{a} = \frac{250 \times 3 + 262 \times 2 + 258 \times 2 + 266 \times 1 + 272 \times 2}{3 + 2 + 2 + 1 + 2} = 260(人)$$

②间断时点数列平均发展水平的计算。在实际统计工作中,很多现象并不是逐日对其时点数据进行统计的,而是隔一段时间(如一月、一季度、一年等)对其期末时点数据进行登记。这样得到的时点数列称为"间断时点数列"。如果每隔相同的时间登记 1 次,所得数列称为"间隔相等的间断时点数列";如果每 2 次登记时间的间隔不尽相同,所得数列称为"间隔不等的间断时点数列"。

当时点资料是以月度、季度、年度为时间间隔单位时,不可能像连续时点资料那样求得准确的时点平均数。在这种情况下,可以根据资料所属的时间间隔特点,选用不同的计算公式。对于间隔相等的资料,采用"首末折半法";对于间隔不等的资料,采用"折半加权平均法"计算平均发展水平。

【例 4.4】 某商业企业 2009 年第 2 季度某种商品的库存量如表 4-4 所示,试求该商品第 2 季度月平均库存量。

表 4-4 某商业企业 2009 年第 2 季度某商品库存量

时间	3 月末	4 月末	5 月末	6 月末
库存量(百件)	66	72	64	68

解:4 月份平均库存量 $= \frac{66+72}{2} = 69(百件)$

5 月份平均库存量 $= \frac{72+64}{2} = 68(百件)$

$$6\text{月份平均库存量} = \frac{64+68}{2} = 66(\text{百件})$$

$$\text{第2季度平均库存量} = \frac{69+68+66}{3} = 67.67(\text{百件})$$

为简化计算过程，上述计算步骤可表示为：

$$\text{第2季度平均库存量} = \frac{\frac{66+72}{2}+\frac{72+64}{2}+\frac{64+68}{2}}{3} = \frac{\frac{66}{2}+72+64+\frac{68}{2}}{3} = 67.67(\text{百件})$$

根据上述计算过程可推导出计算公式为：

$$\bar{a} = \frac{\frac{a_1}{2}+a_2+\cdots+a_{n-1}+\frac{a_n}{2}}{n-1} \tag{4.4}$$

该公式形式上表现为首末两项观察值折半，故称为"首末折半法"。这种方法适用于间隔相等的间断时点数列计算平均发展水平。

如果掌握的是间隔不等的每期期末资料，则各时间间隔为权数，以各相邻两项时点数平均值为指标值，用"折半加权平均法"计算其平均发展水平。计算公式如下：

$$\bar{a} = \frac{\frac{a_1+a_2}{2}f_1+\frac{a_2+a_3}{2}f_2+\cdots+\frac{a_{n-1}+a_n}{2}f_{n-1}}{\sum_{i=1}^{n-1}f_i} \tag{4.5}$$

该式是间隔不等的间断时点数列计算平均发展水平的公式，f 为时间间隔，作为权数。

【例4.5】 某农场某年的生猪存栏数如表4-5所示，计算该农场的年平均生猪存栏数。

表4-5 某农场某年的生猪存栏数

日期	1月1日	3月1日	8月1日	10月1日	12月31日
生猪存栏数（头）	1420	1400	1200	1250	1460

解：该农场的年平均生猪存栏数为：

$$\bar{a} = \frac{\frac{1420+1400}{2}\times 2+\frac{1400+1200}{2}\times 5+\frac{1200+1250}{2}\times 2+\frac{1250+1460}{2}\times 3}{2+5+2+3}$$

$$\approx 1320(\text{头})$$

2. 相对指标和平均指标平均发展水平

由于相对指标和平均指标是由总量指标派生出来的，相对指标或平均指标动态数列都是派生数列，即其中各项指标都是由2个总量指标对比计算出来的。所以，在计算相对指标和平均指标的平均发展水平时不能直接计算其各项指标的平均数，而是先分别计算出2个总量指标的平均发展水平，再进行对比。

【例 4.6】 某企业 2017 年第 4 季度职工人数资料如表 4-6 所示,计算工人占职工人数的平均比重。

表 4-6 某企业 2017 年第 4 季度职工人数资料

时间	9月末	10月末	11月末	12月末
工人人数(人)	342	355	358	364
职工人数(人)	448	456	469	474
工人占职工比重(%)	76.34	77.85	76.33	76.79

解: 2017 年第 4 季度工人占职工人数的平均比重计算如下:

$$\bar{a}=\frac{\text{第 4 季度工人人数的平均水平}}{\text{第 4 季度职工人数的平均水平}}=\frac{\frac{342}{2}+355+358+\frac{364}{2}}{\frac{448}{2}+456+469+\frac{474}{2}}=76.91\%$$

二、增长水平和平均增长水平

(一)增长量

增长量也称"增长水平"(Quantity of Increase),它是报告期发展水平与基期发展水平之差,用以说明现象在一定时期内增减变化的绝对数量。由于所选基期的不同,增长量可分为逐期增长量和累计增长量。

逐期增长量是报告期水平与前一期水平之差,即以前一期为基期。累计增长量是报告期水平与某一固定基期发展水平之差,即将基期固定在某一时期。用公式表达如下(期初发展水平记为 a_0):

逐期增长量=报告期发展水平-前一期发展水平

即 $a_1-a_0, a_2-a_1, \cdots, a_n-a_{n-1}$

累计增长量=报告期发展水平-固定基期发展水平

即 $a_1-a_0, a_2-a_0, \cdots, a_n-a_0$

逐期增长量与累计增长量之间存在一定的关系:各逐期增长量之和等于相应时期的累计增长量;两相邻时期累计增长量之差等于相应时期的逐期增长量。用公式分别表示为:

$$\sum(a_i-a_{i-1})=a_n-a_0 \qquad (4.6)$$

$$(a_n-a_0)-(a_{n-1}-a_0)=a_n-a_{n-1} \qquad (4.7)$$

(二)平均增长量

平均增长量也称"平均增长水平"(Average Quantita of Increase),它是观察期各逐期增长量的序时平均数,用于描述现象在观察期内平均每期增减的数量。它可以根据逐期增减量求得,也可以根据累计增长量求得。

第三节 动态数列的速度分析

由动态数列可以计算发展速度、增长速度、平均发展速度和平均增长速度。

一、发展速度

发展速度(Velocita of Development)描述现象在不同时间发展变化的程度,是报告期发展水平与基期发展水平之比。其计算公式如下:

$$发展速度 = \frac{报告期发展水平}{基期发展水平} \times 100\% \tag{4.8}$$

由于采用的基期不同,发展速度可以分为定基发展速度和环比发展速度。

(一)定基发展速度

定基发展速度是报告期水平与某一固定时期水平之比,说明现象在整个观察期内总的发展变化程度。

若1个动态数列为 $a_0, a_1, a_2, \cdots, a_{n-1}, a_n$,则定基发展速度用公式表示为:

$$\frac{a_1}{a_0}, \frac{a_2}{a_0}, \cdots, \frac{a_n}{a_0}$$

(二)环比发展速度

环比发展速度是报告期水平与前一时期水平之比,说明现象逐期发展变化的程度。

若1个动态数列为 $a_0, a_1, a_2, \cdots, a_{n-1}, a_n$,则环比发展速度用公式表示为:

$$\frac{a_1}{a_0}, \frac{a_2}{a_1}, \cdots, \frac{a_n}{a_{n-1}}$$

从计算公式中可以发现环比发展速度和定基发展速度之间存在一定的数量关系,即:

1. 环比发展速度的连乘积等于相应的定基发展速度

$$\frac{a_1}{a_0} \times \frac{a_2}{a_1} \times \cdots \times \frac{a_n}{a_{n-1}} = \frac{a_n}{a_0} \tag{4.9}$$

2. 相邻2个时期的定基发展速度之商等于相应时期的环比发展速度

$$\frac{a_i}{a_0} \div \frac{a_{i-1}}{a_0} = \frac{a_i}{a_{i-1}} \tag{4.10}$$

【例 4.7】 表 4-7 所示的是某企业乙产品 2011－2016 年度销售量及其定基发展速度和环比发展速度的计算。

表 4-7　乙产品销售量的定基发展速度和环比发展速度

年份	2011	2012	2013	2014	2015	2016
销售量(万吨)	50	56	60	64	70	78
定基发展速度(%)	100	112.0	120.0	128.0	140.0	156.0
环比发展速度(%)	—	112.0	107.12	106.7	109.4	111.4

(三)年距发展速度

年距发展速度(或称为"同比发展速度")是报告期发展水平与去年同期发展水平之比。它可以消除季节变动因素的影响,较确切地反映现象发展的速度。

【例 4.8】 某地区 2016 年第 1 季度钢产量为 300 万吨,2017 年第 1 季度钢产量为 240 万吨,计算年距发展速度。

解: 年距发展速度 $=\dfrac{300}{240}\times 100\% = 125\%$

这说明 2017 年第 1 季度钢产量是上年同期产量水平的 125%。

二、增长速度

增长速度(Velocita of Increase)是表明客观现象增长程度的相对指标。它可以根据增长量与基期发展水平对比求得,也可以根据发展速度来求得。公式如下:

$$增长速度 = \frac{增长量}{基期发展水平} = 发展速度 - 1 \tag{4.11}$$

当发展速度大于 1 时,增长速度为正值,表明现象的增长程度,称为"增长率";当发展速度小于 1 时,增长速度为负值,表明现象的降低程度,称为"降低率"。

由于基期的不同,增长速度也有环比增长速度和定基增长速度之分。

环比增长速度是将基期定为报告期的前一期,用报告期的增长量与前一期的发展水平对比而得,反映现象的逐期增长程度。用公式表示为:

$$环比增长速度 = \frac{逐期增长量}{前一期水平} \times 100\% \tag{4.12}$$

定基增长速度是将基期固定为某一期,用报告期的增长量与固定基期的发展水平对比而得,反映现象在较长一段时间内的增长程度。用公式表示为:

$$定基增长速度 = \frac{累计增长量}{固定基期水平} \times 100\% \tag{4.13}$$

从公式可以发现:定基增长速度 = 定基发展速度 - 1
　　　　　　　　　环比增长速度 = 环比发展速度 - 1

【例 4.9】 以 2011—2015 年我国国内生产总值为例,其发展速度和增长速度计算如表 4-8 所示。

表4-8 我国国内生产总值发展速度和增长速度计算表

年份	2011	2012	2013	2014	2015
国内生产总值(亿元)	489300.6	540367.4	595244.4	643974.0	689052.1
逐期增长量(亿元)	—	51066.8	54877.0	48729.6	45078.1
累积增长量(亿元)	—	51066.8	105943.8	154673.4	199751.5
环比发展速度(%)	—	110.4	110.2	108.2	107.0
定基发展速度(%)	—	110.4	121.7	131.6	140.8
环比增长速度(%)	—	10.4	10.2	8.2	7.0
定基增长速度(%)	—	10.4	21.7	31.6	40.8

三、平均发展速度和平均增长速度

(一)平均发展速度

平均发展速度(Average Velocita of Development)是各个时期环比发展速度的平均数,它反映客观现象在较长时期内平均发展变化的程度。由于客观现象在各个时期所处的条件及影响因素不同,因此,各个时期的发展速度有差异。而平均发展速度通过对各个时期的环比发展速度进行平均,消除了差异,不仅可以用来对比相同时期不同时期客观现象的发展变化情况,还可以用来对比不同国家或地区经济发展的不同情况,是反映国民经济发展状况的重要指标。

计算平均发展速度的常用方法有水平法和方程法。

1. 水平法(几何平均法)

由于现象在一段时间内发展的总速度等于各期环比发展速度的连乘积而不是各期发展速度之和,所以,计算平均发展速度就不能用算术平均法,而要用几何平均法。

水平法又称"几何平均法",它是根据各期的环比发展速度采用几何平均法计算出来的。计算公式为:

$$\bar{x} = \sqrt[n]{\frac{a_1}{a_0} \times \frac{a_2}{a_1} \times \cdots \times \frac{a_n}{a_{n-1}}} = \sqrt[n]{\frac{a_n}{a_0}} \qquad (4.14)$$

其中:$\bar{x}$ 为平均发展速度;$\frac{a_i}{a_{i-1}}$(其中 $i=1,2,\cdots,n$)为环比发展速度;n 为环比发展速度的个数。

【例4.10】 某企业乙产品2011—2016年销售量及其环比发展速度如表4-9所示。试计算该企业这一期间的平均发展速度。

表4-9 某企业乙产品2011-2016年销售量及其环比发展速度

年份	2011	2012	2013	2014	2015	2016
销售量(万吨)	50	56	60	64	70	78
环比发展速度(%)	—	112.0	107.1	106.7	109.4	111.4

解: $\bar{x} = \sqrt[n]{\dfrac{a_1}{a_0} \times \dfrac{a_2}{a_1} \times \cdots \times \dfrac{a_n}{a_{n-1}}} = \sqrt[n]{\dfrac{a_n}{a_0}} = 109.30\%$

这一期间该企业乙产品的平均发展速度为 109.30%。

由公式可知,平均发展速度的大小仅仅取决于末期发展水平和初期发展水平,中间各期水平无论怎样变化,对平均发展速度的高低都无影响。如果中间各期水平出现了特殊高低变化,或者初期、末期水平受到特殊因素的影响,就会降低或者失去平均速度的意义。所以,有时运用这一平均发展速度推算的各期发展水平可能和各期的实际水平相差悬殊,不能准确地反映各期发展的实际水平。

2. 方程法(累计法)

方程法也称"累计法",即从动态数列的最初水平出发,以数列的平均速度代替各期的环比发展速度,计算出的各期发展水平累计总和应与各期发展水平的实际数累计总和相等。列出方程式再求解,便得出平均发展速度。

用方程法计算平均发展速度,侧重于考察中长期计划各期水平的总和,这种方法适用于对诸如基本建设投资总额、居民住宅建设总面积等可表示国民财产存量的经济指标计算平均发展速度。

设 $\bar{x}$ 为平均发展速度, a_i 为各期发展水平,按平均发展速度计算的各期发展水平分别为 $a_0, a_0\bar{x}, a_0\bar{x}^2, a_0\bar{x}^3, \cdots, a_0\bar{x}^n$。

将各期发展水平代入 $a_0 + a_1 + a_2 + \cdots + a_n = \sum a$ 有

$$a_0 + a_0\bar{x} + a_0\bar{x}^2 + \cdots + a_0\bar{x}^n = \sum a$$

整理可得

$$1 + \bar{x} + \bar{x}^2 + \cdots + \bar{x}^n = \sum a / a_0 \tag{4.15}$$

这个方程的正根就是所求的平均发展速度。求解这个方程式是比较复杂的,在实际统计工作中,一般是根据事先编好的《平均增长速度查对表》查得所需的平均发展速度。

平均发展速度的 2 种计算方法的侧重点是不同的。水平法侧重于考察最末一年的发展水平,按这种方法确定的平均发展速度,推算的最后一年发展水平等于最末一年的实际发展水平。累计法侧重于考察全期各部分发展水平的总和,按这种方法确定的平均发展速度,推算的全期各部分发展水平的总和与实际资料的总数是一致的。在计算平均发展速度时,要根据研究现象的性质、研究目的合理地选择计算方法。当目的在于考察最末一年发展水平而不关心各期水平总和时,可采用水平法;当目的在于考察各期发展水平总和而不关心最末一年水平时,可采用累计法。

(二)平均增长速度

平均增长速度(Average Velocita of Increase)是动态数列中各期环比增长速度的平

均数,它说明现象在一个较长时期逐期增减的平均程度。平均增长速度并不能根据各期环比增长速度直接计算,而是根据与平均发展速度的关系计算。即:

$$\text{平均增长速度} = \text{平均发展速度} - 1 \tag{4.16}$$

平均增长速度为正值,表明现象在某段时期内逐期平均递增的程度,也称为"平均递增率";若为负值,表明现象在某段时间内逐期平均递减的程度,也称为"平均递减率"。

四、速度分析与水平分析的结合应用(增长1%的绝对值)

动态数列的速度指标是由水平指标对比计算而来的以百分数表示的抽象化指标。速度指标把现象的具体规模或水平抽象掉了,不能反映现象的绝对量差别,所以运用速度指标时,最好结合基期水平进行分析。因为,发展速度是由报告期水平除以基期水平得到的,从数量关系看,基期水平低,速度就容易达到较高水平;基期水平高,速度就很难达到较高水平。因此,高速度可能掩盖低水平,低速度可能隐藏着高水平。在这种情况下,我们需要将速度与绝对水平结合起来进行分析,通常要计算增长1%的绝对值来弥补速度分析中的局限性。

增长1%的绝对值用来表示速度每增长1%而增加的绝对数量,其计算公式为:

$$\text{增长1\%的绝对值} = \frac{\text{逐期增长量}}{\text{环比增长速度} \times 100} = \frac{\text{前一期水平}}{100} \tag{4.17}$$

第四节 动态数列的变动分析

一、动态数列的构成因素和组合模型

(一)动态数列的构成因素

动态数列中各项发展水平的变化受多种因素共同影响。在诸多影响因素中,有的因素起长期作用;有的因素起短期作用;有的因素只是偶然发挥作用。例如,一个国家的经济发展可能受到劳动力、资源和生产力水平的长期稳定的影响,也可能受到自然灾害、国际环境、政治因素等非长期因素的影响。在分析动态数列的变动规律时,我们很难精确地将这些因素的影响加以区分,但是我们可以对这些影响因素进行归纳分类,进而揭示动态数列变动的规律性。通常我们可以将动态数列的影响因素归纳为4类:长期趋势、季节变动、循环变动和不规则变动。

1. 长期趋势

长期趋势(Long-term Trend)是指现象在一段相当长的时间内所表现出来的持续上升、下降或不变的趋势。长期趋势受某种根本性支配因素的影响。需要注意的是,这里的长期并非时间意义上的绝对长短,而是针对动态数列的各期间隔而言的。也就是说,

当我们的动态数列以年为间隔时,两三年就不能作为长期,所表现出来的变化趋势也不具有长期规律性;如果动态数列以月为间隔,则一年有 12 个月,就可以从中看出一些长期规律。

2. 季节变动

季节变动(Seasonal Variation)是指动态数列因受自然因素或社会经济因素的影响,在一年内形成的有规律的周期性变动。例如,农业生产因受自然条件的影响而出现季节性的变化,春、夏、秋三季农忙,冬季农闲;交通运输也往往受自然条件和社会生活习惯的影响而出现季节性变动,春季人口流动量比较大,客运量出现季节性高峰;旅游业会因各种因素的影响出现"旅游旺季"和"旅游淡季"等。

3. 循环变动

循环变动(Caclical Fluctuation)是指变动周期大于一年的、有一定规律的重复变动,如商业周期的繁荣、衰退、萧条、复苏 4 个阶段的循环变动。循环变动和季节变动都是一种重复出现的周期性变动,不同的是,季节变动是一年内按月或按季的周期性变动,是可以预见的;而循环变动的周期一般超过一年,而且没有固定的变动期限或规律,是很难事先预知的。季节变动在各年的波动强度大致相同,无明显差异,而循环变动在不同时期的振幅有明显的差异。

4. 不规则变动

不规则变动也称"随机变动"(Random Fluctuation),是指动态数列中除了上述 3 种变动之外,受临时或偶然性因素的影响而出现的不规则变动。如地震、水灾、战争等因素引起的现象的变动,这种变动一般是无法预知的。

(二)动态数列的组合模型

动态数列分析的目的就是对以上的四大影响因素进行测定,揭示现象变动的规律性,为认识和预测事物的发展提供依据。按照四大影响因素、影响方式的不同,可以设定为不同的组合模型,通常有乘法模型和加法模型 2 种。以 A 表示动态数列的指标数值,T 表示长期趋势成分,S 表示季节变动成分,C 表示循环变动成分,I 表示不规则变动成分。

乘法模型和加法模型的表现形式如下:

乘法模型　　$A = T \times S \times C \times I$

加法模型　　$A = T + S + C + I$

乘法模型的假定前提是动态数列的 4 个因素是相互影响的,动态数列中的每个观察值是它们交互作用的结果。动态数列的总变动是各因素变动的乘积。此乘法模型中,A 和 T 为总量指标,S、C、I 是比率,用百分数表示。S、C、I 均取正值,但它们在 1 附近上下波动。利用乘法模型可以将 4 个因素很容易地从动态数列中分离出来,因此,乘法模型在动态数列分析中被广泛应用。

加法模型的假定前提是动态数列的 4 个影响因素相互独立地发挥作用,动态数列的总变动是各因素变动的总和。此加法模型中，A 和 T 为总量指标，S,C,I 分别是季节变动、循环变动与不规则变动对长期趋势所产生的偏差，或是正值，或是负值。

二、长期趋势变动分析

动态数列的长期趋势是就一个较长的时期而言的，一般来说，分析长期趋势所选的时期越长越好。对长期趋势的测定和分析，是动态数列的重要工作，其主要目的有3个：一是为了认识现象随时间发展变化的趋势和规律性；二是为了对现象未来的发展趋势作出预测；三是为了从动态数列中剔除长期趋势成分，以便分解出其他类型的影响因素。

长期趋势分析就是采用适当的方法对动态数列进行修匀，使修匀后的数列排除季节变动、循环变动和不规则变动的影响，显示出现象变动的基本趋势，以便认识和掌握现象发展变化的规律，对未来的状况作出预测和分析。

长期趋势分析有线性趋势分析和非线性趋势分析，动态数列趋势的测定方法有多种，最常用的有时距扩大法、移动平均法、最小平方法等。

（一）线性趋势分析

线性趋势（Linear Trend）是指现象随时间的推移而呈现出的稳定增长或下降的线性变化规律。线性趋势的分析方法有很多，这里主要介绍几种常用方法。

1.时距扩大法

时距扩大法是测定长期趋势最原始、最简单的方法。它是将原始动态数列中较小时距单位的若干个数据加以合并，得到较大时距单位的数据。当原动态数列中各指标数值上下波动，使现象变化规律表现不明显时，可通过扩大数列时间间隔，使得较小时距数据所受到的偶然因素的影响相互抵消，以反映现象发展的长期趋势。

【例4.11】 根据表4-10的数据，用时距扩大法分析某商场商品销售额的长期趋势。

表4-10 某商场某年商品销售额

月份	1	2	3	4	5	6	7	8	9	10	11	12
销售额(万元)	50	55	48	46	56	57	56	52	57	54	60	66

解：将以月为时距的动态数列合并为以季为时距的动态数列，如表4-11所示。原动态数列中并不能很好地观察出长期趋势，通过扩大时间间距后的新动态数列，就可以明显地看出该商场商品的销售额呈现出增加的趋势。

表4-11 间距扩大法计算某商场某年商品销售额的长期趋势

销售额	一季度	二季度	三季度	四季
商品销售额(万元)	153	159	165	180
平均月销售额(万元)	51	53	55	60

时距扩大法的优点是简便直观。但是它的缺点也很突出，扩大间距后形成的新动

态数列包含的数据减少,信息大量流失,不利于进一步分析。

2. 移动平均法

移动平均法是对时距扩大法的一种改良。它是采取逐期递推移动的方法对原数列按一定时距扩大,得到一系列扩大时距的平均数。它的原理和时距扩大法类似,通过扩大时距来消除动态数列中的不规则变动和其他变动,揭示出动态数列的长期趋势,较时距扩大法的优点在于移动平均法可以保留更多的数据信息,对原动态数列的波动起到一定的修匀作用。

移动平均法的具体步骤如下:(1)扩大原动态数列的时间间隔,选定一定的时距项数 N。(2)采用递推移动的方法对原数列依次移动 N 项计算一系列序时平均数。

【例 4.12】 表 4-12 是某地粮食产量及其 3 项移动平均和 4 项移动平均的计算结果。

表 4-12 某地粮食产量　　　　　　　　　　　单位:万吨

年份	粮食产量	3 项移动平均	4 项移动平均	
			一次移动	二次移动
2007	2.86	—		
2008	2.83	2.91	3.02	
2009	3.05	3.07	3.10	3.06
2010	3.32	3.19	3.21	3.16
2011	3.2	3.26	3.33	3.27
2012	3.25	3.00	3.47	3.40
2013	3.54	3.55	3.68	3.58
2014	3.87	3.82	3.82	3.75
2015	4.07	3.91		
2016	3.79	—		

从【例 4.12】中我们可以看出,移动平均法具有以下特点:

其一,时距项数越大,对动态数列的修匀效果越强。3 项移动平均的波动明显小于原数列,但一些小波动仍然存在;4 项移动平均进一步削弱了波动,动态数列持续上升的长期趋势表现得更为明显。

其二,移动平均的时距项数 N 为奇数时,只需一次移动平均,其移动平均值作为移动平均项中间一期的趋势代表值;当移动平均的时距项数 N 为偶数时,移动平均值代表的是这偶数项的中间位置水平,无法对正某一时期,所以需要依次将相邻 2 项再次移动平均,如此才能使得平均值对正某一时期值。第二次移动平均称为"移正平均",也称"中心化的移动平均数"。

其三,N 的选择要考虑周期性波动的周期长短,平均时距 N 应与周期长度一致。当动态数列包含季节变动时,移动平均的时距项数 N 应与季节变动长度一致,一般为 4 个季度或 12 个月。

其四,虽然移动项数越多,修匀效果越强,但是移动项数过多,就将出现数据丢失问题。因此,必须综合地考虑以上几个特点来选择合适的移动平均时距项数。

3. 线性模型法

线性模型法（即直线趋势方程拟合法），就是根据动态数列发展形态的特点，选择一种合适的数学方程式，进而以 t 代表时间，a 代表实际观测值，然后依据此方程来分析长期趋势的方法。要拟合一条符合上述要求的趋势线，最合理的方法就是最小二乘法（最小平方法），它既适用于直线拟合，也适用于曲线拟合。直线趋势方程为：

$$y_t = a + bt \tag{4.18}$$

其中，y_t 代表动态数列的趋势值；t 代表时间；a 代表直线趋势方程的起点值；b 代表直线趋势方程的斜率，即 t 每变动一个单位时，长期趋势值增加（或减少）的数值。

现在的目标是确定 a 和 b，使动态数列指标值与相应趋势值的离差平方和最小：

$$Q = \sum (y - y_t)^2 = \sum (y - a - bt)^2 = \min$$

要达到上述目的，可以采用最小二乘法，建立如下标准方程：

$$\sum y = na + b\sum t \qquad \sum ty = a\sum t + b\sum t^2$$

求得 a 和 b。

在对动态数列按最小二乘法进行趋势拟合运算时，为使计算简便，可以用坐标移位法将原点 O 移到动态数列的中间项，使 $\sum t = 0$。当动态数列的项数 n 为奇数时，可以取中间项的时间顺序号为 0，中间项以前的时间序号从中间往前依次为 $-1, -2, -3\cdots$ 中间项以后的时间序号从中间往后依次为 $1, 2, 3\cdots$；当动态数列的项数 n 为偶数时，将最中间的两项分别设为 $-1, 1$，然后从中间到两边，以前各期依次取 $-3, -5, -7\cdots$ 以后各期依次取 $3, 5, 7\cdots$ 这样求解公式便可简化为：

$$\sum y = na \qquad \sum ty = b\sum t^2$$

用简捷公式计算的直线趋势方程和标准方程组所求出的方程实际上是同一条趋势线，所不同的是原点的改变，原点改变后的趋势值和原点改变前的趋势值是相等的。

【例 4.13】用某游览点历年观光游客资料，建立直线趋势方程进行长期趋势分析如表 4-13 所示。

表 4-13 某游览点历年观光游客的最小二乘法核算

年份	时间 t	游客 y（百人）	t^2	ty	Y（趋势值）
2010	1	100	1	100	99.08
2011	2	112	4	224	112.72
2012	3	125	9	375	126.36
2013	4	140	16	560	140.00
2014	5	155	25	775	153.60
2015	6	168	36	1008	167.28
2016	7	180	49	1260	180.92
合计	28	980	140	4302	980.00

解：由表 10.13 得，$\sum t=28$，$\sum y=980$，$\sum t^2=140$，$\sum ty=4302$，代入公式得：
$a=85.44$，$b=13.64$

从而求得直线趋势方程为：$y_t=85.44+13.64t$

把各 t 值代入上式，便求得相对应的趋势值 Y，见表 4-14 的右栏。这里需要指出的是：对表 4-13 的游客历年数用直线趋势配合，是因为各年的逐期增长量大体相当，具备了直线型动态数列的特征。

表 4-14　某游览点历年观光游客的最小二乘法核算

年份	时间 t	游客(百人) y	t^2	ty	Y(趋势值)
2010	−3	100	0	−300	99.08
2011	−2	112	4	−224	112.12
2012	−1	125	1	−125	126.36
2013	0	140	0	0	140.00
2014	1	155	1	155	153.64
2015	2	168	4	336	167.28
2016	3	180	9	540	180.92
合计	0	980	28	382	980.00

表 4-14 是同一资料按简捷公式的计算，由简捷公式得

$$a=\frac{980}{7}=140 \qquad b=\frac{382}{28}=13.64$$

即 $y_t=140+13.64t$

将各 t 值代入上式，便求得各年的趋势值 Y（如表 4-14 所示）。

最小二乘法在对原数列作长期趋势的测定时，通过趋势值 Y 来修匀原数列，得到比较接近原值的趋势值。利用所求的直线趋势方程还能对近期的数列作出预测，例如，根据表 4-14 求出直线趋势方程，代入 $t=4$，便能预测 2017 年的游客人数，即

$$y_t=140+13.64\times 4=194.56(百人)$$

需要注意的是，这里的直线方程 $y_t=a+bt$，不涉及变量 t 与变量 y 之间的任何因果关系，也没有考虑误差的任何性质，因此它仅仅是一个直线拟合公式。同时还需要指出，作为较长期的一种趋势，利用所拟合的数学方程式进行预测时，必须假定影响趋势变化的因素到预测年份仍起作用。上面的例题只是为了说明分析计算的方法，为简便起见，一般选用的数据都比较少，实际应用时，应丰富数据方能更好地反映长期趋势。

（二）非线性趋势分析

当动态数列各时期的数值随时间而不同，各时期的变化率或趋势线的斜率有明显变动但又有一定规律性时，现象的长期趋势就不再是线性，而可能是非线性的。

现象的非线性趋势的形式多种多样,这里只介绍常见的抛物线形。

如果动态数列二级增减量(即各期增长量的逐期增长量)大体相同,表明现象变化趋势是一个弯曲的曲线,则可用抛物线方程拟合一条合适的曲线。建立的趋势方程为:

$$y_t = a + bt + ct^2 \tag{4.19}$$

方程中有 a,b,c 3个待定参数,根据最小二乘法可得如下标准方程组:

$$\sum y = na + b\sum t + c\sum t^2$$

$$\sum ty = a\sum t + b\sum t^2 + c\sum t^3$$

$$\sum t^2 y = a\sum t^2 + b\sum t^3 + c\sum t^4$$

解此方程组,求出参数 a,b,c,就可得到抛物线的趋势方程。

与直线趋势分析一样,抛物线趋势分析也可用简捷法解出参数以建立抛物线的趋势方程。

将原数列的中点移至坐标原点,使 $\sum t = 0$,标准方程组可简化为:

$$\sum y = na + c\sum t^2$$

$$\sum ty = b\sum t^2$$

$$\sum t^2 y = a\sum t^2 + c\sum t^4$$

解此方程组,求出参数 a,b,c,也可得到抛物线的趋势方程。得到方程后,即可计算出各个时期的趋势值,从而进行分析预测。

三、季节变动分析

季节变动(Seasonal Fluctuation)是指一些现象由于受自然条件或经济条件的影响在一个年度内随季节的更替而发生比较有规律的变动。例如,农产品的生产量、某些商品的销售量等,都会因时间的变化而分为农闲农忙、淡季旺季。季节变动往往会给社会生产和人们的经济生活带来一定影响。测定季节变动的意义主要在于通过分析与测定过去的季节变动规律,为当前的经营管理决策提供依据,特别是组织商业活动,避免由于季节变动引起的不良影响。还可以预测未来,制订计划,提前做好合理安排。

知 识 链 接

对大陆赴台旅游人次数的季节变动趋势

研究表明,对于大陆赴台旅游人次数,台湾方面的政策是决定性因素,配额数的放宽能快速带动大陆游客赴台游人次数。大陆赴台旅游人次数存在明显的季节周期性特征,每年的大陆赴台游在4—5月和11月是旅游高峰,而1—2月和9月是旅游低谷,这主要是自然因素和社会因素造成的结果。同时,大陆居民赴台旅游人次数还处于一个增长期,尚未稳定,而现阶段的每日配额未满足大陆居民的赴台旅游需求,若台湾方面能根据统筹情况对配额进行有针对性的调整,如对于旅游旺季和淡季施行不同的配额,则更有利于提升台湾旅游经济产业。

资料来源:潘澜,阳淑瑗等.大陆赴台旅游人次数的趋势、季节周期及预测分析[J]中南林业科技大学学报,2016.

根据是否排除长期趋势的影响,测定季节变动的方法可分为2种:一是不排除长期趋势的影响,直接根据原动态数列来测定;二是依据消除长期趋势后的动态数列来测定。前者常用同期平均法,后者常用趋势剔除法。但是,不管采用哪种方法,都需具备连续多年的各月(季)资料,以保证所求的季节比率具有代表性,从而能比较客观地描述现象的季节变动。现将2种测定方法介绍如下:

(一)同期平均法

在现象不存在长期趋势或长期趋势不明显的情况下,一般直接用平均的方法通过消除循环变动和不规则变动来测定季节变动,在统计学中将这种方法称为"同期平均法"。

这种方法是测定季节变动最简便的方法,其特点是测定季节变动时,不考虑长期趋势的影响。它是以若干年资料数据求出同月(季)的平均水平与全年各月(季)水平,用二者对比得出各月(季)的季节指数来表明季节变动的程度。季节指数是用来刻画数列在一个年度内各月或季的典型季节特征,反映某一月份或季度的数值占全年平均数值的大小。如果现象的发展没有季节变动,则各期的季节指数应等于100%;如果某一月份或季度有明显的季节变化,则各期的季节指数应大于或小于100%。季节变动的程度是根据各季节指数与其平均数(100%)的偏差程度来测定的。

同期平均法的具体步骤如下:

第1步,列表,将各年同月(季)的数值列在同一纵栏内;

第2步,将各年同月(季)数值加总,求出月(季)平均;

第3步,将所有月(季)数值加总,求出总的月(季)平均;

第4步,求季节指数 $S=\dfrac{\text{各月(季)平均}}{\text{全期各月(季)平均}}\times 100\%$。

【例4.14】 某禽蛋加工厂2012—2016年的销售收入资料如表4-15所示,用同期平均法进行季节变动分析。

表 4-15　某禽蛋加工厂增加值资料

月份	1	2	3	4	5	6	7	8	9	10	11	12	合计
第1年	10	50	80	90	50	20	8	9	10	60	50	20	457
第2年	15	54	85	93	51	22	9	9	11	75	54	22	500
第3年	22	60	99	95	56	23	9	10	14	81	51	23	532
第4年	23	64	90	99	60	30	11	12	15	85	59	25	573
第5年	25	70	93	98	62	32	13	14	19	90	61	28	605
同月合计	95	298	436	475	279	127	50	54	69	391	275	118	2667
月平均数	19.0	59.6	87.2	95.0	55.8	25.4	10.0	10.8	13.8	78.2	55.0	23.6	44.45
季节比率(%)	43.0	134.1	196.2	213.7	125.5	57.1	22.5	24.3	31.0	175.9	123.6	53.1	1200

解: 第 1 步,列表,将各年同月的数值列在同一栏内;

第 2 步,将各年同月数值加总,求出月平均;

第 3 步,将所有月数值加总,求出总的月平均;

$$各月总平均 = \frac{2667}{60} = 44.45(万元)$$

第 4 步,求季节指数 $S = \dfrac{各月(季)平均}{全期各月(季)平均} \times 100\%$;

第 5 步,画出季节指数图。

从表中数据可见,2、3、4、5、10、11 月份的季节指数均大于 100%,是销售的旺季,其他月份季节指数均小于 100%,是销售的淡季。

我们可以利用季节指数进行简单的预测。假设 2017 年该企业销售收入将比 2016 年增长 5%,即达到 $605 \times (1+5\%) = 635.25$(万元)。利用季节比率可以对各月的销售收入进行预测,可将 635.25 万元除以 12,再乘以各月的季节比率即得。例如:1 月份预测值 $= \dfrac{635.25}{12} \times 43\% = 22.763125$(万元)

同期平均法计算简便,易于理解。但动态数列所包含的长期趋势和循环波动,很少能够通过平均予以消除。因此,若动态数列存在明显的长期趋势时,该方法的季节指数将不够准确。例如,当数列存在剧烈的上升趋势时,年末季节指数明显高于年初的季节指数;当数列存在下降趋势时,年末的季节指数明显低于年初的季节指数。此时,不宜用同期平均法进行季节变动的分析,而应该采用趋势剔除法来测定其季节变动。

(二)趋势剔除法

在具有明显的长期趋势变动的数列中,为了测定季节变动,必须先将长期趋势变动因素加以剔除。假定长期趋势、季节变动、循环变动和不规则变动对动态数列的影响可以用乘法模型来反映,为了精确计算季节指数,首先设法从数列中消除趋势因素(T),然后再用平均的方法消除循环变动(S),从而分解出季节变动成分。具体步骤如下:

第 1 步,计算移动平均值(季度数据采用 4 项移动平均,月份数据采用 12 项移动平均),并将其结果进行"中心化"处理,得到各期的长期趋势值 T。

第 2 步,计算移动平均的比值,即将数列的各观察值除以相应的中心化移动平均值,得到包含了循环变动和不规则变动的季节变动指数。

第 3 步,用平均的方法消除循环变动和不规则变动,计算出各比值的季度(或月份)平均值,即季节指数。

第 4 步,季节指数调整,各季节指数的平均数应等于 1 或 100%;若根据第 3 步计算的季节比率的平均值不等于 1 时,则需要进行调整。具体方法是将第 3 步计算的每个季节比率的平均值除以它们的总平均值。

【例 4.15】 按趋势剔除法计算表 4-16 中某企业电视机销售量的季节指数。

表 4-16 某企业 4 年的季度电视机销售量　　　　　　　　　　单位:千台

年＼季度	第 1 季度	第 2 季度	第 3 季度	第 4 季度	合　　计
第 1 年	4.8	4.1	6.0	6.5	21.4
第 2 年	5.8	5.2	6.8	7.4	25.2
第 3 年	6.0	5.6	7.5	7.8	26.9
第 4 年	6.3	5.9	8.0	8.4	28.6

其一,利用移动平均法求得长期趋势值 T,再利用公式 $S \times C \times I = \dfrac{Y}{T}$ 计算出各季包含了循环变动和不规则变动的季节变动指数,如表 4-17 所示。

表 4-17　电视机销售量季节指数(一)

年	季度	销售量(千台)	四季移动平均趋势值 T	季节变动指数 (包括循环、不规则变动) $S \times C \times I = \dfrac{Y}{T}$
第 1 年	1	4.8		
	2	4.1		
	3	6.0	5.475	1.096
	4	6.5	5.738	1.113
第 2 年	1	5.8	5.975	0.971
	2	5.2	6.188	0.840
	3	6.8	6.325	1.075
	4	7.4	6.400	1.156

续表

年	季度	销售量（千台）	四季移动平均趋势值 T	季节变动指数 （包括循环、不规则变动） $S×C×I=\dfrac{Y}{T}$
第3年	1	6.0	6.358	0.918
	2	5.6	6.675	0.839
	3	7.5	6.763	1.109
	4	7.8	6.838	1.141
第4年	1	6.3	6.938	0.908
	2	5.9	7.075	0.834
	3	8.0		
	4	8.4		

其二，利用同季平均的方法计算出电视机销售量动态数列的季节指数，消除循环变动和不规则变动。求得的季节指数分别是：0.93,0.84,1.09,1.14，如表4-18所示。

表4-18 电视机销售量季节指数（二）

季节变动指数 （包括循环－不规则变动）	第1季度	第2季度	第3季度	第4季度
第1年			1.096	1.113
第2年	0.971	0.840	1.075	1.156
第3年	0.918	0.839	1.109	1.141
第4年	0.908	0.834		
各季平均	0.932	0.838	1.093	1.137
季节指数(%)	93.2	83.8	109.3	113.7

如果上一步求得的4个季节指数的平均数不为1，还要进行调整，先求得4个季节指数的总平均数，再用4个季节指数与总平均数的比例作为最后的季节指数。由于该例题中上一步计算的4个季节指数的平均数已经为1，所以不用再进行调整。

四、循环变动分析

循环变动（Caclical Fluctuation）是指变动周期大于1年的、有一定规律的重复变动。循环变动的周期一般超过1年，且没有固定的变动期限或规律，很难事先预知。循环变动各个时期有不同的原因，变动程度也有自己的特点，这与季节变动基于大体相同的原因和相对稳定的周期形成对照，所以不能用测定季节变动的方法来研究循环变动，通常用剩余法来测定循环变动。其基本思想是：对各期动态数列资料用长期趋势和季节比率来消除趋势变动和季节变动，得到反映循环变动与不规则变动的数列，然后再采用移动平均法消除不规则变动，便可得出反映循环变动程度的各期循环变动系数。

$$A = T×S×C×I$$

$$\frac{A}{T×S} = T×S×C×\frac{I}{T×S} = C×I$$

将 $C \cdot I$ 数列进行移动平均修匀，则修匀后的数列即为各期循环变动的系数。

测定循环变动的程度，认识经济波动的某些规律，预测下一个循环变动可能产生的各种影响，以便充分利用有利因素，避免不利因素，对于保持国民经济持续稳定的发展具有重要意义。但是，循环变动预测和长期趋势预测不同，循环变动主要属于景气预测，在很大程度上要依靠经济分析，仅仅对历史资料的统计处理是不够的。

知识链接

循环变动在自然、社会中广泛存在，如人口自然增长率循环变动，降雨量在若干年内会出现几年多、几年少的循环变动。工业生产产品也有一定的生命周期，即经过研制、试销、发展、成熟、衰退几个阶段，由盛到衰，最后被新产品代替。循环波动不同于长期趋势，它所表现的不是朝着某一单一方向持续上升或下降，而是涨落相间的波浪式发展。循环波动也不同于季节变动。季节变动一般是以一年或更短时间为周期，而循环变动没有固定的循环周期，一般在数年以上，也没有固定的变动期限或规律，很难事先预知。季节变动在各年的波动强度大致相同，无明显差异，循环波动在不同时期的振幅有明显差异，其产生的机制在经济过程内部。

第五节　Excel 在时间数列分析中的应用

利用计算机来进行数列分析可以大大缩短运算时间，提高效率，使分析更迅速、更快捷。这里以 Excel 在移动平均分析中的应用来说明操作方法。

一、时间数列水平分析指标计算

以我国 2000—2005 年国内生产总值为例（数据见表 4-20），用 Excel 计算逐期增长量、累计增长量。

表 4-19　我国 2000－2005 年的 GDP

年　份	2000 a_0	2001 a_1	2002 a_2	2003 a_3	2004 a_4	2005 a_5
GDP（亿元）	99215	109655	120333	135823	159878	183085

资料来源：2006 年中国统计年鉴[M]．北京：中国统计出版社，2007．

操作步骤如下：

其一，在单元格 A3、A4 中分别输入"逐期增长量""累计增长量"；

其二，在单元格 C3 中输入"＝C2－B2"，按回车键得 2001 年的逐期增长量；

其三,依次在单元格 D3 至 G3 中重复步骤 2;或把光标移至 C3 单元格右下角,当光标变为黑十字星时,按住鼠标右键并拖到 G3 区域松开,得 2002—2005 年每年的逐期增长量;

其四,选择单元格 C4,输入"＝C2－99215",按回车键得 2001 年的累计增长量;

其五,依次在单元格 D4 至 G4 中重复步骤 4;或把光标移至 C4 单元格右下角,当光标变为黑十字星时,按住鼠标右键并拖到 G4 区域松开,得 2002—2005 年每年的累计增长量,计算结果如图 4-1 所示。

	A	B	C	D	E	F	G
1	时间	2000	2001	2002	2003	2004	2005
2	历年GDP	99215	109655	120333	135823	159878	183085
3	逐期增长量	—	10440	10678	15490	24055	23207
4	累计增长量	—	10440	21118	36608	60663	83870
5							
6							

图 4-1　时间数列的水平分析指标

二、时间数列速度分析指标计算

仍以表 4-19 数据为例,用 Excel 进行环比发展速度、定期发展速度、环比增长速度、定期增长速度。操作步骤如下:

其一,在单元格 A3、A4、A5、A6 中分别输入"环比发展速度""定基发展速度""环比增长速度"和"定基增长速度";

其二,在单元格 C3 中输入"＝C2/B2＊100",按回车键得 2001 年的环比发展速度;

其三,依次在单元格 D3 至 G3 中重复步骤 2;或把光标移至 C3 单元格右下角,当光标变为黑十字星时,按住鼠标右键并拖到 G3 区域松开,得 2002—2005 年每年的环比发展速度;

其四,在单元格 C4 中输入"＝C2/99215＊100",按回车键后得到 2001 年的定基发展速度;

其五,依次在单元格 D4 至 G4 中重复步骤 6;或把光标移至 D4 单元格右下角,当光标变为黑十字星时,按住鼠标右键并拖到 G4 区域松开,得到 2002—2005 年每年的定基发展速度;

其六,在单元格 C5 中输入"＝C3－100",按回车键后得到 2001 年的环比增长速度;

其七,依次在单元格 D5 至 G5 中重复步骤 6;或把光标移至 C5 单元格右下角,当光标变为黑十字星时,按住鼠标右键并拖到 G5 区域松开,得 2002—2005 年每年的环比增长速度;

其八,在单元格 C6 中输入"＝C4－100",按回车键后得到 2001 年的定基增长速度;

其九,依次在单元格 D6 至 G6 中重复步骤 8;或把光标移至 C6 单元格右下角,当光标变为黑十字星时,按住鼠标右键并拖到 G6 区域松开,得 2002—2005 年每年的定基增长速度。

计算结果如图 4-2 所示。

	A	B	C	D	E	F	G
1	时间	2000	2001	2002	2003	2004	2005
2	历年GDP	99215	109655	120333	135823	159878	183085
3	环比发展速度	—	110.52	109.74	112.87	117.71	114.52
4	定基发展速度	—	110.52	121.29	136.90	161.14	184.53
5	环比增长速度	—	10.52	9.74	12.87	17.71	14.52
6	定基增长速度	—	10.52	21.29	36.90	61.14	84.53

图 4-2 时间数列的速度分析指标

三、长期趋势的测定与预测

（一）移动平均法

以表 4-20 资料为例，计算我国粮食产量的 3 项移动平均。

表 4-20 我国 1980－2003 年粮食产量

年份	产量(万吨)	年份	产量(万吨)	年份	产量(万吨)
1980	32055.5	1988	39408.0	1996	50453.5
1981	32502.0	1989	40754.9	1997	49417.1
1982	35450.0	1990	44624.0	1998	51229.5
1983	38728.0	1991	43529.0	1999	50838.6
1984	40731.0	1992	44265.8	2000	46217.5
1985	37910.8	1993	45648.8	2001	45263.7
1986	39151.0	1994	44510.1	2002	45705.8
1987	40298.0	1995	46661.8	2003	43069.5

操作步骤如下：

其一，在单元格 C1 中，输入"3 项移动"；

其二，在单元格 C3 区域中输入"＝(B2＋B3＋B4)/3"，按回车键得第 1 个 3 项移动平均结果；

其三，选择单元格 C4 至 F12，重复上述步骤，分别得第 2 个、第 3 个、第 4 个……第 N 个的 3 项移动平均结果，计算结果如图 4-3 所示。

	A	B	C	D	E	F
1	年份	产量	3项移动	年份	产量	3项移动
2	1980	32055.5		1992	44265.8	44481.2
3	1981	32502	33335.8	1993	45648.8	44808.2
4	1982	35450	35560	1994	44510.1	45606.9
5	1983	38728	37625.3	1995	46661.8	47208.5
6	1984	40731	39395.7	1996	50453.5	48844.1
7	1985	37910.8	39123.3	1997	49417.1	50366.7
8	1986	39151	38596.6	1998	51229.5	50495.1
9	1987	40298	39392.3	1999	50838.6	49428.5
10	1988	39408	40153.6	2000	46217.5	47439.3
11	1989	40754.9	41595.6	2001	45263.7	45732.3
12	1990	44624	42969.3	2002	45705.8	44683
13	1991	43529	44139.6	2003	43069.5	
14						

图 4-3 粮食产量的 3 项移动平均计算结果

(二)趋势模型法

根据表 4-20 中的粮食产量数据,用最小二乘法确定直线趋势方程,计算出各期的趋势值,并预测 2009 年的粮食产量。操作步骤如下:

其一,在单元格 B1、D1、E1、F1 中,分别输入"时间编号 t""ty""t^2"和"预测值";

其二,在单元格 B2 至 B7 中分别输入 1,2,…,6,作为时间年份的编号 t;

其三,在单元格 D2 中输入"=B2*C2",按回车键得第 1 个 ty 值;

其四,依次选择单元格 D3 至 D7,重复步骤 3;或把光标移至 D2 单元格右下角,当光标变为黑十字星时,按住鼠标右键并拖到 D7 区域松开,得各年的 ty 值;

其五,在单元格 E2 中输入"=B2*B2",按回车键得第 1 个 t^2 值;

其六,分别选择单元格 E3 至 E7,重复步骤 5;或把光标移至 E2 单元格右下角,当光标变为黑十字星时,按住鼠标右键并拖到 E7 区域松开,得各年的 t^2 值;

其七,选择单元格 B2 至 E7 区域,单击自动求和图标"$\sum$"按钮,分别得各组总和 $\sum t, \sum y, \sum ty, \sum t^2$;

其八,在单元格 B12、B13 中分别输入"b=""a=";

其九,在单元格 C12 中输入"=(6*D13-B8*C8)/(6*E8-B8*B8)",按回车键得参数 b;

其十,在单元格 C13 中输入"=C8/6-C12*B8/6",按回车键得参数 a;

其十一,在单元格 A10、B10 中分别输入"2009""=2009-2008+6"并按回车键;

其十二,在单元格 F14 中输入"=C13+C12*B10",按回车键得 2009 年某地粮食预测值,如图 4-4 所示。

	A	B	C	D	E	F
1	年份	时间代码t	粮食产量y	t^2	ty	$y_c=80.23+5.32t$
2	2003	1	85.6	1	85.6	85.6
3	2004	2	91	4	182	90.9
4	2005	3	96.1	9	299.3	96.2
5	2006	4	101.2	16	404.8	101.5
6	2007	5	107	25	535	106.8
7	2008	6	112.2	36	673.2	112.1
8	合计	21	593.1		2168.9	593.1
9						
10	2009	7				
11						
12		b=	5.32			
13		a=	80.23			
14						117.47
15						

图 4-4 某地粮食产量及其预测值

四、季节变动的测定

(一)同期平均法

表4-21　某禽蛋加工厂增加值资料　　　　　　　　　单位:万元

月份	1	2	3	4	5	6	7	8	9	10	11	12	总和
第1年	10	50	80	90	50	20	8	9	10	60	50	20	457
第2年	15	54	85	93	51	22	9	9	11	75	54	22	500
第3年	22	60	88	95	56	23	9	10	14	81	51	23	532
第4年	23	64	90	99	60	30	11	12	15	85	59	25	573
第5年	25	70	93	98	62	32	13	14	19	90	61	28	605
各月总数	95	298	436	475	279	127	50	54	69	391	275	118	2667
月平均数	19	59.6	87.2	95	55.8	25.4	10	10.8	13.8	78.2	55	23.6	44.45

以表4-21数据为例,运用同期平均法测定季节变动并预测。用Excel进行操作步骤如下:

其一,在单元格A7、A8、A9、N1中分别输入"总和""月平均数""季节比率""总和";

其二,选择单元格B2至M6区域,单击自动求和图标"∑"按钮,得不同年份各月增加值的总和;

其三,在单元格B8中输入"=B7/5",按回车键得1月份的各年平均增加值;

其四,依次在单元格C8至M8中重复步骤3,或把光标移至B8单元格右下角,当光标变为黑十字星时,按住鼠标右键并拖到M8区域松开,得2－12月份各月平均的增加值;

其五,选择单元格N2,在其中输入"=(B2+C2+D2+E2+F2+G2+H2+I2+J2+K2+L2+M2)",按回车键得第1年增加值总和;

其六,依次在单元格N3至N6中,重复步骤5;或把光标移至N2单元格右下角,当光标变为黑十字星时,按住鼠标右键并拖到N6区域松开,得各年增加值总和;

其七,选择单元格N2至N7区域,单击自动求和图标"∑"按钮,得各年增加值总和2667;

其八,在单元格B8中输入"=N7/60",按回车键得各年每季平均增加值44.45;

其九,在单元格B9中输入"=B8/44.45*100",按回车键得1月份的季节比率42.74;

其十,依次在单元格 C9 至 M9 中,重复步骤 9;或把光标移至 B9 单元格右下角,当光标变为黑十字星时,按住鼠标右键并拖到 M9 区域松开,得 2－12 月季节比率,如图 4-5 所示。

	A	B	C	D	E	F	G	H	I	J	K	L	M	N
1	月份	1	2	3	4	5	6	7	8	9	10	11	12	总和
2	第一年	10	50	80	90	50	20	8	9	10	60	50	20	457
3	第二年	15	54	85	93	51	22	9	9	11	75	54	22	500
4	第三年	22	60	88	95	56	23	9	10	14	81	51	23	532
5	第四年	23	64	90	99	60	30	11	12	15	85	59	25	573
6	第五年	25	70	93	98	62	32	13	14	19	90	61	28	605
7	总和	95	298	436	475	279	127	50	54	69	391	275	118	2667
8	月平均数	19	59.6	87.2	95	55.8	25.4	10	10.8	13.8	78.2	55	23.6	44.45
9	季节比率%	42.74	134.08	196.18	213.72	125.53	57.14	22.497	24.297	31.05	175.93	123.73	53.09	1200
10														

图 4-5　同期平均法测定的季节比率

(二)趋势剔除法

表 4-22　某企业 4 年的季度电视机销售量　　　　　单位:千台

年份	第 1 季度	第 2 季度	第 3 季度	第 4 季度
第 1 年	4.8	4.1	6	6.5
第 2 年	5.8	5.2	6.8	7.4
第 3 年	6	5.6	7.5	7.8
第 4 年	6.3	5.9	8	8.4

以表 4-22 数据为例,运用趋势剔除法测定季节指数。用 Excel 进行操作步骤如下:

其一,在单元格 D1、E1、F1 中分别输入"四项移动平均""移中平均 T_t"和"季节——不规测值 $S_t C_t I_t$";

其二,在单元格 D4 中输入"＝(C3＋C4＋C5＋C6)/4",按回车键得第 1 个四项移动平均;

其三,依次在单元格 D5 至 D16 中,重复步骤 2;或把光标移至 D4 单元格右下角,当光标变为黑十字星时,按住鼠标右键并拖到 D16 区域松开,得第 2 个至第 13 个四项移动平均;

其四,在单元格 E5 中输入"＝(D4＋D5)/2",按回车键得第 1 个四项移动平均的移正平均;

其五,依次在单元格 E6 至 E16 中,重复步骤 4;或把光标移至 E5 单元格右下角,当光标变为黑十字星时,按住鼠标右键并拖到 E16 区域松开,得第 2 个至第 12 个四项移动平均的移正平均;

其六,在单元格 F5 中输入"＝C5/E5",按回车键得第 1 个季节变动指数;

其七,依次在单元格 F6 至 F16 中,重复步骤 6;或把光标移至 F5 单元格右下角,当光标变为黑十字星时,按住鼠标右键并拖到 F16 区域松开,得第 2 个至第 12 个季节变动指数,如图 4-6 所示。

	A	B	C	D	E	F
1	年份	季节	销售量(千台)	四项移动平均	移中	季节一不规则值
2			Y_t		T_t	$S_t C_t I_t$
3	第一年	1	4.8			
4		2	4.1	5.35		
5		3	6	5.60	5.475	1.096
6		4	6.5	5.88	5.738	1.133
7	第二年	1	5.8	6.08	5.975	0.971
8		2	5.2	6.30	6.188	0.840
9		3	6.8	6.35	6.325	1.075
10		4	7.4	6.45	6.400	1.156
11	第三年	1	6	6.63	6.538	0.918
12		2	5.6	6.73	6.675	0.839
13		3	7.5	6.80	6.763	1.109
14		4	7.8	6.88	6.838	1.141
15	第四年	1	6.3	7.00	6.938	0.908
16		2	5.9	7.15	7.075	0.834
17		3	8			
18		4	8.4			
19						
20						

图 4-6 趋势剔除法计算电视机销售量季节变动指数

利用同季平均的方法计算出电视机销售量时间数列的季节指数,消除循环变动和不规则变动,并利用校正系数求得的季节指数分别是:0.931,0.836,1.092,1.141,如图 4-7 所示。

	A	B	C	D	E
1		第一季度	第二季度	第三季度	第四季度
2	第一年			1.096	1.133
3	第二年	0.971	0.840	1.075	1.156
4	第三年	0.918	0.839	1.109	1.141
5	第四年	0.908	0.834		
6	各季总和	2.797	2.513	3.280	3.430
7	各季平均	0.932	0.838	1.093	1.143
8	季节指数	0.931	0.836	1.092	1.141
9					
10					

图 4-7 趋势剔除法计算电视机销售量的季节指数

复习思考题

1. 动态数列的构成要素有哪些?动态数列是如何分类的?
2. 时期数列和时点数列有什么区别?
3. 编制动态数列的原则是什么?
4. 常用的动态分析指标有哪些?它们各有什么意义?
5. 测定长期趋势的方法有哪些?
6. 什么是季节变动?如何测定季节变动?

7. 某企业 2016 年 9—12 月月末职工人数资料如下表所示。

日期	9月30日	10月31日	11月30日	12月31日
月末人数（人）	1400	1510	1460	1420

计算该企业第 4 季度的平均职工人数。

8. 2011—2016 年各年底某企业职工人数和工程技术人员数资料如下表所示。

年份（年）	2011	2012	2013	2014	2015	2016
职工人数（人）	1000	1020	1085	1120	1218	1425
工程技术人员（人）	50	50	52	60	78	82

试计算工程技术人员占全部职工人数的平均比重。

9. 某机械厂 2016 年第 4 季度各月产值和职工人数资料如下表所示，试计算该季度平均劳动生产率。

月份（月）	10	11	12
产值（元）	400000	46200	494500
平均职工人数（人）	400	420	430
月平均劳动生产率（元）	1000	1100	1150

10. 某化工企业 2012—2016 年的化肥产量资料如下表所示。

年份（年）	2012	2013	2014	2015	2016
化肥产量（万吨）	400				
环比增长速度（%）	—	5	111.3	484	12.5
定基发展速度（%）	—				

利用指标间关系将表中所缺数字补充。

11. 某地 2011—2016 年固定资产投资额资料如下：

年份（年）	2011	2012	2013	2014	2015	2016
固定资产投资额（亿元）	450	628	805	1004	1165	1331

试用最小平方法拟合趋势直线，并预测 2017 年的固定资产投资额。

12. 某产品专卖店 2014—2016 年各季度销售额资料如下表所示。

年份	1季度	2季度	3季度	4季度
2014	51	75	87	54
2015	65	67	82	62
2016	76	77	89	73

要求：

(1) 采用按季平均法和移动平均趋势剔除法计算季节指数；

(2) 计算 2016 年无季节变动情况下的销售额。

第五章

抽样与参数估计

学习目标

理解随机性与概率分布等有关抽样理论,充分理解概率与概率度的应用;

掌握抽样调查中的基本概念、抽样估计的基本方法、各种条件下抽样平均误差、抽样极限误差的计算、各种抽样组织形式及其优劣点;

熟练掌握对总体指标进行区间估计的理论和方法。

案 例 导 引

　　梁老师在课堂上提了一袋豆子,里面有新鲜的黄豆和绿豆。梁老师把同学们分成10组,要求各组在5分钟之内求出袋子里黄豆和绿豆之比,并填好实验报告。大部分小组的同学直接走上讲台取豆子,有的直接取了满满一杯;有的取了半杯;还有的先用手搅拌均匀之后再取一小杯。5分钟之后,各组有了不同的结论,具有典型代表性的是第1组和第6组。

　　第1组代表便站起来说道:"我们计算的比值是1:0.91,我们采用的方法是从袋中取出一小把豆子,然后我们几个分工,数出这一把豆子中黄豆193颗,绿豆176颗,然后算出黄、绿豆的粒数比为193:176,即1:0.91,所以袋中黄、绿豆的粒数比即为1:0.91。"

　　第6组却还没有结果,这组同学还认真地数着杯子里的黄豆与绿豆。10分钟之后,这组同学才数完一杯豆子,得出黄、绿豆的粒数为1:0.9。

　　杯子中的黄、绿豆之比能代表袋子中的黄豆和绿豆之比吗?为什么第1组同学只取了杯子中的一小把豆子呢?第6组同学采用的方法存在什么问题?

统计学的一个主要任务是研究总体和样本之间的关系,这种关系可以从2个方向研究。一个方向是从总体到样本的方向,其目的是研究从总体中抽出的所有可能样本统计量的分布及与原总体的关系,这就是抽样分布,抽样分布是统计推断的基础。另一个方向是从样本到总体的方向,即从总体中随机抽取样本,并用样本对总体参数作出推论,这就是统计推断问题。

科学的抽样法是统计研究中的一种重要方法,它由2个基本环节构成:一是抽样调查,二是抽样推断。抽样调查是获得统计数据的重要渠道,是抽样推断的基础;抽样推断则利用抽样调查的抽样数据,采用概率理论对总体参数作出推断和估计,是抽样调查的继续,是抽样方法的关键环节。

第一节 抽样推断概述

一、统计推断

为了收集必要的资料,对所研究的对象(总体)的全部单位逐一进行观测,往往很不现实。一是研究的总体单位非常多,搜集数据费时、费用大,不及时观测将使所得的数据无意义;二是检查具有破坏性,如对炮弹杀伤面积、灯管使用寿命等的检查,必须进行抽样分析。

(一)抽样推断的含义和理论依据

统计研究的社会经济现象总是着眼于现象的总体,但许多场合并不可能对总体所有单位进行全面调查,例如,市场上商品的需求量、城市居民家庭的收支情况以及民意调查等,只能组织抽样调查,取得部分资料,以判断总体的情况。在认识上存在着局部与整体之间的矛盾,抽样推断就是解决这种矛盾的重要方法,它科学地论证了样本统计量和总体参数间存在着内在的联系以及抽样误差的存在规律,从而提供了根据样本资料得到的部分信息来推断总体数量特征的有效方法,大大提高了统计方法的认识能力。

抽样推断方法是从总体全部单位中随机抽取部分单位(称为"样本")进行观察,并根据取得的实际样本数据,对总体的数量特征或数量表现作出具有一定可靠程度的估计和判断。因此,抽样推断的中心问题是如何根据已知的部分资料来推断未知的总体情况,抽样的目的不在于了解样本本身的数量特征,而在于借助样本提供的信息,估计和检验总体的数量特征。

就数量关系而言,抽样推断是建立在概率论和大数法则基础上的,大数法则的一系列定理为抽样推断提供了数学依据。例如,契比雪夫不等式证明,如果随机变量总体存在着有限的平均数和方差,则对于充分大的抽样单位 n,能以几乎趋近于 1 的概率来期望其平均数与总体平均数的绝对离差为任意小,即对于任意小的正数 α 有:

$$\lim_{n \to \infty} P(|\bar{x} - \bar{X}| < \alpha) = 1 \tag{5.1}$$

这就从理论上揭示了样本和总体间的内在联系,即随着抽样单位数的增加,抽样平均数 $\bar{x}$ 在概率上收敛于总体平均数 $\bar{X}$。大数法则证明了抽样平均数在概率上收敛于总体平均数的趋势,这为抽样推断提供了重要的依据。但是,抽样平均数与总体平均数的离差有多大?分布又如何?这些问题则要利用抽样分布来解答。

(二)抽样推断的特点

1. 抽样推断是一种从数量上由部分推断整体的研究方法

统计研究的目的是认识现象总体的数量特征,在许多情况下,只能通过对总体部分单位的研究来达到这种认识,即根据部分单位的数量特征推断总体的数量特征。例如,某汽车厂要对生产的汽车进行检测,就可以样本的检测数据对所生产的全部汽车的最大行驶里程数进行推断。

2. 样本单位是按随机原则抽取的

在随机抽样的基础上,可以保证中选样本和总体基本保持相同的结构和分布,便于对总体作出有效的估计和推断。

抽样之所以要遵守随机原则,主要有 2 个方面的原因:

(1)能保证样本很好地代表总体,或者说,保证样本和总体有相同的分布。通过样本去估计总体,估计的准确度高低,首要取决于选取的样本是否能够充分地代表总体。

(2)能对估计的精度和可靠度进行数理研究,从而使抽样推断建立在科学的基础上。

3. 抽样推断是采用概率估计的方法

利用样本数据估计总体参数时,由于样本数据和总体参数间并不存在严格的对应关系,在数学上不可能利用一定的函数表达式精确计算出总体参数,只能采用概率估计的方法。例如,要估计某个农贸市场的成交额,只能以一定的概率(如以 95% 的概率),估计该农贸市场的成交额在某一范围之间,不可能根据样本资料利用函数表达式准确计算出农贸市场成交额的对应值。

4. 抽样推断的误差可以事先计算并加以控制

用样本数据估计总体参数必然存在一定的误差,根据概率论的中心极限定理,这种由抽样随机性所产生的误差趋向于正态分布,因此,可以事先计算出抽样误差,并根据研究对象和调查任务的要求,事先对调查误差进行设计和控制,并采取适当的抽样方式和抽样组织形式,满足对抽样推断结果可靠程度和精确程度的不同要求。

二、总体参数和样本统计量

(一)总体与样本

1. 总体

总体是抽样推断中要研究的客观总体,也叫"全及总体"或"母体"。例如,我们要研究某城市的居民生活水平情况,则这个城市的全部居民户就构成我们所要研究的总体,其单位总数用"N"表示。

总体按其各单位标志性质可以分为变量总体和属性总体。构成变量总体的各个单位可以用一定的数量标志计量,例如,研究居民的收入水平,每户居民的收入就是它的数量标志,反映各户的数量特征。但并非所有标志都是可以计量的,有的标志只能用一定的文字加以描述。例如,要研究织布厂1000台织布机的完好情况,这时只能用"完好"和"不完好"等文字作为品质标志来描述各台设备的属性特征,这种用文字描写属性特征的总体称为"属性总体"。区分变量总体和属性总体是很重要的,因为总体不同,认识这一总体的方法也就不同。

全及总体按其所拥有的单位数是否有限,可分为无限总体和有限总体。无限总体所包含的单位为无限多,因而各单位的变量也就有无限多的取值。有限总体所包含的单位数则是有限的,即N的取值是有限的。社会经济统计中所研究的总体通常是有限的。例如,上述某城市全部居民户构成的总体,无论这个城市大小,其居民户多少总是有限的、可数的。

2. 样本

从母体中随机抽出的部分单位所组成的小总体称为"样本",也叫"抽样总体"或"子样",其单位数用"n"表示。

样本是总体的缩影,是总体的代表。对于全及总体单位数N来说,n通常是个很小的数,它可以是N的几十分之一、几百分之一、几千分之一,甚至几万分之一等等。以很小的样本来推断很大的总体,这是抽样推断的一个特点。

(二)样本容量与样本空间

1. 样本容量

样本容量是指一个样本所包含的单位数,用"n"表示。通常将样本单位数大于30个的样本称为"大样本",30个以下的称为"小样本"。

2. 样本空间

在总体单位数N中随机抽n个单位,有众多的样本可能,这些所有可能形成的样本数目称为"样本空间",用M表示。

(1)重复抽样的样本空间。重复抽样就是每一次从总体抽取出一个单位,登记后再放回总体参加下一次抽取,连续进行 n 次,得到一个样本的抽取方法。在重复抽样的每次抽取中,总体的单位总数是没有变动的,因为我们必须把第一次随机抽出的那个单位放回到原来的总体后,才能进行第二个单位的随机抽取。其特点是:①每次抽取是在相同的条件下进行的,选中每个单位的概率在各次抽取中相同。②每次抽取是独立进行的,即各次抽取是相互独立的。为理解这一概念,我们来看下面的例子。

【例 5.1】 某生产班组有 A、B、C、D 4 名工人,他们的工资收入如表 5-1 所示。从中随机抽取 2 人(即:$N=4$,$n=2$),观察其工资收入。

表 5-1 某生产班组 4 个工人的月工资收入

工 人	A	B	C	D	$\bar{x}$	σ_x
工资收入(百元)	6	7	8	9	7.5	1.25

按重复抽样条件下的所有可能样本数目如下(括号内为样本的平均工资收入):

AA(6.0)　　AB(6.5)　　AC(7.0)　　AD(7.5)
BA(6.5)　　BB(7.0)　　BC(7.5)　　BD(8.0)
CA(7.0)　　CB(7.5)　　CC(8.0)　　CD(8.5)
DA(7.5)　　DB(8.0)　　DC(8.5)　　DD(9.0)

($M=N^n=4^2=16$,总体平均工资 $\bar{X}=750$ 元,$\sigma_X=125$ 元)

可见,从总体 N 个单位中,按重复抽样方法抽取容量为 n 个单位的样本,可能形成的样本空间为:

$$M = N^n \tag{5.2}$$

(2)不重复抽样的样本空间。凡是被随机抽取出来的每一个单位都不再放回到原来的总体中,因而不再参加下一次抽样,这样的抽样叫作"不重复抽样"。在进行不重复抽样的过程中,总体的单位总数是不断减少的。不重复抽样的特点是:①每次抽取不是独立的,上次中选情况直接影响下次抽取结果。②每抽取一次,总体的单位个数便减少一个,因此每个单位的中选概率在各次抽取中是不等的。

如果总体的单位总数很多而抽取的单位不太多时,那么不重复抽样对总体单位总数的变动以及每个单位被抽取的机会是没有多大影响的。如果总体单位总数为数不多,而被抽取的单位个数比例却很大时,那么不重复抽样对总体单位总数的比例变动以及每个单位被抽取的机会是有很大影响的。不重复抽样在理论上虽然存在着上述问题,但由于在抽样实践中,总体的单位总数总是相当大,而抽取单位数目的比例总是比较小的,所以,每个单位被抽取的不相等机会所造成的影响一般不会太大。而且,由于不重复抽样简单易行,所以在统计实践中经常被采用。

不重复抽样又分为考虑顺序和不考虑顺序 2 种。

从总体 N 个单位中,按考虑顺序的不重复抽样方法抽取容量为 n 个单位的样本,可能形成的样本空间数为:

$$M = P_N^n = N(N-1)\cdots(N-n+1) = \frac{N!}{(N-n)!} \tag{5.3}$$

从总体 N 个单位中,按不考虑顺序的不重复抽样方法抽取容量为 n 个单位的样本,可能形成的样本空间数为:

$$M = C_N^n = \frac{N(N-1)\cdots(N-n+1)}{n(n-1)\cdots1} = \frac{N!}{(N-n)!n!} \tag{5.4}$$

由于统计所研究的客观总体通常是比较大的,即 N 都是比较大的,所以无论是重复抽样还是不重复抽样、考虑顺序或不考虑顺序,样本空间都是相当大的一个空间,即 M 是非常大的,而抽样时只能从中抽取到一个样本,每个样本被抽中的概率都是 $\frac{1}{M}$。

【**课堂讨论**】 利用【例 5.1】的数据,采用不重复抽样方式,可以得到的样本空间?

(三)总体参数与样本统计量

1. 总体参数

根据全及总体各单位的标志值或标志属性计算的,反映总体某种数量特征或者属性的综合指标称为"总体参数"。由于这是客观存在的、唯一的,并且又是未知的总体指标,统计上通常把它叫作"总体参数"。常用的总体参数有:

(1)总体平均数($\bar{X}$)。这是一个关于变量总体的总体参数。

(2)总体成数(P)。这是一个关于属性总体的总体参数。

(3)总体方差(σ^2)或标准差(σ)。

①关于变量总体的方差(σ_X^2)或标准差(σ_X)。

②关于属性总体的方差(σ_P^2)或标准差(σ_P)。

2. 样本统计量

由抽样总体各单位标志值计算出来反映样本特征,并用来估计总体参数的指标叫"样本统计量",是样本变量的函数,样本统计量是随机变量。

【**例 5.1**】 设 $(X_1, X_2, \cdots, X_n)$ 是总体 X 容量为 n 的样本,若样本函数 $T = T(X_1, X_2, \cdots, X_n)$ 中不含任何未知参数,则称 T 为一个统计量。

与总体参数相对应,常用的统计量有:

(1)样本平均数($\bar{x}$)。

$$\bar{x} = \frac{\sum X_i}{n} \tag{5.5}$$

这是一个关于变量总体的样本统计量。

(2)样本成数(p)。这是一个关于属性总体的样本统计量。

(3)样本方差(S^2)或标准差(S)。

$$S^2 = \frac{\sum_{i=1}^n (X_i - \bar{x})^2}{n} \qquad S = \sqrt{S^2} = \sqrt{\frac{\sum (X_i - \bar{x})^2}{n}} \tag{5.6}$$

从总体中随机抽取样本,所有可能构成样本的数目有 M 个,则样本统计量就有 M 个。对于样本来说,每个样本被抽中的概率是 $\frac{1}{M}$。而对于样本统计量来说,各个样本统计量被抽中的概率则是不一样的,围绕总体参数周围的样本统计量出现的概率是比较大的。如【例 5.1】中的 16 个样本,其样本统计量的分布如表 5-2 所示。

表 5-2 重复抽样下可能的样本及样本均值的抽样分布

序号	$\bar{x}_i$	样 本	f_i	$\dfrac{f_i}{\sum f}$
1	6.0	AA(6,6)	1	$\dfrac{1}{16}$
2	6.5	AB(6,7)BA(7,6)	2	$\dfrac{2}{16}$
3	7.0	AC(6,8)BB(7,7)CA(8,6)	3	$\dfrac{3}{16}$
4	7.5	AD(6,9)BC(7,8)CB(8,7)DA(9,6)	4	$\dfrac{4}{16}$
5	8.0	BD(7,9)CC(8,8)DB(9,7)	3	$\dfrac{3}{16}$
6	8.5	CD(8,9)DC(9,8)	2	$\dfrac{2}{16}$
7	9.0	DD(9,9)	1	$\dfrac{1}{16}$

由此可见,虽然对于每个样本来说被抽中的概率是一样的,但是,对于样本统计量而言,每个样本统计量被抽中的概率就不一样了,平均工资 750 元出现的频率最大,其被抽中的概率大于其他数值。若在 7.5 上下加减 0.5,即 700 元至 800 元,则出现的概率达到 $\frac{10}{16}$。所以,只要是随机的抽样,越接近总体参数周围的越容易被抽中,这就是抽样分布的基本问题了,我们将在下一节抽样误差中讲述。

第二节 抽样误差

一、统计调查误差的种类

统计调查的误差按产生原因可以分为登记性误差和抽样误差。

(一)登记性误差

登记误差叫"系统误差",又叫"非抽样误差",是指因调研设计或者实施抽样中的错误或问题而产生的误差,包括下列影响因素。

1. 设计误差

设计误差指因调查方案设计不科学、不严谨或存在欠缺所引起的误差。当调研主题不恰当时,实际所需要的信息与调研者收集的信息就会产生差距,引起替代信息误差。

2. 调研对象误差

调研对象范围误差是因为对调研对象范围限定的不准确而引起的误差。比如,我们将某项研究对象限定在35岁以上的人,后来发现不少年轻人也应当被包含在研究人当中,即当初的范围应该限定为20岁以上。

3. 调研员误差

调研员有时会不自觉地影响被调研者,使之给出不真实或不准确的回答。这种类型的误差是由于访问员的挑选或培训不当,或者访问员没有遵循调研指导而造成的。

4. 处理过程误差

处理过程误差指向计算机输入调研资料时或者数据分析过程中产生的误差。比如,在 CATI 调查中,访问员可能错误地输入某个问题的答案。这类错误可以通过在数据录入以及调研结果处理过程中严格控制质量来加以避免。

除上述原因之外,影响非抽样误差的还有抽选误差、被访者误差等。

(二)抽样误差

抽样误差是因为使用样本发生的误差。抽样调查旨在通过样本的情况来推断总体的信息,即使样本选择过程是适当的,调查结果仍不免产生一定的误差。

一般地说,抽样误差是样本指标与被它估计的未知总体参数(总体特征值)之差。具体指样本平均数 $\bar{x}$ 与总体平均数 $\overline{X}$ 的差,样本成数 p 与总体成数 P 的差($p-P$)。例如,某地区全部小麦平均亩产 400 千克,而抽样调查得到的平均亩产为 391 千克或 403 千克,则样本指标与总体指标之间的误差为 −9 千克或 3 千克。

这种误差是不可避免的,影响抽样误差的因素有:

1. 总体各单位标志值的差异程度

差异程度愈大则抽样误差愈大,差异程度愈小则抽样误差愈小。

2. 样本单位数

在其他条件相同的情况下,样本的单位数愈多,则抽样误差愈小。

3. 抽样方法

抽样方法不同,抽样误差也不同。一般情况下重复抽样误差比不重复抽样误差要大一些。

4. 抽样调查的组织形式

不同的抽样组织形式就有不同的抽样误差。

抽样误差的大小可不可以衡量呢?用什么指标来衡量呢?在讲述这些问题之前我们先来看抽样分布,并在此过程中了解抽样误差的测度指标。

二、抽样分布

"统计量"是我们对总体的分布函数或数量特征进行统计推断的最重要的概念,所以寻求统计量的分布成为统计的基本问题之一。我们把统计量的分布称为"抽样分布"。根据样本统计量去估计总体参数,必须知道样本统计量分布。

定义 5.2 某个样本统计量的抽样分布,从理论上说就是在重复选取容量为 n 的样本时,由每一个样本算出的该统计量数值的相对数频数分布或概率分布。

由于现实中我们不可能将所有的样本都抽出来,因此,统计的抽样分布实际上是一种理论分布。

(一)样本平均数的抽样分布与中心极限定理

1. 样本平均数的抽样分布

前面我们已经讲过,从单位数为 N 的总体中抽取样本容量为 n 的随机样本,可以抽取得到样本空间 M。对于每一个样本,我们都可以计算出样本的均值 $\bar{x}$,因此,样本平均数是一个随机变量。所有的样本均值形成的分布就是样本平均数的抽样分布。

(1)在重复抽样方式下其样本平均数的抽样分布。

【例 5.2】 利用【例 5.1】的资料,计算样本均值数列的特征值。

解: $\bar{\bar{x}} = \sum \bar{x}_i \dfrac{f_i}{\sum f} = 7.5$,而总体平均数为 $\bar{x} = 7.5$

$\sigma_{\bar{x}} = \sqrt{\sum (\bar{x}_i - \bar{\bar{x}})^2 \dfrac{f_i}{\sum f}} = 0.625$,而总体标准差为 $\sigma_X = 1.25$

那么,当我们扩展到假设总体变量 $X(X_1, X_2, \cdots, X_N)$,其平均数为 $\bar{x}$,标准差为 σ_X;按样本容量为 n,重复抽样就有 $M = N^n$ 个不同的样本 $x_i(X_1, X_2, \cdots, X_n)$,其样本平均数形成变量的样本统计量 $\bar{x}(\bar{x}_1, \bar{x}_2, \cdots, \bar{x}_M)$ 时,其统计量与总体参数的数量逻辑关系应是怎样的呢?

按照平均数的定义和它的数学性质分析样本平均数数列特征值:

$$\bar{\bar{x}} = E(\bar{x}) = E\left(\dfrac{\bar{x}_1 + \bar{x}_2 + \cdots + \bar{x}_M}{M}\right)$$

$$= \dfrac{1}{M}[E(x_1) + E(x_2) + \cdots + E(x_M)] \tag{5.7}$$

在重复抽样条件下,由于 $x_i(X_1, X_2, \cdots, X_n)$ 中每一次的抽取都是相互独立的,都来自同一总体 $X_1, X_2, \cdots, X_N$,每个总体单位的中选机会均相等,概率为 $\dfrac{1}{N}$。

$$E(x_1) = E(x_2) = \cdots = E(x_n)$$

$$= \sum_{i=1}^{N} X_i P_i = \dfrac{1}{N}(X_1 + X_2 + \cdots + X_N) = \bar{X}$$

$$\therefore \bar{x} = E(\bar{x}) = \frac{1}{M}[E(x_1) + E(x_2) + \cdots + E(x_M)] = \overline{X} \tag{5.8}$$

接着我们考察样本平均数数列的标准差,由于样本 $x_i(x_1, x_2, \cdots, x_n)$ 的每一次抽取相互独立,来自同一总体 $X_1, X_2, \cdots, X_N$,所以,变量 x 与总体变量 X 是同分布的,因此,

$$\sigma_{x_1}^2 = \sigma_{x_2}^2 = \cdots = \sigma_{x_n}^2 = \sigma_X^2$$

$$\therefore \sigma_{\bar{x}}^2 = \frac{1}{n^2}[\sigma_{x_1}^2 + \sigma_{x_2}^2 + \cdots + \sigma_{x_n}^2] = \frac{1}{n^2}[n\sigma_X^2] = \frac{\sigma_X^2}{n}$$

$$\therefore \sigma_{\bar{x}} = \sqrt{\frac{\sum(\bar{x}_i - \overline{\bar{x}})^2}{M}} = \frac{\sigma_X}{\sqrt{n}} \tag{5.9}$$

由于样本平均数变量数列的均值等于总体平均数,而样本平均数与总体平均数的离差($\bar{x} - \overline{X}$)则表现为因抽样而产生的误差,因而抽样误差也是随机变量。

$$\sigma_{\bar{x}} = \sqrt{\frac{\sum(\bar{x} - \overline{x})^2}{M}} \tag{5.10}$$

通常将定义为抽样平均误差或简称"平均误差"(用 $\sigma_{\bar{x}}$ 或 $\sigma_{\bar{p}}$ 表示)。这本身是一个标准差的计算公式。就其概念而言,就是所有可能的样本统计量与总体参数之间误差的平均数。式5.10以变量总体为例,即 $\frac{\sum(\bar{x} - \overline{X})}{M}$。但由于 $\sum(\bar{x} - \overline{X}) = 0$,为消除正负抵消问题,技术上做了平方再开方的处理,并且平方后具有最小平方的性质。所以,抽样平均误差的实质就是关于一系列样本统计量(抽样平均数或抽样成数)的标准差。由于抽样平均误差概括反映了整个抽样过程中一切可能结果的误差,表明抽样平均数(或成数)与总体平均数(或成数)的平均误差程度,它既可以作为衡量样本统计量对于总体参数代表程度的一种尺度,又是计算样本统计量与总体参数间变异范围的主要依据,在抽样理论和实践中具有重要的意义。统计上所谓"抽样误差",一般是指抽样平均误差。需要说明的是,式5.10只是一个理论公式,用此公式计算不出结果,这是因为 $\overline{X}$ 是未知的总体参数,$\bar{x}$ 是具有 M 多个数值的随机变量,所以要计算抽样平均误差,就需寻求别的途径,即通过总体的标准差与样本容量来测算。

式5.9表明,抽样平均数的平均误差就是抽样平均数的标准差,记作 $\sigma_{\bar{x}}$。它和总体标准差成正比,与样本单位数的平方根成反比,因此,如果抽样平均误差要减少1/2,则样本单位数要增大到4倍;如果要减少为原来的平均误差的1/3,则样本单位数必须扩大到9倍。概括地说,式5.9表明了抽样平均数的平均误差仅为总体标准差的 $1/\sqrt{n}$,所以用抽样平均数作为估计量是更有效的,这也证明根据抽样平均数对未知的全及总体平均数可以作出具有一定程度的准确性和可靠性的估计。

(2) 在不重复抽样方式下其样本平均数的抽样分布。

【例 5.3】 利用【例 5.1】的资料，计算样本均值数列的特征值。

表 5-3 不重复抽样下可能的样本及样本均值的抽样分布

序号	$\bar{x}_i$	样 本	f_i	$\dfrac{f_i}{\sum f_i}$
1	6.5	AB(6,7)BA(7,6)	2	$\dfrac{2}{12}$
2	7.0	AC(6,8)CA(8,6)	2	$\dfrac{2}{12}$
3	7.5	AD(6,9)BC(7,8)CB(8,7)DA(9,6)	4	$\dfrac{4}{12}$
4	8.0	BD(7,9)DB(9,7)	2	$\dfrac{2}{12}$
5	8.5	CD(8,9)DC(9,8)	2	$\dfrac{2}{12}$

解：样本均值数列的特征值为：

$$\bar{\bar{x}} = \sum \bar{x}_i \frac{f_i}{\sum f} = 7.5，而总体平均数为：\overline{X} = 7.5，二者相等。$$

$$\sigma_{\bar{x}} = \sqrt{\sum (\bar{x}_i - \bar{\bar{x}})^2 \frac{f_i}{\sum f}} = \frac{5}{12}，而总体标准差为：\sigma_X = 1.25$$

同样，我们扩展到假设总体变量 $X(X_1, X_2, \cdots, X_N)$，其平均数为 $\overline{X}$，标准差为 σ_X；按样本容量数为 n，不重复抽样就有 M 个不同的样本 $x_i(X_1, X_2, \cdots, X_n)$，其样本平均数形成变量的样本变量 $\bar{x}(\bar{x}_1, \bar{x}_2, \cdots, \bar{x}_M)$ 时，其统计量与总体参数的数量逻辑关系应是怎样的呢？

由于不重复抽样每次抽选不是独立的，现在分别讨论 $E(x_1), E(x_2), \cdots, E(x_n)$。

$E(x_1)$ 表示第 1 个被抽选的单位的均值，由于是随机抽样，总体 $X_1, X_2, \cdots, X_N$ 的每个单位中选的概率均为 $\dfrac{1}{N}$。

$$E(x_1) = \sum_{i=1}^{N} X_i P_i = \frac{1}{N}(X_1 + X_2 + \cdots + X_N) = \overline{X} \tag{5.11}$$

$E(x_2)$ 表示第 2 个被抽选的单位。但第 2 个单位被抽中的前提是在第 1 次抽选中未被抽中的，因此中选的概率为 2 次抽选的联合概率，第 1 次抽选时总体有 N 个单位，第 2 次抽选时只有 $N-1$ 个单位。

$$\therefore P_i = \frac{N-1}{N} \cdot \frac{1}{N-1} = \frac{1}{N}$$

$$E(x_2) = \sum_{i=1}^{N} X_i P_i = \frac{1}{N} \sum_{i=1}^{N} X_i = \overline{X}$$

依此类推

$$E(x_i) = \sum X_i P = \sum X_i \cdot \frac{N-1}{N} \cdot \frac{N-2}{N-1} \cdots \cdot \frac{i}{N-i+1} = \overline{X}$$

$$\bar{x} = \frac{1}{n}(x_1 + x_2 + \cdots + x_n)$$

$$\therefore \overline{\bar{x}} = E(\bar{x}) = \frac{1}{n}[E(x_1) + E(x_2) + \cdots + E(x_n)] = \overline{X} \tag{5.12}$$

接着我们考察在不重复抽样条件下，样本平均数数列的标准差：

$$\sigma_{\bar{x}}^2 = E[\bar{x} - \overline{\bar{x}}]^2 = E(\bar{x} - \overline{X})^2 = E\left[\frac{\sum x_i}{n} - \frac{n\overline{X}}{n}\right]^2$$

$$= \frac{1}{n^2}\left[\sum E(x_i - \overline{X})^2 + \sum_{i \neq j} E(x_i - \overline{X})E(x_j - \overline{X})\right] \tag{5.13}$$

由于不重复抽样的样本 x_i 与 x_j 不是相互独立的，因此共有 $n(n-1)$ 项的 $E(x_i - \overline{X})E(x_j - \overline{X}) \neq 0$，分析该式：

$$\sum_{i \neq j}(x_i - \overline{X})(x_j - \overline{X}) = \sum_{k \neq l} P_{k,l}(X_k - \overline{X})(X_l - \overline{X})$$

$$= \frac{1}{N(N-1)} \sum_{k \neq l}(X_k - \overline{X})(X_l - \overline{X}) \tag{5.14}$$

式中 $k, l = 1, 2, \cdots, N$，$P_{k,l}$ 表示第 i 个被抽中单位为 X_k，第 j 个被抽中的单位为 X_l 的概率，等于 $\frac{1}{N(N-1)}$。

依据

$$\left[\sum_{i=1}^{N}(X_i - \overline{X})\right]^2 = \sum_{i=1}^{N}(X_i - \overline{X})^2 + \sum_{i \neq j}^{N}(X_i - \overline{X})(X_j - \overline{X})$$

得到

$$\sum_{i \neq j}(X_i - \overline{X})(X_j - \overline{X}) = -\sum_{i=1}^{N}(X_i - \overline{X})^2 = -N\sigma_X^2 \tag{5.15}$$

$$\therefore E(x_i - \overline{X})E(x_j - \overline{X}) = -N\sigma_X^2 \cdot \frac{1}{N(N-1)} = -\frac{\sigma_X^2}{N-1} \tag{5.16}$$

将式 5.14 与式 5.16 结果代入式 5.13，得：

$$\therefore \sigma_{\bar{x}} = \sqrt{\frac{\sigma_X^2}{n}\left(\frac{N-n}{N-1}\right)} \tag{5.17}$$

不重复抽样的抽样平均误差小于重复抽样的抽样平均误差，与重复抽样相比，其抽样平均误差的计算，可以在式 5.9 中乘上一个校正因子 $\sqrt{\frac{N-n}{N-1}}$ 加以修正；而在总体单位数 N 很大的情况下，校正因子的分母 $(N-1)$ 接近于 N，这个因子就可以写作 $\left(\sqrt{1-\frac{n}{N}}\right)$，也称为"有限总体校正系数"。于是，式 5.7 可以近似地表示为：

$$\sigma_{\bar{x}} = \sqrt{\frac{\sigma_X^2}{n}\left(1 - \frac{n}{N}\right)} \tag{5.18}$$

式中的校正因子总是小于1，因此在相同的条件下，不重复抽样的平均误差总是小于重复抽样的平均误差。抽样比例 $\left(\dfrac{n}{N}\right)$ 一般是很小的，$\left(\sqrt{1-\dfrac{n}{N}}\right)$ 仍接近于 1，这对于平均误差数值的影响不大。因而在实际工作中，尤其是在无法掌握总体单位数 N 的情况下，既可采用不重复抽样方法，也可采用重复抽样条件下的式 5.9 来计算其抽样平均误差。

【例 5.4】 我们不知道某地区的职工人均年收入的具体分布，但已知该地区职工家庭人均年收入为 42000 元，标准差为 2000 元，抽取 64 户进行调查，问抽样平均误差是多少？

解：已知总体标准差为 $\sigma_x = 2000$ 元，$n = 64$。所以，样本平均数的标准差为：

$$\sigma_{\bar{X}} = \dfrac{\sigma_X}{\sqrt{n}} = \dfrac{2000}{\sqrt{64}} = 250 (\text{元})$$

我们讨论关于影响抽样平均误差的因素，主要有：①样本的单位数，即样本容量。一般来说，在其他因素完全相同的条件下，抽样单位数越少，抽样误差越大；抽样单位数越多，抽样误差越小。这种理由是很容易理解的，假定在一大堆工业产品中废品率为 10%时，我们只随机抽出一个或几个产品作为样本，那么被抽到的可能都是合格品或者都是废品等等，不管怎样，它们的频率与 10%的差别一定是很大的。假定样本的单位数逐渐增多，它们的频率或平均数当然要逐渐地接近于总体的频率或平均数。这样，抽样误差自然而然地要逐渐减少。假定样本的单位数扩大到总体的所有单位，那么抽样调查就变成全面调查，而抽样误差当然会完全消失，即缩小到 0，也就无所谓抽样误差了。②被研究总体的标志变异程度。抽样误差的大小和总体的标志变动程度有着密切的关系。总体的标志变动程度越大，抽样误差越大；反之，抽样误差就越小。两者成正比例关系。③选择重复抽样或不重复抽样，也会对抽样误差产生影响。重复抽样的误差总是大于不重复抽样的误差，所以，在实际操作中，能采用不重复抽样的就应尽可能地采用不重复的方法抽取样本，以减小抽样误差。④抽样调查的组织形式。不同的抽样组织方式，如简单随机抽样、类型抽样、等距抽样、整群抽样以及阶段抽样等，其样本统计量的计算值会有所不同，抽样误差的量也会不同。

2. 正态分布的再生定理与中心极限定理

(1) 正态分布的再生定理。由正态分布的性质，可得如下结论：

定理：设 $X_1, X_2, \cdots, X_n$ 相互独立，$X_i \sim N(\bar{X}_i, \sigma_i^2)$，$i = 1, 2, \cdots, n$，$\eta$ 是关于 X_i 的任一确定的线性函数（$\eta = \sum\limits_{i=1}^{n} a_i X_i$），则 η 也服从正态分布，且

$$\eta \sim N\left(\sum_{i=1}^{n} a_i \bar{X}_i, \sum_{i=1}^{n} a_i^2 \sigma_i^2\right) \tag{5.19}$$

结论：若 $(X_1, X_2, \cdots, X_n)$ 是来自总体 $X \sim N(\bar{X}, \sigma^2)$ 的一个重复抽样的样本，$\bar{x}$ 为样本平均数，则 $\bar{x} \sim N\left(\bar{X}, \dfrac{\sigma^2}{n}\right)$，由上述结论可知：$\bar{x}$ 的期望与 X 的期望相同，而 $\bar{x}$ 的方差

却比 X 的方差小得多,即 $\bar{x}$ 的取值将更向 $\overline{X}$ 集中。

以上结论说明,如果随机变量 $x \sim N(\overline{X}, \sigma^2)$,则从这个总体中抽取容量为 n(不论大小)的样本,因其样本平均数就是一个确定的线性函数,则其样本平均数 $\bar{x}$ 也服从正态分布,即:

$$\bar{x} \sim N[\overline{X}, \sigma_{\bar{x}}^2] \tag{5.20}$$

同理,对于不重复抽样也存在着: $\overline{X} \sim N[\overline{X}, \sigma_{\bar{x}}^2]$ (5.21)

如果选择标准随机变量 Z,设 $Z = \dfrac{\bar{x} - \overline{X}}{\sigma_{\bar{x}}}$,则 $Z \sim N(0,1)$ (5.22)

(2)中心极限定理。中心极限定理是讨论随机变量序列部分和的分布渐近于正态分布的一类定理。这组定理是数理统计学和误差分析的理论基础,指出了大量随机变量近似服从正态分布的条件。中心极限定理有广泛的实际应用背景。在自然界与生产中,一些大量现象受到许多相互独立的随机因素的影响,当每个因素所产生的影响都很微小时,总的影响可以看作服从正态分布,中心极限定理就是从数学上证明了这一现象。

中心极限定理有若干个表现形式,这里仅介绍其中 2 个常用定理:

①列维—林德伯格定理。设随机变量 $x_i(x_1, x_2, \cdots, x_n)$ 相互独立,服从同一分布且有有限的数学期望 $\bar{x}$ 和方差 σ^2,则当 n 充分大时近似地

$$S = \sum_{i=1}^{n} X_i \sim N(n\overline{X}, n\sigma^2) \tag{5.23}$$

$$\bar{x} = \frac{1}{n}\sum_{i=1}^{n} X_i \sim N(\overline{X}, \sigma^2/n) \quad (重复抽样) \tag{5.24}$$

$$\bar{x} = \frac{1}{n}\sum_{i=1}^{n} X_i \sim N\left(\overline{X}, \frac{\sigma^2}{n} \cdot \frac{N-n}{N-1}\right) \quad (不重复抽样) \tag{5.25}$$

将该定理应用到抽样调查,就有这样一个结论:如果所研究总体本身不是正态的,甚至不知道其分布,只要总体客观上存在着有限的数学期望 $\bar{x}$ 和方差 σ^2,从总体中抽取容量为 n 的样本时,只要 n 足够大,其样本平均数的分布就趋于数学期望为 $\bar{x}$,方差为 $\sigma_{\bar{x}}^2$ 的正态分布。

②棣莫弗—拉普拉斯定理。设随机变量 X 服从参数为 (n,p) 的二项分布,则当 n 充分大时($np \geq 5, npq \geq 5$),p 近似地服从正态分布 $N(np, npq)$ 或近似地

$$U = \frac{S - np}{\sqrt{npq}} \sim N(0,1) \,;\quad Z = \frac{p - P}{\sqrt{\dfrac{pq}{n}}} \sim N(0,1) \tag{5.26}$$

其中: $S = \sum p, q = 1 - p$

【例 5.5】 仍以【例 5.4】为例,问随机抽出的 64 户的人均年收入不低于 42500 元的概率是多少?

解: $Z = \dfrac{\bar{x} - \overline{X}}{\sigma_{\bar{x}}} = \dfrac{42500 - 42000}{250} = 2$

查表得 F(2)=0.9545

则，$P(\bar{x} \geq 42500) = P(Z \geq 2) = 0.5 - \frac{0.9545}{2} = 0.0228$

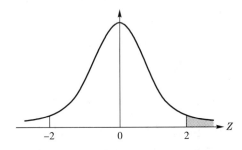

图 5-1　人均年收入样本均值分布 z 图

(二) 样本比例的抽样分布

比例指所含总体单位个数的结构相对数，即我们前面介绍过的成数。

总体比例 $P = \frac{N_1}{N}$　　$1 - P = \frac{N_0}{N}$

样本比例 $p = \frac{n_1}{n}$　　$1 - p = \frac{n_0}{n}$

根据棣莫弗—拉普拉斯定理，当 n 很大时，样本比例 p 的抽样分布可用正态分布近似。一般地，对于样本比例 p，若 $np \geq 5$ 和 $n(1-p) \geq 5$，就可以认为样本容量足够大了。

$$E(p) = P \tag{5.27}$$

$$\sigma_p^2 = \frac{P(1-P)}{n} \text{（重复抽样）} \tag{5.28}$$

$$\sigma_p^2 = \frac{P(1-P)}{n}\left(\frac{N-n}{N-1}\right) \text{（不重复抽样）} \tag{5.29}$$

与样本均值分布的方差一样，样本比例的方差，对于无限总体，不重复抽样也可按重复抽样来处理；对于有限总体，当 N 很大，而 $\frac{n}{N} \leq 5\%$ 时，修正系数 $\frac{N-n}{N-1}$ 会趋于 1，不重复抽样的抽样平均误差也可按重复抽样公式来处理。

【例 5.6】　要估计某地区 10 万名学龄儿童的近视率，随机不重复地抽取 100 名儿童检查，有近视儿童 20 人，则近视率的抽样平均误差是多少（N 很大，按重复抽样公式计算）？

解：$\sigma_p = \sqrt{\frac{P(1-P)}{n}} = \sqrt{\frac{0.2 \times 0.8}{100}} = 4\%$

【例 5.7】　据统计，某消费品的购买对象共有 10 万人，其中有 6 万人是女性。现从购买者中随机抽出 100 人进行调查，问女性购买者比例超过 50% 的概率是多少？

解：已知 $N=100000, N_1=60000, n=100, p=50\%$，

$$P = \frac{60000}{100000} = 60\%$$

$$\sigma_p = \sqrt{\frac{0.6 \times 0.4}{100}\left(1 - \frac{100}{100000}\right)} = 0.04897$$

计算概率度 Z

$$Z = \frac{p - P}{\sigma_p} = \frac{0.5 - 0.6}{0.04897} = -2.04$$

$$P(p \geqslant 50\%) = P(z \geqslant -2.04) = \frac{1}{2}P(-2.04 \leqslant z \leqslant 2.04) + 0.5 = 0.9793$$

结果表明，样本成数超过 50% 的概率为 97.93%。

三、抽样误差的衡量

和抽样误差大小有关的指标主要有 2 个，分别是抽样平均误差和抽样极限误差，两者既有区别又有联系。

（一）抽样平均误差

在上述抽样分布的讲解过程中已经阐述了"抽样平均误差"这一概念。抽样平均误差是反映抽样误差一般水平的指标，其实质是抽样指标的标准差。抽样平均误差反映抽样指标和总体指标间的平均误差程度，其计算公式总结如下：

平均数抽样的平均误差

重复抽样条件下：$\sigma_x = \frac{\sigma}{\sqrt{n}}$；不重复抽样条件下：$\sigma_x = \sqrt{\frac{\sigma^2}{n}(1 - \frac{n}{N})}$

成数抽样平均误差

重复抽样条件下：$\sigma_p = \sqrt{\frac{p(1-p)}{n}}$；不重复抽样条件下：$\sigma_p = \sqrt{\frac{p(1-p)}{n}(1 - \frac{n}{N})}$

（二）抽样极限误差

1. 抽样极限误差的概念

抽样极限误差是指抽样指标与总体指标之间可允许误差的最大范围。因平均误差反映抽样的可能误差范围，而实际上每次抽样推断中只抽一个样本，因此实际的抽样误差可能大于抽样平均误差，也可能小于抽样平均误差。误差太大或太小都会给抽样工作造成不利影响，因而在抽样估计时，应根据研究对象的变异程度和分析任务的要求确定可允许误差的范围，这一允许范围就是"极限误差"。

2. 抽样误差的概率度

把极限误差 Δx 或 Δp 分别除以 σ_x 或 σ_p 得相对数 t（或者是 Z），表示误差范围为抽样

平均误差的 t(或者是 Z)倍。t 是测量估计可靠程度的一个参数,称"抽样误差的概率度"。

$$t = \frac{\Delta x}{\sigma_x} \tag{5.30}$$

$$或\ t = \frac{\Delta p}{\sigma_p} \tag{5.31}$$

3. 抽样极限误差与概率度、抽样平均误差的关系

抽样极限误差与概率度、抽样平均误差可以互相推算。即:

$$\Delta x = t \cdot \sigma_{\bar{x}} \ 或\ \Delta p = t \cdot \sigma_p$$

$$\sigma_{\bar{x}} = \frac{\Delta x}{t} \ 或\ \sigma_p = \frac{\Delta p}{t}$$

以上公式展开以后可得到下面公式:

$$\Delta x = t \cdot \sqrt{\frac{\sigma^2}{n}} \quad 或 \quad \Delta x = t \cdot \sqrt{\frac{\sigma^2}{n}(1-\frac{n}{N})}$$

$$\Delta p = t \cdot \sqrt{\frac{p(1-p)}{n}} \quad 或 \quad \Delta p = t \cdot \sqrt{\frac{p(1-p)}{n}(1-\frac{n}{N})}$$

第三节 抽样估计的方法

抽样估计就是以样本的统计量来估计总体的参数,即通过对样本各单位的实际观察取得样本数据,计算样本统计量,并以这个指标作为相应总体指标的估计量。

一、参数估计的基本问题

(一)科学的抽样估计方法一般要具备 3 个基本要素

第一,要有合适的统计量作为估计量。根据一个样本的数据可以构造许多统计量,但不是所有的统计量都能够充当良好的估计量。例如,可以用样本平均数、中位数、众数来估计总体平均数,但它们的良好性质是各不相同的。

第二,参数估计是以部分的信息来估计总体的数量特征。这里存在估计的可信度问题,即要冒多大的风险来相信所作的估计。估计可信度可以用在 100 次这样的估计中有多少次是正确的来表示,或者用每次估计中属于正确的概率表示,所以可信度也称"置信度"或"概率保证程度"。

第三,要考虑参数估计允许的误差范围,这便是抽样估计的准确度问题。估计的准确度和可信度是密切联系的,是一个问题的两个方面,准确度是指估计值和被估计真实值的离差程度,离差愈小准确度便愈高。要使所作估计完全没有误差这是难以实现的,而且并不见得误差愈小就是愈好的估计,因为减少误差势必增加费用,增加人力、物力的负担,这样,甚至会失去组织抽样调查的意义。当然,我们也不希望估计误差太大,那会影响样本资料的价值,误差超过了一定限度参数,估计也就没有价值了。

(二)优良估计的3个标准

前面谈到,估计总体参数,未必只有一个统计量,可供选择的可能有多个样本统计量。比如,要估计总体均值$\overline{X}$,可以选择样本平均数$\bar{x}$,也可以选择样本中位数、众数等。而究竟应当选择哪一个统计量作为总体参数的估计量才是最优的,这就存在评价统计量的优良估计标准问题了。

在参数估计中,我们把要估计的总体参数称为"待估参数",如总体平均数$\overline{X}$;把用来估计总体参数的统计量称为"估计量",如抽样平均数$\bar{x}$,则其观察值称为"估计值"。一般在利用估计量$\bar{x}$估计$\overline{X}$时,我们总希望估计量$\bar{x}$能够代表真实的参数$\overline{X}$,根据不同的要求,评价估计量的好坏有许多标准,一般最常用的标准为无偏性、有效性和一致性。

1. 无偏性

无偏性指样本统计量的期望值(平均数)等于被估计的总体参数。用符号表示,若θ是被估计的参数,$\hat{\theta}$是估计θ的样本统计量,则当$E(\hat{\theta})=\theta$时,就称$\hat{\theta}$为θ的无偏估计量。也就是说,虽然每一次抽样,所决定的统计量取值和总体参数的真值可能会有误差,有的样本误差为正,有的样本误差为负,但在多次反复的估计中,所有样本统计量与待估参数间的正负误差正好相互抵消,即所有可能样本统计量的期望值等于总体参数本身,这说明样本统计量的估计平均来说是没有偏误的。对于变量总体和属性总体来说,由于$E(\bar{x})=\overline{X}$和$E(p)=P$,所以$\bar{x}$与p就是$\overline{X}$与P的无偏估计量。

2. 一致性

一致性指当样本的单位数充分大时,样本统计量也充分靠近总体参数。一般地说,如果样本容量n增大时,估计量θ更紧密地趋近于参数$\hat{\theta}$,我们就称θ为$\hat{\theta}$的"一致估计量"。随着样本容量n的无限增加,样本统计量和被估计的总体参数之差的绝对值小于任意小的正数,它的可能性也趋近于必然,或者说这一事实几乎是肯定的。可以证明,以样本平均数估计总体平均数,也符合一致性的要求,即存在下列关系式:

$$\lim_{n\to\infty}P(|\bar{x}-\overline{X}|<\alpha)=1$$

式中,α为任意小正数。

3. 有效性

有效性作为优良估计量应该是估计效果更好的。由于方差越小,误差越小,而误差越小,效果就越好,所以在同时具备无偏性和一致性的若干个估计量中,应选择一个方差较小的。即如果$\hat{\theta}_1$和$\hat{\theta}_2$都是θ的无偏估计量,而$\hat{\theta}_1$的方差$\sigma_1(\hat{\theta}_1)$小于$\hat{\theta}_2$的方差$\sigma_2(\hat{\theta}_1)$,则$\hat{\theta}_1$相对来说是更有效的估计量。

例如,用样本平均数$\bar{x}$或用总体变量X来估计总体平均数,虽然两者都是无偏和一致的估计量,但样本平均数的方差只是总体变量方差的 $\frac{1}{n}$,表明样本平均数的偏差更小,所以样本平均数是更为有效的估计量。即

$$\sigma_{\bar{x}}^2 < \sigma_x^2$$

(三)抽样估计的基本方法

利用样本统计量来估计相应的总体参数,通常有点估计和区间估计 2 种方法。

1. 点估计

点估计又称"定值估计",它是直接以样本统计量作为相应总体参数的估计量。即根据总体指标的结构形式,设计样本统计量作为总体参数的估计量,并以样本统计量的实际值作为相应总体参数的估计值。

点估计的优点在于它能够提供总体参数的具体估计值,可以作为决策的数量依据;而它的不足之处在于任何的点估计不是对就是错,并不能说明误差情况如何、误差程度有多大。

2. 区间估计

区间估计就是估计总体参数落在某个区域的可能性,即落在这个区域的概率是多少。区间估计包括两部分内容:一是这一可能范围的大小;二是总体指标落在这个可能范围内的概率。它既能说明估计结果的准确程度,又能回答这个估计结果的可靠程度,所以区间估计是比较科学的方法,也是本节阐述的重点。

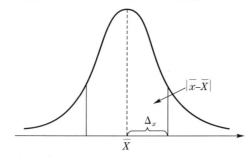

图 5-2 样本平均数的分布图

前面我们在抽样分布中讨论过样本平均数的分布,若按照给定置信度的要求,就有对应的概率保证程度(比如 95%),样本平均数将按照该概率保证程度落在由总体平均数构造的区间上(见图 5-2),即

$$\bar{X} - \Delta_x \leqslant \bar{x} \leqslant \bar{X} + \Delta_x \tag{5.32}$$

其中 $\Delta_x = |\bar{x} - \bar{X}|$,因而 Δ_x 一般也被称为"极限误差"。

通过式 5.32 的不等式等价变换,容易得到

$$\bar{x} - \Delta_x \leqslant \bar{X} \leqslant \bar{x} + \Delta_x \tag{5.33}$$

也就是说,当我们通过随机抽样,得到样本平均数时,则可以按照同一概率保证程

度推断总体平均数将落在由样本平均数构造的对应区间上,这就是区间估计。

二、一个总体参数的区间估计

在进行区间估计时,可以去估计误差的可能范围,也可以按照给定允许极限误差的要求,去推算概率保证程度。相应地,在总体平均数或成数的估计中也有两套模式。

1. 给定抽样极限误差范围 Δ,求置信度 Z 或 F(Z)。具体步骤如下:

第1步,抽取样本,计算样本统计量,包括样本平均数 $\bar{x}$(或样本成数 p),以及样本标准差 S;

第2步,计算抽样平均误差 $\sigma_{\bar{x}}$(或 σ_p);

第3步,根据给定的抽样极限误差范围 Δ,估计总体平均数(或成数)的下限 $\bar{x}-\Delta_x(p-\Delta_p)$ 和上限 $\bar{x}+\Delta_x(p+\Delta_p)$。

第4步,根据给定的抽样极限误差与抽样平均误差,求概率度 Z(或 t)值(如正态分布的计算式 $Z=\dfrac{\Delta_x}{\sigma_{\bar{x}}}$),再根据概率度查表,求出相应的置信度 $F(Z)$ 或 $F(t)$。

【例5.8】 估计某市居民家庭电脑的普及率,随机抽取 900 户居民调查,其中 675 户居民拥有个人电脑。要求抽样极限误差不超过 2.8%,对该市居民电脑普及率进行估计。

解:第1步,根据样本资料,计算

$$p=\frac{675}{900}=0.75$$

第2步,按照抽样分布定理,样本比例服从正态分布,计算抽样平均误差。

$$\sigma_p=\sqrt{\frac{p(1-p)}{n}}=\sqrt{\frac{0.75\times0.25}{900}}=0.014$$

第3步,根据给定的极限误差 $\Delta_p=0.028$,确定总体成数的估计区间的上下限。

估计区间上限:$p+\Delta_p=0.75+0.028=0.778$

估计区间下限:$p-\Delta_p=0.75-0.028=0.722$

第4步,计算 $Z=\dfrac{\Delta_p}{\sigma_p}=\dfrac{2.8\%}{1.4\%}=2$,查表得 $F(Z)=0.9545$。

点估计:该市居民家庭的电脑普及率为 75%;

区间估计:以概率 95.45% 的置信度,估计该市居民电脑的普及率约在 72.2%~78.8%。

2. 根据给定的概率 F(Z),估计抽样极限误差的可能范围 Δ。具体步骤为:

第1步,抽取样本,计算样本统计量,包括样本平均数 $\bar{x}$(或样本成数 p),以及样本标准差 S;

第2步,计算抽样平均误差 $\sigma_{\bar{x}}$(或 σ_p);

第3步,根据给定的概率 $F(Z)$,查《正态分布概率表》,求得概率度 Z 值。

第4步,根据概率度和抽样平均误差,计算抽样极限误差的可能范围 $\Delta(\Delta_x = Z \cdot \sigma_{\bar{x}})$,并据此计算估计区间的上下限。

【例5.9】 某学校进行一次英语测验,为了解学生的考试情况,随机抽选100名学生进行调查,所得资料如下:

表 5-4 某校学生英语测验成绩的抽样资料

考试成绩(分)	60以下	60～70	70～80	80～90	90～100
学生人数(人)	10	20	22	40	8

试以95.45％的可靠性估计该校学生英语考试的平均成绩的范围及该校在80分以上的学生所占比重的范围。

(1)(变量总体的参数估计)估计该校学生英语考试的平均成绩的范围。

第1步,根据样本数据资料计算

$$\bar{x} = \frac{\sum xf}{\sum f} = \frac{7660}{100} = 76.6 \text{(分)}$$

$$S = \sqrt{\frac{\sum(x_i - \bar{x})^2 f_i}{\sum f - 1}} = 11.377 \text{(分)}$$

第2步,根据中心极限定理,$n = 100$,计算抽样平均误差。

$$\hat{\sigma}_{\bar{x}} = \frac{\hat{\sigma}_x}{\sqrt{n}} = \frac{11.377}{\sqrt{100}} = 1.1377 \text{(分)}$$

第3步,根据给定的置信度 $F(Z) = 0.9545$,查概率表得 $Z = 2$。

第4步,计算 $\Delta_x = Z \cdot \hat{\sigma}_{\bar{x}} = Z \cdot \frac{S}{\sqrt{n}} = 2 \times 1.1377 = 2.2754$,

据此估计该校学生考试的平均成绩的区间范围是:

$$\bar{x} - \Delta_x \leqslant \bar{X} \leqslant \bar{x} + \Delta_x$$

$$76.6 - 2.2754 \leqslant \bar{X} \leqslant 76.6 + 2.2754$$

$$74.32 \leqslant \bar{X} \leqslant 78.89$$

在95.45％概率保证程度下,该校学生的英语考试平均成绩的范围在74.32～78.89分。

(2)(属性总体的参数估计)按照相同步骤,确定该校成绩在80分以上的学生所占比重的可能范围。

$$p = \frac{n_1}{n} = \frac{48}{100} = 48\%$$

$$\sigma_p = \sqrt{\frac{p(1-p)}{n}} = \sqrt{\frac{0.48(1-0.48)}{100}} = 0.04996$$

$$\Delta_p = Z\sigma_p = 2 \times 0.04996 = 0.09992$$

80 分以上学生所占的比重的范围：

$P = p \pm \Delta p = 0.48 \pm 0.09992$

$38.01\% \leqslant P \leqslant 57.99\%$

在 95.45% 概率保证程度下，该校学生成绩在 80 分以上的学生所占的比重的范围在 38.01%～57.99%。

【例 5.10】 保险公司从投保人中随机抽取 36 人，得 36 人的平均年龄 $\bar{x} = 39.5$ 岁，已知投保人年龄近似服从正态分布，标准差为 7.2 岁，试求全体投保人平均年龄的置信水平为 99% 的置信区间。

解： $1 - \alpha = 0.99, \alpha = 0.01$，查表得 $Z_{\frac{\alpha}{2}} = 2.575$

$\bar{x} - Z_{\frac{\alpha}{2}} \dfrac{\sigma}{\sqrt{n}} = 39.5 - 2.575 \times \dfrac{7.2}{\sqrt{36}} = 36.41$

$\bar{x} + Z_{\frac{\alpha}{2}} \dfrac{\sigma}{\sqrt{n}} = 39.5 + 2.575 \times \dfrac{7.2}{\sqrt{36}} = 42.59$

故全体投保人平均年龄的置信水平为 99% 的置信区间为 [36.41, 42.59]。

三、样本容量的确定

(一) 影响样本容量的因素

在抽取样本时样本容量应为多大是一个很实际的问题。样本容量取得比较大，收集的信息就比较多，从而估计精度比较高，但进行观测所投入的费用、人力及时间就比较多；样本容量取得比较小，则投入的费用、人力及时间就比较少，但收集的信息也比较少，从而估计精度比较低。这说明精度和费用对样本量的影响是矛盾的，不存在精度最高又使费用最省的样本量。一个常用的准则是在使精度得到保证的前提下寻求使费用最省的样本量。由于费用通常是样本量的正向线性函数，故使费用最省的样本量也就是使精度得到保证的最小样本量。

(二) 估计总体均值时样本容量的确定

在简单随机重复抽样下，设样本 $(X_1, X_2, \cdots, X_n)$ 来自正态总体 $N(\mu, \sigma^2)$，总体均值 μ 的点估计为样本均值 $\bar{x}$。如果要求以 $\bar{x}$ 估计 μ 时的绝对误差为 Δ，可靠度为 $1 - \alpha$，即要求：

$P\{|\bar{x} - \mu| \leqslant \Delta\} = 1 - \alpha$

由 $P\left\{\left|\dfrac{\bar{x} - \mu}{\sigma/\sqrt{n}}\right| \leqslant z_{\frac{\alpha}{2}}\right\} = 1 - \alpha$ 知 $P\left\{|\bar{x} - \mu| \leqslant z_{\frac{\alpha}{2}} \dfrac{\sigma}{\sqrt{n}}\right\} = 1 - \alpha$

故只要取绝对误差：$\Delta = Z_{\frac{\alpha}{2}} \dfrac{\sigma}{\sqrt{n}}$；从而解得：$n = \dfrac{Z_{\frac{\alpha}{2}}^2 \sigma^2}{\Delta^2}$（重复抽样）。同理，在简单随

机不重复抽样下,我们可以得出估计总体均值时样本容量的计算公式为:

$$n = \frac{Nz_{\frac{\alpha}{2}}^2 \sigma^2}{N\Delta^2 + z_{\frac{\alpha}{2}}^2 \sigma^2} \text{（不重复抽样下）}$$

【例 5.11】 在某企业中采用简单随机抽样调查职工月平均奖金额,设职工月奖金额服从标准差为 10 元的正态分布,要求估计的绝对误差为 3 元,可靠度为 95%,试问应抽多少职工?

解: 已知 $\sigma = 10, \Delta = 3, 1-\alpha = 0.95, z_{\frac{\alpha}{2}} = 1.96$,则

$$n = \frac{z_{\frac{\alpha}{2}}^2 \sigma^2}{\Delta^2} = \frac{1.96^2 \times 10^2}{3^2} = 42.68 \approx 43$$

即需抽取 43 名职工作为样本进行调查。

(三) 估计总体比例时样本大小的确定

在简单随机重复抽样条件下,估计总体比例时,我们可以定义绝对误差 d 为:

$\Delta = Z_{\frac{\alpha}{2}} \sqrt{\dfrac{p(1-p)}{n}}$;从而得到样本容量: $n = \dfrac{Z_{\frac{\alpha}{2}}^2 P(1-P)}{\Delta_P^2}$ （重复抽样）

同理,在简单随机不重复抽样条件下,我们可以得出估计总体比例时样本容量的计算公式为: $n = \dfrac{N Z_{\frac{\alpha}{2}}^2 P(1-P)}{N\Delta_P^2 + Z_{\frac{\alpha}{2}}^2 P(1-P)}$ （不重复抽样）

【例 5.12】 根据以往的生产统计,某种产品的合格率为 90%,现要求绝对误差为 5%,在置信水平为 95% 的置信区间内,应抽取多少个产品作为样本?

解: 已知 $P = 90\%$、$\Delta_P = 5\%$、$Z_{\frac{\alpha}{2}} = 1.96$,则:

$$n = \frac{Z_{\frac{\alpha}{2}}^2 P(1-P)}{\Delta_P^2} = \frac{1.96^2 \times 0.9 \times (1-0.9)}{0.05^2} = 139$$

第四节 抽样的组织形式

总体是由个体组成的。例如,在某地区人口的抽样调查中,每个人就是一个个体,该地区全体人口构成人口总体;在农民收入调查中,每个农户就是一个个体,全体农户构成农户总体;在企业调查中,每个独立经营核算企业就是一个个体,全体独立经营核算企业构成企业总体。

在大规模抽样调查中,当总体包含的个体数量非常庞大时,直接对个体抽样在操作上往往是不方便的。为使抽样能够顺利实施,同时也为了使抽样更加便利,通常将总体划分成互不重叠且穷尽的若干部分,每个部分称为一个"抽样单元",每个抽样单元都是由若干个体组成的集合。如果抽样单元只由一个个体组成就称为"最小抽样单元"。抽样单元的划分应视具体情况而定,它可以是自然形成的,也可以是人为划定的。例如,在人口变动抽样调查中,可将县(区)、乡(街道)或村(居)民委员会作为抽样单元;在农产量

的抽样调查中,可将人为分割的等面积地块作为抽样单元。为使抽样便利,在大规模抽样调查中往往分成不同级别的抽样单元。例如,在职工收入抽样调查中,将企(事)业单位作为一级抽样单元,将职工作为二级抽样单元;在农产量抽样调查中,若以省为总体,可分别将县、乡、村、农户作为一、二、三、四级抽样单元。将抽样单元分级主要是基于具体抽样方法的考虑。将抽样单元分为不同级别时,最末一级抽样单元(即最小抽样单元)是调查单元。

为了方便抽样,必须有一份关于抽样单元的名册或清单,这样的名册或清单称为"抽样框"。在抽样框中,每个抽样单元都被编上一个号码,由此可以按一定的随机程序对号码进行抽样。抽出号码后,抽样调查工作者根据抽样框找到与被抽到的号码相对应的具体抽样单元实施调查。当抽样单元有不同级别之分时,应建立不同级别的抽样框。如以省为总体的农产量抽样调查,当分别以县、乡、村、农户作为各级别抽样单元时,应编制县抽样框、乡抽样框、村抽样框和户抽样框。一旦上一级别的某个抽样单元被抽中,必须在下一级别抽样框中连续抽样。

一个有效的抽样框所包含的抽样单元应既无遗漏又无重复。编制高质量的抽样框是保证抽样调查达到预期目的的前提之一。

一、简单随机抽样

简单随机抽样是按随机原则直接从总体 N 中取 n 个单位作为样本。不论是重复抽样还是不重复抽样,都要保证每个单位在抽选中有相等的中选机会。由于这种抽样组织形式对于总体除抽样框名单外,不需要利用任何其他信息,所以也称为"单纯随机抽样"。简单随机抽样是抽样中最基本也是最简单的方式,它适用于均匀总体,即具有某种特征的单位均匀分布于总体的各个部分。在抽样前要求对总体各单位编号,然后用抽签的方式或根据《随机数表》来抽选必要的单位数。以上各节所介绍的抽样方法都是就简单随机抽样而言的。

简单随机抽样的优点是其在理论上最符合随机原则,因为总体中各个单位被抽中的机会是相等的。简单随机抽样是设计其他更复杂抽样组织形式的基础,是衡量其他抽样方法效果的比较标准。简单随机抽样的主要缺点是,当总体很大时,抽样框的编码比较困难;它不能充分利用总体的有关信息,因而抽样误差较大。

(一)在重复抽样条件下,必要的样本容量的确定

抽样平均数的误差公式为: $\Delta_{\bar{x}} = Z \cdot \sigma_{\bar{x}} = Z \dfrac{\sigma}{\sqrt{n}}$

上式可以得出影响抽样单位数 n 的主要因素:

第一,总体标志的变动程度大小。标志变动度大,就需要相对较多的抽样单位数;标志变动度小,则抽样单位数就可以减少。

第二,容许的误差范围。抽样调查容许的误差范围越小,必要的抽样单位数目应越多;反之,必要的抽样单位数目就越少。

第三,抽样推断估计的可信程度。推断估计的可信程度与概率度有关,要求估计的可信程度越大,抽样单位数目就要越多;反之,抽样单位数目则可少一些。

影响抽样单位数的3个因素总是相互联系、相互制约的。将它们联系起来考虑,根据抽样极限误差公式并加以变换,可以推导出必要的抽样单位数目计算公式。从抽样误差的公式来看,抽样单位数目 n 与抽样平均误差、总体标准差、抽样推断的可信度之间有着函数关系。在4个因素中,只要后3个因子已经知道,必要的抽样单位数目就可以按函数关系来确定。

在推广到各种抽样方法的必要样本容量的确定上,通常先根据研究问题的性质确定允许的误差范围 Δ 和必要的置信度(或概率度),然后根据历史资料或其他试点资料确定总体的标准差 σ,再通过抽样平均误差公式来推算重复抽样或不重复抽样方式下的必要样本单位数 n。

按照以上思路,简单随机抽样的必要样本单位数为:

$$n = \frac{Z^2 \sigma^2}{\Delta_x^2} \tag{5.34}$$

同理,关于抽样成数的必要抽样单位数为:

$$n = \frac{Z^2 P(1-P)}{\Delta_p^2} \tag{5.35}$$

(二)在不重复抽样条件下,必要的样本容量的确定

根据抽样平均数的误差公式:

$$\Delta_x = Z \cdot \sigma_{\bar{x}} = \sqrt{\frac{Z^2 \sigma^2}{n}\left(1 - \frac{n}{N}\right)}$$

所以,必要的样本单位数为:

$$n = \frac{NZ^2 \sigma^2}{N\Delta_x^2 + Z^2 \sigma^2} \tag{5.36}$$

同理,关于抽样成数的必要抽样单位数为:

$$n = \frac{NZ^2 P(1-P)}{N\Delta_p^2 + Z^2 P(1-P)} \tag{5.37}$$

【例5.13】 对全省高校某公共理论课的考试成绩进行检查,历史资料显示该课程的平均分数为78.75分,标准差为12.13分,及格率为95%。试在95.45%的概率保证程度下,以2%的允许极限误差率推断今年全年级学生考试成绩与及格率。问分别至少应抽取多少名学生?如果希望用一个样本同时完成以上两个问题的分析,则应抽取容量为多大的样本?

解:已知 $\sigma_x = 12.13, \Delta_x = 78.75 \times 2\%, \Delta_p = 95\% \times 2\%$

① $n = \dfrac{Z^2 \times \sigma_x^2}{\Delta_x^2} = \dfrac{2^2 \times (12.13)^2}{(78.75 \times 2\%)^2} \approx 237.2578 = 238 (人)$

② $n = \dfrac{Z^2 P(1-P)}{\Delta_x^2} = \dfrac{2^2 \times (95\% \times 5\%)}{(95\% \times 2\%)^2} \approx 527 (人)$

③如果希望用一个样本同时完成以上两个问题的分析,则应抽取容量为527人的样本。

二、类型抽样

(一)类型抽样及其应用

类型抽样也称"分层抽样",它先按一定标志对总体各单位进行分类,然后分别从每一类按随机原则抽取一定单位构成样本。类型抽样的前提是事先对总体有一定的认识,有辅助信息可利用,这种信息和所研究的标志值大小有密切关系,可以作为分类的标志。通过分类把总体中标志值比较接近的单位归为一组,减少各组内的差异程度,再从各组抽取样本单位就有更大的代表性,因而抽样误差也就相对减小了。在实际工作中,类型抽样方式被广泛应用。例如,农产量抽样按地区分类,家计调查按国民经济部门分类,产品质量抽查按加工车床型号分类等等,都有明显的效果。

类型抽样通常是这样进行的。设总体由 N 个单位组成,把总体分为 K 组,使:$N = N_1 + N_2 + \cdots + N_k$,然后从每组中取 n_i 单位构成总容量为 n 的样本,即 $n = n_1 + n_2 + \cdots + n_k$。由于 K 组是根据一定标志划分的,各组单位数一般是不同的,通常是按比例从 N_i 中取 n_i,即按各组单位数占总体单位数的比例来分配各组应抽样本单位数,单位数较多的组多取样,单位数较少的组则少取样,保持各组样本单位数与各组单位数之比都等于样本总容量与总体单位数之比。

(二)类型抽样的特点

1. 可利用已知信息提高抽样效率

通过分层可以把反映标志差异的方差分为两部分,一部分是各组内标志值的方差,另一部分是组平均数的组间方差。在总方差一定的条件下,尽可能扩大层间方差,减小各层内方差,可以减小分层抽样误差,这也是分层的目的所在。分层抽样的关键在于分层标志的选择,分层标志应当是与所调查研究的指标有密切关系的或是决定着调查指标值变化的主要条件。

2. 抽样的组织比较方便

在组间差异尽可能大、组内差异尽可能小的原则要求下分组之后,各层中样本数通常可按照上述的等比例方式抽样,亦可根据调查目的或者限定的条件选择等额分配,即在各类型组中分配同等单位数。还可按照最优分配抽样,即把等比抽样与按各组内部差异大小等比例抽样结合起来,确定各类型组的样本单位数。这种方法实际中采用较少,除非有历史资料可查,否则,不太可能知道各层内部差异性到底有多大。

3. 能掌握总体中各层总体的情况

类型抽样的目的是尽可能全面准确地掌握总体信息。但分层之后,可以把每一个类型当成一个小总体,然后对这个总体采用一定的抽样组织形式进行基本信息调查,即把划分出的每一个类型当成一个新的总体来研究。

(三)类型抽样的样本平均数计算

其一,由各组分别取样,计算各组抽样平均数:

$$\bar{x}_i = \frac{\sum_{j=1}^{n_i} x_{ij}}{n_i} \tag{5.38}$$

其二,以各组单位数 N_i 或样本单位数 n_i 为权数,计算出样本平均数:

$$\bar{x} = \frac{\sum_{i=1}^{k} N_i \bar{x}_i}{N} = \frac{\sum_{i=1}^{k} n_i \bar{x}_i}{n} \tag{5.39}$$

由于类型抽样是对每一组抽样,可以考虑不存在有组间误差,因此类型抽样的抽样平均误差取决于各组内方差平均水平。可以先计算各组内方差:

$$\sigma_i^2 = \frac{\sum (X_i - \overline{X}_i)^2}{N_i} \approx \frac{\sum (x_i - \bar{x}_i)^2}{n_i} \tag{5.40}$$

其三,以各组样本单位数 n_i 为权数,计算各组内方差的平均值:

$$\bar{\sigma}_x^2 = \frac{\sum n_i \sigma_i^2}{n} \tag{5.41}$$

因此,样本平均数的抽样平均误差可用以下公式计算:

在重复抽样条件下:

$$\sigma_{\bar{x}} = \sqrt{\frac{\bar{\sigma}_x^2}{n}} \tag{5.42}$$

在不重复抽样条件下:

$$\sigma_{\bar{x}} = \sqrt{\frac{\bar{\sigma}_x^2}{n}\left(1 - \frac{n}{N}\right)} \tag{5.43}$$

三、等距抽样

(一)什么是等距抽样

等距抽样也叫"机械抽样"或"系统抽样",它先按某种标志对总体各单位进行顺序排列,然后按固定间隔抽取样本单位。等距抽样也需要事先对总体掌握一定的辅助信息,以确定各单位的排队位置。在各单位大小顺序排队的基础上,再按某种规则依照一定间隔取样,这样可以保证所取到的样本单位均匀分布在总体的各个部分,有较高的代表性。

(二)等距抽样的优点

一是组织简便,易于实施。目前,我国在农村经济调查、城市住户调查、人口抽样调查和产品质量检验等方面广泛地采用了等距抽样方法。二是在已知某些有关信息时,采用等距抽样能保证样本单位在总体中均匀分布,提高样本对总体的代表性,提高抽样效率。而且一般等距抽样比简单随机抽样的误差小,所以实际应用较广。

(三)等距抽样的具体做法

这里需要注意的是,当总体各单位存在周期性差异时,进行等距抽样要避免取样间隔和总体各单位周期性差异的节奏性循环所引起的系统性影响,防止系统性偏差影响样本的代表性。

具体做法是:设总体由 N 个单位组成,若需要抽取 1 个容量为 n 的样本,先将总体 N 个单位按一定标志排队,然后将 N 划分为 n 个单位相等的部分,每部分包含 k 个单位。现在从第 1 部分顺序为 $1,2,\cdots,i,\cdots,k$ 单位中随机抽取第 i 个单位,而在第 2 部分中抽取第 $i+k$ 个单位,第 3 部分中抽取第 $i+2k$ 个单位,……,在第 n 个部分抽取第 $i+(n-1)k$ 个单位,共 n 个单位组成 1 个样本,且每 1 个样本单位的间隔为 k。由此可见,等距抽样时,当第 1 个单位随机确定之后,其余各个单位的位置也就确定了。这样共可抽取 k 套样本。

由于等距抽样的抽样平均误差是随机起点取样的,所以它的抽样误差一般可以采用简单随机抽样误差公式来近似反映。

四、整群抽样

(一)什么是整群抽样

整群抽样也称"集团抽样",它是将总体各单位划分若干群,然后从中随机抽取部分群,对中选群的所有单位进行全面调查的抽样组织方式。例如,要调查家庭副业发展情况,不是直接抽取居民户,而是以村为单位,抽取若干村,然后对中选村的全体居民户进行调查,这样就大大简化了抽样工作,节省了经费开支。

(二)整群抽样的特点

整群抽样的主要优点是设计和组织比较方便,能节省人力、物力、财力和时间等。但由于抽取的样本比较集中,样本单位在总体中分布不够均匀,所以对总体的代表性较差。故在统计实践中采用整群抽样时,一般都要比其他抽样方法抽选更多的单位以提高抽样结果的精度。整群抽样都采用不重复抽样方法。

（三）整群抽样的分类

整群抽样分为等群抽样和不等群抽样。当群的大小相等时，其样本平均数和抽样平均误差的计算方法比较简单，类似于简单随机抽样的公式。当群的大小不等时，计算较复杂，而且有多种估计方法，实际应用时，可参考有关的专著。以下以等群抽样为例说明。

设总体的全部 N 个单位划分为 R 群，每个群包含 m 个单位，则 $N = Rm$。现在从总体 R 群中随机抽取 r 群组成样本，并分别对中选 r 群的所有 m 个单位进行调查。

第 i 群的群平均数：

$$\bar{x}_i = \frac{\sum_{j=1}^{m} x_{ij}}{m} \tag{5.44}$$

样本平均数：

$$\bar{x} = \frac{\sum_{i=1}^{r}\sum_{j=1}^{m} x_{ij}}{rm} = \frac{\sum_{i=1}^{r} \bar{x}_i}{r} \tag{5.45}$$

群之间的变异大小可通过群间方差表示出来，即：

$$\delta^2 = \frac{\sum (\overline{X}_i - \overline{X})^2}{R} = \frac{\sum (\bar{x}_i - \bar{x})^2}{r} \tag{5.46}$$

可以看出，整群抽样实质上是以群代替总体单位，以群平均数代替总体单位标志值之后的简单随机抽样。因此，抽样平均误差也按相同思路计算，其计算公式为：

$$\sigma_{\bar{x}} = \sqrt{\frac{\delta^2}{r}\left(\frac{R-r}{R-1}\right)} \tag{5.47}$$

五、阶段抽样

阶段抽样也是多级抽样，是指在抽样时先抽总体中某种较大范围的单位，再从中抽较小范围的单位，逐次类推，最后从更小范围单位中抽选样本的基本单位，分阶段来完成抽样的组织工作。当总体很大时，抽样调查要直接抽选总体的基本单位在技术上有很大困难，一般都要采用多阶段的抽样方法。例如，我国农产量抽样调查，第一阶段是从省抽县，第二阶段从中选县抽取乡，第三阶段从中选乡抽取村，再从村抽地块，最后再从地块抽具体的样本点，并以样本点的实际资料来推算平均亩产和总产量。

下面以两阶段抽样为例说明阶段抽样的做法。首先将总体划分为 R 组，每组包含 M_i 个单位。抽样第一阶段从 R 组中随机抽取 r 组，第二阶段再从中选的 r 组中分别从各组 M_i 个单位随机抽取 m_i 个单位，构成一个样本，这种抽样就是两阶段抽样。其中，总体单位数 $N = M_1 + M_2 + \cdots + M_R$，各组的单位数可以是相等的，也可以是不等的。样本单

位数 $n = m_1 + m_2 + \cdots + m_r$，各组抽取的单位数可以是相等的，也可以不等。

两阶段抽样在组织技术上可以看成是整群抽样和类型抽样的结合。整群抽样第一阶段从总体的全部组（群）中随机抽取部分的组（群），与类型抽样第二阶段从中选组中抽选部分单位的两个程序的结合。

从总体 R 组中随机抽取 r 组，并从 r 组的 M 个单位中抽取 m 个单位构成样本。样本平均数可这样计算：先计算第 i 组的组平均数 $\bar{x}_i$，

$$\bar{x}_i = \frac{\sum_{j=1}^{m} x_{ij}}{m}, (i = 1, 2, \cdots, r) \tag{5.48}$$

再计算样本平均数 $\bar{x}$，

$$\bar{x} = \frac{\sum_{i=1}^{r} \sum_{j=1}^{m} x_{ij}}{rm} = \frac{\sum_{i=1}^{r} \bar{x}_i}{r} \tag{5.49}$$

两阶段抽样的平均误差由两部分构成，第一部分是第一阶段从总体全部组抽取部分组所引起的组间误差，第二部分是由第二阶段在中选组中抽取部分单位所引起的组内平均误差（结合阶段抽样是不重复抽样），所以其抽样平均误差为：

$$\sigma_{\bar{x}} = \sqrt{\frac{\sigma_1^2}{r}\left(\frac{R-r}{R-1}\right) + \frac{\sigma_2^2}{rm}\left(\frac{M-m}{M-1}\right)} \tag{5.50}$$

其中，组间方差 $\sigma_1^2 = \frac{\sum (\bar{X}_i - \bar{X})^2}{R}$，组内方差 $\sigma_2^2 = \frac{\sum \sigma_i^2}{rm}$。

第五节　Excel 在抽样推断中的应用

一、概率计算

1. NORMDIST（返回正态分布的累积函数）函数计算

【**例 5.14**】　某地区居民家庭的人均收入服从均值为 1200 元，标准差为 200 元的正态分布。那么某户居民家庭的人均收入不低于 1300 元的可能性有多大？

解：因为 $p(X>1300)=1-p(X<1300)$，所以，可在某一空单元格内输入如下公式 "=1-NORMDIST(1300,1200,200,TRUE)"，计算结果是 0.308538。公式中的 "TRUE" 表示函数返回的是累计概率。

如果问该户家庭的人均收入在 1100～1400 元的概率，那么可按以下方法计算：

因为 $p(1100<X<1400)=p(X<1400)-p(X<1100)$，所以在某一空单元格内输入如下公式 "=NORMDIST(1400,1200,200,TRUE)-NORMDIST(1100,1200,200,TRUE)"，得结果 0.532807。

【例 5.15】 某地区居民家庭的人均收入服从均值为 1200 元,标准差为 200 元的正态分布。现采用简单重复抽样方法,从总体中随机抽取出 16 户进行调查,问人均收入不低于 1300 元的可能性有多大?

解: 先计算抽样平均误差:$\sigma_{\bar{x}} = \dfrac{\sigma_x}{\sqrt{n}}$,在某一空单元格内输入公式"=200/SQRT(16)"

其中"SQRT"为返回正平方根函数。

再计算概率:输入公式"=1−NORMDIST(1300,1200,50,TRUE)",结果是 0.02275。

2. NORMSDIST(返回标准正态分布的累积函数)函数计算

经过标准化后,例 5-14 中的概率 $p(X>1300)=p(Z>0.5)=1−p(Z<0.5)$,所以,在某一空单元格内输入如下公式"=1−NORMSDIST(0.5)",计算结果也是 0.308538。

此外,其他一些分布(如 t 分布、二项分布等)的概率计算,与正态分布的计算类似,只是所应用的函数不同而已。

二、区间估计

【例 5-16】 某厂对一批产品的质量进行抽样检验,抽样数据和要求如下:采用重复抽样抽取样品 200 只,样本优质品率为 85%,试计算当把握程度为 90% 时优质品率的允许误差。

操作如下:

在 B1 单元格中输入样本容量 200;

在 B2 单元格中输入样本比率 85%;

在 B3 单元格中输入计算样本比率的标准差,即抽样平均误差 $\sqrt{p(1-p)}$,公式"=ROUND(SQRT(B2*(1−B2)),2)",式中"ROUND"为"按指定位置对数值进行四舍五入";

在 B4 单元格输入 α 为 10%;

在 B5 单元格中计算极限误差 Δ_p 输入表达式:"=CONFIDENCE(B4,B3,B1)",即得到 $Z_{\alpha/2}\sqrt{\dfrac{p(1-p)}{n}}$ 等于 4.15%(见图 5-3);也可由 Excel 系统中的函数命令计算,过程见图 5-4 至图 5-5。图 5-5 中,"Alpha"即 α(如果 α 为 0.05,则置信度为 0.95);"Standard-dev"为数据区域的总体标准差,假设为已知(实际中,总体标准差未知时通常用样本标准差代替)。"Size"为样本容量(即 n)。

总体优质品的 90% 置信区间的下限:"=B2−B5"

总体优质品的 90% 置信区间的上限:"=B2+B5"

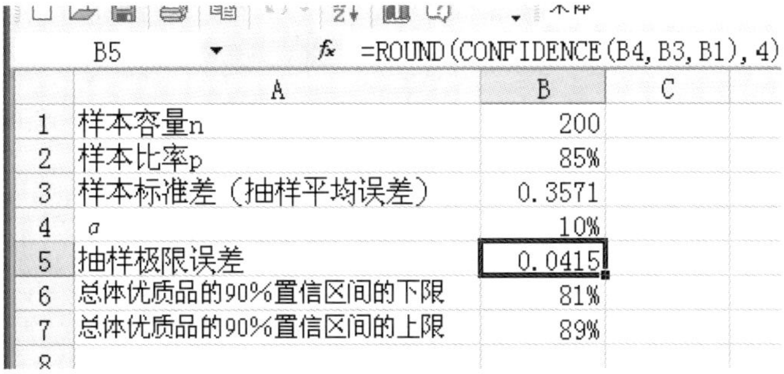

第五章 抽样与参数估计

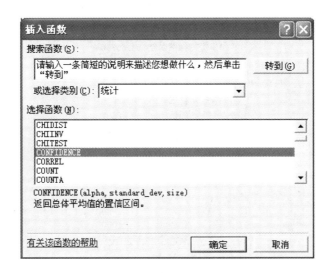

图 5-3 总体优质品率的区间估计

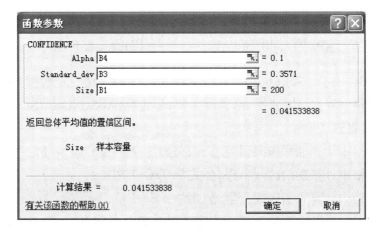

图 5-4 插入函数

图 5-5 函数参数

【例 5-17】 从某公司抽取 50 名职工,其工资资料如下:
1000　1125　1175　1225　1265　1295　1355　1375　1445　1465
1535　1575　1595　1605　1625　1645　1710　1735　1755　1760

1810	1815	1835	1845	1865	1880	1910	1940	1965	1985
2010	2030	2030	2040	2095	2110	2190	2220	2240	2270
2290	2320	2370	2430	2520	2550	2600	2670	2820	2980

试以 95% 的概率保证程度估计该公司平均工资的置信区间。

将数据输入 EXCEL 工作表中，并计算各指标，结果见图 5-6。

	A	B	C	D	E
1	某公司50名职工的工资资料				
2					
3	序号	工资			
4	1	1000		列1	
5	2	1125			
6	3	1175	平均	1898	
7	4	1225	标准误差	64.36566	
8	5	1265	中值	1872.5	
9	6	1295	模式	2030	
10	7	1355	标准偏差	455.134	
11	8	1375	样本方差	207146.9	
12	9	1445	峰值	-0.32402	
13	10	1465	偏斜度	0.210614	
14	11	1535	区域	1980	
15	12	1575	最小值	1000	
16	13	1595	最大值	2980	
17	14	1605	求和	94900	
18	15	1625	计数	50	
19	16	1645	最大(1)	2980	
20	17	1710	最小(1)	1000	
21	18	1735	置信度(95	129.3476	
22	19	1755			

图 5-6 员工数据描述性统计一

在图 5-7 F4 单元格中输入 α 值为 0.05；

在图 5-7 F5 单元格中输入抽样平均误差 $\sigma_{\bar{x}} = \frac{\sigma_x}{\sqrt{n}}$，即输入如下公式"=D10/SQRT(50)"或"=STDEV(B4:B53)/SQRT(50)"；(即 EXCEL 工作表中的 D7 数据)；

在 F6 单元格中根据显著水平 α，计算 Z 值，公式"=ABS(NORMSINV(0.05))"；当然也可直接查表得到 Z 值；

在 F7 单元格中计算抽样极限误差 Δx，公式"=F6*F5"或"=F6*D7"；

在 F7 单元格中计算置信区间下限，公式"=D6-F7"；

在 F7 单元格中计算置信区间上限，公式"=D6+F7"；

说明：以上一步一步计算是为了让大家清楚其具体的计算步骤，实际上，可将这些中间步骤整合起来用一个公式就可以计算抽样极限误差。对于 B4:B53 区域内的数据，在任一单元格内输入如下公式即可："=ABS(NORMSINV(0.05))*STDEV(B4:B53)/SQRT(COUNT(B4:B53))"，该公式相当于计算 $Z \cdot \frac{\sigma_x}{\sqrt{n}}$。(见图 5-7，结果与 F7 的

相同)。(其中 ABS 为返回参数的绝对值)

图 5-7 员工数据描述性统计二

复习思考题

一、简答题

1. 什么是随机原则?在抽样调查中为什么要遵循随机原则?
2. 在一些问题的研究中,为什么要用随机抽样的方法,而不用全面调查的方法?
3. 抽样的组织形式有哪几种?各有什么特点?
4. 影响抽样误差大小的因素有哪些?
5. 什么是总体分布?什么是抽样分布?它们之间有什么区别与联系?
6. 抽样估计的精确度与可靠程度是否存在矛盾?为什么?
7. 为什么抽取样本时多采用不重复的抽样方法?而计算平均误差时又常用重复抽样的公式计算?
8. 简述点估计的优点及其局限性。
9. 抽样平均误差、抽样极限误差和概率保证程度三者之间有什么关系?
10. 影响抽样单位数多少的因素有哪些?

二、分析计算题

1. 一大批产品中优质品占一半,现每次抽取 1 件,看后放回再抽取,问在 100 次抽取中取得优质品次数不超过 45 的概率约等于多少?
2. 在 10000 名工人中,重复地随机抽取 144 名工人检查其完成的土方工程量,结果测得人均完成的工程量为 4.95 立方米,方差为 2.25,若以此推算 10000 名工人的平均工作量,则落在哪一区间范围内的可靠程度可达 95.45%?

3. 保险公司从投保人中随机抽取 36 人,计算得 36 人的平均年龄 $\bar{x}=39.5$ 岁,已知投保人年龄近似服从正态分布,标准差为 7.2 岁,试求全体投保人平均年龄的置信水平为 99% 的置信区间。

4. 对金属切削机床进行使用时间调查,不重复地随机抽取了 400 台(仅为全部金属切削机床的很小部分),抽样资料如下:

车床使用时间(年)	10 以下	10~20	20 以上
车床台数比重(%)	25	48	27

均以 $z=2$ 的概率保证程度,分别估计 3 组不同时间车床台数比重的可能范围。

5. 食品厂从生产的罐头中随机抽取 15 个称量其重量,得样本方差 $S^2=1.65^2$(克^2),设罐头重量服从正态分布,试求其方差的置信水平为 90% 的置信区间。

6. 某县收购花生,已知过去几次抽样调查的合格率分别为 91%、92% 和 93%,今年要求把握程度为 0.8664,允许误差不超过 3%,问需要抽多少包花生?

7. 某机械厂采用纯随机不重复抽样方法,从 1000 箱已入库的某零件中抽取了 100 箱进行质量检验,对抽中的箱内零件进行全面检查,结果如下:

废品率(%)	箱 数
1~2	60
2~3	30
3~4	10
合 计	100

根据以上资料计算:

(1)当概率保证为 68.27% 时,废品率的可能范围是多少?

(2)当概率为 95.45% 时,若限定废品率不超过 0.25%,应抽检的箱数为多少?

8. 对某型号电子元件 10000 支进行耐用性能检查,根据以往抽样测定,有耐用性能标准差 89.46 小时和 91.51 小时;有合格率 91% 和 88%。试计算:

(1)概率保证程度为 86.64%,元件平均耐用时数的误差范围不超过 9 小时,分别在重复与不重复条件下,计算应抽取的元件数;

(2)概率保证程度为 99.73%,合格率的极限误差不超过 5%,分别在重复与不重复条件下,计算应抽取的元件数;

(3)在不重复抽样条件下,要同时满足(1)、(2)的要求,需抽多少元件。

9. 从某村的全部粮食播种面积($N=5000$ 亩)中,按分类抽样法调查了粮食产量,得有关数据如下:

按耕地类型分组	播种面积(亩)	抽样面积(亩)	样本平均亩产(千克)	样本标准差(σ)
平　原	3500	35	680	80
山　地	1500	15	420	120
合　计	5000	50	602	93.8

试根据上述资料,按概率 0.9545 的把握来估计该村的粮食总产量是多少?

10. 要从甲、乙 2 名跳远运动员中选拔 1 名去参加运动会,选拔的标准是:先看他们的平均成绩,如果 2 人的平均成绩相差无几,就要再看他们成绩的稳定程度。为此,对 2 人进行了 15 次比赛,得到如下数据(单位:厘米):

	1	2	3	4	5	6	7	8	9	10	11	12	13	14	15
甲	755	752	757	744	743	729	721	731	778	768	761	773	764	736	741
乙	729	767	744	750	745	753	745	752	769	743	760	755	748	752	747

如何通过对上述数据的处理,来作出选人的决定呢?

案 例 研 讨

居民住户调查简介

一、居民住户调查简介

我国从 1955 年开始进行职工生活家计调查,按工作单位抽选,调查对象是全民所有制与集体所有制单位的职工。

1984 年,我国成立城市抽样调查队(简称"城调队"),把调查范围由职工家庭扩展到城市非农业居民家庭,也就是把在城市和城关镇中按随机原则抽选部分非农业居民家庭及其成员作为调查对象,并由职工生活家计调查改成现在的城市住户调查。2005 年统计局下属 3 支调查队(城调队、农调队、企调队),三队合一成立"统计局调查队",住户调查是其中的一项专业统计。

从 2002 年起,城市住户调查对象由过去的全国非农业居民家庭改为全国城市市区和县城关镇区居民委员会行政管理区域内的住户。也就是由原来的按特征定义改为国际较通用的按地域定义调查对象。按住宅门牌号码抽选调查户,将城市内的常住农业户和暂住户纳入调查范围,弥补了过去城市住户调查对流动人口以及城乡结合地带居民家庭的漏统现象。

(一)目前城市住户调查对象

1. 户口在本地区的常住非农业户
2. 户口在本地区的常住农业户
3. 户口在外地,居住在本地区半年以上的非农业户
4. 户口在外地,居住在本地区半年以上的农业户

后2项称为"暂住户"。

(二)调查的目的和作用

其一,了解城市居民家庭人口、就业、收入、支出、消费、收存现金、商品需求、家庭主要耐用品拥有和住房等变化情况,为国家和各级地方政府研究制定劳动力就业、社会保障、货币流通、商品生产和供应等政策提供依据。

其二,满足国民经济核算体系要求,作为计算国民生产总值的依据;为确定居民消费价格指数提供各类商品及服务项目的权数;可以开展一系列有价值的研究活动,如国民收入分配比例、城市居民收入水平、收入差距、消费结构、消费心理、营养水平、贫困状况等。

其三,协助国家和各级政府及时掌握城市居民家庭生活情况,解决居民生活中的困难,改善居民生活。

(三)调查内容

案例:北京市西城区从1985年至2002年每年有160户居民作为城市住户调查的经常记账户(也称"调查户"),按规定记账户每3年轮换1次。2004年至今增加为285户,按规定每年轮换1/3的记账户。记账户以随机抽样原则产生,少数记账户有特殊原因需提前换户的,新样本的抽选应以原样本的各项指标为依据。目前全区每个街道都有1~2个社区中有城市住户调查的经常记账户。自2004年开始增加了低保家庭生活情况抽样调查,抽选了40户低保家庭作为调查户,2005年至今为70户。20多年来,全区共有1500余户居民家庭履行公民义务为国家提供城市住户调查数据。他们填报的数据资料与全市、全国众多记账户家庭的数据汇总在一起,成为反映居民生活情况的第一手资料,是政府制定各项政策的重要依据。

居民家庭被抽选为记账户时填写《居民家庭基本情况》表和《居民家庭住房基本情况》表,其中包括姓名、年龄、文化程度、婚姻状况、就业情况和家庭人口、住房面积、建筑式样、饮水用水情况、卫生取暖设备、炊用燃料、通讯设备情况以及主要消费品拥有量等内容。其后用统一印制下发的账本登记家庭收支日记账,每月1本。调查员月末入户收取账本,统一编码、录入、汇总、上报。

(四)调查工作职责

各级统计部门的工作人员严格执行《中华人民共和国统计法》第14条的规定:"属于私人、家庭的调查材料,非经本人同意不得泄露。"为居民家庭保密。区统计局对外提供"全区居民(抽样调查)人均数据",国家统计局、市统计局对外提供全国、全市"居民(抽样调查)人均数据"。

二、城镇住户调查方案

1. 调查目的和作用

(1)了解城市居民家庭人口、就业、收入、支出、消费、手存现金、商品需求、家庭主要耐用品拥有和住房等变化情况,为国家和各级地方政府研究制定劳动力就业、社会保障、货币流通、商品生产和供应等政策提供依据。

(2)满足国民经济核算体系要求,作为计算国民生产总值的依据;为确定居民消费价格指数提供各类商品及服务项目的权数;可以开展一系列有价值的研究活动,如国民收入分配比例、城市居民收入水平、收入差距、消费结构、消费心理、营养水平,贫困状况等。

(3)协助国家和各级地方政府及时掌握城市居民家庭生活情况,解决居民生活中的困难,改善居民生活。

2. 调查对象

城市市区和县城关镇区居民委员会行政管理区域内的住户,包括:

(1)户口在本地区的常住非农业户。

(2)户口在本地区的常住农业户。

(3)户口在外地,居住在本地区半年以上的非农业户。

(4)户口在外地,居住在本地区半年以上的农业户。调查包括单身户,但不包括集体户中的单身者。

3. 调查和统计单位

本调查分别以住户及个人作为统计单位。

4. 调查内容

城市住户调查主要内容包括:

(1)城市居民家庭成员基本情况。

(2)城市居民家庭住房基本情况。

(3)城市居民家庭就业情况。

(4)城市居民家庭主要耐用消费品拥有情况。

(5)城市居民家庭现金收支。

(6)城市居民家庭消费支出。

(7)城市居民家庭食品消费。

(8)城市居民家庭非现金(实物及服务)收入。

5. 调查城市和县城选取

调查城市和县城采用划类选点随机抽样的方法确定。国家重点调查城市选取办法:按照地理位置和人口规模将全国所有城市划分为若干类。在每类中,按各城市就业者年人均工资从高到低排队,依次计算各城市常住人口累计数,按照人口比例概率抽选所需数量的调查城市。国家重点调查县城的选取办法:将全国所有县按地理位置和城镇人口收入水平排队,随机等距抽选所需数量的县城。为了使调查力量的分布比较均匀,并适当照顾某些边远省份和少数民族地区,在随机抽样的原则上,又给部分省、自治区增加了个别调查点。国家重点的调查点共226个,其中城市146个,县城80个。为了增强地区调查样本代表性,部分省(自治区、直辖市)

如果需要增加调查市(县),可参照上述抽样调查原则,结合当地实际情况,在本辖区内划类选取适量的市县,自扩调查点所需的调查人员和调查经费,由当地政府负责解决。

6. 调查户数和选户方法

国家调查样本量为25000户。国家重点调查城市、县城的样本量由国家统计局城调总队在全国范围内按城市人口比例分配确定。

各调查市、县采取二相抽样和多阶段抽样相结合的方法选取调查户。第一相样本采用多阶段方法抽选:第一阶段抽选调查街道;第二阶段抽选调查居委会;第三阶段抽选调查户。中小城市和县城采用两阶段抽样,直接抽选调查居委会,再从中抽选调查户。对选出的大样本或一相样本开展调查,取得调查户家庭人口、就业人口、收入等辅助资料,然后,根据这些资料进行分组,从中按比例抽出一个小样本也称"二相样本",作为经常性调查户,开展日记账工作。

调查户的抽选工作应严格按照随机原则在城(镇)区居民委员会行政管理区域内的全体住户中进行。对抽中家庭,调查员应做好开户工作,使调查户积极配合住户调查工作,非不可抗拒因素(如全家调离本市等)不得轻易换户,对经反复做工作仍拒绝接受调查的住户,可找条件相同的家庭代替。换户情况应报省队备案。

各调查市、县自增调查户并准备参加全国汇总,则必须严格按照方案要求抽选样本,并有相应的调查人员和调查经费保障。

7. 样本轮换

为了增强样本代表性,减轻调查户长期记账的负担,必须实现样本轮换。一相样本调查每隔3年进行1次,为二相样本提供抽样框。调查城市中的经常性调查户要求每年轮换1/3,也就是每年有1/3的调查户要退出调查,再从一相样本中抽选1/3的新调查户替代之。3年之内,所有调查户要被轮换掉。调查县的经常性调查户要求在每3年1次的大样本调查年度的下1年,至少轮换2/3或者1次全部轮换。

8. 数据采集方式

城市居民家庭成员基本情况、城市居民家庭就业情况、城市居民家庭现金收支、城市居民家庭消费支出、城市居民家庭非现金(实物及服务)收入等内容采用日记账方法搜集;城市居民家庭主要耐用消费品拥有情况年初一次性填报,以后每季更新1次;城市居民家庭住房基本情况年初一次性填报;城市居民家庭食品细项消费情况每3年采用日记账方法搜集1次,具体执行时间另行通知。

收入和社会保障支出内容按家庭成员分别记账,消费支出以家庭为单位记账。对于文化水平有限或记账有困难的老、弱、病、残单身户,全部收支账可由调查员代记。

调查户月记账周期为上月21日至本月20日。

9. 质量检查

各省(自治区、直辖市)对可支配收入、消费支出、平均家庭人口3个指标的年度资料要求计算方差,定期检验抽样调查误差;采用对比方法,分析抽样调查数据与全面统计资料的差异程度,系统评估调查结果代表性。

10. 数据汇总

(1)全国及省级调查资料汇总范围。

①规定的国家重点调查市、县调查户资料。

②规定的地方点调查市、县调查户资料。参加全国和省级汇总的调查市、县,每3年由国家统计局统一进行调整修订,3年内各地不得随意变更或增减调查市、县;参加全国和省级汇总的各调查市、县调查户数,每年年初由调查市、县一次性调整修正,年内不得随意增减调查户数,确因特殊情况需要增减调查户数时,增减量必须控制在3%以内。各地变更的调查市、县或调查户必须严格按照方案要求规范执行。

(2)调查资料汇总方法。全国及省级调查资料全部采用超级加权汇总方式,定期生成全国或省级综合资料。超级加权汇总要求全国和省级二级机构在辖区内所有满足要求的调查户资料基础上,按照城市职工人均工资分类,采用城市人口作权数,直接生成综合资料。

(3)汇总权数的确定。在进行超级加权汇总前,需要对每一参加汇总的调查户事先分配一个权数。汇总权数以省为单位计算。每一参加汇总的调查户的权数是该户在省内某一类市县中平均所代表的住户数目。计算方法是,调查户权数=该类市县内所有市区居委会住户总数/该类市县内所有参加汇总的调查户数。在同一类市县中,各调查户的权数相同。

省内调查市县分类方法首先将省内所有市县分为3层,第1层包括省内所有地级以上城市;第2层包括省内所有县级市;第3层包括省内所有县。在各层内,按照市区(或镇区)职工人均工资从高到低排序(如果无人均工资资料,可用人均GDP作近似代替),在排序后的城市(或县城)名目表中逐一标出开展住户调查的城市(或县城)。每一个调查城市(县城)与其后面紧邻的另一个调查城市(县城)之间的所有城市(县城)归为一类。

城市住户数是指居住在市区或县级市城关镇居委会内的常住人口数除以该类城市调查户的平均家庭规模;县城住户数是指居住在县城关镇居委会内的常住人口数除以该类县城关镇调查户的平均家庭规模;如果无县城关镇的常住人口数资料,可以用县总人口与县内乡村人口之差所得的县内城镇人口数的某一比例数来估算。

城市或县城关镇人口数资料一般从当地统计部门的人口普查资料或1%的抽样调查资料整理取得。城市人口权数每3年更换1次。

各调查市、县的汇总权数由城调总队统一制定,各地要严格按照所分配的权数进行本地区调查资料的汇总。

11. 调查资料上报要求

(1)上报程序。各调查市、县按要求将分户资料上报省级城调队,省级城调队对调查资料进行审核把关,确认无误后再转报城调总队。

(2)上报方式为压缩传输。

(3)上报时间。月度资料于月后 8 日前,由省级城调队转报城调总队;年度资料于次年 1 月 30 日前,由省级城调队转报城调总队。各调查市县队上报省级城调队的时间由各省城调队自定。遇到节日(劳动节、国庆节、元旦和春节),按国务院规定的放假天数顺延。休息日(星期六和星期日)仍按期报送,不得延期。确因特殊情况,需要推迟上报时间,必须经总队同意后,方可执行。

(4)上报内容。

①年报。各省、自治区、直辖市城调队上报规定户数的分户资料,内容包括 w101～w106 表和 w108 表。w107 表每隔 3 年上报 1 次。w101 表(即个人情况表)是调查户年内各月份相应资料的顺序排列;w102～108 表(即户情况表)是调查户年内各月份相应资料的累计。为了便于资料分析处理,在户情况表中附带户主和家庭最高收入者在调查期末时点的特征指标。

②月报。各省、自治区、直辖市城调队上报规定户数的分户资料,内容包括 w201～w205 表和 w206 表每隔 3 年分月上报。12 月份免报月报。为了便于资料分析处理,在 w202～w206 表中附带户主和家庭最高收入者在调查期末时点的特征指标。

(5)文件名规则。

各地区上报数据文件名规则

表类别(中文名称)＋地区代码(6位)＋年份(4位)＋月份(2位).后缀名

各地区上报数据压缩文件名规则

zh＋地区代码(6位)＋年份(4位)＋月份(2位).后缀名

(6)每年度详细上报要求另行通知。

第六章

假设检验与方差分析

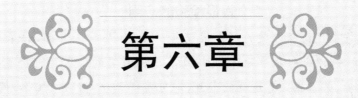

学习目标

理解假设检验的步骤和假设检验中的两类错误；

掌握总体均值、比例和方差的假设检验的具体方法和步骤；

理解区间估计和假设检验的关系，理解P值的含义和用途；

掌握单因素试验的方差分析中平方和的分解和自由度的分解；

掌握双因素完全试验的方差分析的原理及应用，区分双因素方差分析中有无交互作用的两种类型。

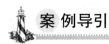

案例导引

假设检验的应用

近年来,许多厂商以设奖的形式促销其产品,如某种小食品,每袋中都装有一张精致的小卡片,以吸引孩童踊跃购买,所有不同种类的小卡片可拼成一张完整的图形。厂商声称,若凑齐一套这样的卡片,即可获得大奖。假设装有各种不同卡片的袋子是混合均匀的,如何判断装有各种卡片的袋子是否均匀混合,这关系到厂商设奖是否公平的问题。设一套卡片共有 K 种,编号为 $1 \sim K$,又设厂商是大批量生产该产品的,可以认为每次抽取(买)到某种卡片的概率不变。设 i 号卡片在食品袋中的比例为 P_i,$i = 1, 2, \cdots, K$。收集到一套卡片所需购买袋数(等待时间)为 X,则 X 为一随机变量。若厂商故意使某一种或几种卡片少些,这样对消费者而言则不利于收集到一套完整的卡片,即设奖不公平。判定厂商设奖是否公平,就是要检验假设。

资料来源:贾耀德.从分析厂商设奖是否公平看参数假设检验的应用[J].内蒙古统计,1999.

第一节 假设检验的一般问题

假设检验是统计推断的另一类重要组成部分,与参数估计共同构成了统计推断的两类基本问题。它们从不同的角度推断总体分布中的某些参数,参数估计解决定量问题,假设检验解决定性问题;参数估计是根据样本信息估计总体参数或分布,假设检验是对总体分布函数中的未知参数提出某种假设,然后利用样本信息对所提出的假设进行检验,根据检验的结果对所提出的假设作出拒绝或接受的判断过程。

假设检验是事先对总体参数或总体分布形式作出某种假设,然后抽取样本,利用样本提供的信息对原假设的正确性进行判断的过程。"假设"指关于总体的论断或命题、猜测或推测、设想或假说,常用字母"H"表示,假设可以分为基本假设(原假设)和备择假设。

一、假设检验的基本思想

假设检验的基本思想是带有概率性质的反证法。假设检验主要有两个特点:第一,假设检验所采用的逻辑推理方法是反证法。为了检验某个假设是否成立,先假定它是正确的,然后根据抽样理论和样本信息,观察由此假设而导致的结果是否合理,从而判断是否接受原假设。第二,这里的合理与否,所依据的是"小概率事件实际不可能发生的原理"。即在一次观察中小概率事件发生了,则认为原假设是不合理的;反之,小概率事件没有出现,则认为原假设是合理的。所以,假设检验的反证法是带有概率性质的反证法,并非严格的逻辑证明。

【例6.1】 某工厂的包装部门欲对其包装进行检测。如果包装过程操作正确,每袋粮食重量服从均值为16公斤,标准差为0.50公斤的正态分布。现随机抽取10袋作为样本,样本的平均重量是15.43公斤。问样本平均重量与总体平均重量是否具有显著差异,以上数据能否证明包装工作过程正常?

解:表面上看,15.43公斤的确低于16公斤,这种差异可能是人为造成的,也可能来自于抽样的随机性。所以需要设立一个"样本重量均值与总体重量均值没有差异"的假设,检验这个假设是否成立,即检验总体均值是否等于16公斤,这便是一个假设检验问题。在统计学中,把需要通过样本去推断其正确与否的命题称为"原假设",用 H_0 表示。于是这个问题,可以表示为:

原假设 $H_0: \mu = 16$

与原假设相对立的假设便是备择假设,用 H_1 表示。备择假设意味着"样本重量均值与总体重量均值存在着明显差异"可以表示为:

备择假设 $H_1: \mu \neq 16$

因为,假设检验的目的是判断原假设是否正确,所以这里首先假定原假设正确,即每袋的平均重量是 16 公斤;然后从总体中获得样本,判断样本均值 15.43 公斤是否符合条件。如果符合,说明样本与原假设是一致的;如果不符合,则说明样本与原假设不一致。

  资料链接

小概率原理

小概率原理指发生概率很小,在一次试验中实际上不可能出现的事件,也被称为"实际不可能事件"。如果对总体的某种假设是真实的,那么不利于或不能支持这一假设的事件 A(小概率事件)在一次试验中几乎不可能发生;要是在一次试验中 A 竟然发生了,就有理由怀疑该假设的真实性,从而拒绝这一假设。

二、假设检验中的两类错误

假设检验是根据样本提供的信息进行判断的,其是由部分来推断整体,因而不可能绝对正确,有时可能错误地接受或拒绝 H_0,这种错误有 2 种类型(见表 6-1):

Ⅰ类错误——弃真错误,发生的概率为 α,即当 H_0 为真时,由样本值作出拒绝 H_0 的错误结论。

Ⅱ类错误——取伪错误,发生的概率为 β,即当 H_0 不真时,由样本值作出接受 H_0 的错误结论。

表 6-1　假设检验中各种可能结果的概率

检验决策	H_0 为真	H_0 非真
拒绝 H_0	犯Ⅰ类错误(α)	正确
接受 H_0	正确	犯Ⅱ类错误(β)

当样本容量 n 固定时,α 增加则 β 减少,α 减少则 β 增加(如图 6-1 所示);当 $n \to \infty$ 时,α、β 可同时减少,α 通常取 0.05,0.025,0.01,0.10 等。

理想情况下,我们希望所有类型的错误尽可能小,但是很明显,他们之间需要一个对换。因为如果我们想降低第一类错误,就要预测更多的第一类的假设条件,同时需要更多的数据变量。在这种情况下,如果第二类假设为真,我们犯弃真错误的概率就会增大。在许多实际问题中,不同类型的错误会有完全不同的含义。

假设某个医疗测验,病人可能患有某种类型的疾病,我们的假设如下:

H_0:真;H_1:伪

则第一类错误为:P(拒绝 H_0 | H_0 为真)= α,即我们测定病人没有患该种疾病而

事实上病人患有该种疾病。

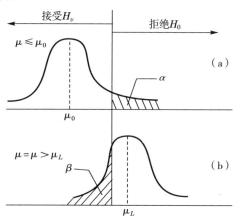

图 6-1 假设检验中的两类错误

第二类错误为：P（接受 $H_0 \mid H_1$ 为真）$= \beta$，即我们测定病人患有该种疾病而事实上病人并没有患该种疾病。很明显，以上错误属于完全不同的两类。如果没有附加测试的话，第一种结局是病人得不到他所需要的治疗，第二种结局是病人将得到他不需要而且可能导致伤害的治疗。

三、假设检验的步骤

（一）提出原假设和备择假设

根据研究问题的需要提出原假设和备择假设。在统计的假设检验中，总是原假设 $H_0 =$（≥或≤）估计值，相应的备择假设 H_1 "≠"、"<"或">"估计值，具体建立何种形式的假设，要看决策人准备如何下结论来决定。假设检验中所用的推理方法类似于数学中的反证法。希望证明的假设常作为备择假设，因为当否定原假设时，就可以接受备择假设。假设检验有几种不同类型：

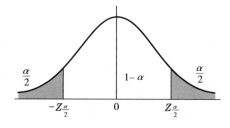

图 6-2 双侧检验

1. 双侧假设检验 $H_0 : \mu = \mu_0, H_1 : \mu \neq \mu_0$

有 2 个拒绝域，2 个临界值，每个拒绝域面积为 $\dfrac{\alpha}{2}$（如图 6-2 所示）。

2. 单侧假设检验（如图 6-3 所示）

(1) 左单侧检验 $H_0: \mu \geq \mu_0, H_1: \mu < \mu_0$

(2) 右单侧检验 $H_0: \mu \leq \mu_0, H_1: \mu > \mu_0$

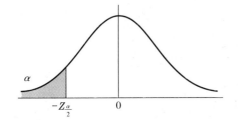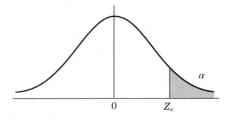

图 6-3　单侧检验

（二）选择显著性水平 α，确定临界值

显著性水平 α 的选择至关重要，如果选择的 α 值很小，就有接受一个不真实的原假设的较大 β 概率的风险；反之，如果选择的 α 值很大，则有拒绝一个真实的原假设的较大 α 概率的风险，如图 6-4 所示。因此，在实践中，应该根据研究的精确程度和可靠程度，选择一个合适的 α 值，将误差控制在小概率以内。通常取 $\alpha = 0.05$ 或 $\alpha = 0.01$，当 α 选定以后，临界值也就确定了，拒绝域也随之而定。如果是双侧检验，拒绝域在两边各为 $\frac{\alpha}{2}$，如果是单侧检验，拒绝域在左侧或右侧，为 α。

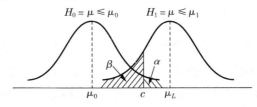

图 6-4　两类风险示意图

（三）选择适当的统计量，并确定其分布形式

假设建立以后，是接受或拒绝原假设，要根据样本观察值及其概率分布所计算的检验统计量来判定。因而，样本统计量的计算与确定适合的概率分布至关重要。样本统计量有样本平均数、样本比率、样本方差、总体方差，大方差以及小方差之分；样本分布包括二项分布、正态分布、t 分布、F 分布和卡方分布等。

（四）计算检验统计量值并决策

在假设检验时，应根据检验的内容选择适当的概率分布，进而计算检验统计量。用检验统计量数值与理论分布临界值比较，作出接受或拒绝原假设的判定。若检验统计量小于或等于理论分布临界值，接受原假设 H_0；否则，拒绝原假设 H_0，接受备择假设 H_1。

根据统计量的分布可以设定决策规则,找出接受区域和拒绝区域的临界。决策规则通常有两种方法,一种是临界值法,即统计量与临界值 Z 或 F 进行比较,通常对于双侧检验,统计量绝对值大于临界值便拒绝原假设,小于临界值便不能拒绝原假设。另外一种是 p 值检验,用拒绝原假设所需的最低概率 p 与显著性水平 α 作比较,作出拒绝或者接受原假设的判断。

四、P 值法检验

p 值检验就是通过计算 p 值,再将它与显著性水平 α 作比较,决定拒绝还是接受原假设,其中"p 值"就是拒绝原假设所需的最低显著性水平。p 值判断的原则是:如果 p 值小于给定的显著性水平 α,拒绝原假设;否则,接受原假设。或者,更直观说就是:如果 p 值很小,拒绝原假设;p 值很大,接受原假设。实际应用中,通常将统计量所计算的 Z 值或 F 值转换成概率 p,然后与显著性水平 α 进行比较。$p < \alpha$ 拒绝 H_0,说明样本描述的总体与原假设所描述的总体具有显著差异;$p > \alpha$ 接受 H_0,说明所采用的检验方法不能证明样本描述的总体与原假设所描述的总体具有显著差异。

对于显著性水平已知的检验,两种方法是等效的,答案也是相同的。临界值法更传统些,但随着计算机的广泛应用,P 值法越来越流行,也更为方便。

资料链接

假设检验理论与方法的简史

假设检验的思想产生很早,体现在很多早期的学术成果之中。如阿布兹诺特等人关于婴儿性别的检验,莱克西斯关于统计序列的稳定性检验,高斯正态误差理论产生后的一系列相关的检验等等。这些研究虽然有检验的思想,但是并没有涉及假设检验的具体理论和方法。从历史观上分析假设检验,有如下值得关注的方面:

一、假设检验方法的产生

(一)卡尔·皮尔逊的拟合优度

皮尔逊于 1900 年在《哲学杂志》上发表的一篇文章中提到"On the criterion that a given system of deviations from the probable in the case of a correlated system of variables is such that it can be reasonably supposed to have arisen from random sampling(目的是建立一个准则,以判断一组相关变量与其或然值的偏差,可否被合理地解释为是由于随机抽样所致的)"。这被人们认为是假设检验的开山之作,虽然文中并没有提到"假设检验"(Hypothesis Testing)一词,但是他关心的是建立一个衡量数据与其或然值的拟合程度的数量指标,即拟合优度(Goodness of Fit)。

(二)自由度问题的争论

皮尔逊在1900年的文中建立了不考虑自由度的χ^2统计量,现在看来确有忽略了自由度或者说不承认自由度的问题,也因此引起了他与费雪之间的长期争论。直到1922年皮尔逊的错误才被费雪指出,并被发表在《列联表的χ^2统计量的解释》一文中。之后的很长一段时间2位学者进行了多次激烈的交锋,也正是这一交锋使费雪与大师之间的地位拉近了。

二、假设检验的完善

(一)费雪的显著性检验

1936年,费雪在其发表的《试验设计》一文中,提出了设计试验和进行显著性检验的基本原则,他指出1个试验的分析和解释与该试验的结构密不可分,因而为了能通过实验获取新的知识,必须有某些原则存在。特别是要使归纳推理中必然存在的不确定性,能通过概率从数量上表示出来。他认为,适当地设计实验,就能达到这一目标。而这个所谓"适当地"的含义,包含2个要点:一是试验要有随机性,以使检验统计量服从一定的概率分布;二是包含重复、分区组等技巧,以降低误差的影响而提高试验的灵敏度。关于"显著性检验"的实质,费雪提出的解释就是本章所讲述的核心内容。

(二)爱根·皮尔逊与内曼的贡献

爱根与内曼是长期的合作研究者,20世纪30年代前以爱根为主,之后以内曼为主,获得了很多成果。1928年,爱根·皮尔逊与内曼合作发表了第一篇关于两类错误及其控制原则、备择假设及似然比的文章,并以似然比的方法来研究卡方拟合优度检验的一般情况。

1931年,两人在华沙会面,商定了题目为《关于统计假设的最有效检验问题》的合作论文,此文在1932年经卡尔推荐给皇家学会,由费雪审阅,于1933年发表,这为内曼—皮尔逊理论奠定了有利的基础,也是两人合作的顶峰。之后的5年中两人研究了相似检验、无偏性检验和一致性检验等检验概念和方法。

内曼—皮尔逊理论的意义在于它作出了1个样板,影响了统计学以后的发展方向。自有统计学以来,第1次在1个重要领域把基本概念和所要解决的问题严格地用数学表达出来,即把统计问题转化为1个数学最优化问题。10余年后,瓦尔德(Abraham Wald,1902—1950)把这一想法拓展到整个数理统计学领域,建立了统计决策函数理论,对统计学的理论研究和应用都产生了相当大的影响。

资料来源:王艳娟.假设检验分析技术思想的完善[J].统计与咨询,2011.

第二节 1个正态总体的假设检验

正态总体的假设检验是最常见的,根据参数类型的不同,有总体均值 μ、方差 σ^2 和总体比率等参数假设检验;根据总体的数目不同有1个正态总体的参数检验和2个正态总体的参数检验。

一、总体的均值检验

(一) σ^2 已知

【例6.2】 某工厂用某台包装机包装糖果,得1袋装糖重是1个随机变量,它服从正态分布,当机器正常时,其均值为0.5千克,标准差为0.015千克。某日开工后,为检验包装机是否正常,随机地抽取它所包装的糖9袋,称得净重为(千克):0.497,0.518,0.506,0.511,0.488,0.524,0.510,0.515,0.512。问机器是否正常?(设显著水平为 $\alpha = 0.05$)

解:第1步,确定原假设与备选假设。
$$H_0 : \mu = \mu_0 = 0.5, \quad H_1 : \mu \neq \mu_0$$
第2步,构造出检验统计量。
我们知道,如果总体的标准差已知,则正态总体(正常情况下,袋装糖重量服从正态分布)的抽样平均数,也服从正态分布,对它进行标准化变换,可得到:
$$z = \frac{\bar{x} - \mu_0}{\frac{\sigma}{\sqrt{n}}}$$
第3步,确定显著性水平和拒绝域。
通常显著水平由实际问题确定,我们这里取 $\alpha = 0.05$,双侧检验,拒绝域安排在两边,查标准正态分布表得临界值:
$|Z_{\frac{\alpha}{2}}| = 1.96$,拒绝域是 $Z < -1.96$ 或者 $Z > 1.96$。
第4步,计算检验统计量的数值。
由 $\alpha = 0.05, n = 9$ 计算得
$$|z| = \left| \frac{\bar{x} - \mu_0}{\frac{\sigma}{\sqrt{n}}} \right| = 1.87$$
第5步,判断。
检验统计量的样本取值没有落入拒绝域。故不能拒绝原假设,接受备择假设,认为有足够的证据说明机器正常。

(二) σ^2 未知,小样本

总体标准差未知时对总体均值检验经常用 t 统计量:

$$t = \frac{\bar{x} - \mu_0}{\frac{s}{\sqrt{n}}} \sim t(n-1)$$

用 S^2 代替 σ^2,这时需用 t 统计量代替 Z 统计量。

【例 6.3】 某机器制造出的肥皂厚度为 5 厘米,今欲了解机器性能是否良好,随机抽取 10 块肥皂为样本,测得平均厚度为 5.3 厘米,样本标准差为 0.3 厘米,试分别以 0.05,0.01 的显著性水平检验机器性能良好(即厚薄合乎规定)的假设。

解: 其一,建立原假设和备择假设

$H_0: \mu = 5$,合乎规定要求

$H_1: \mu \neq 5$,不合乎规定要求

其二,选择检验统计量,由于总体方差未知,用样本代替,故用 t 统计量。根据题中所给条件: $\bar{x} = 5.3, \mu_0 = 5, s = 0.3, n = 10$,统计量 t 的计算为:

$$t = \frac{\bar{x} - \mu_0}{\frac{s}{\sqrt{n}}} = \frac{5.3 - 5}{\frac{0.3}{\sqrt{10}}} = 3.16$$

当 $\alpha = 0.05$,自由度 $n-1 = 9$ 时,查表得 $t_{\frac{\alpha}{2}}(9) = 2.2622$。因为 $t > t_{\frac{\alpha}{2}}$,所以拒绝 H_0,接受 H_1,说明该机器的性能不好。

当 $\alpha = 0.01$ 时,$t_{\frac{\alpha}{2}} = 3.2498$。因为 $t < t_{\frac{\alpha}{2}}$,所以接受 H_0,即说明该机器的性能良好。

(三) σ^2 未知,大样本

大样本场合(样本容量 n 大于 30 时),t 统计量与标准正态分布统计量近似,通常用 z 检验代替 t 检验。

【例 6.4】 某运动设备制造厂生产一种新的人造钓鱼线,其平均切断力为 8 牛,标准差 $\sigma = 0.5$ 牛,如果有 50 条随机样本进行检验,测得其平均切断力为 7.8 牛,试检验假设:

$H_0: \mu = 8$ 牛, $H_1: \mu \neq 8$ 牛(取 $\alpha = 0.01$)

解: 本题是已知方差,检验均值 μ 是否等于 8 牛的问题。因为有 50 条样本,比较大,因此总体可近似为正态分布 $N(\mu, \sigma^2)$,$\mu_0 = 8$ 牛,$\sigma_0 = 0.5$ 牛

题中待检验假设为 $H_0: \mu = \mu_0 = 8$ 牛,$H_1: \mu \neq \mu_0$

在 H_0 成立条件下,选检验统计量 $Z = \frac{\bar{x} - \mu_0}{\frac{\sigma_0}{\sqrt{n}}} \sim N(0,1)$

对给定正数 $\alpha > 0 (\alpha = 0.05, 0.01$ 等),这里 $\alpha = 0.01$,得此问题的否定域为:

$R_{0.01} = \{Z > Z_{0.005}$ 或 $Z < -Z_{0.005}\}$

查标准正态分布表,得 $Z_{\frac{\alpha}{2}} = Z_{0.005} = 2.575$

由样本数据,得:

$\bar{x} = 7.8, n = 50, \sigma_0 = 0.5$

算得 Z 值为 $Z = \dfrac{7.8 - 8.0}{0.5/\sqrt{50}} = -2.83$

由于 $-2.83 < -2.575$,样本落入否定域,故应否定 H_0,即认为平均切断力不等于 8 牛。

在上例中,检验的假设 H_0 为 $\mu = \mu_0$,H_1 为 $\mu < \mu_0$,与所介绍方法中,H_0 为 $\mu \geq \mu_0$,H_1 为 $\mu < \mu_0$ 时所用的否定域相同。因此,通常将 H_0 取为简单原假设而 H_1 可以取为某一种单边情况,如 H_1 为 $\mu < \mu_0$ 或 H_1 为 $\mu > \mu_0$,所得的否定域与单边复合原假设的否定域相同,从而免去了较复杂的讨论。

二、总体的方差检验

1 个正态总体的方差检验主要通过 χ^2 检验来实现,这种检验法是检验未知总体方差 σ^2 是否等于已知总体方差 σ_0^2,当 H_0 成立时用的分布是 $\dfrac{(n-1)S^2}{\sigma_0^2} \sim \chi^2(n-1)$,分子 $(n-1)S^2 = \sum\limits_{i=1}^{n}(x_i - \bar{x})^2$。

【例 6.5】 某种导线的电阻服从正态分布 $N(\mu, 0.005^2)$,今从新生产的导线中抽取 9 根,测其电阻的标准差 $S = 0.008\,\Omega$,在 $\alpha = 0.05$ 下能否认为这批导线电阻的标准差仍为 0.005?

解: $n = 9, s = 0.008, \alpha = 0.05, \sigma_0 = 0.005$

$H_0: \sigma = \sigma_0 = 0.005, H_1: \sigma \neq \sigma$

$\dfrac{(n-1)S^2}{\sigma_0^2} = \dfrac{8 \times 6.4 \times 10^{-5}}{2.5 \times 10^{-5}} = 20.48$

查表 $\chi^2_{0.025}(8) = 17.535, \chi^2_{0.975}(8) = 2.18$

$20.48 > 17.535$ 拒绝 H_0,接受 H_1。

认定这批导线电阻的标准差不为 0.005。

三、总体比例检验

当样本容量较大时,下列统计量服从标准正态分布:

$$z = \dfrac{p - \rho}{\sqrt{\dfrac{\rho(1-\rho)}{n}}}$$

上式中,ρ 代表总体的比例,p 代表样本的比例。以上的 z 统计量可以用作总体比例检验的检验统计量。

【例 6.6】 某企业声明有 30% 以上的消费者对其产品质量满意。如果随机调查

600 名消费者,表示对该企业产品满意的有 220 人。试在显著性水平 $\alpha=0.05$ 下,检验调查结果是否支持企业的自我声明。

解:第 1 步,作出假设。

$$H_0:\rho=30\%,\ H_1:\rho>30\%。$$

以上的备择假设是企业自我声明的结论,我们希望该企业说的是实话,因此使用右侧检验。

第 2 步,构造 z 检验统计量。

第 3 步,确定拒绝域。显著水平 $\alpha=0.05$,查标准正态分布表得临界值:$z_\alpha=1.645$,拒绝域是 $z>1.645$。

第 4 步,计算检验统计量的数值。样本成数 $p=220/600=0.37$,总体假设的成数 $\rho=0.3$,代入 z 检验统计量得:

$$z=\frac{p-\rho}{\sqrt{\frac{\rho(1-\rho)}{n}}}=\frac{0.37-0.3}{\sqrt{\frac{0.3(1-0.3)}{600}}}=3.5$$

第 5 步,判断。检验统计量的样本取值 $z=3.5>1.645$,落入拒绝域。拒绝原假设,接受备择假设,认为样本数据证明该企业声明属实。

第三节　2 个正态总体的假设检验

一、2 个正态总体均值之差的检验

(一)两正态总体方差 σ_1^2,σ_2^2 已知

【例 6.7】 有 2 种方法可用于制造某种以抗拉强度为重要特征的产品。根据以往的资料得知,第 1 种方法生产出产品抗拉强度的标准差为 8 帕,第 2 种方法的标准差为 10 帕。从 2 种方法生产的产品中各抽取 1 个随机样本,样本容量分别为 $n_1=32, n_2=40$,测得 $\bar{x}_1=50$ 帕,$\bar{x}_2=44$ 帕。问这 2 种方法生产出来的产品的平均抗拉强度是否有显著差别。$(\alpha=0.05)$

解:由于检验 2 种方法生产出的产品在抗拉强度上是否存在显著差别,并未涉及方向,所以是双侧检验。

$$H_0:\mu_1=\mu_2\ 或(\mu_1-\mu_2=0)$$
$$H_1:\mu_1\neq\mu_2\ 或(\mu_1-\mu_2\neq 0)$$
$$Z=\frac{50-44}{\sqrt{\frac{64}{32}+\frac{100}{40}}}=2.83$$

$$Z_{\frac{\alpha}{2}} = 1.96$$

由于 $Z > Z_{\frac{\alpha}{2}}$,所以拒绝 H_0,这 2 种方法生产出的产品的平均抗拉强度有显著差别。

(二)两正态总体方差 σ_1^2, σ_2^2 未知

在两总体方差未知却相等的条件下,选用 t 作为检验统计量。t 值计算为:

$$t = \frac{(\bar{x}_1 - \bar{x}_2) - (\mu_1 - \mu_2)}{s_p \sqrt{\frac{1}{n_1} + \frac{1}{n_2}}}$$

其中 $s_p^2 = \frac{(n_1-1)s_1^2 + (n_2-1)s_2^2}{n_1 + n_2 - 2}$ 为总体方差合并估计量。

【例 6.8】 某种物品在处理前与处理后分别抽样,分析其含脂率如下:

处理前 x_i:0.19,0.18,0.21,0.30,0.41,0.12,0.27

处理后 y_i:0.15,0.13,0.07,0.24,0.19,0.06,0.08,0.12

假定处理前后的含脂率都服从正态分布,且标准差不变,问处理后含脂率的均值是否显著降低(取显著性水平 $\alpha = 0.05$)?

解: $\bar{x} = 0.24, \bar{y} = 0.13, n_1 = 7, n_2 = 8, s_1^2 = 0.0091, s_2^2 = 0.0034$。据题意,已知 $\sigma_1 = \sigma_2$,需要检验的假设为 $H_0 : \mu_1 = \mu_2$,$H_1 : \mu_1 > \mu_2$。可先计算 T 统计量,

$$T = \frac{\bar{x} - \bar{y}}{\sqrt{\frac{1}{n_1} + \frac{1}{n_2}} \cdot \sqrt{\frac{n_1 s_1^2 + n_2 s_2^2}{n_1 + n_2 - 2}}} = \frac{0.24 - 0.13}{\sqrt{\frac{1}{7} + \frac{1}{8}} \cdot \sqrt{\frac{6 \times 0.0091 + 7 \times 0.0034}{7 + 8 - 2}}} = 2.68$$

再确定 $t_{\frac{\alpha}{2}}(n_1 + n_2 - 2) = t_{0.025}(13) = 2.1604$,因为 $T > t_{0.025}(13)$,所以拒绝原假设 H_0,而接受假设 H_1,即认为处理后含脂率的均值显著降低了。

二、2 个总体方差之比的检验

在许多领域中,仅仅检验样本均值是否维持在特定范围内并不能保证整个过程的正常运转,方差的大小是需要考虑的另一个重要领域。其中,总体方差的检验也是假设检验的重要内容之一,这里主要是指正态总体的方差检验,包括 1 个正态总体的方差检验和 2 个正态总体的方差之比检验。

2 个总体方差之比的检验使用 F 检验,检验的统计量为 F,设 $F_p(f_1, f_2)$ 是自由度为 (f_1, f_2) 的水平上侧分位数,提出假设检验:

$$H_0 : \sigma_1^2 = \sigma_2^2, H_1 : \sigma_1^2 \neq \sigma_2^2$$

假设检验的规则(称 F 检验)为:$F = \dfrac{\dfrac{s_1^2}{\sigma_1^2}}{\dfrac{s_2^2}{\sigma_2^2}}$

当 $F \leqslant F_{1-\alpha/2}$ 时接受 H_0;否则拒绝 H_0(接受 H_1)。其置信水平仍为 $1 - \alpha$。

【例 6.9】 机床厂某日从 2 台机器所加工的同一种零件中,分别抽取若干个测量其尺寸,得:

甲机器:6.2,5.7,6.5,6.0,6.3,5.8,5.7,6.0,6.0,5.8,6.0

乙机器:5.6,5.9,5.6,5.7,5.8,6.0,5.5,5.7,5.5

问 2 台机器的加工精度是否有显著差异($\alpha = 0.05$)?

分析:机器的加工精度就体现在总体方差的大小上。因此,比较 2 台机器的加工精度是否有显著差异的问题,就是比较 2 个总体的方差是否相等的问题。

解:设甲机器加工的零件尺寸为 X,乙机器加工的零件尺寸为 Y,并设 $X \sim N(\mu_1, \sigma_1^2)$,$Y \sim N(\mu_2, \sigma_2^2)$。

检验假设 $H_0: \sigma_1^2 = \sigma_2^2, H_1: \sigma_1^2 \neq \sigma_2^2$.

选检验统计量 F,在 H_0 成立条件下,

$$F = \frac{S_1^2}{S_2^2} = \frac{\frac{1}{n_1-1}\sum_{i=1}^{n_1}(x_i-\bar{x})^2}{\frac{1}{n_2-1}\sum_{i=1}^{n_2}(y_i-\bar{y})^2} \sim F(n_1-1, n_2-1)$$

本题中,$n_1 = 11, n_2 = 9$,算得 $S_1^2 = 0.064, S_2^2 = 0.030$,

$$F = \frac{0.064}{0.030} = 2.13.$$

查 F 分布表,得 $F_{\frac{\alpha}{2}}(n_1-1, n_2-1) = F_{0.025}(10, 8) = 4.30$,

$$F_{1-\frac{\alpha}{2}}(n_1-1, n_2-1) = \frac{1}{F_{\frac{\alpha}{2}}(n_2-1, n_1-1)} = \frac{1}{F_{0.025}(8, 10)} = \frac{1}{3.85},$$

而 $\frac{1}{3.85} < 2.13 < 4.30$,故不能拒绝 H_0,即没有发现 2 台机器加工零件的尺寸的精度有显著性差别。

三、2 个总体比例之差的检验

设 2 个总体服从二项分布,这 2 个总体中具有某种特征单位数的比例分别为 P_1 和 P_2,但 P_1 和 P_2 未知,可以被样本比例 $\hat{P}_1$ 和 $\hat{P}_2$ 代替。这时 2 个比例之差 $\hat{P}_1 - \hat{P}_2$ 近似地服从以 $P_1 - P_2$ 为数学期望,$\frac{P_1(1-P_1)}{n_1} + \frac{(1-P_2)}{n_2}$ 为方差的正态分布。因而,可以选择 Z 作为检验统计量:

$$Z = \frac{(\hat{P}_1 - \hat{P}_2) - (P_1 - P_2)}{\sqrt{\frac{\hat{P}_1(1-\hat{P}_1)}{n_1} + \frac{\hat{P}_2(1-\hat{P}_2)}{n_2}}}$$

【例 6.10】 为确定肥料的效果,取 1000 株植物做实验,其中有 100 株没有施肥,在没有施肥的 100 株植物中有 53 株长势良好,在已施肥的 900 株中有 783 株长势良好,问施肥效果是否显著($\alpha = 0.01$)?

解:1000 株分成 2 个总体,1 个是没有施肥的 100 株,1 个是施肥的 900 株,设它们长势良好的概率分别为 p_1,p_2。因此,当 n 很大时,2 个样本比例分别服从 p_1,p_2 为参数的 0~1 分布,2 个总体的样本比例 $\bar{x}_1$ 与 $\bar{x}_2$ 分别服从 $N\left(p_1,\frac{p_1(1-p_1)}{n_1}\right)$ 与 $N\left(p_2,\frac{p_2(1-p_2)}{n_2}\right)$ 分布,于是 $\bar{x}_1-\bar{x}_2$ 服从 $N\left(p_1-p_2,\frac{p_1(1-p_1)}{n_1}+\frac{p_2(1-p_2)}{n_2}\right)$

标准化 $\dfrac{(\bar{x}_1-\bar{x}_2)-(p_1-p_2)}{\sqrt{\dfrac{p_1(1-p_1)}{n_1}+\dfrac{p_2(1-p_2)}{n_2}}} \sim N(0,1)$

在 $\alpha=0.01$ 下检验,$H_0:p_1=p_2$,$H_0:p_1<p_2$

$$\frac{\bar{x}_1-\bar{x}_2}{\sqrt{\dfrac{p_1(1-p_1)}{n_1}+\dfrac{p_2(1-p_2)}{n_2}}}=\frac{0.53-0.87}{\sqrt{\dfrac{0.53(1-0.53)}{100}+\dfrac{0.87(1-0.87)}{900}}}=-6.6406$$

式中 p_1 与 p_2 都用 $\bar{x}_1$ 和 $\bar{x}_2$ 代替,是因为无偏估计的缘故。
查表 $-u_\alpha=-u_{0.01}=-2.33$
得 $-2.33>-6.6406$,
∴ 拒绝 H_0,接受 H_1,说明施肥有显著效果。

第四节 单因素方差分析

在假设检验中,我们研究了 1 个样本的平均数或比例与假设的总体均值或比例的差异是否显著的问题。我们也研究了 2 个样本的平均值和比例差异是否显著的问题。但是如果需要检验 2 个以上总体的均值是否相等,就需要用方差分析的方法来解决。方差分析是用来检验 2 个以上样本的平均值差异的显著程度,由此判断样本究竟是否抽自具有同一均值的总体,这里主要介绍单因素方差分析和双因素方差分析。

一、问题的提出

【例 6.11】 现有甲、乙、丙 3 个工厂生产同一种零件,为了了解不同工厂的零件的强度有无明显的差异,现分别从每 1 个工厂随机抽取 4 个零件测定其强度,数据如表 6-2 所示,试问 3 个工厂的零件强度是否相同?

表 6-2 3 个工厂的零件强度

工厂	零 件 强 度			
甲	103	101	98	110
乙	113	107	108	116
丙	82	92	84	86

在这一问题中,我们遇到需要比较 3 个总体均值的问题。如果每 1 个总体的分布都是正态分布,并且各个总体的方差都相等,那么比较各个总体均值是否一致的问题可以用方差分析方法来解决。

通常,在方差分析中,我们把对试验结果发生影响和起作用的自变量称为"因素"。如果方差分析研究的是 1 个因素对于试验结果的影响和作用,就称为"单因素方差分析"。在本例中,可以将工厂看成影响指标的 1 个因素。因素的不同选择方案称之为"因素的水平",如上例中材料有 3 种不同的选择就说因素有 3 种水平。因素的水平实际上就是因素的取值或者是因素的分组,例如,可以在包装、质量、价格和销售区域等方面取不同的值或分为不同的组,就表示因素选了不同的水平。方差分析要检验的就是当因素选不同的水平时,对结果有无显著的影响。若无显著影响,则随便选择哪 1 种材料都可以,否则就要选择最终产品寿命最长的 1 种材料。

一般地,我们假定所检验的结果受某一因素 A 的影响,它可以取 k 种不同的水平 $(1,2,3,\cdots,k)$。对于因素的每 1 种水平 i 都进行 n 次试验,结果分别为 $X_{i1}, X_{i2},\cdots, X_{in}$,我们把这一组样本记作 X_i,假定 $X_i \sim N(\mu_i,\sigma^2)$,即对于因素的每 1 种水平,所得到的结果都服从正态分布,且方差相等。

用统计的语言来表达,要检验的假设就是:

$H_0: \mu_1 = \mu_2 = \cdots = \mu_k$,

H_1:不是所有的 μ_i 都相等$(i = 1,2,\cdots,k)$。

由此可见,方差分析是研究 1 个或多个可分组的变量(称为自变量)与 1 个连续变量(因变量)之间的统计关系,并测定自变量在取各种不同水平时对因变量的影响和作用的 1 种统计分析方法。方差分析通过比较和检验在因素的不同水平下均值之间是否存在显著的统计差异的方法来测定因素的不同水平对因变量的影响和作用的差异。

二、方差分析的基本原理和步骤

方差分析的基本思路是:一方面确定因素的不同水平下均值之间的方差,把它作为对由所有试验数据所组成的全部总体的方差的 1 个估计值;另一方面,再考虑在同一水平下不同试验数据对于这一水平的均值的方差,并由此计算出对由所有试验数据所组成的全部数据的总体方差的第 2 个估计值;最后,比较上述 2 个估计值。如果这 2 个方差的估计值比较接近就说明因素的不同水平下的均值间的差异并不大,应接受零假设。否则,就说明因素的不同水平下的均值间的差异比较大,就接受备择假设。

根据上述思路我们可以得到方差分析的方法和步骤。

(一)提出假设

$H_0: \mu_1 = \mu_2 = \cdots = \mu_k$,即因素的不同水平对试验结果无显著影响。

H_1:不是所有的 μ_i 都相等$(i = 1,2,\cdots,k)$,即因素的不同水平对试验结果有显著影响。

(二) 方差分解

先定义总离差平方和为各样本观察值与总均值的离差平方和。
记作：

$$\text{SST} = \sum_{i=1}^{k}\sum_{j=1}^{n}(X_{ij}-\overline{X})^2$$

其中：$\overline{X}$ 是样本总均值，即

$$\overline{X} = \frac{(\sum_{i=1}^{k}\sum_{j=1}^{n}X_{ij})}{N}$$

$N = nk$ 为样本观察值总数。

将总离差平方和分解为两部分：

$$\begin{aligned}\text{SST} &= \sum_{i=1}^{k}\sum_{j=1}^{n}(X_{ij}-\overline{X})^2 \\ &= \sum_{i=1}^{k}\sum_{j=1}^{n}[(X_{ij}-\overline{X}_i)+(\overline{X}_i-\overline{X})]^2 \\ &= \sum_{i=1}^{k}\sum_{j=1}^{n}(X_{ij}-\overline{X}_i)^2 + \sum_{i=1}^{k}n\cdot(\overline{X}_i-\overline{X})^2\end{aligned}$$

其中：$\overline{X}_i$ 是第 i 组样本的平均值，即

$$\overline{X}_i = \frac{(\sum_{j=1}^{n}X_{ij})}{n}$$

记

$$\text{SSE} = \sum_{i=1}^{k}\sum_{j=1}^{n}(X_{ij}-\bar{x}_i)^2$$

表示同一样本组内，由于随机因素影响所产生的离差平方和，简称"组内平方和"。

记

$$\text{SSR} = \sum_{i=1}^{k}n\cdot(\overline{X}_i-\overline{X})^2$$

表示不同的样本组之间，由于变异因素的不同水平影响所产生的离差平方和，简称"组间平方和"。

由此得到

$$\text{SST} = \text{SSE} + \text{SSR}$$

对应于 SST，SSE 和 SSR 的自由度分别为：$N-1, N-k, k-1$。
相应的自由度之间的关系也有：$N-1 = (N-k)+(k-1)$。

(三) F 检验

将 SSR 和 SSE 分别除以其自由度，即得各自的均方差：

组间的均方差 $\mathrm{MSR} = \dfrac{\mathrm{SSR}}{(k-1)}$

组内的均方差 $\mathrm{MSE} = \dfrac{\mathrm{SSE}}{(N-k)}$

统计上可以证明

$$E(\mathrm{MSE}) = \sigma^2$$

$$E(\mathrm{MSR}) = \sigma^2 + \frac{1}{k-1}\sum_{i=1}^{k} n \cdot (\mu_i - \mu)^2$$

由此可见，如果原假设 $H_0: \mu_1 = \mu_2 = \cdots = \mu_k$ 成立，则 $E(\mathrm{MSE}) = E(\mathrm{MSR}) = \sigma^2$；否则

$$E(\mathrm{MSR}) > \sigma^2。$$

根据 F 分布，如果原假设 $H_0: \mu_1 = \mu_2 = \cdots = \mu_k$ 成立，那么 MSR 和 MSE 均是 σ^2 的无偏估计，因而 $\dfrac{\mathrm{MSR}}{\mathrm{MSE}}$ 就服从自由度为 $(k-1)$ 和 $(N-k)$ 的 F 分布。

检验统计量

$$F = \frac{\mathrm{MSR}}{\mathrm{MSE}}$$

如上所述，当原假设 $H_0: \mu_1 = \mu_2 = \cdots = \mu_k$ 成立时，$E(\mathrm{MSE}) = E(\mathrm{MSR}) = \sigma^2$。此时 MSR 较小，$F$ 值也较小。反之，H_0 不成立时，MSR 较大，F 值也较大。对于给定的显著性水平 α 查 F 分布表得到 $F_\alpha(k-1, N-k)$。如果 $F > F_\alpha(k-1, N-k)$，则原假设不成立，即 K 个组的总体均值之间有显著的差异，就拒绝 H_0。若 $F \leqslant F_\alpha(k-1, N-k)$，则原假设成立，即 K 个组的总体均值之间没有显著的差异，就接受 H_0。

(四)方差分析表

上述方差分析的方法可以用一张标准形式的表格来实现，这种表格称为"方差分析表"。它将方差分析的计算方法以简洁的形式进行总结。表格分为 5 列(见表 6-3)，第 1 列表示方差的来源，第 2 列表示方差的离差的平方和，第 3 列表示自由度，第 4 列为均方差，第 5 列为统计检验量 F。表格又分为 3 行。第 1 行是组间的方差 SSR 和均方差 MSR，表示因素的不同水平的影响所产生的方差，其值作为计算统计检验量 F 时的分子；第 2 行是组内方差 SSE 和均方差 MSE，表示随机误差所引起的方差，其值作为计算统计检验量 F 的分母，第 3 行是检验行，表示总的方差 SST。

表 6-3 单因素方差分析表

方差来源	离差平方和	自由度	均方差	统计检验量 F
组间	SSR	$K-1$	MSR	$F = \dfrac{\mathrm{MSR}}{\mathrm{MSE}}$
组内	SSE	$N-K$	MSE	
总方差	SST	$N-1$		

由于方差分析表概括了方差分析中的统计量之间的关系,我们在进行方差分析时就可以直接按照方差分析表,逐列地计算出有关的统计量,最后得到检验量 F 的值,并把这一 F 值与查表所得到的一定显著性水平下的 F 检验的临界值进行比较,以得出接受或拒绝原假设的结论。

对于本节开头的【例 6.11】,我们可计算得到方差分析表,如表 6-4 所示:

表 6-4 【例 6.11】的方差分析表

组	观测数	求和	平均	方差		
列 1	4	412	103	26		
列 2	4	444	111	18		
列 3	4	344	86	18.66667		
差异源	SS	df	MS	F	P-value	F crit
组间	1304	2	652	31.21277	9E-05	4.25649473
组内	188	9	20.88889			
总计	1492	11				

结论:如果给定 $\alpha=0.05$,$F_{0.95}(2,9)=4.26$,由于 $F>4.26$,所以在 $\alpha=0.05$ 水平上我们的结论是因子 A 是显著的,这表明不同的工厂生产的零件强度有明显的差异。

第五节 双因素方差分析

前面所研究的是试验结果仅受 1 个因素影响的情形,要求检验的是当因素取不同水平时对结果所产生的影响是否显著。但在实践中,某种试验结果往往受到 2 个或 2 个以上因素的影响。例如,产品的合格率可能与所用的设备以及操作人员有关,企业的利润可能与市场的潜力、产品的式样和所投入的广告费用等有关。如果我们研究的是 2 个因素的不同水平对试验结果的影响是否显著的问题就称作"双因素方差分析"。双因素方差分析中 2 个因素的影响既可能是相互联系、相互影响的,也可能是相互独立的。因此,在分析的方法和步骤上要比分析单因素时来得复杂一些。

双因素方差分析的基本思想与单因素方差分析基本相同。首先,分别计算出总变差、各个因素的变差以及随机误差的变差。其次,根据各变差相应的自由度求出均方差。最后,计算出 F 值并作 F 检验。

双因素方差分析根据 2 个因素相互之间是否有交互影响而分为无交互影响的和有交互影响的 2 种情形。我们首先研究两因素无交互影响时的情形。

一、无交互影响的双因素方差分析

如果某一试验结果受到 A、B 2个因素的影响。这2个因素可分别取 k 和 m 种水平,则双因素方差分析实际上就是要比较因素 A 的 k 种水平的均值之间是否存在显著差异,因素 B 的 m 种水平的均值之间是否存在显著差异。目的是要检验试验中这2个因素所起的作用有多大,是仅仅1个因素在起作用,还是2个因素起作用或者是2个因素的作用都不显著。在假定2个因素无交互影响的情形下,通常采用不重复试验,即对于2个因素每1种水平的组合只进行1次试验,这样总共就进行 $k \times m$ 次试验。假定试验的结果如表6-5所示。

表6-5 双因素分析的试验结果观察值因素 B 的水平

		因素 B 的水平				行总和
		1	2	…	m	
因素 A 的水平	1	X_{11}	X_{12}	…	X_{1m}	A_1
	2	X_{21}	X_{22}	…	X_{2m}	A_2
	…	…	…	…	…	…
	k	X_{k1}	X_{k2}	…	X_{km}	A_k
列总和		B_1	B_2	…	B_m	

其中:X_{ij} 是因素 A 为水平 i,因素 B 为水平 j 时的观察值;

$A_i = \sum_{j=1}^{m} X_{ij} (i=1,2,\cdots,k)$ 是因素 A 在 i 水平下的所有观察值的总和;

$B_j = \sum_{i=1}^{k} X_{ij} (j=1,2,\cdots,m)$ 是因素 B 在 j 水平下的所有观察值的总和;

$\bar{A}_i = \frac{1}{m} \sum_{j=1}^{m} X_{ij} = \frac{A_i}{m}$ 是因素 A 在 i 水平下的平均值;

$\bar{B}_j = \sum_{i=1}^{k} X_{ij} = \frac{B_j}{k}$ 是因素 B 在 j 水平下的平均值;

$T = \sum_{i=1}^{k} \sum_{j=1}^{m} X_{ij} = \sum_{i=1}^{k} A_i = \sum_{j=1}^{m} B_j$ 是所有观察值的总和;

$\bar{x} = \frac{1}{N} \sum_{i=1}^{k} \sum_{j=1}^{m} X_{ij} = \frac{T}{N}$ 是所有观察值的平均值;

$N = km$ 是所有观测值的总数。

双因素的方差分析问题实际上也是一个假设检验问题。对于无交互影响的双因素方差分析其方法和步骤如下:

(一)形成假设

由于两因素相互独立,因此可以分别对每一个因素进行检验。

对于因素 A,H_0:因素 A 的各种水平的影响无显著差异。

H_1:因素 A 的各种水平的影响有显著差异。

对于因素 B,H_0:因素 B 的各种水平的影响无显著差异。

H_1:因素 B 的各种水平的影响有显著差异;

(二)进行离差平方和的分解

$$SST = \sum_{i=1}^{k} \sum_{j=1}^{m} (X_{ij} - \bar{x})^2$$
$$= \sum_{i=1}^{k} \sum_{j=1}^{m} [(X_{ij} - \bar{A}_i - \bar{B}_j + \bar{x}) + (\bar{A}_i - \bar{x}) + (\bar{B}_j - \bar{x})]^2$$

上式展开式中 3 个 2 倍乘积项均为 0。我们令

$$SSE = \sum_{i=1}^{k} \sum_{j=1}^{m} (X_{ij} - \bar{A}_i - \bar{B}_j + \bar{x})^2$$

$$SSA = m \cdot \sum_{i=1}^{k} (\bar{A}_i - \bar{x})^2$$

$$SSB = k \cdot \sum_{j=1}^{m} (\bar{B}_j - \bar{x})^2$$

于是就有:SST=SSA+SSB+SSE

SST 的自由度为 $(N-1)$,SSA 和 SSB 的自由度分别为 $(k-1)$ 和 $(m-1)$,而 SSE 的自由度为 $(N-1)-(k-1)-(m-1) = N-k-m+1 = (k-1)(m-1)$。

(三)编制方差分析表,进行 F 检验

从方差分解式所得到的 SSA、SSB 和 SSE 除以各自的自由度,就得到各自相应的均方差,然后与单因素方差分析时一样,我们可以得到无交互影响时双因素方差分析表如表 6-6 所示:

表 6-6 双因素无交互影响时的方差分析表

方差来源	离差平方和	自由度	均方差	统计检验量 F
因素 A	SSA	$k-1$	$MSA = \dfrac{SSA}{k-1}$	$F_A = \dfrac{MSA}{MSE}$
因素 B	SSB	$m-1$	$MSB = \dfrac{SSB}{m-1}$	$F_B = \dfrac{MSB}{MSE}$
误差 E	SSE	$(k-1)(m-1)$	$MSE = \dfrac{SSE}{(k-1)(m-1)}$	
总方差	SST	$N-1$		

根据方差分析表计算得到 F_A 和 F_B 以后,由问题的显著性水平 α,查表得到 $F_\alpha\{(k-1),(k-1)(m-1)\}$,再分别检验因素 A 和 B 的影响是否显著。对于因素 A,若 $F_A > F_\alpha\{(k-1),(k-1)(m-1)\}$,就拒绝关于因素 A 的原假设,说明因素 A 对结果有显著的影响;否则,就接受原假设,说明因素 A 对结果没有显著的影响。对于因素 B,若

$F_B > F_a\{(k-1),(k-1)(m-1)\}$，拒绝关于因素 B 的原假设，说明因素 B 对结果有显著的影响；否则，就接受原假设，说明因素 B 对结果没有显著的影响。

【例 6.12】 将 18 名原发性血小板减少症患者按年龄相近的原则配成 6 个单位组，每个单位组中的 3 名患者随机分配到 A、B、C 3 个治疗组中，治疗后的血小板升高（见表 6-7），问 3 种治疗方法的疗效有无差别？

表 6-7 不同人用鹿茸草后血小板的升高值（10^9/L）

年龄组	A	B	C
1	3.8	6.3	8.0
2	4.6	6.3	11.9
3	7.6	10.2	14.1
4	8.6	9.2	14.7
5	6.4	8.1	13.0
6	6.2	6.9	13.4

解：这两组资料用随机区组的方差分析为宜。

(1) 处理组间比较。

H_0：不同治疗组血小板升高值相同

H_1：不同治疗组血小板升高值不全相同

$\alpha = 0.05$

(2) 年龄组间比较。

H_0：不同年龄组血小板升高值相同

H_1：不同年龄组血小板升高值不全相同

$\alpha = 0.05$

(3) 计算，列方差分析表（表 6-8）。

表 6-8 方差分析表

差异源	SS	df	MS	F	P-value	F crit
行	50.13167	5	10.02633	12.33251	0.000516	3.325835
列	129.0033	2	64.50167	79.33784	7.32E-07	4.102821
误差	8.13	10	0.813			
总计	187.265	17				

查 F 界值表，$F_{0.05,2,10} = 4.10$，$F_{0.05,4,10} = 3.48$，，组间及区组间均为 P<0.05。因此，按 $\alpha = 0.05$ 水准，均拒绝 H_0，可认为不同治疗组间血小板升高值不相同，不同年龄组患者血小板升高值也不相同。

二、有交互作用的双因素方差分析

前面假定因素 A 与因素 B 之间相互独立,不存在相互影响,但有时 2 个因素会产生交互作用,从而使因素 A 的某些水平与因素 B 的另一些水平相结合时对结果产生更大的影响。

对于有交互作用的两因素之间方差分析的步骤几乎与前一种情形一样,不同的是,对总离差平方和进行分解时必须考虑两因素的交互作用。当两因素之间存在交互作用时,先要剔除交互作用的影响,因此比较复杂。同时在有交互作用的影响时对于每一种试验条件要进行多次重复试验以便将因素间交互作用的平方和从误差平方和中分离出来。这样,重复试验数据量就大大增加了。

有交互作用的两因素方差分析的方法和步骤同前面一样,关键是对总离差平方和进行分解时必须考虑两因素的交互作用。

设因素 A 有 a 种水平,因素 B 有 b 种水平,试验的重复次数记作 n。记 X_{ijk} 为在因素 A 的第 i 种水平,因素 B 的第 j 种水平下进行第 k 次试验时的观察值 ($i=1,2,\cdots,a$; $j=1,2,\cdots,b$; $k=1,2,\cdots,n$)。记

$$(AB)_{ij} = \sum_{j=1}^{n} X_{ijk}$$

为在因素 A 的第 i 种水平,因素 B 的第 j 种水平下进行各次重复试验的所有观察值的总和。记

$$(\overline{AB})_{ij} = \frac{(AB)_{ij}}{n} = \frac{1}{n}\sum_{j=1}^{n} X_{ijk} \quad (i=1,2,\cdots,a; j=1,2,\cdots,b)$$

为在因素 A 的第 i 种水平,因素 B 的第 j 种水平下进行各次重复试验的所有观察值的平均值。记

$$A_i = \sum_{j=1}^{b} (AB)_{ij}$$

$$\overline{A}_i = \frac{1}{nb} A_i (i=1,2,\cdots,a)$$

$$B_j = \sum_{i=1}^{a} (AB)_{ij}$$

$$\overline{B}_i = \frac{1}{na} A_j (j=1,2,\cdots,b)$$

$$T = \sum_{i=1}^{a} \sum_{j=1}^{b} \sum_{k=1}^{n} X_{ijk} = \sum_{i=1}^{a} \sum_{j=1}^{b} (AB)_{ij}$$

$$\overline{X} = \frac{T}{N} \text{ 是所有观察值的平均值,}$$

其中:$N = abn$ 是所有观测值的总数。

利用上面所引入的符号,我们可以得到有交互作用的两因素方差分析的步骤如下:

(一)形成假设

由于两因素有交互影响,因此除了分别检验两因素单独对试验结果的影响外,还必

须检验两因素交互影响的作用是否显著。

对于因素 A，H_0：因素 A 的各种水平的影响无显著差异。

H_1：因素 A 的各种水平的影响有显著差异。

对于因素 B，H_0：因素 B 的各种水平的影响无显著差异。

H_1：因素 B 的各种水平的影响有显著差异。

对于因素 AB 的交互作用，H_0：因素 AB 的各种水平的交互作用无显著影响。

H_1：因素 AB 的各种水平的交互作用有显著影响。

(二)进行离差平方和的分解

有交互作用的两因素方差分析时，总离差平方和可以分解为 4 项：

$$\mathrm{SST} = \sum_{i=1}^{a} \sum_{j=1}^{b} \sum_{k=1}^{n} (X_{ijk} - \bar{x})^2$$

$$= \sum_{i=1}^{a} \sum_{j=1}^{b} \sum_{k=1}^{n} [(X_{ijk} - (\overline{AB})_{ij}) + ((\overline{AB})_{ij} - \bar{A}_i - \bar{B}_j + \bar{x}) + (\bar{A}_i - \bar{x}) + (\bar{B}_j - \bar{x})]^2$$

$$= \sum_{i=1}^{a} \sum_{j=1}^{b} \sum_{k=1}^{n} (X_{ijk} - (\overline{AB})_{ij})^2 + n \sum_{i=1}^{a} \sum_{j=1}^{b} ((\overline{AB})_{ij} - \bar{A}_i - \bar{B}_j + \bar{x})^2$$

$$+ nb \cdot \sum_{i=1}^{a} (\bar{A}_i - \bar{x})^2 + na \cdot \sum_{j=1}^{b} (\bar{B}_j - \bar{x})^2$$

总离差平方和 SST 的自由度为 $N-1$。

分别记

$$\mathrm{SSA} = nb \cdot \sum_{i=1}^{a} (\bar{A}_i - \bar{x})^2$$

为因素 A 的离差平方和，自由度为 $a-1$。

$$\mathrm{SSB} = na \cdot \sum_{j=1}^{b} (\bar{B}_j - \bar{x})^2$$

为因素 B 的离差平方和，自由度为 $b-1$。

$$\mathrm{SSE} = \sum_{i=1}^{a} \sum_{j=1}^{b} \sum_{k=1}^{n} (X_{ijk} - (\overline{AB})_{ij})^2$$

表示随机误差的离差平方和，自由度为 $N-ab = abn-ab = ab(n-1)$。

$$\mathrm{SSAB} = n \sum_{i=1}^{a} \sum_{j=1}^{b} ((\overline{AB})_{ij} - \bar{A}_i - \bar{B}_j + \bar{x})^2$$

表示因素间交互作用的离差平方和，自由度为 $(N-1) - (a-1) - (b-1) - (n-1)ab = (a-1)(b-1)$。

(三)编制方差分析表，进行 F 检验

从方差分解式所得到的 SSA、SSB、SSAB 和 SSE 除以各自的自由度，就得到各自相应的均方差，然后我们对因素 A、因素 B 和因素 AB 的交互作用分别作 F 检验。与前面讨论的情形一样的，这一过程也可以用表格来表示，就得到无交互影响时双因素方差分析

表(表 6-9)如下:

表 6-9 有交互影响的双因素方差分析表

方差来源	离差平方和	自由度	均方差	统计检验量 F
因素 A	SSA	$a-1$	$MSA=\dfrac{SSA}{a-1}$	$F_A=\dfrac{MSA}{MSE}$
因素 B	SSB	$b-1$	$MSB=\dfrac{SSB}{b-1}$	$F_B=\dfrac{MSB}{MSE}$
交互作用	SSAB	$(a-1)(b-1)$	$MSB=\dfrac{SSAB}{(a-1)(b-1)}$	$F_{AB}=\dfrac{MSAB}{MSE}$
误差 E	SSE	$N-ab$	$MSE=\dfrac{SSE}{N-ab}$	
总方差	SST	$N-1$		

与前面讨论过的一样,根据方差分析表计算得到 F_A、F_B 和 F_{AB} 以后,由问题的显著性水平 α,查表分别得到 $F_\alpha\{(a-1),(N-ab)\}$、$F_\alpha\{(b-1),(N-ab)\}$ 和 $F_\alpha\{(a-1)(b-1),(N-ab)\}$。于是我们可以分别检验因素 A 和 B 的影响,以及两因素的交互作用的影响是否显著。

对于因素 A 而言,若 $F_A > F_\alpha\{(a-1),(N-ab)\}$,我们就拒绝关于因素 A 的原假设,说明因素 A 对结果有显著的影响。否则,就接受原假设,说明因素 A 对结果没有显著的影响。对于因素 B 而言,若 $F_B > F_\alpha\{(b-1),(N-ab)\}$,我们就拒绝关于因素 B 的原假设,说明因素 B 对结果有显著的影响。否则,就接受原假设,说明因素 B 对结果没有显著的影响。对于两因素的交互作用,若 $F_{AB} > F_\alpha\{(a-1)(b-1),(N-ab)\}$,我们就拒绝关于两因素交互作用的原假设,说明因素 A 和因素 B 对结果有显著交互影响。否则,就接受原假设,说明两因素对结果没有显著的交互影响。

【例 6.13】 某研究人员以 0.3ml/kg 剂量纯苯给大鼠皮下注射染毒,每周 3 次,经 45 天后,使实验动物白细胞总数下降至染毒前的 50% 左右,同时设置未染毒组。两组大鼠均按照是否给予升高白细胞药物分为给药组和不给药组,试验结果如表 6-10 所示,试作统计分析。

表 6-10 试验效应指标(吞噬指数)数据

	未染毒组	染毒组
不给药	3.8	1.85
	3.9	2.01
	4.06	2.1
	3.85	1.92
	3.84	2.04
给药	3.88	1.94
	3.84	2.25
	3.96	2.03
	3.92	2.1
	3.8	2.08

解:设 A 因素为染毒(2 水平),B 因素为药物(2 水平),进行方差分析。结果如表 6-11 所示。

表 6-11 方差分析表

差异源	SS	df	MS	F	P-value	F crit
样本	0.009245	1	0.009245	1	0.332195	4.493998
列	17.16805	1	17.16805	1857.009	5.59E-18	4.493998
交互	0.014045	1	0.014045	1.5192	0.235546	4.493998
内部	0.14792	16	0.009245			
总计	17.33926	19				

$F_A = 1 < F_\alpha = 4.493998$,不能拒绝原假设 H_0,不能认为给药对吞噬指数有显著影响;

$F_B = 1857 > F_\alpha = 4.493998$,拒绝原假设 H_0,说明染毒对吞噬指数有显著影响;

$F_{AB} = 1.519 < F_\alpha = 4.493998$,不拒绝原假设 H_0,不能认为给药、染毒对吞噬指数有显著交互影响。

第六节 Excel 在假设检验和方差分析中的应用

一、利用数据分析宏程序中的假设检验

点击"工具"菜单下的加载项,并从中选择"VBA 函数",则在"工具"菜单中将出现"数据分析"的选项。其使用方法如下:

第 1 步,选定 Excel 中的某些连续单元放置样本数据;

第 2 步,点击"工具"下拉菜单,并选择"数据分析"选项;

第 3 步,在分析工具中选择假设检验的项目:

(1) "t - 检验:双样本等方差";

(2) "t - 检验:双样本异方差";

(3) "t 检验:平均值的成对二样本分析";

(4) "F 检验-双样本方差"等。如图 6-5 所示:

图 6-5

第 4 步,当选择某一项(如选择双样本平均差检验)后,则会出现如图 6-6 的对话框:

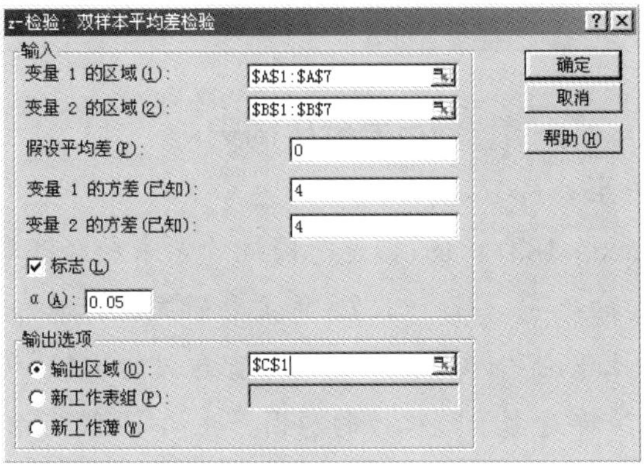

图 6-6

在图 6-6 中的"变量 1 的区域"方框内键入样本 1 的数据区域;在"变量 2 的区域"方框内键入样本 2 的数据区域;在"α"框内键入给定检验的显著性水平;并选择指定输出区域后,点击"确定"按钮,就可以得到检验的输出报告了。

二、利用各种统计分布函数

假设检验主要是计算各类检验统计量与检验临界值进行比较,各类检验统计量及临界值的计算,在上述各节中都已介绍过了,这里将各分布下的临界值的计算总结如下:

(1)正态分布的临界值"=NORMSINV(β)"。其中:β 是临界值左侧的概率。

(2)t 分布临界值"=TINV(α,n)"。其中:α 是双侧概率之和,n 是 t 分布的自由度。

(3)χ^2 分布的临界值"=CHIINV(α,n)"。其中:α 是右侧收尾的概率,n 是自由度。

(4)F 分布的临界值"=FINV(α,n,m)"。其中:α 是右侧收尾的概率,n 是子项自由度,m 是母项自由度。

(5)二项分布的临界值"=CRITBINOM(n,P,α)"。其中:n 为贝努里试验次数,P 是每次试验的成功概率,α 为累积概率水平。

三、方差分析的 Excel 实现

利用 Excel 来实现方差分析有 2 种途径,除使用前面的 FINV 和 FDIST 函数外,在 Excel 1997－2003 版中提供了数据分析的宏程序包,具体使用方法如下:

第 1 步,在 Excel 表格中放置分析数据;

第 2 步,点击"工具"下拉菜单,并选择"数据分析"选项;

第 3 步,在分析工具中确定分析选项:(1)单因素方差分析;(2)双因素可重复方差分析;(3)双因素不重复方差分析等。选定后按"确定"键;

第 4 步,当对话框出现时,在"输入区域"方框内键入数据单元格区域;在 α 水平的方框内键入 0.05(可根据需要确定);在"输出选项"中选择输出区域;"确定"后可得到常规的输出报告单。

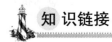
知识链接

方差分析简史

1. 方差分析的产生

莱克西斯(W. Lexis,1837—1914)是德国统计学家和经济学家。他致力于把数学方法引进社会科学的研究,1876—1879 年主要研究统计时序。他于 1879 年发表了《统计序列的稳定性理论》一文,认为要进行有意义的比较,统计时序必须是稳定的,即序列中的变化纯粹是由于随机性的原因产生的,而没有系统性的作用。并且,在他的研究中,已得出了一元线性回归模型中的方差分解式,即 $R^2 = r^2 + q^2$。

斯卢茨基(E. Slutsky)是著名的经济学家,他在 1917 年运用皮尔逊的拟合优度思想去检验回归是否为线性的问题。其基本假设与现在的线性回归模型的基本假设很类似,只是容许误差的方差与自变量取值有关。这种假设使得他没有得到良好的方差分析的数学形式,但其假设检验和方差分析的思想却对人们的启发很大。

2. 对方差分析的完善

1925 年,费雪发表《供研究人员用的统计方法》,标志着由戈塞特开始的"小样本理论"(又叫"学生分布")最后得以完成。同时,由于费雪的努力,使 1900 年卡尔·皮尔逊提出的"卡方检验法"也能适用于小样本。1938 年,费雪又同耶茨合编"F 分布显著性水平表",为 t 分布和 F 分布的研究和应用提供了便利。从而使统计学完成了由"描述"向"推断"发展过程。

(1)费雪的方差分析。费雪改变了斯卢茨基对线性模型的假设,也就是残差与解释变量的变化无关。并在进一步假设解释变量是确定的分组数据的基础上,于 1924 年在加拿大多伦多的国际统计学大会上,提出了题为《关于一个引出若干周知统计量的误差函数的分布》的报告,报告中正式提出了方差分析的系统内容。

(2)方差分析的实践与改善。方差分析本身就产生于生产实践,费雪当时就在罗瑟姆斯特农业试验站积极进行田间试验。他与麦肯齐在 1923 年发表了第一个方差分析的实用例子,1925 年发表了《供研究人员用的统计方法》与《试验设计》2 本专著,1926 年发表了《农业试验的安排》等实验设计性的理论文章。而实验设计中的许多基本要素,诸如交互效应、混杂型设计等,都已在他及合作者的工作中使用,但是并没有在理论上进行系统的论证。所以直到 1930 年,才得到改善。统计学家西尔在其《高斯线性模型的历史发展》一文中描述如下:"第一个坦率承认下述事实,即一个用最小二乘法分析的线性模型比仅依赖直觉去分析平方和更为基本,这是叶茨在 1933 年发表文章中所言的,然而,即使在那里,线性模型中自变量值的问题仍未得到强调。1 年后,罗瑟姆斯特的工作人员埃尔温发表了 1 篇文章,其中对随机区组和拉丁方设计给出了明显的向量标示,清楚地指明了,这些向量的正交性是如何将平方和分解为一些组成部分的。"可见实验设计在应用统计分析中的重要性。

资料来源:陈希孺. 数理统计学简史[M]. 长沙:湖南教育出版社,2002.

复习思考题

1. 假设检验的基本原理是什么?
2. 什么是假设检验中的显著性水平?
3. 简述区间估计和假设检验之间的关系。
4. 谈谈你对假设检验 P 值的理解。
5. 假设检验中,两类错误之间有什么关系? 能否同时减少两类错误?
6. 什么是方差分析? 它所研究的对象是什么?
7. 方差分析有哪些基本假定?
8. 简述方差分析的基本步骤。
9. 方差分析的基本思想是什么?
10. 什么是交互作用?
11. 已知某炼铁厂的含碳量服从正态分布 $N(4.55, 0.108^2)$,现在测定了 9 炉铁水,其平均含碳量为 4.484。如果估计方差没有变化,可否认为现在生产的铁水平均含碳量为 4.55($\alpha = 0.05$)?
12. 按规定每 100 克某种水果罐头中,维生素 B_2 的含量不能少于 20 毫克,现从生产的一批罐头中随机抽取 25 个,检测得其维生素 B_2 的含量,计算得其平均含量为 19.1 毫克,样本标准差为 4.4 毫克,假设维生素 B_2 的含量 X 服从正态分布,试检验该批罐头是否合格($\alpha = 0.05$)。
13. 糖厂用自动打包机打包,每包标准重量是 100 千克。每天开工后需要检验一次打包机工作是否正常。某日开工后测得 9 包重量如下:

99.3 98.7 100.5 101.2 98.3 99.7 99.5 102.1 100.5

已知包重服从正态分布,试检验该日打包机工作是否正常?($\alpha = 0.05$)
14. 食品厂用自动装罐机装罐头食品,每罐的标准重量为 500 克,每隔一定时间检查机器工作情况,现抽取 16 瓶测得其重量,计算得平均重量 $\bar{x} = 502$ 克,样本方差 $S^2 = 42.25$,假设罐头重量 X 服从正态分布 $N(\mu, \sigma^2)$,问:机器工作是否正常?($\alpha = 0.02$)
15. 某工厂用自动包装机包装葡萄糖,规定标准重量为每袋重 500 克。现随机地抽取 10 袋,测得各袋净重(克)为:

495,510,505,498,503,492,502,505,497,506

设每袋净重服从正态分布 $N(\mu,\sigma)$,问包装机工作是否正常?(取显著性水平 $\alpha=0.05$)

(1)已知每袋葡萄糖净重的标准差 $\sigma=5$ 克;

(2)未知 σ。

16. 据统计,某高校去年大学生中拥有手机的比率为 45%,现对 400 名学生调查其拥有手机情况,发现其中有 196 名学生拥有手机。试在 $\alpha=0.05$ 水平下检验拥有手机的学生比率是否有显著增加($\sqrt{0.2475}=0.4975$)。可能用到的分位点值: $Z_{0.05}=1.645$,$Z_{0.025}=1.96$。

17. 从市场供应的某种润滑油中随机抽取 10 瓶,发现其重量(单位:盎司)是:

    10.2 9.7 10.1 10.3 10.1 9.8 9.9 10.4 10.3 9.8

假定重量服从正态分布,试在水平 $\alpha=0.01$ 之下,检验"瓶装润滑油平均重量是 10 盎司"这个假设。

18. 某车间生产铜丝,生产一向比较稳定,今从产品中抽取 10 根进行检查折断力的数据如下(单位:牛):

    578 572 570 568 572 570 572 596 584 570

问:是否可相信该铜丝的折断力的方差为 64?($\alpha=0.05$)

19. 某种导线的电阻 X(单位:Ω)服从正态分布 $N(\mu,0.005^2)$,现从新生产的一批导线中抽取 9 根,测其电阻,得 $s=0.008$Ω。

(1)若 $\alpha=0.05$,能否认为这批导线电阻的方差 σ^2 为 0.005^2?

(2)求置信度为 0.95 时,方差 σ^2 的置信区间。

20. 某产品由一车间的早、中、夜班生产,产品质量划分为 6 个等级,现从该车间随意抽取 261 件产品得下表:

班次\等级	1	2	3	4	5	6	合计
早	11	23	8	5	18	18	83
中	17	29	10	17	7	15	95
夜	6	21	8	24	15	9	83
合计	34	73	26	46	40	40	261

根据调查结果说明:产品质量与生产班次是否有显著关系。($\alpha=0.05$)

21. 有三台机器生产规格相同的铝合金薄板,为检验三台机器生产薄板的厚度是否相同,随机从每台机器生产的薄板中各抽取了 5 个样品,测得结果如下:(单位:cm)

    机器 1:0.236,0.238,0.248,0.245,0.243

    机器 2:0.257,0.253,0.255,0.254,0.261

    机器 3:0.258,0.264,0.259,0.267,0.262

问:三台机器生产薄板的厚度是否有显著差异?

22. 养鸡场要检验4种饲料配方对小鸡增重是否相同,用每1种饲料分别喂养了6只同一品种同时孵出的小鸡,共饲养了8周,每只鸡增重数据如下:(克)

配方:370,420,450,490,500,450

配方:490,380,400,390,500,410

配方:330,340,400,380,470,360

配方:410,480,400,420,380,410

问:4种不同配方的饲料对小鸡增重是否相同?

23. 1个年级有3个小班,他们进行了1次数学考试。现从各个班级随机抽取了一些学生,记录其成绩如下:

1班:73,89,82,43,80,73,66,60,45,93,36,77

2班:88,78,48,91,51,85,74,56,77,31,78,62,76,96,80

3班:68,79,56,91,71,71,87,41,59,68,53,79,15

若各班学生成绩服从正态分布,且方差相等,试在显著性水平下检验各班级的平均分数有无显著差异。

24. 设有三部机器A、B、C制造同一种产品,对每一机器观察5天的日产量,记录如表的数据:

单位:件

机器\天数	1	2	3	4	5
A	41	48	41	57	49
B	65	57	54	72	64
C	45	51	56	48	48

问在日产量上,各机器之间是否有显著差别?

25. 为了考察温度对某种物体断裂强力的影响,在60℃、70℃和80℃下分别重复作了几次试验,数据如下:

60℃:21.1 22.0 21.5 21.6 24.0 20.9 23.2

70℃:20.5 18.8 19.8 20.9 21.5 19.5 21.0 21.2

80℃:17.7 18.8 19.0 20.1 20.2 19.1

问:3种温度下断裂强力是否有显著差异?

26. 把学生随机地分为3组,一组采用程序化教育,一组采用录音教育,一组采用电视教育。然后测定各组学生对所学知识掌握的程度,所得分数如下:

教育方法　　学生成绩

程序化　　2,3,1,9,3,6,9,1,15,4,1

录音　　　2,9,15,6,9,12,9,13,9,12,9

电视　　　9,12,6,12,15,15,6,9,15

检验各种教育效果是否具有显著的差异($\alpha=0.05$)。

27. 设 4 名工人分别操作机床 A、B、C 生产同样产品,其日产量统计如下表:

单位:件

机床 \ 工人	甲	乙	丙	丁
A	50	47	47	53
B	63	54	57	58
C	52	42	41	48

问工人的不同和机床的不同在日产量上有无显著差别?

28. 有 3 种抗凝剂(A_1, A_2, A_3)对一标本作红细胞沉降速度(一小时值)测定,每种抗凝剂各作 5 次,问:3 种抗凝剂对红细胞沉降速度的测定有无差别?

  A_1:15 11 13 12 14

  A_2:13 16 14 17 15

  A_3:13 15 16 14 12

29. 将 36 只大白鼠按体重相近的原则配为 12 个单位组,各单位组的 3 只大白鼠随机地分配到 3 个饲料组。1 个月后观察尿中氨基氮的排出量(毫克)。经初步计算,$SS_{总} = 162$,$SS_{饲料} = 8$,$SS_{误差} = 110$。试列出该实验数据的方差分析表。

30. 对于某一种疾病有三种治疗方法。下表是患这种疾病的人在三种不同的治疗条件下康复速度的记录。问不同的治疗方法对康复速度有无显著影响($\alpha = 0.05$)。

治疗方法	康复天数
A	3,8,6,9,7,4,9
B	7,6,9,5,5,6,5
C	4,3,5,2,6,3,2

第七章

相关与回归分析

学习目标

了解相关分析的基本概念,掌握相关系数的计算方法和意义;
掌握简单线性回归的基本原理和参数的最小二乘估计方法;
掌握回归方程的拟合优度评价及显著性检验;
能够利用回归方程进行预测;
能够利用Excel进行实际问题的简单线性回归分析。

案例导引

中国的城市化是否有利于人民生活水平提高

著名的经济学家、诺贝尔奖获得者斯蒂格利茨指出,21世纪全球经济两件大事:一是美国的高科技;二是中国的城镇化。中国的城镇化将是区域经济实力提升、国家竞争力增强的重要途径,同时会对全球经济局势产生重要影响。2016年,我国城市化率达到57.35%,比2010年年底的49.7%增长了7.65%,这标志着中国的人口城镇化已进入加速发展时期。而城市化的发展,有利于提高人的生活质量,生活质量提高依赖于收入的提高。生活质量提高又往往需要服务业的发展和进步,而服务业的发展则更有利于就业。各经济现象间往往是相互联系、相互依存的。那么事实是不是如此呢?结合2015年我国31个省、市、自治区的相关数据,可以得到下表所示的数据。

2015年中国各地区城镇化指标相关系数矩阵

项目	城镇化率	人均可支配收入	第三产业占GDP比重	城镇失业率
城镇化率	1.00			
人均可支配收入	0.90	1.00		
第三产业占GDP比重	0.60	0.74	1.00	
城镇失业率	−0.40	−0.48	−0.36	1.00

从中不难发现,城镇化率与居民人均可支配收入相关系数达0.9,而居民人均可支配收入与第三产业产值占GDP的比重相关系数也达0.74,同时城镇化率与城镇登记失业率负相关。这也证明了上面的观点。各经济变量间紧密联系,那么各变量间具体的影响程度如何呢?以城镇化率与人均可支配收入为例,设城镇化率为x,居民人均可支配收入为y,代入数据后可得:$\hat{y}=-13810+630.65x$。这说明城镇化率每增加1%,居民人均可支配收入将平均增加630.65元,这一公式对居民人均可支配收入所有变差的解释力度达81.79%。由此可见,城镇化对我国居民生活水平提高是显著有利的。

资料来源:胡春春.统计学[M].北京:北京理工大学出版社,2017.

第一节 相关分析概述

研究客观现象间的相互关系,既要作定性分析,也要作定量分析,测定它们联系的紧密程度,揭示其变化的具体形式和规律。相关分析和回归分析便是这种定量分析的重要统计方法,在许多领域都得到了广泛应用。特别是在计量经济的研究中,相关和回归的统计方法已经成为构造各种经济模型,进行预测和控制的重要工具。

一、相关关系的概念

在自然界和社会现象中,任何现象都不是孤立的,而是普遍联系和相互制约的。例如,商品的销售量与价格、圆的面积与半径、居民的消费与收入之间等等,在数量上都存在着一定的依存关系。现象间的这种依存关系通常分为函数关系和相关关系。

(一)函数关系

函数关系是指现象间客观存在的确定性的数量依存关系。

设有 2 个变量 x 和 y,变量 y 随变量 x 的变化而变化,当变量 x 取某个数值时,y 依确定的数量关系取相应的值,则称 y 是 x 的函数,记为 $y = f(x)$,其中 x 称为"自变量",y 称为"因变量"。

在函数关系中,对于某一变量(自变量)的每一个数值,都有另外一个变量(因变量)的确定数值与之相对应。这种关系可以用数学上的函数式反映出来。例如,圆的面积(S)与半径(r)之间的关系可以表示为 $S = \pi r^2$。

圆的面积随半径的变化而变化,每给定一个圆的半径就有唯一一个确定的圆面积和它对应,面积是半径的函数。在社会经济现象中,同样存在着这种关系。例如,在销售价格一定时,销售收入完全由销售量确定。

(二)相关关系

相关关系是指现象间客观存在的不确定的数量依存关系。在这种关系中,当某一变量取一定值时,与其相对应的另一个变量的值不确定,有多个值,即不能由一个变量的数值精确地求出另一个变量的数值。变量间的这种相互关系,称为不确定的相关关系。现实生活中,存在大量不确定的相关关系。例如,人的身高与体重的关系是相互依存的,但两者之间并不表现为一一对应的关系。制约着这两个变量相互关系的还有其他,如遗传因素、营养状况和运动水平等等,因此,同一身高的人可能有不同的体重,而同一体重的人又有可能表现出不同的身高。再如,居民消费与居民收入间,居民收入的数值一定时,可能有居民消费的若干个数值与之对应,不能由居民收入的数值精确地求出居民消费的数值。

（三）相关关系与函数关系的区别和联系

相关关系与函数关系是两种不同的数量依存关系,函数关系反映了现象之间关系的理想化状态,用数学分析方法研究;相关关系反映了现象之间关系的现实化状态,是借助于统计学中相关与回归分析方法。但这两者之间并无严格的界限,在一定条件下可以相互转化。由于有观察或测量误差等原因,函数关系在实际中往往通过相关关系表现出来;而在研究相关关系时,又常常要使用函数关系的形式来表现,以便找到相关关系的一般数量表现形式。

（四）相关分析的概念

相关分析是研究一个变量（y）与另一个变量（x）或另一组变量（$x_1, x_2, \cdots, x_k$）之间相关方向和密切程度的一种统计分析方法。

二、相关关系的种类

客观现象之间相关关系的种类是复杂的,它们可以按照不同的标志进行划分。

（一）按变量间相关方向可分为正相关和负相关

1. 正相关

相关的变量按同一方向变化,即当自变量 x 的数值增加（或减少）时,因变量 y 的数值也随之相应地增加（或减少）,这种相关关系称为"正相关"（见图 7-1）。例如,工人的工资随着劳动生产率的提高而增加;商品的销售额随着销售量的增加而增加。

2. 负相关

相关的变量按相反方向变化,也就是当自变量 x 的数值增加（或减少）时,因变量 y 的数值则随之减少（或增加）,这种相关关系称为"负相关"（见图 7-1）。例如,产品产量增加,单位产品成本降低;商品价格下降,销售量增加。

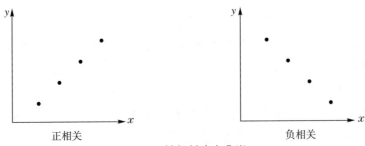

图 7-1　按相关方向分类

(二)按变量间相关程度可分为完全相关、不相关和不完全相关

1. 完全相关

当因变量的数量变化完全由自变量的数量变化所确定时,则这两个变量间的关系称为"完全相关"。完全相关中变量间的变动是一一对应的、严格的依存关系,此种关系实际上就是函数关系。例如,在价格不变的情况下,商品的销售总额与其销售量总是成正比例。

2. 不相关

不相关又称为"零相关",是指变量之间没有任何关系,各自独立,互不影响。

3. 不完全相关

若变量之间的关系介于完全相关与不相关之间,则称为"不完全相关"。不完全相关是相关分析的主要对象(见图 7-2)。

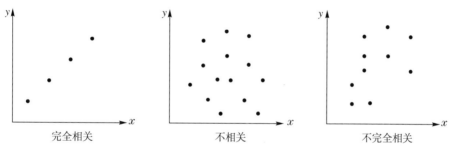

图 7-2 按相关程度分类

(三)按相关的变量多少可分为一元相关和多元相关和偏相关

1. 一元相关

一元相关又称为"单相关",是指两个变量之间的相关关系,即一个因变量与一个自变量的相关关系。例如,居民的收入与储蓄额之间的相关关系。

2. 多元相关

多元相关又称为"复相关",是指三个或三个以上变量之间的相关关系。即一个因变量与多个自变量之间的相关关系。例如,亩产量、施肥量和浇水量之间的相关关系。

3. 偏相关

偏相关是指在某一变量与多个变量相关的条件下,假定其他变量不变,专门考察其中两个变量的相关关系。如在假定人们的收入水平不变的条件下,某种商品的需求与其价格水平的相关关系就是一种偏相关。

(四)按相关的表现形式可分为线性相关和非线性相关

1. 线性相关

线性相关又称为"直线相关",当一个变量每增减一个单位,另一相关变量按一个大

致固定的增(减)量变化,从平面图上观察其各点的分布近似地表现为一直线,这种相关关系称为"线性相关"。例如,人均消费水平与人均收入水平通常为线性关系。

2.非线性相关

非线性相关又称为"曲线相关",如果相关变量之间,并不表现为直线的关系,而是近似某种曲线方程的关系,则这种相关关系称为"非线性相关"(见图7-3)。

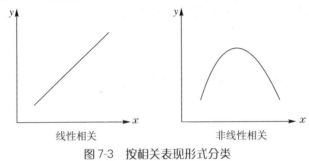

图 7-3　按相关表现形式分类

第二节　相关分析指标的测定

在进行相关分析之前,首先要确定现象之间是否存在相关关系,当现象间确实存在相关关系时,才有进一步分析的必要。通常我们通过绘制相关图表来确定现象间是否存在相关关系。

一、相关表和相关图

(一)相关表

相关表是一种反映变量之间相关关系的统计表。将某一变量按其取值的大小排列,然后再将与其相关的另一变量的对应值平行排列,便可得到简单的相关表。编制相关表是相关分析的重要方法。相关表可分为简单相关表和分组相关表。

1.简单相关表

简单相关表是资料未经分组的相关表,它是把因素标志值按照从小到大的顺序并配合结果标志值一一对应而平行排列起来的统计表。(见表7-1)。

表 7-1　某地区个人收入与消费支出相关表

年份(年)	2010	2011	2012	2013	2014	2015	2016
个人收入 x(万元)	64	70	77	82	92	103	115
消费支出 y(万元)	56	60	66	75	88	98	110

从表7-1可以直观看出,随着个人收入的增加,消费支出有增长的趋势,两者之间存在一定的正相关关系。

2. 分组相关表

(1)单变量分组相关表。单变量分组相关表是对自变量分组并计算次数,而对应的因变量不分组,只计算平均值。

【例 7.1】 为研究分析产量和单位成本的关系,设有 30 个同类企业调查得到的原始资料如表 7-2 所示。

表 7-2　产量和单位成本的原始资料

产量(件)	20	30	20	20	40	30	40	80	80	50	40	30	20	80	50
单位成本(元/件)	18	16	16	15	16	15	15	14	14	15	15	16	18	14	14
产量(件)	20	50	20	30	50	20	50	40	20	80	40	20	50	80	30
单位成本(元/件)	16	16	18	16	15	18	15	14	16	14	15	16	14	15	15

根据上述原始资料,按产量分组可编制单变量分组相关表(见表 7-3)。

表 7-3　产量和单位成本单变量分组相关表

产量(件)	企业数(个)	平均单位成本(元/件)
20	9	16.8
30	5	15.4
40	5	15
50	6	14.8
80	5	14.2

与简单相关表相比,单变量分组相关表可将资料简化,能够更清晰地反映出两变量的关系。从表 7-3 中可以看出产量和单位成本之间为负相关关系。

(2)双变量分组相关表。双变量分组相关表是对自变量和因变量都进行分组而形成的相关表,这种表形似棋盘,故又称"棋盘式相关表"。其编制程序是:首先,分别确定因变量和自变量的组数;其次,按两个变量的组数设计棋盘式表格;最后,计算各组次数置于相对应的方格之中。

仍以上述资料为例,编制双变量分组相关表(见表 7-4)。

表 7-4　产量和单位成本单变量分组相关表

产量(件)	单位成本(元/件)				合计
	18	16	15	14	
20	4	4	1		9
30		3	2		5
40		1	3	1	5
50		1	3	2	6
80			1	4	5
合计	4	9	10	7	30

从表中看出,单位成本集中在左上角到右下角的斜线上,表示产量与单位成本是负相关的。

(二)相关图

相关图又称"散点图",它是以直角坐标系的横轴代表自变量 x,纵轴代表因变量 y,将两变量相对应的变量值用坐标点的形式描绘出来,用于反映两变量之间相关关系的图形。根据表 7-1 的资料绘制相关图如图 7-4 所示。

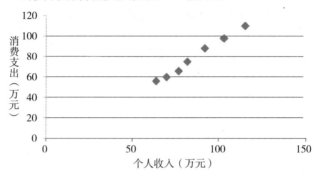

图 7-4　个人消费支出与收入相关图

从上图中我们看到变量值 (x_i, y_i) 大致分别落在一条直线附近,这说明变量 x 与 y 间具有明显的线性相关关系。另外,所绘制的散点图呈现出从左至右的上升趋势,它表明 x 与 y 之间为正相关关系,也就是说,随着产品产量的增加,生产费用也会增加。

二、相关系数

相关表和相关图只能大体反映现象之间的相关关系,要从数量上明确地反映相关关系的紧密程度,还需要通过计算相关系数来实现。相关系数是测定两个变量之间是否存在直线相关关系以及相关关系的紧密程度和变动方向的较为完善的统计分析指标。

(一)相关系数的计算公式

在各种相关中,单相关是基本的相关关系,它是复相关和偏相关的基础。单相关有线性相关和非线性相关两种表现形式。测定线性相关系数的方法是最基本的相关分析,是测定其他相关系数方法的基础。这里我们主要介绍线性单相关系数——简单相关系数的算法。早在 1890 年,英国统计学家卡尔·皮尔逊(Karl Pearson)便提出了一个测定两变量线性相关的计算公式:

$$\rho = \frac{\sigma_{XY}^2}{\sigma_X \sigma_Y} \tag{7.1}$$

式中:ρ 为总体的相关系数;

$\sigma_{XY}^2 = \dfrac{\sum (X_i - \overline{X})(Y_i - \overline{Y})}{N}$,是变量 X 与 Y 的协方差,N 为总体单位数;

$\sigma_X = \sqrt{\dfrac{\sum (X_i - \overline{X})^2}{N}}$,是变量 X 的标准差;

$$\sigma_Y = \sqrt{\frac{\sum(Y_i - \bar{Y})^2}{N}}$$,是变量 Y 的标准差。

总体相关系数是反映两变量之间线性相关程度的一种特征值,表现为一个常数。样本相关系数的定义公式为:

$$r = \frac{S_{xy}^2}{S_x S_y} = \frac{\dfrac{\sum(x_i - \bar{x})(y_i - \bar{y})}{n}}{\sqrt{\dfrac{\sum(x_i - \bar{x})^2}{n}}\sqrt{\dfrac{\sum(y_i - \bar{y})^2}{n}}} \tag{7.2}$$

式中,S_{xy}^2 是变量 x、y 的样本协方差;S_x、S_y 分别为变量 x、y 的样本标准差。

样本相关系数是根据样本观察值计算的,随着取样的不同,相关系数的值也会有所变化。可以证明,样本相关系数是总体相关系数的一致估计量。

经过化简,我们推导出相关系数的简化公式为:

$$r = \frac{S_{xy}^2}{S_x S_y} = \frac{n\sum xy - \sum x \sum y}{\sqrt{\left[n\sum x^2 - (\sum x)^2\right]\left[n\sum y^2 - (\sum y)^2\right]}} \tag{7.3}$$

(二)相关系数的性质

其一,相关系数的符号代表着变量间的相关方向,$r > 0$ 说明两个变量之间为正相关,$r < 0$ 说明两个变量之间为负相关;

其二,相关系数的值介于 -1 和 $+1$ 之间,它的绝对值越接近于 1,意味着变量之间的线性相关程度越强。$r = \pm 1$ 说明两个变量之间完全存在线性相关,$r = 0$ 说明两个变量之间不存在线性相关,$0 < |r| < 1$ 则说明两个变量之间存在一定程度的线性相关。通常认为:$0 < |r| < 0.3$ 为微弱相关;$0.3 \leqslant |r| < 0.5$ 为低度相关;$0.5 \leqslant |r| < 0.8$ 为显著相关;$0.8 \leqslant |r| < 1$ 为高度相关。

【例 7.2】 利用表 7-1 中的数据,计算某地区个人收入与消费支出之间的相关系数。

计算过程如表 7-5 所示:

表 7-5 相关系数计算表

年份	个人收入 x(万元)	消费支出 y(万元)	x^2	y^2	xy
2010	64	56	4096	3136	3584
2011	70	60	4900	3600	4200
2012	77	66	5929	4356	5082
2013	82	75	6724	5625	6150
2014	92	88	8464	7744	8096
2015	103	98	10609	9604	10094
2016	115	110	13225	12100	12650
合计	603	553	53947	46165	49856

解:将表 7-5 中的数据代入相关系数计算公式:

$$r = \frac{n\sum xy - \sum x \sum y}{\sqrt{[n\sum x^2 - (\sum x)^2][n\sum y^2 - (\sum y)^2]}}$$

$$= \frac{7 \times 49856 - 603 \times 553}{\sqrt{(7 \times 53947 - 603^2)(7 \times 46165 - 553^2)}} = 0.9961$$

结果表明,该地区个人收入与消费支出之间存在高度正相关关系。

(三)应用相关系数时的注意事项

其一,相关系数很大不表示变量间存在因果关系,也可能是两个变量同时受第三个变量的影响而使它们有很强的相关。比如,人的肺活量与人的身高会呈现高度相关,其实肺活量和身高都受人的体重的影响。因此,如果固定人的体重来研究肺活量与身高的关系,则会发现相关性很低。这涉及偏相关系数的计算。又如,我们计算 2000—2016 年某地猪肉销售量与感冒片销售量的相关系数,它可能很大,但这并不说明猪肉销售量与感冒片销售量之间有什么关系,因为它们都受这个时期人口增长因素的影响,把从逻辑上不存在联系的两个变量放在一起作相关分析,即使相关系数很大也没有意义,在统计上称之为"虚假相关"。

其二,相关系数是说明线性联系程度的,相关系数很小的变量间可能存在非线性联系。

(四)相关系数的显著性检验

一般情况下,总体相关系数 ρ 是未知的,通常都是用样本相关系数 r 作为它的估计值。但由于 r 是根据样本数据计算出来的,它受到样本波动的影响。因此,为判断所计算的样本相关系数能否反映总体的情况,两者之间有无显著差异,有必要对其进行显著性检验。

由数理统计有关理论可知,在二元正态总体情况下,r 的抽样分布具有确定的函数形式,当总体相关系数 $\rho = 0$ 时,r 呈 t 分布($n < 30$),经进一步转换,可以得到如下统计量:

$$T = \frac{r\sqrt{n-2}}{\sqrt{1-r^2}} \tag{7.4}$$

该统计量服从自由度为 $n-2$ 的 t 分布,于是我们可以利用该统计量来检验相关系数的显著性,步骤如下:

首先,提出假设: $H_0: \rho = 0$; $H_1: \rho \neq 0$

其次,计算检验统计量的值: $T = \dfrac{r\sqrt{n-2}}{\sqrt{1-r^2}}$

最后,根据给定的显著性水平 α 和自由度($n-2$),查找 t 分布表中的相应临界值 $t_{\alpha/2}$,若 $|t| \geq t_{\alpha/2}$,则拒绝原假设,表明 r 在统计上是显著的,即总体相关系数不为 0,总体变量间确实存在线性相关关系;反之,则不能拒绝原假设。

第七章 相关与回归分析

【例 7.3】 对表7-5中某地区个人收入与消费支出之间的相关系数进行显著性检验（$\alpha = 0.05$）。

(1)提出假设：$H_0:\rho = 0$；$H_1:\rho \neq 0$

(2)计算检验统计量的值：$T = \dfrac{r\sqrt{n-2}}{\sqrt{1-r^2}} = \dfrac{0.9961 \times \sqrt{7-2}}{\sqrt{1-0.9961^2}} = 25.244$

(3)根据显著性水平 $\alpha = 0.05$，查 t 分布表得临界值 $t_{\alpha/2}(7-2) = 2.571$

由于 $T = 25.244 > t_{\alpha/2}(7-2) = 2.571$，所以拒绝原假设，表明某地区个人收入与消费支出之间的相关系数是显著的。

知识链接

等级相关系数

在心理学与教育领域的研究中，有时搜集到的数据不是等距或等比的测量数据，只能是具有等级顺序的测量数据。另外，即使搜集到的数据是等距或等比的数据，但其总体分布不是正态，不满足求积差相关的要求，在这2种情况下，欲求2列或2列以上变量的相关，就要用等级相关，这种相关方法对变量的总体分布不作要求，故又称这种相关方法为"非参数的相关方法"。等级相关系数是由统计学家 C. Spearman(1904)提出的，因此也称为"Spearman 等级相关系数"。它适用于只有2个变量，并且是属于等级变量性质，具有线性关系的资料。如果是属于等距或等比性质的变量，若按其取值大小，赋予等级顺序，亦可计算等级相关系数。

公式如下：

$$r_R = 1 - \frac{6\sum D^2}{N(N^2-1)}$$

式中，D 为各对偶等级之差，$\sum D^2$ 是各 D 平方之和，N 为等级数目。

资料来源：安宁宁，韩兆国. 等级相关分析的一般方法[J]. 统计与决策，2006.

第三节　一元线性回归分析

一、回归分析的概念和特点

（一）回归分析的概念

19世纪末，英国著名统计学家葛尔登(Francis Galton)研究孩子及他们父母的身高时发现，身材高的父母，他们的孩子也高，但这些孩子的平均身高并不像他们的父母那样高；对于比较矮的父母，他们的孩子比较矮，但这些孩子的平均身高要比他们的父母的平均身高高。葛尔登把这种孩子的身高向中间值靠近的趋势称之为一种"回归效应"，从此"回归"这个术语便开始传播开来。现在的回归分析已经没有原来的含义，但这种说法却一直沿袭了下来，重在表明这是研究数值变量之间关系的方法。

回归分析主要是用来考察变量之间的数量伴随关系，并通过一定的数学表达式将这种关系描述出来，进而确定一个或几个变量（自变量）的变化对另一个特定变量（因变量）的影响程度。

在回归分析中，回归模型有多种形式。按照自变量的多少，可以分为一元回归模型和多元回归模型；按变量之间的具体变动形式，可以分为线性回归模型和非线性回归模型。

（二）相关分析和回归分析的区别和联系

相关分析和回归分析是研究现象之间相关关系的两种基本方法，二者有着密切的联系。它们不仅具有共同的研究对象，而且在具体运用时，常常需要互相补充。在相关分析中，相关系数能确定两个变量间的相关方向和相关的密切程度；而回归分析就是对具有相关关系的两个或两个以上变量之间的数量变化的一般关系进行测定，选择一个合适的数学模型，以便对因变量进行估计或预测的一种统计方法。相关分析需要依靠回归分析表明现象数量相关的具体形式，而回归分析需要依靠相关分析来表明现象数量变化的相关程度。只有变量间存在高度相关关系时，进行回归分析以寻求其相关的具体形式才有意义。

但是，相关分析和回归分析在研究目的和具体的研究方法上是具有明显区别的。两者的主要区别在于：第一，在相关分析中，只是研究变量间的相关方向和密切程度，而无须确定自变量和因变量，而在回归分析中，必须事先确定哪个为自变量，哪个为因变量，而且只能从自变量去推测因变量，不能从因变量去推测自变量。第二，相关分析不能指出变量间相互关系的具体形式，也无法从一个变量的变化去推测另一个变量的变化情况，而回归分析能确切地指出变量之间相互关系的具体形式，它可根据回归模型从已知量估计和预测未知量。第三，相关分析所涉及的变量一般都是随机变量，而回归分析中因变量是随机的，自变量则是研究时给定的非随机变量。

相关和回归分析是对现象间相关关系进行分析的有效的科学方法，近年来在社会经济现象的研究和预测中被广泛采用。但是必须指出，它们也有一定的局限性。在确定某现象是否适用于应用相关和回归分析之前，必须对研究的具体现象进行充分的认识和分析，需要有足够的理论知识、专业知识和必要的经验作为定性分析的基础来判断现象之间是否具有真正的相关。对没有内在联系的事物进行相关和回归分析，不但没有意义，反而会得出荒谬虚假的结论。因此，在应用相关和回归分析对客观现象进行研究时,一定要注意把定性分析和定量分析结合起来,在定性分析的基础上开展相关和回归的定量分析。

二、一元线性回归分析

(一)一元线性回归模型的建立

一元线性回归是描述两个变量之间相互联系的最简单的回归模型。它是根据成对的两种变量的数据,配合直线方程式,根据自变量的变动来推算因变量发展趋势和水平的方法。总体一元线性回归模型的一般形式为:

$$Y = \alpha + \beta X + \varepsilon$$

其中,X 是自变量;Y 是因变量;α 和 β 为模型的参数;ε 则是随机误差项,又称"随机干扰项",它是一个特殊的随机变量,用来反映未列入方程式的其他各种因素对 Y 的影响。

在回归分析中,对 ε 有以下几项假定:

第一,ε 的值相互独立,也即对应于不同 X 值的 ε 值彼此不相关。因而,对应于不同 X 值的 Y 值彼此也不相关。

第二,ε 是一个服从正态分布的随机变量。由于 Y 是 ε 的线性函数,因此 Y 也是服从正态分布的随机变量。

第三,ε 的数学期望为 0,即 $E(\varepsilon) = 0$。由于模型中的 α 和 β 都是常数,所以它们的数学期望就是 α 和 β,因此对于给定的 X 值,Y 的数学期望就是 $\alpha + \beta Y$。

第四,对所有的 X 值,ε 的方差 $\sigma_i^2 = \sigma^2$。由此可知,对于所有 X 的值,Y 的方差也都等于 σ^2。

由模型可见,Y 是由 X 的线性函数($\alpha + \beta X$)和误差项这两部分组成的。其中,($\alpha + \beta X$)是 Y 的数学期望,也就是与 X 某一取值时的平均值相对应的,可写成

$$E(Y) = \alpha + \beta X$$

此式称为"回归方程",在平面坐标系中表现为一条直线,它反映了 X 对 Y 均值的线性影响,是 X 与 Y 两个变量变动的本质关系的体现,因而也是回归分析中给定 X 值进而对 Y 进行预测和控制的基本依据。

α 是回归直线的截距,β 是回归直线的斜率,也称"回归系数",表示自变量 X 每变化一个单位时引起的 Y 平均变化的数量,它的符号同相关系数 r 的符号是一致的。模型的另一部分是由 ε 所代表的各种偶然因素、观察误差以及被忽略的其他影响因素所带来的随机误差,它是 Y 与 $E(Y)$ 的离差。

$$\varepsilon = Y - (\alpha + \beta X) = Y - E(Y)$$

实际工作中,总体回归模型中的两个参数 α 和 β 是未知的,需要利用样本数据对其进行估计。一元线性回归模型的样本回归线可表示为:

$$\hat{y} = a + bx \tag{7.5}$$

式中，$\hat{y}$ 表示 y 的估计；a 和 b 是回归方程的两个参数，a 是回归直线的截距，即 x 为 0 时 $\hat{y}$ 的值，从经济意义上理解，它表示在剔除自变量 x 的影响时，其他各种因素对因变量 y 的平均影响程度；b 是回归直线的斜率，表示 x 每变化一个单位时，y 的平均变化量，又称为"回归系数"。

为了由样本数据得到回归参数 a、b 的理论估计值，我们将使用最小二乘法来估计。在根据样本资料来确定样本回归方程时，一般总是希望 y 的估计值从整体上来看尽可能地接近其实际观测值，即残差 ε 的总量越小越好。由于 ε 有正有负，为了防止差额正负抵消，因此，通常采用残差平方和作为衡量总偏差的尺度。最小二乘法就是根据这一思路，通过使残差平方和为最小时来估计回归系数的。

$$Q = \sum \varepsilon^2 = \sum (y-\hat{y})^2 = \sum (y-a-bx)^2$$

$$\min Q = \min \sum (y-a-bx)^2$$

对 Q 求关于 a 和 b 的偏导数，并令其等于 0，得

$$\begin{cases} \dfrac{\partial Q}{\partial a} = \sum 2(y-a-bx)(-1) = 0 \\ \dfrac{\partial Q}{\partial b} = \sum 2(y-a-bx)(-x) = 0 \end{cases}$$

整理上式可得如下方程组：$\begin{cases} \sum y = na + b\sum x \\ \sum xy = a\sum x + b\sum x^2 \end{cases}$

解得参数 a、b 为：

$$\begin{cases} a = \bar{y} - b\bar{x} = \dfrac{\sum y}{n} - b\dfrac{\sum x}{n} \\ b = \dfrac{n\sum xy - \sum x \sum y}{n\sum x^2 - (\sum x)^2} \end{cases} \quad (7.6)$$

【例 7.4】 根据表 7-1 的资料，求个人收入与消费支出的直线回归方程，并解释参数 a、b 的经济含义。

解： 计算过程如表 7-6 所示：

表 7-6 回归方程计算

年份	个人收入 x（万元）	消费支出 y（万元）	x^2	y^2	xy
2010	64	56	4096	3136	3584
2011	70	60	4900	3600	4200
2012	77	66	5929	4356	5082
2013	82	75	6724	5625	6150
2014	92	88	8464	7744	8096
2015	103	98	10609	9604	10094
2016	115	110	13225	12100	12650
合计	603	553	53947	46165	49856

将表中有关数据代入公式,得

$$\begin{cases} b = \dfrac{n\sum xy - \sum x \sum y}{n\sum x^2 - (\sum x)^2} = \dfrac{7 \times 49856 - 603 \times 553}{7 \times 53947 - 603^2} = 1.1079 \\ a = \bar{y} - b\bar{x} = \dfrac{\sum y}{n} - b\dfrac{\sum x}{n} = \dfrac{553}{7} - 1.1079 \times \dfrac{603}{7} = -16.4377 \end{cases}$$

所以个人收入与消费支出的直线回归方程为:$\hat{y} = -16.4377 + 1.1079x$

直线的截距 a 表示直线的起点值,表明当个人收入为 0 时消费支出为 -16.4377 万元;直线的斜率 b 为回归系数,表示当个人收入每增加 1 万元时,消费支出平均增加 1.1079 万元。

(二)一元线性回归模型的评价和检验

获得样本回归方程 $\hat{y} = a + bx$ 后,不能直接用它去作分析和预测,因为 $\hat{y} = a + bx$ 是否真正描述了 y 与 x 之间的统计规律,因此必须进行统计检验。一元线性回归模型的检验分为拟合优度检验和方程的显著性检验,它们是利用统计学中的抽样理论来检验回归方程的可靠性。

1. 拟合优度检验

拟合优度是指样本观测值聚集在样本回归线周围的紧密程度。判断回归模型拟合程度大小的最常用的指标是可决系数,又称"判定系数",它是建立在对总变差平方和进行分解的基础之上的。

在直线回归中,实际观测值 y 的大小是围绕其平均值 $\bar{y}$ 上下波动的,y 的这种波动现象被称为"变差"。变差产生的原因有两方面:一是受自变量 x 的影响,x 的取值不同会引起 y 取值不同;二是受其他因素包括随机因素和观测误差的影响。对于每个观测值来说,变差的大小可以通过离差 $(y_i - \bar{y})$ 来表示,而全部 n 个观测值的总变差则可由这些离差的平方和 $\sum(y_i - \bar{y})^2$ 来表示,它被称为"y 的总离差平方和"。

每个样本数据变差可以分解为两部分(见图7-5)。

$$(y_i - \bar{y}) = (\hat{y}_i - \bar{y}) + (y_i - \hat{y}_i) \tag{7.7}$$

其中,$(y_i - \bar{y})$ 称为"总离差";$(\hat{y}_i - \bar{y})$ 称为"回归离差",它反映了回归值 $\hat{y}_i$ 与样本数据的平均值 $\bar{y}$ 的离差;$(y_i - \hat{y}_i)$ 为样本数据对其相应的回归值 $\hat{y}_i$ 的离差,称为"剩余离差",它表示因剩余残差项而产生的误差。

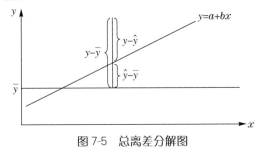

图 7-5 总离差分解图

对于一个回归方程,由随机变量所引起的残差部分越大,说明回归方程的拟合程度越差,x 对 y 影响的显著性也就越差。因此,可以利用残差部分的大小来说明回归方程的显著性。

对式 7.7 两边平方后再求和,得:

$$\sum (y-\bar{y})^2 = \sum [(y-\hat{y})+(\hat{y}-\bar{y})]^2$$
$$= \sum (y-\hat{y})^2 + \sum (\hat{y}-\bar{y})^2 + 2\sum (y-\hat{y})(\hat{y}-\bar{y})$$

又因 $\sum (y-\hat{y})(\hat{y}-\bar{y}) = 0$(证明略)

因此,$\sum (y-\bar{y})^2 = \sum (y-\hat{y})^2 + \sum (\hat{y}-\bar{y})^2$

其中,$\sum (y-\bar{y})^2$ 为总离差平方和 SST,$\sum (\hat{y}-\bar{y})^2$ 为回归平方和 SSR,$\sum (y-\hat{y})^2$ 为残差平方和 SSE。这样就有:SST=SSR+SSE,若两边同除以 SST,得:

$$\frac{SSR}{SST} + \frac{SSE}{SST} = 1$$

显然,在总离差平方和中,回归平方和所占的比重越大,则所有观测点距离回归直线就越近,回归效果就越好,说明回归直线与样本观察值拟合得好;如果残差平方和所占的比重越大,则说明回归直线与样本观察值拟合得不理想。因此,可以把回归平方和占总离差平方和的比重作为衡量回归拟合优劣的指标,记作 R^2。

$$R^2 = \frac{SSR}{SST} = \frac{\sum (\hat{y}-\bar{y})^2}{\sum (y-\bar{y})^2} \qquad (7.8)$$

R^2 称为"判定系数",又称"可决系数",它是相关系数的平方,表明全部偏差中有百分之几的偏差可由 x 与 y 的回归关系来解释。可决系数是对回归模型拟合程度的综合度量,可决系数越大,则回归模型拟合程度越高。它具有非负性的特征,取值范围在 0~1 之间。

【例 7.5】 计算【例 7.4】中的回归方程的可决系数。

解:计算过程如表 7-7 所示:

表 7-7　可决系数计算表

年份	个人收入 x(万元)	消费支出 y(万元)	$\hat{y}$	$(\hat{y}-\bar{y})^2$	$(y-\bar{y})^2$
2010	64	56	54.4679	601.8239	529
2011	70	60	61.1153	319.8625	361
2012	77	66	68.8706	102.6047	169
2013	82	75	74.4101	21.0672	16
2014	92	88	85.4891	42.1084	81
2015	103	98	97.6760	348.7930	361
2016	115	110	110.9708	1022.1321	961
合计	603	553	552.9998	2458.3918	2478

$$R^2 = \frac{SSR}{SST} = \frac{\sum(\hat{y}-\bar{y})^2}{\sum(y-\bar{y})^2} = \frac{2458.3918}{2478} = 0.9921$$

可决系数为 0.9921,说明个人收入对消费支出的回归方程拟合程度很高。

2. 估计标准误差

估计标准误差是用来说明回归方程代表性大小的统计分析指标,它是衡量因变量 y 的实际值与估计值 $\hat{y}$ 离差一般水平的分析指标。计算公式如下:

$$S_e = \sqrt{\frac{\sum(y-\hat{y})^2}{n-2}} = \sqrt{\frac{\sum(y-a-bx)^2}{n-2}} \tag{7.9}$$

式中, $n-2$ 为自由度。因在一元线性回归方程中,计算了 a 和 b 两个参数,失去了两个自由变量,所以自由度为 $n-2$。

估计标准误差的计算原理与标准差基本相同,标准差是用来说明一般变量数列中变量 x 与其平均数 $\bar{x}$ 间的平均变异程度;而估计标准误差则反映了在回归分析中所有观测值 y。

与估计值 $\hat{y}$ 间的平均变异程度。在回归过程中,对给定的自变量 x 的值,变量 y 并非都落在回归线上,而是分布在它的周围,这样 y 与 $\hat{y}$ 之间就必然形成一定的离差,如果离差的值很小,则说明估计值 $\hat{y}$ 与观测值 y 比较接近,在图形中则表现为观测点靠近回归直线,说明回归方程较好地反映了两个变量之间的关系,其代表性较强;相反,如果离差的值很大,即观测值 y 与估计值 $\hat{y}$ 的差距很大,在图形中则表现为观测点远离回归直线,这说明除了已知自变量 x 外,还有其他重要因素在影响因变量 y 的变动,即方程的代表性差。因此,可以通过计算估计标准误差来反映回归方程的代表性与精确程度。

现以【例 7.4】得出的回归方程为例,计算估计标准误差,计算过程如表 7-8 所示。

表 7-8 估计标准误差计算

年份	个人收入 x(万元)	消费支出 y(万元)	$\hat{y}$	$(y-\hat{y})^2$
2010	64	56	54.4679	2.3473
2011	70	60	61.1153	1.2439
2012	77	66	68.8706	8.2403
2013	82	75	74.4101	0.3480
2014	92	88	85.4891	6.3046
2015	103	98	97.6760	0.1050
2016	115	110	110.9708	0.9425
合计	603	553	552.9998	19.5316

$$S_e = \sqrt{\frac{\sum(y-\hat{y})^2}{n-2}} = \sqrt{\frac{\sum(y-a-bx)^2}{n-2}} = \sqrt{\frac{19.5316}{7-2}} = 1.9764$$

结果表明消费支出的估计值与实际值的平均误差为 1.9764 万元。

3. 回归方程参数的显著性检验

回归系数的显著性检验,就是根据样本估计的结果对总体回归系数的有关假设进行检验。在一元线性回归模型中,主要是检验模型系数理论值 a 和 b 是否显著地为 0。若 a 为 0,则意味着模型的截距项可舍去,构造无截距模型;若 b 等于 0,则意味着方程中的自变量对于回归模型的影响是不显著的。

为了进行显著性检验,首先有必要了解 a 和 b 的概率分布,因为 a 和 b 均为线性估计量,而且是因变量 Y 的线性估计量,而 Y 是服从正态分布的变量,所以 a 和 b 也服从正态分布,且

$$a \sim N\left[\alpha, \sigma^2\left[\frac{1}{n}+\frac{\bar{x}^2}{\sum (x-\bar{x})^2}\right]\right]$$

$$b \sim N\left[\beta, \frac{\sigma^2}{\sum (x-\bar{x})^2}\right]$$

一般情况下,总体方差 σ^2 是未知的,通常用其无偏估计量 $\hat{\sigma}^2$ 代替。当样本为小样本时,回归参数估计值的标准化变换值服从 t 分布,即

$$t_a = \frac{a-\alpha}{S_a} = \frac{a-\alpha}{\sqrt{\hat{\sigma}^2\left[\frac{1}{n}+\frac{\bar{x}^2}{\sum (x-\bar{x})^2}\right]}} \sim t(n-2) \tag{7.10}$$

$$t_b = \frac{b-\beta}{S_b} = \frac{b-\beta}{\sqrt{\frac{\hat{\sigma}^2}{\sum (x-\bar{x})^2}}} = \frac{b-\beta}{\hat{\sigma}}\left[\sqrt{\sum (x-\bar{x})^2}\right] \sim t(n-2) \tag{7.11}$$

$$\hat{\sigma} = \sqrt{\frac{\sum (y-\hat{y})^2}{n-2}}$$

式中,S_a 代表 a 的标准差的估计值,S_b 代表 b 的标准差的估计值,n 为样本容量,$n-2$ 为自由度。

因此,我们可以利用 t 检验对回归参数进行显著性检验。a 和 b 的检验方法是相同的,但 b 的检验更为重要,因为它表明自变量对因变量线性影响的程度。

下面以回归系数 b 的检验为例,介绍检验的步骤:

(1) 提出假设: $H_0: b = 0$, $H_1: b \neq 0$

(2) 计算检验统计量的值: $t_b = \frac{b}{\hat{\sigma}}\left[\sqrt{\sum (x-\bar{x})^2}\right]$

(3) 根据显著性水平和自由度查 t 分布表,确定临界值。

(4) 比较检验统计量与临界值的大小,若 $|t_b| > t_{\alpha/2}$,则拒绝 H_0,认为回归系数对方程的影响是显著的;否则,说明该参数显著为 0,该自变量对模型的影响不显著,应该考虑更换该变量。

【例 7.6】 取 $\alpha = 0.05$,对【例 7.4】回归方程中的回归系数进行显著性检验。

解:(1) 提出假设: $H_0: b = 0$, $H_1: b \neq 0$

(2)计算检验统计量：
$$t_b = \frac{b}{\hat{\sigma}}\left[\sqrt{\sum (x-\bar{x})^2}\right] = \frac{1.1079}{1.9764} \times \sqrt{2002.8571} = 25.0871$$

(3)根据显著性水平 0.05 和自由度 5 查 t 分布表，得 $t_{\alpha/2}(7-2) = t_{0.025}(5) = 2.571$，由于 $t_b = 25.0871 > 2.571$，所以拒绝原假设，说明产品产量对生产费用的影响是显著的。

4.整个回归方程的显著性检验

回归方程的显著性检验是检验自变量与因变量间是否存在显著的线性关系。具体方法是将回归平方和 SSR 同残差平方和 SSE 加以比较，应用 F 检验来分析两者之间的差别是否显著。如果差别是显著的，则两个变量间存在线性关系；如果差别不显著，则两个变量之间不存在线性关系。具体步骤如下：

(1)提出假设：$H_0:\beta = 0$，$H_1:\beta \neq 0$

(2)计算检验统计量 F

$$F = \frac{\text{SSR}/1}{\text{SSE}/n-2} = \frac{\sum (\hat{y}-\bar{y})^2/1}{\sum (y-\hat{y})^2/n-2} \sim F(1,n-2) \tag{7.12}$$

这里的 F 检验其实就是方差分析，如表 7-9 所示。

表 7-9 一元线性回归方程方差分析

方差来源	平方和	自由度	均方	F 值
回归	SSR	1	$\text{MSR} = \frac{\text{SSR}}{1}$	$F = \frac{\text{MSR}}{\text{MSE}}$
残差	SSE	$n-2$	$\text{MSE} = \frac{\text{SSE}}{n-2}$	
总计	SST	$n-1$		

(3)确定显著性水平 α，并根据分子自由度 1 和分母自由度 $n-2$ 找出临界值 F_α 作出决策：若 $F \geqslant F_\alpha$，则拒绝 H_0；若 $F \leqslant F_\alpha$，则接受 H_0。

【例 7.7】 取 $\alpha = 0.05$，对【例 7.4】得出的回归方程进行显著性检验。

解：(1)提出假设：$H_0:\beta = 0$，$H_1:\beta \neq 0$

(2)计算检验统计量 F

$$F = \frac{\sum \frac{(\hat{y}-\bar{y})^2}{1}}{\sum \frac{(y-\hat{y})^2}{n-2}} = \frac{\frac{2458.3918}{1}}{\frac{19.5316}{5}} = 629.3370$$

(3)根据显著性水平和自由度查 F 分布表，得 $F_{0.05}(1,5) = 6.61$，由于 $F = 629.3370 > 6.61$，所以拒绝原假设，说明个人收入与消费支出线性关系显著。

(四)一元线性回归模型的预测

建立回归模型的目的就是为了能够用它进行预测，而且经过检验的回归方程可以用以区间估计。所谓"回归分析的区间估计"是指对于给定的 x 值，用以求出 y 的预测区间。

当自变量值给定,要预测因变量时,先将 $x = x_0$ 代入公式 7.5,得 $\hat{y}_0$。$\hat{y}_0$ 是对应于 x_0 的点估计值,但我们往往更希望能给出因变量的一个预测值范围。下面我们给出因变量预测区间的公式。

设残差为 e_0,$e_0 = \hat{y}_0 - y_0$,e_0 服从正态分布。

e_0 的期望是:$E(e_0) = E(\hat{y}_0 - y_0) = (a + bx_0) - [a + bx_0 + E(\varepsilon)] = 0$

e_0 的方差是:$\text{var}(e_0) = \text{var}(\hat{y}_0 - y_0)$;因为 $\hat{y}_0$ 与 y_0 相互独立,且

$$\text{var}(\hat{y}_0) = E[\hat{y}_0 - E(y_0)]^2 = \sigma^2 \left[\frac{1}{n} + \frac{(x_0 - \bar{x})^2}{\sum(x - \bar{x})^2} \right]$$

$$\text{var}(y_0) = \text{var}(a + bx_0 + \varepsilon_0) = \text{var}(\varepsilon_0) = \sigma^2$$

所以 $\text{var}(e_0) = \text{var}(\hat{y}_0) + \text{var}(y_0) = \sigma^2 \left[1 + \frac{1}{n} + \frac{(x_0 - \bar{x})^2}{\sum(x - \bar{x})^2} \right]$

用估计标准误差 S_e^2 代替 σ^2,则 e_0 的标准差是:

$$\sigma(e_0) = S_e \sqrt{1 + \frac{1}{n} + \frac{(x_0 - \bar{x})^2}{\sum(x - \bar{x})^2}}$$

则 y_0 的 $1-\alpha$ 的置信区间为:$\hat{y}_0 \pm t_{\alpha/2} \sigma(e_0)$,即:

$$\hat{y}_0 \pm t_{\alpha/2} \cdot S_e \sqrt{1 + \frac{1}{n} + \frac{(x_0 - \bar{x})^2}{\sum(x - \bar{x})^2}} \tag{7.13}$$

【例 7.8】 根据【例 7.4】得出的回归方程,若 2017 年的个人收入为 130 万元,求消费支出 95% 的置信区间。

解:将 $x_0 = 130$ 代入回归方程,得 $\hat{y}_0 = -16.4377 + 1.1079 \times 130 = 127.5893$(万元)
查表得 $t_{\alpha/2}(n-2) = t_{\alpha/2}(5) = 2.571$,代入公式(7.15),得
y_0 的 95% 的置信区间为:

$$\hat{y}_0 \pm t_{\alpha/2} \cdot S_e \sqrt{1 + \frac{1}{n} + \frac{(x_0 - \bar{x})^2}{\sum(x - \bar{x})^2}}$$

$$= 127.5893 \pm 2.571 \times 1.9764 \times \sqrt{1 + \frac{1}{7} + \frac{(130 - 86.1429)^2}{2002.8571}}$$

$$= 127.5893 \pm 7.3692 = (120.2201, 134.9585)$$

即当个人收入为 130 万元时,消费支出在 120.2201 万元与 134.9585 万元之间。

第四节　多元线性回归分析

上一节我们研究了一元线性回归的问题,它反映的是某一因变量与一个自变量之

间的关系。但是客观现象间的联系是复杂的,许多现象的变动涉及和多个变量间的数量关系,如居民的消费支出,不仅与居民的收入有关,还与消费品的价格、消费家庭人口数等因素有关;企业的生产成本,不仅与企业的产品产量有关,还与企业技术水平、管理水平以及原材料的价格等因素有关。为了全面揭示这种复杂的依存关系、准确地测定它们的数量变动、提高预测和控制的精确度,就要建立多元回归模型,进行更为深入和系统的分析。

一、多元线性回归模型的建立

多元线性回归模型是用于表达一个因变量与多个自变量之间相互关系及其规律性的一种数学模型。多元线性回归模型的一般形式是:

$$y = a + b_1 x_1 + b_2 x_2 + \cdots + b_p x_p + \varepsilon \tag{7.14}$$

其中,a 表示截距;b_1,b_2,$\cdots$,b_p 分别表示与 p 个自变量相联系的斜率;$b_i(i=1,2,\cdots,p)$ 表示在其他自变量保持不变的情况下,第 i 个自变量 x_i 变动一个单位所引起的因变量 y 平均变动的数量,也称为"偏回归系数";ε 为随机误差项,与一元线性回归一样,对随机误差项我们常假定其期望值为 0,方差为 σ^2。

为了保证多元线性回归模型参数估计的正确性,我们需要对模型提出一些必要的假定,这些假定除了包括上一节中提到的关于随机误差项的假定外,还要补充两条,即这些自变量相互之间不相关以及样本容量的个数应大于解释变量的个数。

与研究一元回归时的情形相似,同样用最小二乘法对多元线性回归模型的参数 a,b_1,b_2,$\cdots$,b_p 进行估计(多采用矩阵形式计算)。下面以二元回归为例来说明对回归系数的估计。

二元线性回归方程为:$\hat{y} = a + b_1 x_1 + b_2 x_2$

设 $Q = \sum (y - \hat{y})^2 = \sum (y - a - b_1 x_1 - b_2 x_2)^2$,对 a,b_1,b_2 分别求偏导数并令其等于 0,得到以下方程组:

$$\begin{cases} \sum y = na + b_1 \sum x_1 + b_2 \sum x_2 \\ \sum x_1 y = a \sum x_1 + b_1 \sum x_1^2 + b_2 \sum x_1 x_2 \\ \sum x_2 y = a \sum x_2 + b_1 \sum x_1 x_2 + b_2 \sum x_2^2 \end{cases} \tag{7.15}$$

根据这个方程组可以解出 a,b_1,b_2 三个参数,将它们代入便可得到二元线性回归方程 $\hat{y} = a + b_1 x_1 + b_2 x_2$。

【例 7.9】 某厂家 2010～2016 年洗衣机销售额、广告费和利润资料如表 7-10 所示：

表 7-10 某厂家洗衣机销售资料　　　　　　　　　　　　单位：万元

年份(年)	销售额 x_1	广告费 x_2	利润额 y	$x_1 y$	$x_2 y$	$x_1 x_2$	x_1^2	x_2^2
2010	50	3.0	12	600	36.0	150	2500	9.0
2011	52	3.2	13	676	41.6	166.4	2704	10.2
2012	53	3.4	14	742	47.6	180.2	2809	11.6
2013	56	3.6	15	840	54.0	201.6	3136	13.0
2014	58	3.7	16	928	59.2	214.6	3364	13.7
2015	60	3.9	18	1080	70.2	234	3600	15.2
2016	62	4.0	19	1178	76.0	248	3844	16.0
合计	391	24.8	107	6044	384.6	1394.8	21957	88.66

上述销售额、广告费和利润额之间存在线性关系，其中，销售额、广告费是自变量，利润额是因变量。设二元线性回归方程为：

$$\hat{y} = a + b_1 x_1 + b_2 x_2$$

根据表 7-10 可以得出以下数据：

$\sum y = 107$　　　　$\sum x_1 = 391$　　　　$\sum x_2 = 24.8$

$\sum x_1 y = 6044$　　$\sum x_1^2 = 21957$　　$\sum x_1 x_2 = 1394.8$

$\sum x_2 y = 384.6$　　$\sum x_2^2 = 88.66$

将这些数据代入式(7-15)中得：$\begin{cases} 107 = 7a + 391 b_1 + 24.8 b_2 \\ 6044 = 391a + 21957 b_1 + 1394.8 b_2 \\ 384.6 = 24.8a + 1394.8 b_1 + 88.66 b_2 \end{cases}$

解得：$a = -15.7603$，$b_1 = 0.4863$，$b_2 = 1.0959$

估计的二元线性回归方程为：$\hat{y} = -15.7603 + 0.4863 x_1 + 1.0959 x_2$

二、多元线性回归模型的评价

(一)拟合优度检验

在多元线性回归分析中，总离差平方和的分解公式依然成立：总偏差(SST)＝回归偏差(SST)＋剩余偏差(SSE)，我们可以用判定系数来评价多元线性回归模型的拟合优度。即：

$$R^2 = \frac{SSR}{SST} = \frac{\sum (\hat{y}_i - \bar{y})^2}{\sum (y_i - \bar{y})^2}$$

由判定系数的定义可知，R^2 的大小取决于残差平方和(SSE)在总离差平方和(SST)

中的比重。在样本量一定的条件下,总离差平方和与自变量的个数无关,而残差平方和则会随着方程中自变量个数的增加而减小。因此,R^2是关于自变量个数的非递减函数。在一元线性回归方程中,由于所有方程中所包含的变量个数都相同,判定系数便可以直接作为评价一元线性回归方程拟合程度的标准;而在多元线性回归方程中,各回归方程中所包含的变量个数未必相同,以R^2的大小来衡量拟合优度是不合适的。因此,在多元线性回归分析中,通常采用"修正自由度判定系数"来判定多元回归方程的拟合优度:

$$R_{修}^2 = 1-(1-R^2) \times \frac{n-1}{n-p-1} \tag{7.16}$$

其中,p是解释变量的个数,n为样本容量。可以看出:对于给定的R^2值和n值,p值越大则$R_{修}^2$越小。在进行回归分析时,一般总是希望以尽可能少的自变量去达到尽可能高的拟合程度。$R_{修}^2$作为综合评价这方面情况的一个指标显然比R^2更为合适。但要注意,当n为小样本且解释变量数很大时,$R_{修}^2$为负。

同样我们可以导出多元线性回归的估计标准误差的计算公式:

$$S_{y(x_1,x_2,\cdots,x_p)} = \sqrt{\frac{(y_i-\hat{y})^2}{n-p-1}} \tag{7.17}$$

式中$n-p-1$是自由度,因为p元回归模型有$p+1$个参数,求解该回归方程时将失去$p+1$个自由度。估计标准误差也是一个反映多元线性回归模型拟合度好坏的指标,不过它的值越小越好。

(二)多元线性回归模型的显著性检验

多元线性回归模型的显著性检验包括两个方面的内容,一是对各回归系数的显著性检验(t检验),二是对整个回归方程的显著性检验(F检验)。

1. 回归系数的显著性检验

首先,提出假设:$H_0:b_i=0;H_1:b_i \neq 0(i=1,2,\cdots,p)$;

其次,计算检验统计量,公式为:$t_{b_i} = \frac{\hat{b}_i}{S_{b_i}}$,其中$S_{b_i}$是回归系数$b_i$的标准误差,$t$值应该有$p$个;

再次,按给定的显著性水平α和自由度$n-p-1$,查t分布表确定临界值$t_{\alpha/2}(n-p-1)$;

最后,比较检验统计量与临界值的大小并作出判断:若$|t_{b_i}|>t_{\alpha/2}$,则拒绝原假设,即回归系数$b_i \neq 0$。通过偏回归系数检验,逐一认定或剔除与之相联系的自变量,使多元回归方程具有实际的应用价值。

2. 整个回归方程的显著性检验

多元线性回归模型包含了多个回归系数,因此对于多元回归模型,除了要对单个回归系数进行显著性检验外,还要对整个回归模型进行显著性检验。由离差平方和的分解公式可知,回归模型的总离差平方和等于回归平方和与残差平方和之和。回归模型总体方程的线性关系是否显著，其实质就是判断回归平方和与残差平方和的比值的大小问题。由于回归平方和与残差平方和的数值会随观测值的样本容量和自变量个数的不同而发生变化，因此不宜直接比较，需要在方差分析的基础上利用 F 检验进行比较。具体步骤如下：

(1)提出假设：$H_0: b_i = 0(i = 1,2,\cdots,p)$；$H_1: b_i$ 不全为 0。

(2)构建 F 统计量，如表 7-11 所示：

表 7-11 多元线性回归方程的方差分析表

方差来源	平方和	自由度	F 值	临界值
回归	SSR	p	$F = \dfrac{SSR/p}{SSE/(n-p-1)}$	$F_\alpha(p, n-p-1)$
残差	SSE	$n-p-1$		
总计	SST	$n-1$		

(3)根据给定的显著性水平和自由度查 F 分布表来确定临界值 $F_\alpha(p, n-p-1)$。

(4)比较大小，作出判断。若 $F > F_\alpha(p, n-p-1)$，则拒绝原假设，说明总体回归系数 b_i 不全为 0，即回归方程是显著的；反之，则认为回归方程不显著。

第五节 Excel 在相关与回归分析中的应用

一、用 Excel 进行相关分析

将相关数据输入 Excel 的工作表中，如图 7-6 所示，对产量和成本用 Excel 进行相关分析。

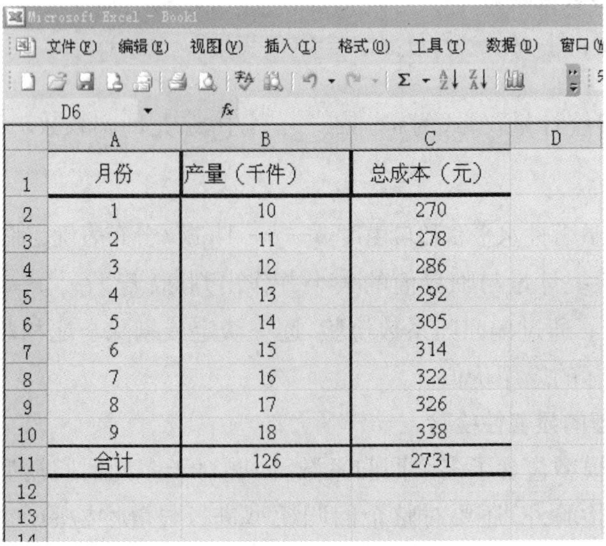

月份	产量（千件）	总成本（元）
1	10	270
2	11	278
3	12	286
4	13	292
5	14	305
6	15	314
7	16	322
8	17	326
9	18	338
合计	126	2731

图 7-6 产量与总成本数据

用 Excel 进行相关分析有 2 种方法,一是利用相关系数函数,二是利用相关分析工具。

1. 利用函数计算相关系数

在 Excel 中,提供了 2 个计算变量之间相关系数的函数,即 CORREL 函数和 PERSON 函数,这两个函数是等价的,这里只介绍前者。

操作步骤:

(1)点击任一空白单元格,单击"公式"菜单,选择"插入函数",打开插入函数对话框,在选择类别中选择"统计",在函数名中选择"CORREL",如图 7-7 所示。

图 7-7 插入函数对话框

(2)单击"确定",出现 CORREL 对话框,在 Array1 中输入 B2:B10;在 Array2 中输入 C2:C10,即可在对话框下方显示出计算结果为 0.996874893,如图 7-8 所示:

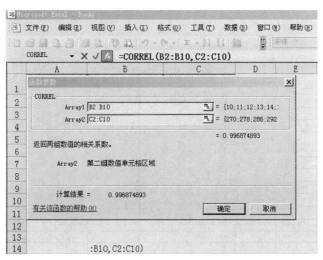

图 7-8 CORREL 对话框及输出结果

2. 用相关分析工具计算相关系数

操作步骤:

(1)在"数据"菜单中,单击"数据分析"选项,弹出"数据分析"对话框,选择"相关系数"分析工具。如图7-9所示：

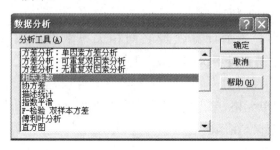

图7-9　数据分析对话框

(2)单击"确定"，弹出"相关系数"对话框，在输入区域中输入：$B$2：$C$10，分组方式选择"逐列"，不选择"标志位于第一行"，在输出区域中任选一个单元格(如$B$15)，如图7-10所示：

图7-10　相关系数对话框

(3)单击"确定"，得到输出结果如图7-11所示：

	A	B	C	D
1	月份	产量（千件）	总成本（元）	
2	1	10	270	
3	2	11	278	
4	3	12	286	
5	4	13	292	
6	5	14	305	
7	6	15	314	
8	7	16	322	
9	8	17	326	
10	9	18	338	
11	合计	126	2731	
12				
13				
14				
15			列1	列2
16		列1	1	
17		列2	0.996874893	1
18				

图7-11　相关分析输出结果

以系数矩阵的形式计算出两个变量之间的相关系数,如变量产量与总成本之间的相关系数为 0.996874893,所以可以判断产量与总成本之间存在着较高的正线性相关关系。

二、用 Excel 进行回归分析

(一)用 Excel 建立曲线回归方程

前面讲了用 Excel 进行相关分析,同样用 Excel 也可以进行变量间的回归分析,还是用前面的例子对产量和成本进行回归分析。进行回归分析时也有函数法、回归分析宏和添加趋势线法等多种形式,Excel 中提供了几种函数用于建立回归模型和进行预测,但用函数进行回归分析比较麻烦,这里介绍用回归分析宏和添加趋势线法进行变量间的回归分析。

1.利用回归分析"宏"进行回归分析

(1)将有关数据输入到 Excel 表格当中,如前所述。

(2)单击"工具"菜单,选择"数据分析"选项,出现数据分析对话框,在"分析工具"当中选择"回归",如图 7-12 所示:

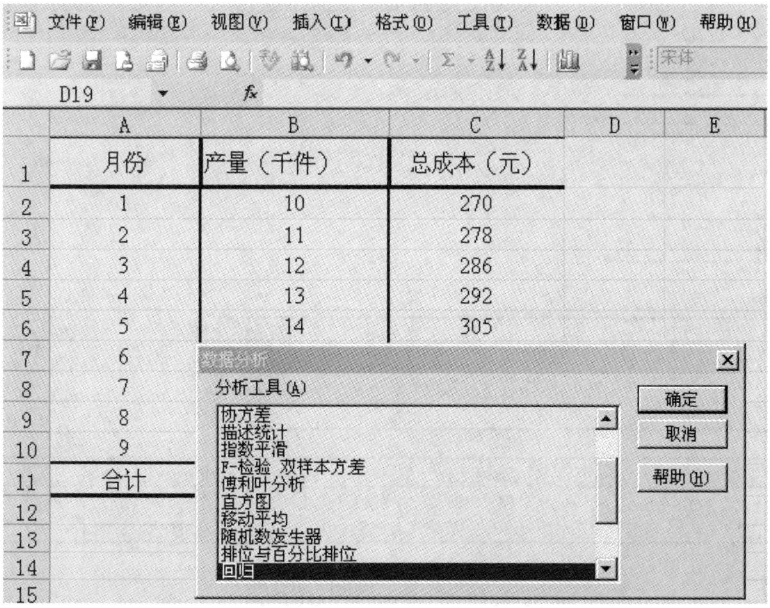

图 7-12 数据分析对话框

(3)单击"确定"按钮,弹出回归对话框,在 Y 值输入区域中输入 $C$2:$C$10;在 X 值输入区域内输入 $B$2:$B$10,在"输出选项"选择新工作表组,如图 7-13 所示:

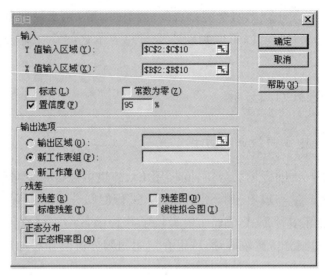

图 7-13 回归分析对话框

(4)单击“确定”按钮，得到回归分析结果如图 7-14 所示：

	A	B	C	D	E	F	G	H	I
1	SUMMARY OUTPUT								
2									
3	回归统计								
4	Multiple	0.996875							
5	R Square	0.99376							
6	Adjusted	0.992868							
7	标准误差	1.972027							
8	观测值	9							
9									
10	方差分析								
11		df	SS	MS	F	gnificance F			
12	回归分析	1	4335	4335	1114.714	5.6E-09			
13	残差	7	27.22222	3.888889					
14	总计	8	4362.222						
15									
16		Coefficien	标准误差	t Stat	P-value	Lower 95%	Upper 95%	下限 95.0%	上限 95.0%
17	Intercept	184.4444	3.624335	50.89057	2.96E-10	175.8743	193.0146	175.8743	193.0146
18	X Variabl	8.5	0.254588	33.38734	5.6E-09	7.897996	9.102004	7.897996	9.102004

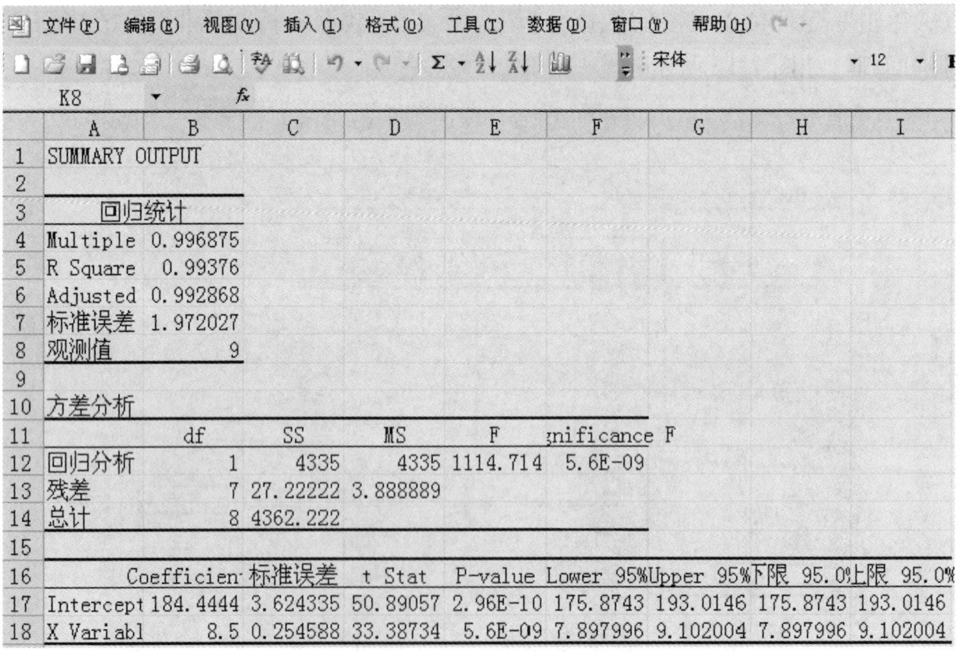

图 7-14 Excel 回归分析结果

从分析结果可以看出，用 Excel 模拟出来的结果与前面计算结果一致。

（二）用 Excel 进行多元线性回归分析

以【例 7-9】为例，参看表 7-10 数据。

(1)在“工具”菜单中选择“数据分析”选项，弹出“数据分析”对话框，选择“回归”分析工具。如图7-15所示：

图7-15　数据分析对话框

（2）单击"确定"，弹出"回归"对话框，在Y值输入区域中输入＄D＄1：＄D＄8，在X值输入区域中输入＄B＄1：＄C＄8，选中"标志"复选框，置信度选择95％（默认值为95％，可以根据需要修改），在输出区域中任选一个单元格（如＄E＄3），如图7-16所示：

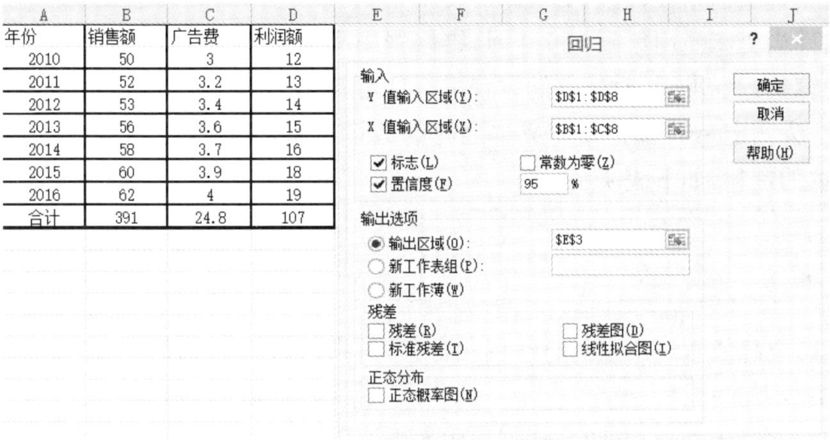

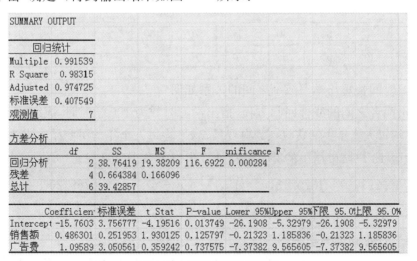

图7-16　回归对话框

（3）单击"确定"，得到输出结果如图7-17所示：

```
SUMMARY OUTPUT

    回归统计
Multiple  0.991539
R Square   0.98315
Adjusted  0.974725
标准误差  0.407549
观测值          7

方差分析
          df       SS        MS        F    gnificance F
回归分析    2  38.76419  19.38209  116.6922  0.000284
残差        4   0.664384  0.166096
总计        6  39.42857

          Coefficien 标准误差  t Stat  P-value  Lower 95% Upper 95% 下限 95.0% 上限 95.0%
Intercept -15.7603   3.756777 -4.19516 0.013749 -26.1908  -5.32979 -26.1908 -5.32979
销售额      0.486301  0.251953  1.930125 0.125797 -0.21323  1.185836 -0.21323  1.185836
广告费      1.09589   3.050561  0.359242 0.737575 -7.37382  9.565605 -7.37382  9.565605
```

图7-17　回归分析输出结果

得回归方程为 $Y=0.4863X_1+1.09589X_2-15.7603$，与前面计算结果一致。

复习思考题

1. 相关系数的意义是什么？怎样利用相关系数来判别现象间的相关关系？
2. 简述相关分析和回归分析的异同点。
3. 简述判定系数的含义和作用。
4. 七台同中机床的使用年限与维修费用资料如下：

机床编号	1	2	3	4	5	6	7
使用年限(年)	2	3	4	4	5	5	6
维修费用(元)	40	54	52	64	60	70	80

(1) 建立直线回归方程，表明机床的使用年限与维修费用的关系。
(2) 估计当机床使用年限为 6 年时，维修费用平均为多少？
(3) 计算估计标准误，对建立的方程进行评价。

5. 某厂为测定 A 产品产量与成本之间的数量关系，共收集了过去 5 个月该产品产量与总成本的资料，如下表所示：

产量(万件)	2	3	4	5	6
总成本(万元)	535	560	580	620	635

(1) 试确定总成本对产量的直线回归方程，并指出当产量每增加 10000 件时，总成本平均上升多少万元？
(2) 假定产量为 90000 件时，预测总成本为多少。

6. 为研究学习时间长短对某门功课学习成绩的影响，现随机抽取 10 个学生，得到如下资料：

学习时数	40	50	60	65	70	80	85	85	90	95
成绩(分)	40	60	65	70	75	75	80	85	85	90

(1) 学习时间长短与学习成绩之间的关系如何？
(2) 求出两者之间的线性回归方程，指出学习时数为 100 学时时，成绩的平均数。

7. 设平均每人全年生活费收入为自变量 x，平均每人全年购买商品支出为因变量 y。现根据某地区 15 户城市居民的有关资料计算出以下数据(单位：元)：

$\bar{x} = 1766.293, \bar{y} = 1379.13, n = 15, \sum (x - \bar{x})^2 = 4670769.25$

$\sum (y - \bar{y})^2 = 2741904.99, \sum (x - \bar{x})(y - \bar{y}) = 3447388.39$

要求：(1) 计算相关系数 r。
(2) 配合简单线性回归方程，并对方程中的回归系数的经济意义作出解释。
(3) 计算估计标准误差。

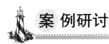

案例研讨

你会厌倦你的新工作吗?

找到一份新工作在你的一生中是能够令你感到非常兴奋和激动的事情。

但是,如果在工作一段时间后,你发现自己厌倦了这份工作,那该怎么办呢?有什么办法可以让你预先知道自己是会喜欢还是会厌倦自己的工作吗?有人研究了一些面试时应注意的问题,这些问题可以提供一些线索,让你知道自己是否会喜欢新工作。

工作文化差异非常大,有的是新式自由的文化,有的则是传统的组织驱动型的文化。有些机构对员工施加压力令员工感到紧张,员工需要加班加点;而另一些机构则强调创造性和工作底线。研究者建议面试者密切注意自己在面试时受到的待遇。

员工仅仅被作为轮子上的一个轮齿,还是被当作人来看待?这个公司内部的工作与生活的均衡性明显吗?问一下这个公司的工作日一般是几个小时、问几个问题以了解公司管理的基本价值观,例如:"你最值得骄傲的成就是什么?"问一问时间安排的灵活性以及工作培训的事宜,例如:"工人必须在业余时间接受工作培训吗?"

一个调查研究与分析中心进行了一项名为"工作走势"的调查,它向接受调查的雇员提了一些问题,以确定他们的工作满意度。这些问题主要涉及雇员与主管之间的关系、工作环境的总体质量、每周工作的小时数、在工作中获得提升的机会。

假定另一个研究人员从 19 名雇员那里收集了关于这些问题的调查数据,还询问了雇员对工作的满意程度,满意度评分为 0~100 分(100 分表示非常满意)。假定下面的数据是调查结果。假定与主管的关系按 1~5 分打分(1 分表示关系很糟,5 分表示关系很好);工作环境的总体质量按 0~10 分打分(0 分表示工作环境很恶劣,10 分表示工作环境非常好);提升的机会按 1~5 分打分(1 分表示没有机会,5 分表示机会很多)。

工作满意度(分)	与主管的关系(分)	工作环境的总体质量(分)	每周工作的小时数(小时)	提升的机会
55	3	6	55	4
20	1	1	60	3
85	4	8	45	1
65	4	5	65	5
45	3	4	40	3
70	4	6	50	4
35	2	2	75	2
60	4	7	40	4

续表

工作满意度(分)	与主管的关系(分)	工作环境的总体质量(分)	每周工作的小时数(小时)	提升的机会
95	5	8	45	5
65	3	7	60	1
85	3	7	55	3
10	1	1	50	2
75	4	6	45	4
80	4	8	40	5
50	3	5	60	5
90	5	10	55	3
75	3	8	70	4
45	2	4	40	2
65	3	7	55	1

案例思考题：

(1)上述某些变量可能与工作满意度有关,哪些变量更适于作为工作满意度的预测变量？还有哪些变量虽然这里没有提到,但是与工作满意度有关？

(2)利用上面的数据可以建立一个数学模型进而对工作满意度进行预测吗？如果可以,模型的效果如何？因为这里有4个变量,我们应该建立4个不同的简单回归模型,然后对结果进行比较吗？

资料来源：袁卫,刘超.统计学——思想、方法与应用[M].北京:中国人民大学出版社,2011.

应用训练

1.实训目标。

相关和回归分析是研究现象之间相关关系的一种定量分析方法。通过本实训的学习,学生可以熟悉相关与回归分析的基本原理及其应用,掌握相关与回归分析在实际运用中的技巧与方法。

2.实训内容。

企业产品销售预测与分析

某企业2010—2015年某产品销售情况如下表所示。

2010-2015年某产品销售资料

年份	产品销售量/万台	销售网点个数/个
2010	80	2
2011	89	4
2012	115	14
2013	130	20
2014	121	18
2015	139	28
合计	674	86

为实现2016年企业经营目标,具体安排生产计划,组织生产,使产销适应,提高企业的经济效益和社会效益,需进行产品销售预测和分析。

该企业通过长期趋势分析,可以预测下一年的销售量;通过相关分析,可以确定影响销售量的主要因素。

(1)销售量的长期趋势预测。

在一个时间序列中,影响现象升降变动的因素是多方面的。其中,系统性因素是长期起决定作用的,促使数列沿着一定方向变动,表现为长期趋势。该企业最近几年的销售量具有长期大致相同的增长趋势,故可以采用最小平方法拟合直线方程进行趋势预测。

(2)市场销售量的相关分析与回归分析。

相关因素的选取是进行回归预测的关键。对于工业企业而言,不可控制的因素很多,所以,只能调整其可控制的因素。一般来讲,产品销售量的变动受多种因素的影响,比如产品质量、成本、价格、用户情况、同类产品生产情况、流通渠道等。进行回归预测,首先应进行相关分析,对各种影响因素进行筛选,确定主要因素的影响程度。在本案例中,经过筛选,可分析销售网点变动对销售量的影响。

根据上述资料分析下列问题:

(1)上述两种产品销售量预测中分别应采用哪两种统计分析方法?它们有何不同?

(2)根据资料计算:① 销售量的长期趋势预测;② 市场销售量的相关分析与回归分析等指标,并进行分析说明。

(3)在什么情况下可以使用上述两种统计分析方法进行市场预测?

第八章

统计指数分析

学习目标

了解统计指数的概念和种类;

掌握综合指数和平均指数的编制方法,指数体系和因素分析法;

能够利用总指数编制指数体系,进行因素分析;

熟悉几种常用的经济指数;

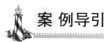
案例导引

贝因美·中国婴童商品价格指数

贝因美·中国婴童商品价格指数主要包括婴童食品价格指数、婴童用品价格指数、婴童服饰价格指数、婴童玩教价格指数、婴童妈妈产品价格指数和母婴服务价格指数六个大类指数,每个大类下又包括一系列中类、小类指数。所有价格指数均以 2015 年 9 月 6 日所采集的价格数据为基期数据。其中,价格指数的基期数据均为 100。价格数据采集范围为网络采集(包括天猫、京东等各大商品网站)的每旬市场交易价格。

(1)旬价格总指数趋势分析。

贝因美·中国婴童商品价格指数运行平稳,本期(2017 年 8 月中旬)收报于 99.76 点,环比上期(2017 年 8 月中旬)下跌 0.83%,跌幅甚微。与上期相比,在本期六大类价格指数中,除母婴服务价格指数出现上涨,其余五类价格指数均出现不同程度的下降。

(2)旬价格指数类别分析。

本期母婴服务价格指数是六大类别价格指数中与上期相比唯一出现上涨的指数,报于 101.06 点,环比上期上涨 0.54%。随着居民可支配收入的提高,人们的消费理念不断升级,消费水平逐步提高,正在从产品到服务的消费方式的转变。其中母婴服务下面的摄影价格指数上涨最为显著,环比上期提高 11.54%。

本期婴童妈妈产品价格指数报于 97.49 点,环比下降 4.45%,降幅最为明显,妈妈服饰价格指数的下降是主要原因。婴童服饰价格指数本期报于 98.85 点,环比下降 2.03%,7、8 月份是服装销售的淡季,为了清仓回本,商家多选择在 8 月份进行服装打折优惠活动,势必增加服装价格指数下行压力。婴童玩教价格指数报于 99.01 点,环比下降 1.52%,婴童食品价格指数报于 97.98 点,环比下降 1.56%,本期两者降幅接近。婴童用品价格指数出现小幅波动,本期报于 101.14 点,环比下降 0.17%。

资料来源:中国指数网 http://www.idx365.com

第一节 指数的含义与分类

18世纪中叶,金银大量流入欧洲,致使欧洲的物价飞涨,有的商品价格上涨幅度比较高,有的商品价格上涨幅度比较低,当然也有少数的商品价格是下降的。如何综合反映这一时期所有商品价格的总体变化情况和变化趋势,这需要人们寻求一种新的方法来解决这一问题,于是指数开始出现。经过 200 多年的发展,指数已经在现实生活中,特别是经济领域中得到了广泛、深入的应用,比如消费价格指数、消费者信心指数、股票价格指数等。

一、指数的含义

指数(Index)是一种常用且重要的统计指标,是一种对比性的分析指标,它与数学上的"指数函数"是完全不同的概念。运用统计指数可以考察很多社会经济问题。例如,通过生产指数可以反映经济增长的实际水平;通过股价指数可以显示股市行情;通过物价指数可以说明市场价格的动态及其对居民生活的影响;通过购买力平价指数又可以进行经济水平的国际对比等。

统计学界认为,指数的含义有广义和狭义两种。广义的指数泛指社会经济现象数量变动的比较指标,即用来表明同类现象在不同时间、不同空间的实际与计划数量对比的相对数。如动态相对数、比较相对数、计划完成相对数等均可以称为指数。狭义的指数是一种特殊的相对数,指不能直接相加或对比的复杂社会经济现象综合变动程度的相对数。例如,消费品价格指数是说明所有消费品价格总变动的相对数,它不能将各种消费品的价格简单相加、对比得出。统计学上的指数主要指狭义上的指数。

统计指数的对比性质和表现形式既简单又直观,但对于不同的经济现象、不同的分析要求,却往往需要灵活地运用不同的指数方法。因此,指数的编制和应用是一个重要的统计和经济分析问题。

一般来说,指数具有综合性、相对性和平均性三个特征,即指数主要是用来反映和研究受多种因素影响或构成的事物的总体变动情况;指数所反映的事物的变动是一种相对变动;指数所反映的变动是多种事物的平均变动。

二、指数的分类

指数是对有关现象进行比较分析的一种相对比率,这是所有指数的共性,但不同的指数往往还有一些不同的特性。通过对指数进行适当的分类,有助于我们更加深入地了解这些特性。

(一)按照研究对象的范围不同,可分为个体指数和总指数

1. 个体指数

个体指数是考察总体中个别现象或个别项目的数量对比关系的指数。例如,市场上某种商品的价格指数或销售量指数。个体指数实质上就是一般的相对数,包括动态相对数、比较相对数和计划完成相对数。这些相对数的计算和分析没有形成专门的指数方法,因而仅仅属于广义的指数概念,狭义的指数概念不包括这种个体指数。

2. 总指数

总指数是考察总体现象的数量对比关系的指数,然而要考察总体现象的数量对比关系,常常面临着总体中个别现象的数量不能直接加总或不能简单进行综合对比的问题。因此,总指数与个体指数的区别不仅在于考察范围不同,还在于考察方法不同。总指数不能简单地沿用一般相对数的计算分析方法,也不一定具备一般相对数的某些直观分析性质。

【例 8.1】 假设某市场只有大米和猪肉 2 种商品,这 2 种商品在 2016 年和 2017 年的相关数据如表 8-1 所示(以 2016 年为基期,2017 年为计算期)。

表 8-1 商品价格和销售量资料

商品	单价		销量	
	p_0(2016 年)	p_1(2017 年)	q_0(2016 年)	q_1(2017 年)
大米	3050 元/吨	3120 元/吨	1230 吨	1120 吨
猪肉	19.40 元/千克	16.90 元/千克	5670 千克	6780 千克

为了反映市场物价和商品销售量的变动情况,可以依据这些资料编制有关的指数。如果要考察个别商品的价格或销售量的变动情况,只需将计算期和基期的价格或销售量资料直接对比,即可得到反映个别商品价格或销售量变动程度的个体指数。

大米的价格指数:$i_p = \dfrac{p_1}{p_0} = \dfrac{3120}{3050} = 102.3\%$

大米的销售量指数:$i_q = \dfrac{q_1}{q_0} = \dfrac{1120}{1230} = 91.1\%$

即大米的价格上升了 2.3%,销售量下降了 8.9%。上述这些个体指数就是一般的相对数,其计算和分析方法都很简单。

如果要考察的不是个别商品,而是全部商品的价格和销售量的变动情况,那问题就没有这么简单了。在此,我们所要编制的指数是全部 2 种商品的"价格总指数"和"销售量总指数",为了编制这些总指数,就必须慎重考虑怎样适当地对各种商品的价格或销售量资料进行综合比较的问题。这时,一般的相对工具已经难以解决问题,需要制定和运用专门的指数方法。

(二)按照统计指标的属性不同,可分为质量指标指数和数量指标指数

如果一个指数对应的统计指标具有质量指标的特征,即表现为平均数或相对数的形式,则该指数就属于质量指标指数,它反映了社会经济现象质量、内涵的变动。如价格指数、工资水平指数、劳动生产率指数等。

如果一个指数对应的统计指标具有数量指标的特征,即表现为总量或绝对数的形式,则该指数一般属于数量指标指数,它反映了社会经济现象数量或规模的变动方向、程度,如销售量指数、工人数指数等。但并不是所有数量指标计算出来的指数都是数量指标指数,如商品销售额指数对应的指标销售额为数量指标,它可以分解为1个数量因子(销售量)和1个质量因子(价格)的乘积,相应的指数是2个因子共同变化作用的结果。因此,在指数分析中,这类指数既不属于数量指标指数,也不属于质量指标指数,被单独列为一类,通常称为"总值指数"。

(三)按照编制的方法不同,可分为综合指数和平均指数

综合指数是2个总量指标值对比形成的指数,在总量指标中包含2个或2个以上的因素,将其中被研究因素以外的其他因素固定下来,仅观察被研究因素的变动,这种指数称为"综合指数"。而平均指数是在个体指数的基础上计算的总指数,是个体指数的加权平均数。

(四)按照所反应的时间状况的不同,可分为动态指数和静态指数

动态指数又称"时间指数",它是将不同时间上的同类现象水平进行比较的结果,反映现象在时间上的变化过程和程度。常见的零售物价指数、消费价格指数、股票价格指数、工业生产指数等,都属于动态指数。动态指数是出现最早、应用最多的指数,也是理论上最为重要的统计指数,其他指数则是动态指数方法原理的推广和发展。

静态指数包括空间指数和计划完成情况指数。空间指数是将不同空间的同类现象进行比较的结果,反映现象在空间上的差异程度。如地区间的价格比较指数、国际对比的购买力评价指数和人均GDP指数等等。计划完成情况指数则是将某种现象的实际水平与计划目标对比的结果,反映计划的执行情况或完成程度,如产品成本计划完成情况指数。

(五)按照所采用的基期不同,可以分为定基指数和环比指数

指数通常是连续编制的,形成在时间上前后联系的指数序列。在一个指数序列中的各个指数若都是以某一时期作为基期,则称这些指数为"定基指数";若各个指数都是以前一期作为基期,则称这些指数为"环比指数"。

三、总指数编制的基本问题

如上所述,总指数作为考察总体现象数量对比关系的指数,其编制方法与个体指数有很大不同。总指数编制通常可以考虑以下 2 种方式:

(一)先综合、后对比的方式

就前例中的资料而言,首先需要将各种商品的价格或销售量的资料加总,然后通过对比得到相应的总指数。这种方法通常称为"综合指数法",相应的价格总指数和销售量总指数计算公式分别是:

$$I_p = \frac{\sum_{i=1}^{n} p_{1i}}{\sum_{i=1}^{n} p_{0i}}, I_q = \frac{\sum_{i=1}^{n} q_{1i}}{\sum_{i=1}^{n} q_{0i}}$$

但以上的总指数计算中存在着 2 个问题:一是不同商品的数量和价格不能直接加总,因为直接加总的结果没有实际经济意义;二是用简单综合法编制的指数明显地受到商品计量单位的影响。这 2 个方面的问题又是相互联系的,都说明简单综合指数通常难以成为反映现象变动程度的一种客观测度,因为不同商品的价格或销售量都是"不同度量"的现象,它们构成了不能直接加总的"复杂现象总体"。倘若不解决有关现象的"同度量"问题就将其直接加总,显然难以得到适当的指数计算结果。

(二)先对比、后平均的方式

就上例中的资料而言,首先就需要将各种商品的价格或销售量资料进行对比,计算出个体指数,然后通过个体指数的平均值得到相应的总指数,这种方法通常称为"平均指数法",相应的价格总指数和销售量总指数计算公式分别为:

$$I_p = \frac{\sum_{i=1}^{n} \frac{p_{1i}}{p_{0i}}}{n}, I_q = \frac{\sum_{i=1}^{n} \frac{q_{1i}}{q_{0i}}}{n}$$

可以看出,简单平均法本身也存在不足之处。当我们将各种商品的个体指数作简单平均时,没有适当地考虑不同商品的重要程度。例如,大米和腊肉的价格都上涨 20%,就认为它们各自对价格总指数的影响是相同的;如果大米的价格上涨了 20%,而腊肉的价格下降了 20%,则认为它们对价格总指数的影响恰好会相互抵消,这是很不合理的。人们编制价格指数的主要目的之一,就是要考察价格变化对货币支出的影响。显然,当大米和腊肉的价格分别上涨了 20%,它们各自对购买者的货币支出影响不会相同;而如果大米的价格上涨 20%,腊肉的价格下降了 20%,它们对货币支出的影响也不会恰好就相互抵消。从经济分析的角度看,各种商品的重要程度通常是有差异的,简单平均指数不能反映这种差异,因而难以满足分析的要求。

简单综合指数与简单平均指数都存在方法上的不足,但是迄今为止,综合指数法和平均指数法仍然是编制统计指数的 2 种基本方法。为了运用综合法编制总指数,必须首先考虑被比较的复杂现象总体是否同度量、怎样同度量的问题。因此,编制综合指数的基本问题是"同度量"的问题,解决这一问题的方法就是编制加权综合指数。而为了运用平均法编制总指数,又必须首先考虑被比较诸现象的重要性是否相同、怎样衡量的问题。因此,编制平均指数的基本问题之一是"合理加权"的问题,解决这一问题的方法就是编制加权平均指数。

早在 18 世纪中叶,简单综合指数和简单平均指数这两种形式就先后被法国经济学家杜托和意大利经济学家卡利分别提出来了,从那以后,众多的经济学家和统计学家们一直都在试图从不同的角度、用不同的方式对这些指数加以改造和完善,这些努力极大地丰富和发展了指数的理论和方法。实践证明,相对于简单指数而言,加权指数作为一种行之有效的方法可以用来解决许多的经济分析问题,因而受到了广泛的应用。

第二节 综合指数

依据"先综合、后对比"的方式编制综合指数的基本程序是:首先加总个别现象的指数化指标,然后通过综合对比得到总指数。由于复杂现象总体的指数化指标是不同度量的,因而必须寻找一个适当的媒介因素,使其转化为同度量的形式。从而使解决这类问题有一般的规律可循。

如【例 8.1】,不同商品的价格和销售量都不能直接加总,它们是不同度量的现象。然而每种商品的价格和销售量的乘积(即该种商品的销售额)却是同度量的,而且不受计量单位的影响。另外,商品销售额的变化又恰好反映了价格涨跌和销售量增减的影响。因此,我们在编制多种商品的价格总指数时,可以通过销售量这个媒介因素将指数化指标(价格)转化为同度量的销售额形式;在编制多种商品的销售量总指数时,则可以通过价格这个媒介因素将指数化指标(销售量)转化为同度量的销售额形式。这就解决了不同商品的价格和销售量不能直接加总的问题。

【例 8.2】 假设某商店销售 3 种商品基期和计算期的销售量和价格资料如表8-2所示:

表8-2 某商店销售 3 种商品资料

商品	基 期		计算期	
	q_0(销售量)	p_0(价格)	q_1(销售量)	p_1(价格)
甲	100 件	1500 元	125 件	1680 元
乙	50 吨	3000 元	60 吨	2350 元
丙	300 米	980 元	270 米	1200 元

可以看出，3 种商品的销售量有增有减，可用个体指数来表示各自的增减变动：

甲商品：$i_q = \dfrac{q_1}{q_0} = \dfrac{125}{100} = 125\%$

乙商品：$i_q = \dfrac{q_1}{q_0} = \dfrac{60}{50} = 120\%$

丙商品：$i_q = \dfrac{q_1}{q_0} = \dfrac{270}{300} = 90\%$

要概括说明 3 种商品销售量的总体变化情况，就要计算销售量总指数。由于这 3 种商品的计量单位不同，因此不能直接将各个商品的销售量直接相加得到各期总的销售量。如果将各种商品的销售量分别乘上它们的销售价格，就得到了销售额。为了说明销售量的变动，把价格固定下来，通过对销售额进行对比，得到综合的销售量指数。同样，在编制价格总指数时，则可以通过销售量这个媒介因素，将价格转化为可以加总的销售额，得到：

销售量指数　　$I_q = \dfrac{\sum q_1 p}{\sum q_0 p}$

价格指数　　$I_p = \dfrac{\sum q p_1}{\sum q p_0}$

显然，在销售量指数中，价格 p 是权数；在价格指数中，销售量 q 是权数。接下来的问题是权数固定在什么时期，由此产生著名的"拉氏指数"和"帕氏指数"。

一、拉氏指数

拉氏指数是德国统计学家拉斯贝尔斯（Laspeyres）于 1864 年提出的一种指数计算方法，它在计算综合指数时将作为权数的同度量因素固定在基期。相应的计算公式为：

拉氏数量指标指数　　$I_q = \dfrac{\sum q_1 p_0}{\sum q_0 p_0}$

拉氏质量指标指数　　$I_p = \dfrac{\sum q_0 p_1}{\sum q_0 p_0}$

式中，I_q 表示数量指标指数；I_p 表示质量指标指数；p_0 和 p_1 分别表示基期和报告期的质量指标值；q_0 和 q_1 分别表示基期和报告期的数量指标值。

若采用拉氏指数，则销售量指数计算公式为：

$$I_q = \dfrac{\sum q_1 p_0}{\sum q_0 p_0} = \dfrac{125 \times 1500 + 600 \times 3000 + 270 \times 980}{100 \times 1500 + 50 \times 3000 + 300 \times 980} = \dfrac{632100}{59400} = 106.4\%$$

结果表明，3 种商品销售量计算期比基期总的增长了 6.4%，变动程度介于 3 种商品个体销售量变动程度之间。式中，分子和分母是 3 种商品的总销售额，其差为：

$$\sum q_1 p_0 - \sum q_0 p_0 = 632100 - 594000 = 38100(元)$$

说明在价格不变的假设前提下,3 种商品销售量增长了 6.4%,销售量的增长使销售额增加了 38100 元。

价格指数的计算公式为:

$$I_P = \frac{\sum p_1 q_0}{\sum p_0 q_0} = \frac{1680 \times 100 + 2350 \times 50 + 1200 \times 300}{1500 \times 100 + 3000 \times 50 + 980 \times 300} = \frac{645500}{594000} = 108.7\%$$

$$\sum p_1 q_0 - \sum p_0 q_0 = 645500 - 594000 = 51500 (元)$$

这 3 种商品的价格总指数为 108.7%,说明在销售量没有变化的情况下,3 种商品价格总的来说上涨了 8.7%,价格的上涨使销售额增加了 51500 元。

二、帕氏指数

帕氏指数是由德国统计学家帕舍(H. Paasche)于 1874 年提出的一种指数计算方法。它在计算综合指数时将作为权数的同度量因素固定在报告期。相应的计算公式为:

帕氏数量指标指数 $\quad I_q = \dfrac{\sum q_1 p_1}{\sum q_0 p_1}$

帕氏质量指标指数 $\quad I_p = \dfrac{\sum q_1 p_1}{\sum q_1 p_0}$

若采用帕氏指数,则销售量指数计算公式为:

$$I_q = \frac{\sum q_1 p_1}{\sum q_0 p_1} = \frac{125 \times 1680 + 60 \times 2350 + 270 \times 1200}{100 \times 1680 + 50 \times 2350 + 300 \times 1200} = \frac{675000}{645500} = 104.6\%$$

结果表明,3 种商品销售量总的增长了 4.6%,增长幅度同样也在 3 种商品个体销售量增长率之间。分子分母之差为:

$$\sum q_1 p_0 - \sum q_0 p_0 = 675000 - 645500 = 29500 (元)$$

说明价格固定在计算期时,3 种商品销售量总的增长了 4.6%,销售量的增长使销售额增加了 29500 元。

价格指数计算公式为:

$$I_p = \frac{\sum p_1 q_1}{\sum p_0 q_1} = \frac{1680 \times 125 + 2350 \times 60 + 1200 \times 270}{1500 \times 125 + 3000 \times 60 + 980 \times 270} = \frac{675000}{532100} = 106.8\%$$

$$\sum p_1 q_1 - \sum p_0 q_1 = 675000 - 632100 = 42900 (元)$$

这 3 种商品的价格总指数为 106.8%,说明在销售量已经发生变化的情况下,3 种商品价格上涨了 6.8%,价格的上涨使销售额增加了 42900 元。

不难发现,通过 2 个公式计算出的结果是不同的,其原因在于计算销售量总指数时 2 个计算公式使用了不同时期的价格作为同度量因素;而计算价格总指数时 2 个计算公式使用了不同时期的销售量作为同度量因素。由此提出权数应该定在什么时期这个问题,指数理论的许多研究也围绕这个问题展开。

大多数的看法是,计算数量指数时,权数应该定在基期,这样才能剔除价格变动的影响、准确反映生产量的变化,按不变价计算的产量指数就是源于此因。计算质量指数不同时期的权数含义不同:若权数定在基期,反映的是在基期商品结构下价格的整体变动,揭示价格变动的内容更为纯粹;若权数定在报告期,反映的是在现实商品结构下价格的整体变动,商品结构变化的影响会融合到价格指数里面,因此它更能揭示价格变动后的实际影响。编制指数的目的不同,权数的确定时期就可以不同。

第三节 平均指数

在实际工作中,有时受统计资料的限制,不能直接利用综合指数公式来编制总指数,这时需改变公式形式,可以根据综合指数公式推导出平均指数的形式来编制总指数。平均指数作为总指数的另一种编制方法,其编制原理与综合指数恰好相反,它的编制思想是"先对比,后平均",也就是先通过计算个别现象或事物的个体指数,然后将个体指数加以平均得到总指数。由于个别现象或事物在总体中的作用或重要性不同,对它们的个体指数的平均不能只是简单的平均,而要采用加权平均,按计算方法可分为加权算术平均法和加权调和平均法等。

一、加权算术平均法

加权算术平均法就是将个体指数采用加权算术平均的方法计算出总指数,计算公式可由综合指数法公式推导出来。以数量指标加权算术平均法计算出的总指数公式的推导为例:

$$I_q = \frac{\sum q_1 p_0}{\sum q_0 p_0} = \frac{\sum \frac{q_1}{q_0} q_0 p_0}{\sum q_0 p_0} = \frac{\sum i_q q_0 p_0}{\sum q_0 p_0}$$

即 $I_q = \dfrac{\sum i_q q_0 p_0}{\sum q_0 p_0}$

上式中, $i_q = \dfrac{q_1}{q_0}$ 就是个体指数; $q_0 p_0$ 是个体指数的权数。

同理,质量指标加权算术平均指数公式为: $I_p = \dfrac{\sum i_p p_0 q_1}{\sum p_0 q_1}$

上式中, $i_p = \dfrac{p_1}{p_0}$ 为个体指数; $p_0 q_1$ 为个体指数的权数。

【例 8.3】 某商店有关商品销售情况如表 8-3 所示,试计算该商店相关商品的销售量总指数。

表8-3 某商店相关商品销售情况

商品	销售量		基期销售额 $q_0 p_0$ (万元)
	基期 q_0	计算期 q_1	
甲	1000 个	1200 个	5
乙	400 台	405 台	2
丙	600 箱	560 箱	3
丁	450 套	605 套	1.5
合计	—	—	11.5

解：根据综合指数法，要计算这4种商品的销售量总指数，必须计算出各种商品的基期价格 p_0，然后利用公式 $I_q = \dfrac{\sum q_1 p_0}{\sum q_0 p_0}$ 计算出销售量总指数，在实际应用中，这将给我们带来很大的工作量。对此，我们可以根据资料，利用公式 即 $I_q = \dfrac{\sum i_q q_0 p_0}{\sum q_0 p_0}$ 直接计算出总指数，如表8-4所示。

表8-4 销售量指数计算表

商品	销售量		基期销售额 $q_0 p_0$ (万元)	销售量个体指数 $i_q = \dfrac{q_1}{q_0}$	$i_q q_0 p_0$
	基期 q_0	计算期 q_1			
甲	1000 个	1200 个	5	1.200	6.00
乙	400 台	405 台	2	1.013	2.03
丙	600 箱	560 箱	3	0.933	2.80
丁	450 套	605 套	1.5	1.344	2.02
合计	—	—	11.5	—	12.85

$$I_q = \frac{\sum i_q q_0 p_0}{\sum q_0 p_0} = \frac{12.85}{11.50} = 111.7\%$$

$$\sum i_q q_0 p_0 - \sum q_0 p_0 = 12.85 - 11.5 = 1.35$$

这个计算结果和通过公式 $I_q = \dfrac{\sum q_1 p_0}{\sum q_0 p_0}$ 计算出的结果完全相同。计算结果表明，该商店出售的4种商品销量计算期比基期平均增长了11.7%，由于销售量增加而增加的销售额为13500元。

需要注意的是，实际工作中用2种方法计算的指数往往是不一样的，因为综合指数法通常采用全面资料，而加权平均指数法往往采用非全面资料。

二、加权调和平均法

加权调和平均法就是对个体指数采用加权调和平均的方法计算出总指数，也可由综合指数法公式推导出来。以质量指标加权调和平均法计算出的总指数公式的推导为例：

$$I_p = \frac{\sum p_1 q_1}{\sum p_0 q_1} = \frac{\sum p_1 q_1}{\sum \frac{1}{p_1/p_0} p_1 q_1} = \frac{\sum p_1 q_1}{\sum \frac{1}{i_p} p_1 q_1}$$

即 $I_P = \dfrac{\sum p_1 q_1}{\sum \dfrac{1}{i_p} p_1 q_1}$

上式中，$i_p = \dfrac{p_1}{p_0}$ 为个体指数；$p_1 q_1$ 为个体指数的权数。

同理，数量指标加权调和平均指数公式为：

$$I_q = \frac{\sum q_1 p_0}{\sum \frac{1}{i_q} q_1 p_0}$$

上式中，$i_q = \dfrac{q_1}{q_0}$ 为个体指数；$q_1 p_0$ 为个体指数的权数。

【例 8.4】 某商店有关商品销售情况如表 8-5 所示，试计算该商店相关商品的价格总指数。

表 8-5 某商店相关商品销售情况

商品	单价		2017年销售额 $p_1 q_1$（元）
	2016年 p_0	2017年 p_1	
甲	10元/件	10.3元/件	158002
乙	2元/千克	2.1元/千克	145005
丙	5元/米	5.4元/米	80028
丁	4元/只	4.4元/只	5016
合计	—	—	388051

解： 利用加权调和平均法公式直接计算商品价格总指数：

$$I_P = \frac{\sum p_1 q_1}{\sum \frac{1}{i_p} p_1 q_1} = \frac{388051}{370160} = 104.8\%$$

$$\sum p_1 q_1 - \sum \frac{1}{i_p} p_1 q_1 = 388051 - 370160 = 17891$$

计算结果表明，该商店出售的 4 种商品的销售价格计算期比基期平均增长了 4.8%，由于销售价格增加而增加的销售额为 17891 元。

加权调和平均法计算的价格指数公式中采用计算期价格总值为权数，其理由与综合指数法采用数量指标的计算期值为同度量因素是相同的，都是为了突出指数的经济意义和现实意义。

第四节 指数体系和因素分析

一、指数体系

简单地说,指数体系就是由若干个相互关联的统计指数所构成的整体,根据他们相互关联的严密程度,可以分为广义指数体系和狭义指数体系。

广义的指数体系和指标体系类似,泛指在内容上有关的若干统计指数所形成的体系,如工业产品出厂价格指数、农产品收购价格指数、市场零售物价指数等便可以构成"市场物价指数体系"。

本节内容主要讨论狭义的指数体系,狭义的指数体系是指具有严密的数学关系式的 3 个或 3 个以上指数所形成的体系,其一般表现形式为一个总指数等于其他因素指数的乘积。

例如,销售额指数和销售量指数、销售价格指数就可以构成一个指数体系,因为:

$$销售额指数 = \frac{计算期销售额}{基期销售额} = \frac{\sum q_1 p_1}{\sum q_0 p_0} = \frac{\sum q_1 p_0}{\sum q_0 p_0} \times \frac{\sum q_1 p_1}{\sum q_1 p_0}$$

即:销售额指数=销售量指数×价格指数

同理,成本指数=产量指数×单位产品成本指数

利润指数=销售量指数×价格指数×利润率指数等,每个等式中的指数都可以构成指数体系。

指数体系的作用主要有 2 个,可以概括为:

其一,进行指数推算。若指数体系中有一指数未知,则可以根据其他已知指数,利用该指数体系的关系式计算出来。

其二,进行因素分析。即分析现象的总变动中各因素变动对其的影响程度。

二、总量变动的因素分析

复杂的社会经济现象总量的变化一般是由多个影响因素的变化造成的,总量变动的因素分析就是应用指数体系来分析研究各影响因素的变动对总量的影响程度和影响的绝对数值。

1. 两因素分析

若总量为 2 个因素的乘积,那么分析这 2 个因素的变动对总量变动的影响就是两因素分析。现举例说明两因素分析。

【例 8.5】 某公司所属 2 个工厂有关资料如表 8-6 所示：

表 8-6 某公司所属 2 个工厂有关资料

工厂	平均工资(元/人)		职工人数(人)		工资总额(万元)		
	基期 p_0	计算期 p_1	基期 q_0	计算期基期 q_1	$q_0 p_0$	$q_1 p_1$	$q_1 p_0$
A	1380	1450	100	110	13.8	15.95	15.18
B	1320	1400	120	150	15.84	21	19.8
合计	—	—	220	260	29.64	36.95	34.98

根据此表，可以计算出工资总额的变动为：

$$\frac{\sum q_1 p_1}{\sum q_0 p_0} = \frac{36.95}{29.64} = 124.7\%$$

$$\sum q_1 p_1 - \sum q_0 p_0 = 36.95 - 29.64 = 7.31(万元)$$

工资总额计算期比基期增长 24.7%，增加的绝对值为 7.31 万元。工资总额之所以有这样的变动，是由平均工资的变动和职工人数的变动共同造成的。那么平均工资变动了多少，工人数又变动了多少造成工资总额增加了 24.7% 呢？我们可以根据指数体系所满足的数学公式来分析这个问题。

工资总额指数＝职工数指数×人均工资指数

$$\frac{\sum q_1 p_1}{\sum q_0 p_0} = \frac{\sum q_1 p_0}{\sum q_0 p_0} \times \frac{\sum q_1 p_1}{\sum q_1 p_0}$$

$$\Rightarrow \frac{36.95}{29.64} = \frac{34.98}{29.64} \times \frac{36.95}{34.98}$$

$$\Rightarrow 124.7\% = 118.0\% \times 105.7\%$$

$$\sum q_1 p_1 - \sum q_0 p_0 = \left(\sum q_1 p_0 - \sum q_0 p_0\right) + \left(\sum q_1 p_1 - \sum q_1 p_0\right)$$

$$\Rightarrow 36.95 - 29.64 = (34.98 - 29.64) + (36.95 - 34.98)$$

$$\Rightarrow 7.31 = 5.34 + 1.97$$

这说明，工资总额计算期比基期增加了 24.7%，是由于工人数增加 18.0% 和人均工资增加 5.7% 这 2 个因素共同作用的结果；同时也说明，工资总额增加了 7.31 万元，其中职工数增加 18.0% 带来 5.34 万元的增加，人均工资增长 5.7% 带来 1.97 万元的增加。

2. 多因素分析

若总量为 3 个或 3 个以上因素的乘积，那么分析这 3 个或 3 个以上因素的变动对总量变动的影响就是多因素分析。

上述两因素分析法中将工资总额指数分解成职工数指数和人均工资指数乘积的方法也叫"连锁替代法"，这种连锁替代法也适合多因素分析。以三因素分析为例：

$$\frac{\sum a_1 b_1 c_1}{\sum a_0 b_0 c_0} = \frac{\sum a_1 b_0 c_0}{\sum a_0 b_0 c_0} \times \frac{\sum a_1 b_1 c_0}{\sum a_1 b_0 c_0} \times \frac{\sum a_1 b_1 c_1}{\sum a_1 b_1 c_0}$$

$$\sum a_1 b_1 c_1 - \sum a_0 b_0 c_0$$
$$= \left(\sum a_1 b_0 c_0 - \sum a_0 b_0 c_0\right) + \left(\sum a_1 b_1 c_0 - \sum a_1 b_0 c_0\right) + \left(\sum a_1 b_1 c_1 - \sum a_1 b_1 c_0\right)$$

【例 8.6】 某厂产品相关资料如表 8-7 所示,运用因素分析法分析产品产量、单位产品原材料消耗量及单位原材料价格变化对原材料总费用的影响。

表 8-7 某厂产品产量及原材料消耗情况

产品名称	产品		原材料			
	产量(件)		单耗(千克/件)		单价(元/千克)	
	基期 a_0	计算期 a_1	基期 b_0	计算期 b_1	基期 c_0	计算期 c_1
甲	4	5	100	90	15	18
乙	5	6	60	50	40	45

解:计算相关数据如表 8-8 所示:

表 8-8 指数相关值的计算

产品	$a_0 b_0 c_0$	$a_1 b_0 c_0$	$a_1 b_1 c_0$	$a_1 b_1 c_1$
甲	6000	7500	6750	8100
乙	12000	14400	12000	13500
合计	18000	21900	18750	21600

原材料总费用指数=产品产量指数×单位产品耗材量指数×原材料单价指数,即:

$$\frac{\sum a_1 b_1 c_1}{\sum a_0 b_0 c_0} = \frac{\sum a_1 b_0 c_0}{\sum a_0 b_0 c_0} \times \frac{\sum a_1 b_1 c_0}{\sum a_1 b_0 c_0} \times \frac{\sum a_1 b_1 c_1}{\sum a_1 b_1 c_0}$$

其中,原材料总费用指数为:

$$\frac{\sum a_1 b_1 c_1}{\sum a_0 b_0 c_0} = \frac{21600}{18000} = 120.0\%$$

$$\sum a_1 b_1 c_1 - \sum a_0 b_0 c_0 = 21600 - 18000 = 3600(元)$$

说明原材料总费用计算期比基期增加了 20.0%,增加的绝对额为 3600 元。

$$产品产量指数 = \frac{\sum a_1 b_0 c_0}{\sum a_0 b_0 c_0} = \frac{21900}{18000} = 121.7\%$$

$$\sum a_1 b_0 c_0 - \sum a_0 b_0 c_0 = 21900 - 18000 = -3900(元)$$

说明产品产量计算期比基期上升了 21.7%,由此使原材料总费用上升了 3900 元。

$$单位产品耗材量指数 = \frac{\sum a_1 b_1 c_0}{\sum a_1 b_0 c_0} = \frac{18750}{21900} = 85.6\%$$

$$\sum a_1b_0c_0 - \sum a_0b_0c_0 = 18750 - 21900 = -3150(元)$$

说明单位产品耗材量计算期比基期下降了 14.4%,由此使原材料总费用下降了 3150 元。

$$原材料单价指数 = \frac{\sum a_1b_1c_1}{\sum a_1b_1c_0} = \frac{21600}{18750} = 115.2\%$$

$$\sum a_1b_1c_1 - \sum a_1b_1c_0 = 21600 - 18750 = 2850(元)$$

说明原材料单价计算期比基期增长了 15.2%,由此致使原材料总费用增加了 2850 元。

由以上计算结果可得:120.0% = 121.7% × 85.6% × 115.2%
$$3600 = 3900 + (-3150) + 2850(元)$$

通过以上因素分析说明,计算期与基期相比,由于产量增加 21.7%、单位产品耗材量下降 14.4% 和原材料单价上涨 15.2% 这三方面的因素造成该厂生产这 2 种产品的原材料费用总支出增加了 20.0%,其中产量增加和原材料单价上涨导致原材料总费用分别增加了 3900 元和 2850 元,单位产品耗材下降导致原材料总费用下降了 3150 元,三因素共同作用导致原材料总费用增加 3600 元。

在用链式替代法作多因素分析时,为了使因素指数的连乘积等于总量指标的指数以及各因素变动所引起总量变动值之和等于总量的实际变动值,在计算各因素指数时,数量指标指数一般取质量指标的基期值作为同度量因素,质量指标指数一般取数量指标的报告期值作为同度量因素。

此外,各因素的排序使相邻两因素变量的乘积有意义。如原材料总费用=产品产量×单位产品耗材量数×原材料单价,无论是"产品产量×单位产品耗材量"还是"单位产品耗材量×原材料单价"都是有意义的,而"原材料总费用=产品产量×原材料单价×单位产品耗材量数"则不行,因为"产品产量×原材料单价"没有意义,所以可以写成"原材料总费用指数=产品产量指数×单位产品耗材量指数×原材料单价指数"或"原材料总费用指数=产品产量指数×单位产品耗材量指数×原材料单价指数",但是不能写成"原材料总费用指数=产品产量指数×原材料单价指数×单位产品耗材量指数"。

第五节　统计指数的应用

作为一种重要的测评和分析方法,指数在社会经济统计中得到了广泛的应用。指数最初反映物价变化,随着应用领域的不断扩展,它从经济领域扩展到社会领域,如用指数描述社会发展状况,用指数测定人们的感受。本节以居民消费价格指数、股票价格指数、消费者信心指数为例,介绍指数的编制原理以及在经济问题研究中的应用。

一、居民消费价格指数

CPI(Consumer Price Index 居民消费价格指数)指在反映一定时期内居民所消费商品及服务项目价格水平变动的趋势和变动程度,居民消费价格水平的变动率在一定程度上反映了通货膨胀(或紧缩)的程度。CPI 就是市场上的货物价格变化百分比。一般市场经济国家认为 CPI 增长率在 2%～3%属于可接受的范围。CPI 过高不是好事,例如,高速的经济增长率会拉高工资水平和 CPI,但物价指数增长速度快过居民平均收入的增长速度就会抵消经济增长对收入的拉动作用,而且一般平均工资的增长速度很难超越 3%～4%。

居民消费价格指数是度量居民生活消费品和服务价格水平随着时间变动的相对数、综合反映居民购买的生活消费品和服务价格水平的变动情况。它是进行国民经济核算、宏观经济分析和预测、实施价格总水平调控的一项重要指标,世界各国一般用消费价格指数作为测定通货膨胀的主要指标。

我国居民消费价格指数涵盖全国城乡居民生活消费的食品、烟酒用品、衣着、家庭设备用品及维修服务、医疗保健和个人用品、交通和通信、娱乐、教育、文化用品及服务、居住等商品与服务价格。数据来源于全国 31 个省(区、市)、500 个市县、6.3 万家价格调查点,包括食杂店、百货店、超市、便利店、专业市场、专卖店、购物中心以及农贸市场与服务消费单位等。

清华大学公共管理学院教授、美国布鲁金斯学会资深研究员肖耿认为,目前官方统计的 CPI 没有造假,但跟现实情况相比误差很大,主要在于统计系统过时。就 40%的恩格尔系数来说,肖耿认为食品权重明显过高,"现在有多少家庭把 40%的钱都用在吃饭上面?"肖耿分析,现在的统计仍延续过去的模式,原来主要是吃饭,但中国老百姓的生活支出结构早就变化了,购房、买车、医疗成了三大主要支出。

(一)指数编制过程

1. 确定编制指数的商品,选择有代表性的规格品

按照国家统计局现行的《价格统计报表制度》的规定:必须按照全国统一规定的必报商品和服务项目目录填报,同时为反映地区消费的特点,各地可根据当地的实际情况再适当增加一些调查品种。以编制居民消费价格指数为例,全国统一规定的必报商品和服务项目共计 325 种,还可根据本市居民消费的实际情况,在征求了有关专业部门意见的基础上,增加若干商品和服务项目。这些商品包括食品、衣着、家庭设备及用品、医疗保健、交通和通讯、娱乐、教育和文化用品、居住、服务项目等。

由于确定的调查商品是一个商品集合,而且规格、等级、产地、牌号各异,在编制物价指数过程中不可能采集到所有的商品价格,必须结合本市的实际情况,在众多的规格、等级、牌号中，选出在本市最有代表性的规格品，以此代表该商品集团的价格变动趋势和程度；同时，对规格等级比较复杂的商品还要选择 1～2 种与代表规格品质量相近似的规格品进行调查，以便在必要时进行补充或替换。

2. **采集代表性规格品的价格**

物价调查统计人员在规定时间对已确定的商店、市场的商品价格进行调查、登记。各种商品的采价次数是根据该商品价格变动的特点而定的，如鲜活商品价格变动较为频繁、与人民生活关系密切，规定每月采价 6 次；干菜、干果、烟、酒、茶等放开商品，每月采价 3 次；日用消费品、服务行业收费等价格相对稳定，每月采价 1 次。为真实反映居民实际支付的消费价格，在采价时一般不受挂牌价格的限制，而采集居民在商店或农贸市场实际成交的价格。

3. **确定编制指数的权数**

权数是反映不同的商品和服务项目的价格变动在总指数形成中的重要程度的统计指标。根据国家统计局现行《价格统计报表制度》的规定：编制居民消费价格指数的权数和大部分商品、服务项目的权数，是根据市区居民家庭支出情况调查中居民上一年的实际消费构成计算而得到的；部分在调查中不编码汇总计算的商品和服务项目的权数，则是根据典型调查资料推算的。权数每年确定一次，但受季节影响较大的鲜菜、鲜果等品种权数，则根据居民当月的实际消费构成每月计算一次。按照国家统计局规定，各地每年确定权数后，均须报国家统计局审定后才可使用，一经审定，当年不得更改。

4. **汇总计算物价指数**

(1) 将调查人员在不同调查商店或农贸市场采集到的价格资料录入到计算机中，计算出每种商品的综合平均价格。其计算方法主要是：①每次调查的同一商品或服务项目的平均价格由同时调查的几个调查点的价格进行简单平均计算。②各种商品或服务项目的月平均价格以月内各次调查的价格按简单平均计算。③调价项目的平均价格按计算期内商品调前调后的销售天数加权平均计算。

(2) 依照国家统计局的调查方案规定，根据各调查商品和服务项目的基期和报告期的平均价格，采用加权算术平均公式汇总计算出物价指数。

(二) 指数的计算

$CPI = \dfrac{一组固定商品按当期价格计算的价值}{一组固定商品按基期价格计算的价值} \times 100\%$。采用的是固定权数按加权算术平均指数公式计算，即 $\overline{K} = \dfrac{\sum KW}{\sum W}$，固定权数为 W，其中，公式中分子 K 为各种销售量的个体指数。

CPI 表示对普通家庭的支出来说，购买具有代表性的一组商品，在今天要比在过去某一时间多花费多少。例如，若 2016 年某国普通家庭每个月购买一组商品的费用为

800元,而2017年购买这一组商品的费用为1000元,那么该国2017年的消费价格指数为:

(以2016年为基期)$CPI = \frac{1000}{800} \times 100\% = 125\%$,也就是说上涨了$(125\% - 100\%) = 25\%$。

在日常生活中,我们更关心的是通货膨胀率,它被定义为从一个时期到另一个时期价格水平变动的百分比,公式为

$$T = [P_t - P(t-1)] / P(t-1) \times 100\%,$$

式子中T为t时期的通货膨胀率,P_t和$P(t-1)$分别表示t时期(代表报告期)和t-1时期(代表基期)的价格水平。

如果用上面介绍的消费价格指数来衡量价格水平,则通货膨胀率就是不同时期的消费价格指数变动的百分比。

假如一个经济体的消费价格指数从去年的100增加到今年的112,那么这一时期的通货膨胀率就为$T = (112-100)/100 \times 100\% = 12\%$,就是说通货膨胀率为12%,表现为物价上涨12%。

现期中国的CPI指数是根据上年为基期(100)计算得出的,而并非以某一确定历史时点作为基期,详情可参照国家统计局的网站。

(三)居民消费价格指数的应用

1. 反映通货膨胀状况

通货膨胀的严重程度是用通货膨胀率来反映的,它说明了一定时期内商品价格持续上升的幅度。通货膨胀率一般以消费者物价指数来表示:

$$通货膨胀率 = \frac{报告期消费者物价指数 - 基期消费者物价指数}{基期消费者物价指数} \times 100\%$$

2. 反映货币购买力变动

货币购买力是指单位货币能够购买到的消费品和服务的数量。消费者物价指数上涨,货币购买力则下降;反之则上升。消费者物价指数的倒数就是货币购买力指数。

$$货币购买力指数 = \frac{1}{消费者物价指数} \times 100\%$$

3. 反映对职工实际工资的影响

消费者物价指数的提高意味着实际工资的减少,消费者物价指数的下降意味着实际工资的提高。因此,可利用消费者物价指数将名义工资转化为实际工资,其计算公式为:

$$实际工资 = \frac{名义工资}{消费者物价指数}$$

二、股票价格指数

股票价格指数就是用以反映整个股票市场上各种股票市场价格的总体水平及其变

动情况的指标,简称为"股票指数"。它是由证券交易所或金融服务机构编制的表明股票行市变动的一种供参考的指示数字。由于股票价格起伏无常,投资者必然面临市场价格风险。对于具体某一种股票的价格变化,投资者容易了解;而对于多种股票的价格变化,要逐一了解,既不容易,也不胜其烦。为了适应这种情况和需要,一些金融服务机构就利用自己的业务知识和熟悉市场的优势,编制出股票价格指数并公开发布,作为市场价格变动的指标。投资者据此就可以检验自己投资的效果,并用以预测股票市场的动向;同时,新闻界、公司老板乃至政界领导人等也以此为参考指标来观察、预测社会政治、经济发展形势。这种股票指数,也就是表明股票行市变动情况的价格平均数。

编制股票指数,通常以某年某月为基础,以这个基期的股票价格作为 100,用以后各时期的股票价格和基期价格比较,计算出升降的百分比,就是该时期的股票指数。投资者根据指数的升降,可以判断出股票价格的变动趋势,并且为了能实时地向投资者反映股市的动向,所有的股市几乎都是在股价变化的同时即时公布股票价格指数。

计算股票指数,要考虑三个因素:一是抽样,指在众多股票中抽取少数具有代表性的成份股。由于上市股票种类繁多,计算全部上市股票的价格平均数或指数的工作是艰巨而复杂的,因此人们常常从上市股票中选择若干种富有代表性的样本股票,并计算这些样本股票的价格平均数或指数,用以表示整个市场的股票价格总趋势及涨跌幅度。二是加权,指按单价或总值加权平均,或不加权平均;三是计算程序,计算算术平均数、几何平均数,或兼顾价格与总值。

(一)指数的计算

计算股票指数时,往往把股票指数和股价平均数分开计算。

股票指数就是股价平均数,但两者存在一定差异。股价平均数是反映多种股票价格变动的一般水平,通常以算术平均数表示。通过对不同的时期股价平均数的比较,可以认识多种股票价格变动水平。而股票指数是反映不同时期的股价变动情况的相对指标,也就是将某一时期的股价平均数作为另一时期股价平均数的基准的百分数。通过股票指数,可以了解计算期的股价比基期的股价上升或下降的百分比。由于股票指数是一个相对指标,因此就一个较长的时期来说,股票指数比股价平均数能更为精确地衡量股价的变动。股票价格指数是以计算期样本股市价总值除以基期市价总值再乘上基期指数而得到的。

股票价格平均数反映在一定时点上市股票价格的绝对水平,它可分为简单算术股价平均数、修正的股价平均数、加权股价平均数三类。人们通过对不同时点股价平均数的比较,可以看出股票价格的变动情况及趋势。

1. 简单算术股价平均数

简单算术股价平均数是将样本股票每日收盘价之和除以样本数得出的,即:

$$简单算术股价平均数 = \frac{P_1 + P_2 + P_3 + \cdots + P_n}{n}$$

世界上第一个股票价格平均数——道·琼斯股价平均数在1928年10月1日前就是使用简单算术平均法计算的。

现假设从某一股市采样的股票为A、B、C、D 4种,在某一交易日的收盘价分别为10元、16元、24元和30元,计算该市场股价平均数。将上述数代入公式中,即得:

$$股价平均数 = \frac{P_1+P_2+P_3+P_4}{n} = \frac{10+16+24+30}{4} = 20(元)$$

简单算术股价平均数虽然计算较简便,但它有两个缺点:一是它未考虑各种样本股票的权数,从而不能区分重要性不同的样本股票对股价平均数的不同影响;二是当样本股票发生股票分割、派发红股、增资等情况时,股价平均数会产生断层而失去连续性,使时间序列前后的比较发生困难。例如,上述D股票发生以1股分割为3股时,股价势必从30元下调为10元,这时平均数就是 $\frac{10+16+24+10}{4}=15(元)$。也就是说,由于D股分割技术上的变化,导致股价平均数从20元下跌为15元(这还未考虑其他影响股价变动的因素),显然不符合平均数作为反映股价变动指标的要求。

2. 修正的股价平均数

修正的股价平均数有2种:一是除数修正法,又称"道式修正法"。这是美国的道·琼斯在1928年创造的一种计算股价平均数的方法。该法的核心是求出一个常数除数,以修正因股票分割、增资、发放红利等因素造成股价平均数的变化,以保持股份平均数的连续性和可比性。具体做法是以新股价总额除以旧股价平均数,求出新的除数,再以计算期的股价总额除以新除数,这就得出修正的股价平均数。即:

$$新除数 = \frac{变动后的新股价总额}{旧的股价平均数}$$

$$修正的股价平均数 = \frac{报告期股价总额}{新除数}$$

在前面的例子除数是4,经调整后的新的除数应是:

$$新的除数 = \frac{10+16+24+10}{20} = 3$$

将新的除数代入下列式中,则:

$$修正的股价平均数 = \frac{10+16+24+10}{3} = 20(元)$$,与未分割时计算的一样,股价水平不会因股票分割而变动。

二是股价修正法。股价修正法就是将股票分割、变动后的股价还原为变动前的股价,使股价平均数不会因此变动。美国《纽约时报》编制的500种股价平均数就采用股价修正法来计算股价平均数。

3. 加权股价平均数

加权股价平均数是根据各种样本股票的相对重要性进行加权平均计算的股价平均数,其权数(Q)可以是成交股数、股票总市值、股票发行量等。

三、消费者信心指数

消费者信心(Consumer Confidence),也有人称为"消费者情绪"(Consumer Sentiment),是指消费者根据国家或地区的经济发展形势,对就业、收入、物价、利率等问题进行综合判断后得出的一种看法和预期。在许多国家,消费者信心的测度被认为是消费总量的必要补充。

消费者信心指数由消费者满意指数和消费者预期指数构成。消费者的满意指数和消费者预期指数分别由一些二级指标构成,如对收入、生活质量、宏观经济、消费支出、就业状况、购买耐用消费品和储蓄的满意程度与未来 1 年的预期及未来 2 年在购买住房及装修、购买汽车和未来 6 个月股市变化的预期等。

(一)指数的量化和编制

1. 量化

根据经济学的理论,消费是收入的函数,即消费者信心(或情绪)归根结底是消费者对其家庭收入水平的估价和对预期的反映。这种估价和预期建立在消费者对各种制约家庭收入水平因素的主观认识上,这些因素主要包括国家或地区的经济发展形势、失业率、物价水平、利率等。一定时期这些因素的变动必然使得消费者信心(或情绪)产生变化,而消费者信心(或情绪)的变化导致其消费决策的改变从而影响经济发展的进程。消费者信心指数就是对消费者消费心理感受变化的测度,它是通过居民住户调查搜集资料,采用一定的统计方法计算得到的反映消费者信心变动程度的指标。

2. 编制

目前,国际上通行的做法是对消费者信心(或情绪)调查采用问卷调查法。问卷的设计紧密围绕经济发展形势、家庭收入和就业、物价水平、消费或购买意愿几个方面内容,每一方面由对现状的看法和对未来的预期两类问题构成。前者指消费者对上述几个基本方面当前整体状况的评价,后者指消费者对几个基本方面未来一段时期(如半年或 1 年)发展变化趋势的估计或预期。如美国会议委员会发布的美国消费者信心指数自 1967 年开始至今,调查问卷只含有 5 个问题,分别是对目前经济形势、就业形势的评价、对未来 6 个月经济形势、就业形势和家庭总收入的估计。属于亚太地区范围的万事达卡消费者信心指数(Master Index)则要求受访者回答对目前及未来半年就业状况、经济状况、国民日常所得、股市发展及生活品质 5 个"经济要素"的看法和信心程度。

在调查问卷中每一问题一般有肯定的(积极的)、否定的(消极的)和中性的(不变) 3 个答案,由消费者根据自己的看法或判断选择其一。指数通常以加权平均法得出,结果以百分比表示。随着具体计算方法不同,指数的取值有 2 种。一是取值在 0~200 之间。100 是中值,表明消费者的信心(或情绪)是一种中立态度;0 表明极端悲观情绪;200 反映的则是极度乐观情绪。二是取值在 0~100 之间,50 是中值,100 反映的则是极度乐观情绪。前面提到的美国会议委员会发布的美国消费者信心指数属于第一种取值形式,而万事达卡消费者信心指数采用第二种取值形式。开始于1993年的万事达卡指数消费者信心调查,是亚太区同类调查中历史最为悠久的。最新一期的万事达卡消费者信心指数调查是在5月15日~6月5日进行的,受访者分别就就业状况、国民经济、固定收入、股票市场及生活质量5项指标,发表了对未来6个月前景的看法,以"0"代表"最悲观","100"代表"最乐观"。

根据调查结果,可以分别计算现状评价指数、预期指数以及综合的消费者信心指数。指数的基期可以选择计算的初期为100(或50),也可以以某一特定时期的消费者信心指数为基期值。例如,美国会议委员会发布的美国消费者信心指数自1967年开始发布,基期就以1967年初为100,每2个月发布1次;从1977年6月开始,改为每月1次;至1986年起以1985年的各月平均值为指数基期值。

(二)指数的影响

消费者信心指数主要是为了了解消费者对经济环境的信心强弱程度,反映消费者对经济的看法以及购买意向。消费者对经济现状和就业市场的评价,还包括对未来经济和就业市场的预期,以及有关家庭收入情况和是否计划购买房子、汽车等消费品的问题。通过抽样调查,反映消费者对目前与往后6个月的经济景气、就业情况与个人财务状况的感受和看法。在美国,1969年年初开始,由经济咨商会的消费者研究中心委托全国家庭看法公司每月对全美约5000个家庭进行调查后得出统计数据。

受访者主要会被问到对"目前经济景气情况""目前就业情况"的感受,作出"很好""普通"或"不佳"的看法;同时对于"6个月后经济景气情况""6个月后就业情况",以及"6个月后收入"等问题,表明认为"会更好""与现在相同"或"更差"的看法。对各个问题不同看法比例增减变动的趋势是观察重点,该指数以1985年为基期。

与密西根大学消费者信心指数相比,经济咨商会的消费者信心指数的波动性更大,这也降低了该指数作为消费者态度晴雨表的可靠性。环境因素中,以劳动市场状况与股市表现对消费者信心指数的影响力最深,消费者对两者有较敏感的反应。

(三)指数的应用

在经济循环中,消费者信心指数被视为经济强弱的同时指标,与目前的景气状况有高度相关性。分析表明,该指数与消费者支出的相关性较弱,而与经济状况的落后指标——失业率有较强的负相关关系。

股市投资人偏好向上增长的消费者信心指数,因为其代表着消费者有较强烈的消费商品与服务意愿,有利于经济扩张;债市投资人则偏好向下减少的消费者信心指数,因为其代表着消费意愿不强,经济趋缓的可能性提高。美元汇率通常从美联储寻求暗示,若消费者信心上升,则意味着消费增长、经济走强,美联储可能会提高利率,美元就会相应走强。

某年,北京时间 8 月 30 日 22:00 美国经济咨商会周二公布,美国 8 月消费者信心指数为 105.6,7 月为 103.2,市场预期为 101.0,数据意外上升,表明美国民众对经济前景仍充满信心。为此,市场对美国就业市场也持乐观情绪,这将有利于助涨美元汇价。周五,美国将公布 8 月非农就业人数,前值为 20.7 万人,预期为 18.5 万人,从消费者信心指数数据来看,或许将会给周五非农数据提供更多的指引。

第六节　Excel 在指数分析中的应用

由于在 Excel 中没有直接提供指数分析的计算功能,因此本章的 Excel 运用主要是使用 Excel 软件本身的计算功能。

【例 8.7】 某数码商店 4 种数码产品 2007 年和 2008 年的销售量和销售单价见表 8-9,请从销售量和销售价格 2 个方面对该商店 2008 年相对于 2007 年的商品销售额的变动进行因素分析。

表 8-9　某数码商店的销售情况

商品	单位	销售量		单价(元)		销售额(万元)			
		2007 年 q_0	2008 年 q_1	2007 年 p_0	2008 年 p_1	$p_0 q_0$	$p_0 q_1$	$p_1 q_0$	$p_1 q_1$
手机	部	4500	6000	1200	1000	540	720	450	600
笔记本电脑	台	2300	3100	5400	4800	1242	1674	1104	1488
数码照相机	部	3200	2700	2200	1800	704	594	576	486
mp3 播放器	个	6250	6300	150	110	93.75	94.5	68.75	69.3
合计	—	—	—	—	—	2579.75	3082.5	2198.75	2643.3

解:(1)分别在 Excel 工作表中的 G2、H2、I2、J2 位置键入 $p_0 q_0$、$p_0 q_1$、$p_1 q_0$、$p_1 q_1$,然后在 G3 键入"=C3 * E3/10000",按回车键,如图 8-1:

图 8-1　Excel 中显示的原始数据

(2)用鼠标点击 G3 位置,将右下角"+"点住下拉至 G6 位置,就可以算出 $p_0 q_0$;同理

可以算出 p_0q_1、p_1q_0、p_1q_1，如图 8-2：

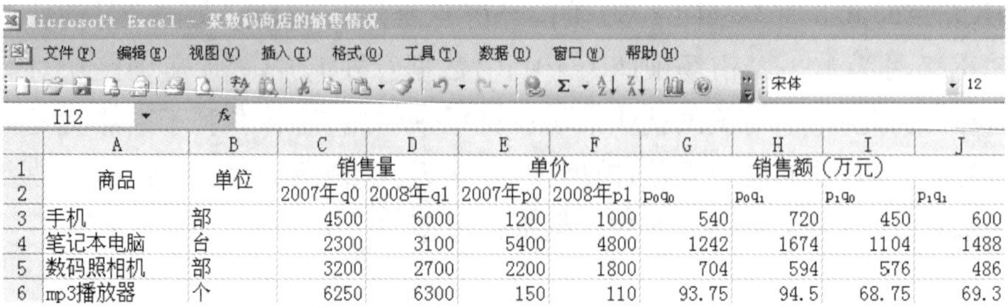

图 8-2 Excel 中显示的指数计算过程

(3) 在 G7 位置点击"$\sum$"，按回车键即可算出 p_0q_0 的合计值，然后点击 G7 位置，将右下角"+"点住右拉至 J7 位置，即可算出 p_0q_1、p_1q_0、p_1q_1 的合计值；最后在 D9 中键入"=H7/G7*100"即可得到销售量指数，如图 8-3 所示：

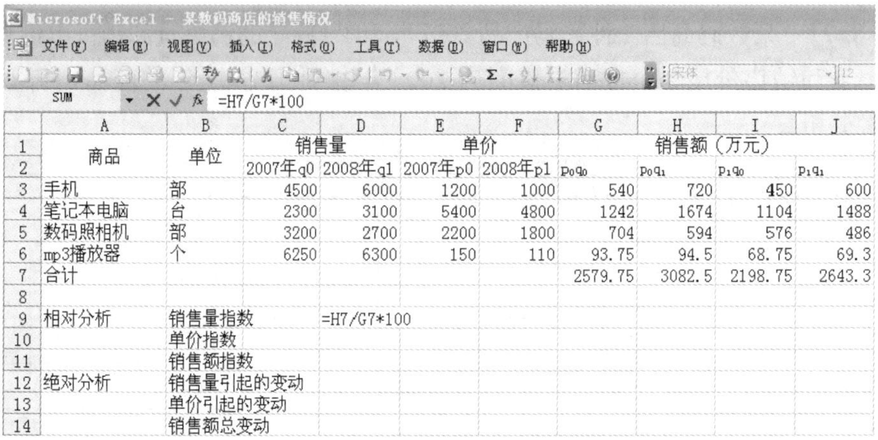

图 8-3 Excel 中显示的指数相对分析计算过程

根据类似的方法可算得销售额指数。如果我们将这些合计值直接相减即为绝对分析，如图 8-4 所示：

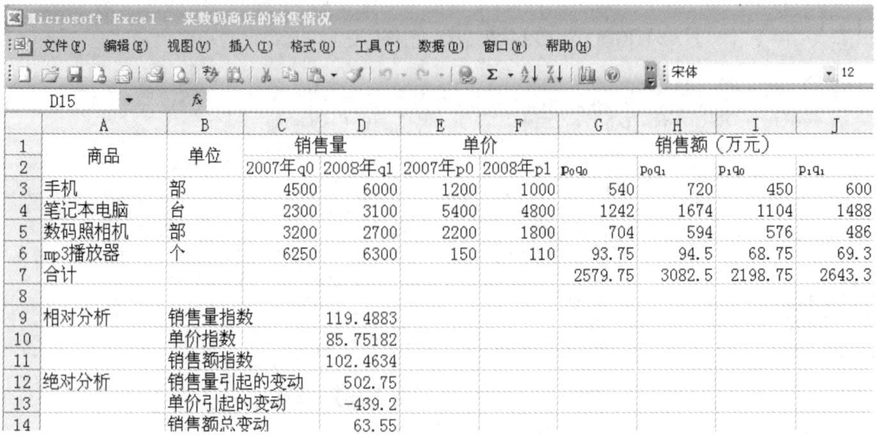

图 8-4 Excel 中显示的指数分析结果

复习思考题

1. 请谈谈用综合指数法编制总指数的思路。
2. 综合指数法和平均指数法在编制统计总指数时有什么区别和联系?
3. 某工厂的 3 种产品的销售资料如下表：

产品名称	销售额(万元)		2017年销售量比
	2016 年	2017 年	2016年增长(%)
甲	150	180	8
乙	200	240	5
丙	400	450	15

(1) 计算 2017 年销售额指数及销售额增加绝对值；
(2) 计算 2017 年销售量指数及由销售量变动而增加的销售额；
(3) 计算 2017 年销售价格指数及由销售价格变动而增加的销售额。

4. 某企业生产甲、乙、丙 3 种产品,2017 年、2016 年产品产量和单位成本资料如下：

产品	产量(件)		单位成本(元)	
	2016 年	2017 年	2016 年	2017 年
甲	2000	2200	10.5	10
乙	5000	6000	6.0	5.5
丙	4000	4500	12.0	12.0

(1) 计算 3 种产品产量总指数及由于产量变动影响总成本的绝对额；
(2) 计算 3 种产品单位成本总指数及由于单位成本变动影响总成本的绝对额；
(3) 计算 3 种产品总成本指数及总成本变动绝对额,并分别从产量和单位成本两面分析引起总成本变动的原因。

5. 某工厂工人和工资情况如下表：
计算：平均工资的可变构成指数,固定构成指数和结构影响指数,并分析。

	平均人数(人)		平均工资(元)	
	基期	报告期	基期	报告期
技术工人	200	300	800	1000
一般工人	400	900	500	600
合计	600	1200	—	—

案例研讨

旅行社收费、房租、成品油、鲜菜拉动前三季度贵州物价上涨

国家统计局贵州调查总队消息,贵州省 2018 年前三季度,受旅行社收费、房租、成品油、鲜菜价格上涨的影响,贵州居民消费价格总水平与上年同期相比上涨1.6%。

2018年前三季度,全省居民消费价格总水平,城市上张1.9%,农村上涨1.2%,城市农村上涨趋势大体一致。全省食品价格下降0.3%,非食品价格上涨2.1%,消费品价格上1.1%,服务价格上涨2.7%。前三季度,贵州全省农业生产资料价格比2017年同期下降1.9%。

2018年前三季度,贵州居民消费价格涨幅低于全国0.5个百分点,涨幅比2017年前三季度的同期上涨了0.7个百分点,但低于周边的重庆、湖南、广西等省市。全省居民消费价格指数运行总体呈稳健态势。

1. 食品类价格同比下降0.3%

2018年前三季度与2017年同期相比,贵州省食品烟酒价格上涨0.3%;其中,食品类价格下降0.3%,畜肉类价格下降7.6%,鸡肉价格上涨7.9%,鸡蛋价格上涨11.9%,鲜菜价格上涨4.6%,在外餐饮价格上涨2.0%,鲜瓜果价格上涨1.9%。

2018年前三季度与2017年同期相比,非食品价格上涨2.1%,影响居民消费价格总水平上涨约1.7个百分点。其中,教育文化和娱乐、居住、医疗保健、其他用品和服务价格分别上涨3.9%、2.6%、1.8%、0.8%;生活用品及服务、交通和通信价格分别上涨1.0%、2.2%;衣着价格上涨0.9%。

2. 服务类消费成物价上涨新兴主力

2018年前三季度,与2017年同期相比,教育文化和娱乐价格上涨3.9%;居住价格上涨2.6%;医疗保健价格上涨1.8%;交通和通信价格上涨2.2%;生活用品及服务价格上涨1.0%;衣着价格上涨0.9%;其他用品和服务价格上涨0.8%。

服务类消费价格上涨势头比较明显。伴随着居民消费的逐渐升级,以服务类为代表的现代中高端消费产业取得较大发展。服务类价格的上涨,逐渐成为领军贵州物价上涨的新兴主力。

3. 农业生产资料价格继续下降

前三季度,贵州全省农业生产资料价格比2017年同期下降1.9%。其中,价格下降幅度较大的是仔畜和产品畜,价格上涨较大的是氮肥和农用柴油。与上年同期相比,全省9个主要中心城市居民消费价格均在上涨,涨幅最高的是遵义、最低的是安顺。

4. 住房价格影响CPI程度明显

影响前三季度全省CPI运行的,包括以下几个因素:旅行社收费、房租等服务价格上涨成为拉高CPI的关键因素。受旅游需求拉动和春节期间部分航线价格暴涨的共同影响,旅行社收费上涨比较明显。前三季度,全省旅行社收费同比上涨20.5%,拉高CPI 0.34个百分点,影响程度为21.3%。

受近年来贵州省商品房价格持续大幅度上涨以及旅游、入学、打工的需求影响,房租价格也跟随一路走高。前三季度,全省私房房租、自有住房折算房屋价格分别比 2017 年同期上涨 4.5% 和 3.4%，共同影响 CPI 上升约 0.40 个百分点，影响程度为 25.0%。

5. 成品油价格上涨成为拉高 CPI 的重要因素

2018 年前三季度，成品油价格上调次数明显多于下调次数，总体呈现明显上涨态势。以贵阳市最常用 92 号汽油为例，每升由 1 月 1 日 6.24 元上调到 9 月 30 日的 7.70 元，涨幅约为 23.4%。前三季度与 2017 年同期相比，全省汽油价格上涨 13.1%，影响 CPI 上升 0.28 个百分点，影响程度为 17.5%。

6. 食品价格总体平稳，但鲜菜价格涨幅较大

全省前三季度鲜菜类价格上涨 4.6%，拉动全省 CPI 升高 0.13 个百分点，影响程度为 8.1%。

猪肉价格下跌拉低 CPI。前三季度，受 2017 年猪肉价格下跌的"负翘尾"因素与 2018 年 3 至 5 月份猪肉价格新降价两个因素共同的影响，贵州省猪肉价格同比下降 11.3%，使 CPI 降低 0.37 个百分点，影响程度为 23.0%。

资料来源：中国指数网 http://www.idx365.com

案例思考题：

根据以上资料，编制该厂工业产品质量指数，并对产品质量状况进行分析评价。

第九章

统计预测与决策

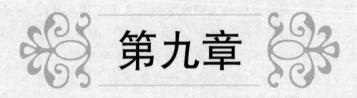
学习目标

理解统计预测的基本概念、统计预测作用和预测方法；

掌握多目标的统计决策方法，能运用统计决策与预测相关方法进行一般经济统计现象的分析、预测与决策。

福特汽车公司"兵败"埃德塞尔汽车

早在1957年9月,埃德赛尔汽车——福特汽车公司打入中等价格市场的唯一项目,就作为1958年的新型汽车公开亮相了。福特汽车公司委员会主席欧内斯特·布里奇为埃德塞尔分部摊派的1958年的生产任务占该公司全部汽车市场的3.3%~3.5%,大约20万辆(当时福特汽车的年产量为600万辆)。然而公司董事们仍然认为这是非常保守的策略。

在引进该车之前和引进过程之中,做广告和推销工作就耗费了公司大约5000万美元。到1957年夏末,这一冒险似乎已稳操胜券。

市场调查显示,汽车市场上日益增长着一股偏好中档汽车的倾向,像庞蒂亚克、奥尔兹莫比勒、别克、道奇、迪索托和默库里这样的中档汽车,到20世纪50年代中期,已占全部汽车销售量的1/3,而从前它们只占1/5。

同时,自由支配的个人收入已从1939年的1380亿美元增长到1956年的2870亿美元,并预计到1965年可达4000亿美元。尤为重要的是,这些个人收入用于购买汽车的百分比已从1939年的3.5%左右,增长到50年代中期的5.5%或6.0%。显然,经济气候对埃德塞尔这样的中档汽车也是有利的。市场调查还表明,在购买新车的顾客中,每年有1/5的人不再购买低档汽车,而买价格更高的中档汽车。

因此,埃德塞尔汽车的引进是必不可少的了。

关于埃德塞尔汽车的市场调查工作,持续了将近10年之久。早期的调查研究表明,各种品牌的汽车在一般消费者看来都有自己确定的个性特征。消费者在购买新车时,优先考虑的是是否符合他们的个性。因此,为汽车寻找最适当的个性品牌这种"意象"研究,是极为重要的。所要赋予的个性,应是大多数人想购买的个性。福特汽车公司的调查者认为,他们拥有制造中档汽车的极大优势,这是因为他们不必非得改变汽车的个性不可,而且他们能制造出他们想制造的任何个性的汽车。

埃德塞尔汽车并未做成小巧玲珑的轿车,它车体庞大,它的两个最大的系列产品科赛、西塔森比最大的奥尔兹莫比勒车还长两英寸。它的马力很大,是人类制造的最大马力汽车之一,其引擎高达345马力。他们认为,这种大马力可能产生的高级性能是预先为该车设想的像运动员一样强壮而年轻的形象中至关重要的因素。

1957年7月22日,公司开始做推销广告。《生活》杂志以横贯两页的版面刊登了醒目的广告,公司拨给该车引进阶段的资金约为5000万美元。推销工作使用了传统的汽车广告媒介。报纸广告费占总费用40%;杂志广告费占20%;电视和无线电广告费占20%;户外张贴广告费占预算的10%;其他媒介占10%。

该车于1957年9月4日公开出售,1200名埃德塞尔汽车经销人迫不及待地开门营业。在大多数经销处,顾客潮水般地蜂拥而至。他们出于好奇,都想目睹该车究竟有哪些独特别致的优点。开业第一天,签订的订货单已达6500多份,这使公司的负责人们感到心满意足。但是,这当中也蕴藏着不妙的迹象。有一位经销商报告,一些很可能成为买主的客人走进埃德塞尔汽车展销厅,仔细看了埃德塞尔之后,当场拍板成交,订购的居然是比克牌汽车。随后几天,销量猛跌。10月份的前10天只售出2757辆,平均每天才销售300多辆,而要完成每年最低销售20万辆的计划,每天应该销售600~700辆。

整个1958年,售出的和在汽车局注册的埃德塞尔汽车仅有34481辆,还不及销售计划的1/5。1958年11月,由于推出第二代的埃德塞尔汽车,形势略有好转。第二代的埃德塞尔同上代相比,车身较短,颜色明快,马力较小,售价也降低到只有500~800美元。

最后,埃德塞尔分部终于与其他分部合并,组成林肯—莫库里—埃德塞尔分部。1959年10月中旬,公司推出第三代埃德塞尔,也未引起消费者多大的兴趣。1959年11月19日,该车终于停产了。埃德塞尔牌汽车至此寿终正寝。

1957—1960年间,生产埃德塞尔汽车的人员和设备陆续转到公司的其他分部,这个项目留下的是1亿多美元的投资损失和大约1亿美元的营业损失。

一篇讨论埃德塞尔汽车失误原因的文章说:"除真正的失误和所谓的失误以外,埃德塞尔汽车还遇上了难以预料的厄运。它被推出之时正是1958年价格开始暴跌的时期。在1958年,哪一种汽车的销售情况也不太佳,埃德塞尔汽车更甚。"旧金山的一位经销人员这样总结说:"中等价格市场在正常情况下极为兴旺,但是在萧条时期,当我们勒紧裤带过日子时,它也是首当其冲的受害者……当他们最初构想埃德塞尔汽车时,中档汽车还有很大的市场.但是这个婴儿呱呱坠地之时,这个市场早已经作鸟兽散。"

在埃德塞尔汽车进入市场的这一年,小型进口车的销售量翻了一番还多。这种消费偏好的变化,并不仅仅是由1958年的价格暴跌引起的。其实,即使经济状况有所改善,这种变化也不会向相反方向发展。小型外国轿车在随后几年间一直畅销,这反映了大型汽车在人们心目中普遍失宠,人们渴望得到经济实惠、朴素大方的小型交通工具。

思考:

1. 分析市场调查中宏观市场环境研究和微观市场环境研究的轻重、主次。
2. 埃德塞尔汽车的失败源于市场调查与预测,还是管理层的经营决策?
3. 如何理解市场调查与预测和企业经营决策之间的关系?

资料来源:李志强、蔡宏宇.市场调查与预测(第2版)[M].湖南大学出版社,2014.

第一节 统计预测概述

一、统计预测的概念与作用

(一)统计预测的概念

预测是针对某个目前还不明确的事物,根据其过去和现在的已知情况,估计和推测未来可能出现的趋势。万事万物都是在发展变化的,既有它的过去与现在,也有它的未来。在发展过程中,受到已知的、未知的、可测定的、无法测定的等因素的影响,事物的未来状态往往是不确定的,表现出随机性。但就大多数事物的发展而言,总会受到某些因素的支配,表现出规律性的结果,从而有助于我们依据事物过去发展变化的规律及现在的状况,采用某种方式,减少其不确定程度,对其未来状态进行预计与推测。

统计预测属于预测方法的研究范畴,即如何用科学的统计方法对事物的未来发展进行定量推测并计算概率置信区间。在这种推测中,不仅有数学计算,而且有直觉判断。统计预测的方法论性质与统计学的方法论性质是一致的。

统计预测方法是一种具有通用性的方法。通常包括三个因素:一是实际资料,它是统计预测的依据;二是经济理论,它是预测的基础;三是数学模型,它是预测的手段。

(二)统计预测的作用

在市场经济条件下,预测的作用是通过各个企业或行业内部的行动计划和决策来实现的。作为探讨事物未来发展前景的预测工作是一种科学的认识方法。统计预测无论在自然领域还是在社会经济领域,均得到了广泛的应用。

统计预测最基本的作用是将资料拟合成某种模型,使模型尽可能准确而全面地反映出有规律性的轨迹。在社会经济领域统计预测的作用,主要表现在以下方面:

1. 为编制计划,加强计划的指导性提供依据

历史经验表明,无论是政府,还是企业,没有对未来发展前景的认真分析,仅凭主观意志办事,要想编制一个完善的、切实可行的计划是不可能的,而且往往会使国民经济、社会及企业的发展遭受损失。科学的统计预测将会提高计划的科学性,而科学的计划又将对国民经济、社会及企业的健康发展起强有力的指导作用。

2. 为管理决策科学化提供依据

管理的关键在经营,经营的关键在决策,决策的关键在预测。通过预测提供的未来信息,有利于人们作出有利的决策,而决策的科学化将改善企业经营管理水平。有了科学的预测作保证,企业才能适应市场的变化,不断提高自身的竞争能力、提高经济效益。

3. 推动了统计科学、统计工作的发展

借助预测,把由面向过去、以事后总结为主的描述性统计,推向面向未来、以科学预测为主的推断性统计,从而丰富了统计科学的内容,提高了统计工作的服务职能及监督职能。

二、统计预测的基本类型

(一)按预测对象范围的不同,可分为宏观预测和微观预测

宏观预测是指对整个国民经济,或地区、部门、行业等大范围发展前景所作的统计预测。例如,国民经济发展速度预测、某地物价总水平预测等。微观预测是指对企业等基层单位小范围发展前景所作的预测。例如,某企业产品占有率预测、某商店销售利润额预测等。

(二)按预测方法属性的不同,可分为定性预测和定量预测

定性预测是指通过调查研究的方式进行的一种直观预测。该预测主要用于对预测对象发展方向、程度作出判断,而非推算具体数值。例如,投资方向预测、消费者需求倾向预测等。定量预测是指对预测对象本来发展规模、水平、速度等数量方面作出的预测。例如,某地区国民收入预测、某商品销售量预测等。

(三)按预测时期长短不同,可分为短期预测、中期预测和长期预测

短期预测是指对预测对象未来 1~2 年的预测;中期预测是指对预测对象未来 3~5 年的预测;长期预测是指对预测对象未来 5 年以上的预测。需要说明的是,按预测时期的长短所作的划分只是相对的,不能一概而论。在宏观和微观预测中,对短期、中期、长期的看法就不尽一致。

三、统计预测的基本原理

(一)可知性原理

辩证唯物法的认识论认为世界上的一切事物都是在不断地运动、变化、发展着的。任何事物未来的发展状况虽然不肯定,但是往往存在着某种趋势和规律性,因而,可以根据事物发展的规律性来预测其未来。尽管经济现象变化多端,但是只要敢于探索、善于分析,在预测中是可以逐步揭示它的变化规律,从而提高市场预测的准确性。例如,要预测消费者的购买行为,而消费者的购买行为受到经济、社会、心理等各种难以测定因素的影响,对个别消费者消费行为的测定是相当困难的,而且没有必要;但是大量消费者所表现出来的总体购买力,却是一种有规律的现象,是可以预测的。

(二)连续性原理

客观事物的发展具有合乎规律的连续性,事物未来的发展趋向同过去、现在的发展趋向必然具有一定的联系。依照这个原理预测事物的未来,必须建立在了解事物的过去和现状的基础上,从大量历史的和现实的信息中,找出发展变化的规律性,才能据此推断未来。

(三)因果性原理

由于经济现象的发展受到多种因素的影响,所以在经济现象预测中,必须重视对影响预测目标的因果关系的分析,可以把握影响预测目标诸因素的不同作用,由因推果,预测出经济现象的必然趋势和偶然因素可能对其产生的干扰。

(四)类推性原理

客观事物之间存在着某种类似的结构和发展模式,可以根据已知事物的某种类似的结构和发展模式,类推某个预测目标未来的结构和发展模式。

四、统计预测的步骤

根据不同的目的可采取不同的统计预测方法,预测的步骤也会有所不同。然而,无论何种情况,统计预测一般都要经历以下几个共同的步骤:

(一)确定预测目标,分析相关因素,制定工作计划

为了指导预测工作的进行,首先必须明确预测的目标、找出相关因素,并进行因素分析。由于预测的目的不同,所需的资料和采取的预测方法也不同,同时还要制定周密的预测工作计划。预测计划包括预测工作的组织管理者和参与者、预测工作的起讫时间等等。

(二)进行调查研究,搜集、整理有关资料

统计预测结果质量的高低,很大程度上取决于预测所依据数据资料的质量。搜集的资料必须具有大量、全面、系统、正确和适用性的特征。在取得资料之后,还必须对资料进行审核检查,推算和调整一些不完整及不适用的资料,这是下一步预测工作的前提。

(三)选择适当的预测方法与模型进行预测

定性预测可以通过建立一定的逻辑思维模型并选定适当的方法进行。在定量预测中,应对不同的研究对象选择并建立相应的数学模型,诸如直线趋势模型、线性回归模型、指数增长模型等。统计预测模型中的参数估计方法也有多种,如最小平方法、指数平滑法等。当方法和模型选定以后,用搜集到的资料进行计算预测。

(四)分析预测结果,提出预测报告

预测的结果一般不可能与实际完全吻合。因此,必须对预测的结果进行分析,并从各方面研究产生误差的具体原因,为评价预测结果提供资料。最后将预测的结果和分析的情况写成书面报告提供给有关部门,这是预测工作的最后一个环节。

统计预测在具体应用中的完整程序如图 9-1 所示。

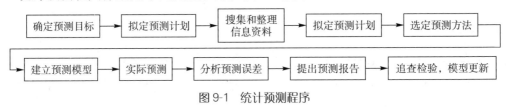

图 9-1 统计预测程序

第二节 统计预测方法

一、定性预测方法

定性预测法是一种不依托或很少依托数学模型的预测方法。这类方法在社会经济生活中有广泛的应用,特别是预测对象的影响因素难以分清主次,或其主要因素难以用数学表达式模拟时,预测者可以凭借自己的业务知识、经验和综合分析能力,运用已掌握的历史资料和直观材料,对事物发展趋势、方向和重大转折点作出估计与推测。定性预测主要有领先落后指标法、综合意见法、专家预测法等。

(一)领先落后指标法

领先落后指标法是指根据经济发展有关指标的变化同市场变化之间在时间上的先后顺序,来分析、判断、预测市场发展前景的方法。

市场是国民经济的综合反映,国民经济发展中许多经济指标的变化都会先后影响市场趋势的变化,进而影响到企业的生产经营。如市场需求旺盛,企业景气;市场疲软,企业就不景气。企业经济运行是否景气,可以用一系列的指标来衡量。在社会主义市场经济条件下,按照经济发展指标同市场变化的先后时间顺序来划分,可以分为三类:

1. 领先指标

领先指标,又称"先行指标"。在时间上,经济指标的变化先于市场的变化,即经济指标先变动,经过一段时间,市场才发生变化。例如,经济建设计划中,基建投资的增加、企业挖潜、革新、改造费用的安排、住宅建筑拨款的增加等,都是经济指标变动在先,市场变化在后。基建过程固然会引起建筑材料和个人消费品等市场需求量的增加,但更重要

的是要预见到,经过基建过程,基建项目投产、挖潜、革新、改造实现后,能够为市场提供商品资源,可能引起市场商品供应量的增加。同时,住宅竣工使用后又会引起家具及其他有关商品需求量的迅速上升。通过市场调查,掌握并分析、判断领先指标的变动及其方向,是市场景气预测的重要内容。由此可见,领先指标是企业经济运行景气指标系统中的一项重要指标。

2. 一致指标

一致指标,又称"同步指标"。在时间上,经济指标的变动与市场的变化几乎同时发生。例如,调高农副产品的收购价格,会促使农业生产单位改变对农副产品自给部分与商品部分的分配比例,从而使当年市场的农副产品供应量有较大增加;有些商品的批发价格变动会立即波及零售价格,以至影响市场需求量的变化。

3. 落后指标

落后指标,又称"迟行指标"或"滞后指标"。这类经济指标的变动在时间上落后于市场经济活动。例如,以分期付款方式销售汽车等价值较高的耐用消费品,消费者为支付到期贷款而动用银行存款,使银行储蓄减少。这属于市场经济活动在先、经济指标的变化在后的情况,即经济指标的变化落后于市场经济活动的变化。

分析各项经济指标在时间上同市场变化之间的规律性,并通过市场调查深入了解各项经济指标的发展变化,能够预测企业未来的变化及其发展前景。

课堂讨论:如何用领先落后指标判断宏观经济运行状况?

(二)综合意见法

综合意见法是指预测人员通过调查,取得有关部门和个人对预测对象未来状态的估计判断,然后通过综合分析、作出预测结论的方法。

表 9-1 综合意见法预测计算表

被调查对象	编号或单位	估计值				期望值(万元)	权数
		最高 || 最低				
		销售额(万元)	概率	销售额(万元)	概率		
经理	甲	800	0.9	400	0.1	760	0.5
	乙	900	0.7	700	0.3	840	0.3
	丙	1000	0.8	800	0.2	960	0.2
管理部门	业务	750	0.4	700	0.6	720	0.3
	企管	790	0.3	740	0.7	755	0.4
	财务	820	0.3	780	0.7	792	0.3
销售人员	甲	700	0.5	650	0.5	675	0.3
	乙	750	0.4	680	0.6	708	0.3
	丙	800	0.3	710	0.7	737	0.4

【例 9-1】 零售公司对 3 名营业员、2 名经理和业务、企管、财务三部门调查,取得了他们对某种商品下年度销售额预测值及相应的主观概率(见表 9-1)资料,并且知道经理人员、企管部门和营业人员在预测中的权重依次是 0.4、0.4 和 0.2。用综合意见法,可作如下预测:

经理人员预测值 $= 760 \times 0.5 + 840 \times 0.3 + 960 \times 0.2 = 824$(万元)

管理部门预测值 $= 720 \times 0.3 + 755 \times 0.4 + 792 \times 0.3 = 773.6$(万元)

销售人员预测值 $= 675 \times 0.3 + 708 \times 0.3 + 737 \times 0.4 = 707.7$(万元)

下年度销售额预测值 $= 824 \times 0.4 + 773.6 \times 0.4 + 707.7 \times 0.2 = 781$(万元)

(三)专家预测法

专家预测法是以专家为索取信息的对象,运用专家的知识和经验,考虑预测对象的社会环境,直接分析研究和寻求其特征规律,并推测未来的一种预测方法。其具体方法有个人判断法、专家会议法、德尔菲法等。

1. 个人判断法

个人判断法是预测者根据所掌握的资料,凭借自己的知识与经验,对预测目标作出符合客观实际的估计与判断。它的主要特点是:第一,具有明显的主观性;第二,预测结果取决于预测者的知识经验和素质;第三,预测过程简单。

个人判断法的优点是能利用专家个人的创造能力,不受外界影响,简单易行,费用也不多。但是,依靠个人的判断,容易受专家的知识面、知识深度、占有资料是否充分以及对预测问题有无兴趣影响,难免带有片面性。因此,这种方法最好与其他方法结合使用。

2. 专家会议法

所谓"专家会议法",就是邀请有关专家,通过会议的形式来征询意见进行预测的方法。参加会议的人员先拿出各自的预测意见,然后由会议组织讨论、分析、综合、评判,以达成共识,作出预测结论。这种方法参加的人数多、信息量大,能凝结众多专家智慧,避免个人判断法的不足;但参与人员易受到感情、个性、时间及利益等因素的影响,有时不能充分表明自己的判断。

(1)专家会议法优缺点。优点是:①费用少;②与会者能畅所欲言,各抒己见,自由争辩;③充分发挥预测者的主观能动性,大量释放信息,互相取长补短、互相启发、开拓思路,使预测值更具科学性。缺点是:①参加会议的人数有限;②权威者的意见可能会影响其他人;③受与会者的个性和心理状态的影响。例如,不愿发表与多数人不同的意见,或考虑师生、同事关系,不愿进行争辩,或出于自尊心不愿当场修改原来发表的不够充分的意见;④有口才和善辩的人容易占上风;⑤少数人的意见容易被否决。

(2)专家会议法的具体步骤。①召开会议前,先将预测项目、讨论提纲发给与会人员,并提供与预测项目有关的市场信息,如市场需求动态、商品规格、质量、性能、优缺点、价格及竞争力、与同类商品对比资料以及同类商品的历史销售资料等,这样可使与会人员明确会议目的和要求,事先有充分的思想准备。②会议召开时,要求与会人员都发表自己的意见,并且可以展开讨论研究,畅谈各自分析判断的意见,互相启发,集思广益,取长补短,最后由与会者提出各自的预测值。③全面集中与会者各方面的意见,汇总其预测值,得出综合预测值,为其经营决策提供依据。

专家会议法的综合预测值,一般可采用"去两头,平中间"的计算方法进行汇总,当然,也可采用加权平均法等。"去两头",即剔除各个预测值中的最高和最低的2个数值,然后"平中间",就是把其余的预测值进行简单平均,得出综合预测值。

3.德尔菲法

德尔菲法是一种专家调查法,但它与其他专家判断方法有所不同,它是以预先选定的专家作为征询意见的对象,预测小组以匿名的方式函询征求专家的意见,然后将收集到的专家意见汇总整理,再作为参考资料发给每个专家,供他们分析、判断,提出新的论证。如此反复,专家的意见逐步趋于一致,结论的可靠性也随之增强。

(1)德尔菲法具有以下几个特点。第一,匿名性。为克服集体判断易受心理因素影响的缺点,德尔菲法采用匿名函询的方式征求意见。应邀参加预测的专家互不知道和了解,这样可以使每人在一个平等、自由的气氛中,独立思考,畅所欲言,充分发表意见,完全消除心理因素的影响;同时,专家可以参考前一轮的预测结果修正自己的意见,而无需公开说明,无损自己的威望。

第二,反馈沟通性。参加预测的专家从反馈回来的问题调查表上得到前轮调查经整理后的各种观点,以及同意或反对各个观点的理由,并依此作出各自新的判断。这样既做到了专家意见的相互沟通,又排除了面对面会议带来的相互影响。

第三,预测结果的统计特性。对调查得到的各种观点及结果,采用统计方法对结果进行处理,从而提高了预测的科学性。

(2)德尔菲法预测的步骤。

①确定预测调查提纲。根据预测问题及要求确定调查提纲,问题内容包括课题的必要性、实现的可能性和实现的概率、答案的置信度以及其他要说明的问题。同时,调查提纲要制成意见征询表,也就是调查表。调查表是把调查项目有次序地排列成一种表格形式,调查项目是要求专家回答的各种问题。调查项目要紧紧围绕预测的题目,应该少而精,含义要具体明确,使回答人都能正确理解;同时可编制填表说明,并提供背景材料。②选择调查专家。选择的专家是否合适直接关系到德尔菲法应用的成功与否。首先,要考虑专家们的代表性,要按照预测课题所涉及的领域选择有关专家,又要考虑到专家所居部门和单位的广泛性;其次,要选择精通业务、见多识广、熟悉市场情况、具有预见性和分析能力的专家;最后,专家人数的多少要根据课题的大小和涉及面的宽窄而定,人数太少反映不出代表性,人数过多又会增加组织处理资料上的困难,一般以10~15人为宜。③征询专家意见。向专家寄发征询表,向专家提供预测问题的主题表或预

测事件一览表,同时提供预测问题的有关背景材料,使专家对预测的问题有一个充分的了解。预测事件一览表中要对德尔菲法作出充分说明,以便使专家都能明确德尔菲的实质、特点以及轮间反馈对评价的作用。调查表格及问题力求简单明了,使专家便于和乐于回答,表中还要注明专家交回征询表的最晚时间。④综合归纳分析结果。对所做的调查结果进行综合归纳、分类整理,经过初步分析之后,观察是否能够得出有代表性的意见,如果还不能综合出具有代表性的预测意见,则应进行下一轮的调查,这时应归纳出专家们有几种不同的观点,分别列出持这些观点的理由及所依据的资料,连同为进行下一轮调查所设计的表格一起交给专家,再进行下一轮调查。这样往返多次,直到各位专家不再改变自己的观点,同时也提不出新的论据为止。在一般情况下,经过3~4轮调查后,专家们就很少再改变观点,所以一般以3~4轮调查为宜,征询的时间间隔为7~10天。

常见的统计处理方法主要有以下几种:

第一,中位数法和上、下四分位数法。这一方法主要用于预测对象为时间或数量指标时的统计处理,用中位数代表专家预测意见的协调结果,用上、下四分位数反映专家意见的离散程度。

先将若干位专家所预测的结果(包括重复的)从小到大(或从先至后)顺序排列起来,处于中间的那个数即为专家预测结果的中位数。当有奇数个专家预测结果时,则从小到大有序排列正中位置的预测意见即为中位数,此中位数作为预测的最终结果;当有偶数个专家预测结果时,则以处于最中间的两个预测结果的算术平均值为中位数,此中位数作为最终的预测结果。

如果把专家意见按从小到大的顺序排列,除了中位数,还有两个位置比较重要的数值:一个是25%处的数值,叫作"下四分位点";一个是75%处的数值,叫作"上四分位点"。四分位差就是上四分位点减去下四分位点,这个指标反映了专家预测结果的离散程度,也是预测结果可靠性的度量值。

第二,算术平均统计处理法。算术平均法即对所有的预测结果进行算术平均,其值作为专家预测的最终结果,主要用于对预测结果为数量的统计处理。

第三,主观概率统计处理法。所谓"主观概率"是指专家对某一未来事件发生的可能性大小作出的主观判断值。对主观概率的处理,往往以加权平均值作为专家集体预测的综合结果,其权数是相应的专家人数。

下面以中位数法和上、下四分位数法来阐述征询和分析过程:

第一轮:把调查表发给各个专家,要求他们对调查表中提出的问题一一作出回答,并在规定时间内将专家意见收回。

第二轮:把第一轮收到的意见进行综合整理,反馈给每个专家,要求他们澄清自己的观点,提出更加明确的意见并要求专家回答。

第三轮:把第二轮收到的意见进行整理,"再反馈"给每个专家,这就是"交换意见"。这些意见是经过整理了的,不是具体说明谁的意见是什么,而只说有几种什么意见,让专家重新考虑自己的意见,以后再这样一轮一轮地继续下去。这种反复征询意见的轮数,在我国一般是 3~4 轮,外国一般用 4~5 轮,每一轮都把上轮的回答用统计方法进行综合整理。计算出所有回答的平均数和离差,在下一轮中告诉各个专家。平均数一般用中位数,离差一般用全距或四分位数间距。例如,调查的问题是"对某种新技术大约多少年可能出现?"选择 11 个专家调查,回答是:10、11、12、14、14、15、18、19、20、22、23。则中位数为 15(年),全距为 23－10＝13(年),上四分位数的位置为 $\frac{11+1}{4}=3$,数值为 12;下四分位数的位置为 $\frac{3\times(11+1)}{4}=9$,数值为 20,四分位数间距为 20－12＝8(年)。经过每次反馈后,每个参加预测的专家都可以修改自己原来的推测,也可坚持他原来的推测。

⑤提出预测结论。当专家们的意见趋于一致时,可将其一致的意见作为预测结果。当专家们的意见不一致并出现多种结果时,需要对专家们的意见进行综合处理并确定预测结果。

课堂讨论:比较专家会议法与德尔菲法的区别。

案 例研讨

利用德尔菲法预测工业品需求

某公司利用德尔菲法预测某工业品的需求量,于是选择 A、B、C、D、E、F、G 等组成专家小组,由市场营销经理主持并负责收发资料和汇总意见。

第 1 次预测:营销经理将过去或其他有关资料发给各专家作为预测参考,同时各专家也可要求提供所需资料。然后各专家将预测结果送给营销经理,但专家之间不能交换意见。预测结果如表 9-2 所示:

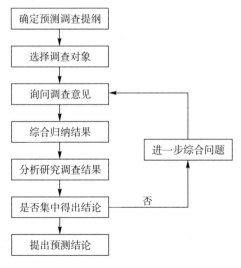

图 9-2 德尔菲法的工作程序

表9-2 专家第1次预测

预测次数	A	B	C	D	E	F	G	中位数	改变意见人数	差距
1	110	70	66	70	110	66	64	70	—	46

第2次预测：营销经理将第1次预测的结果分发给各专家，使每个专家都了解其他成员的预测数字，然后进行第2次预测。他们可修改也可不修改自己的预测结果，如修改，须说明理由。第2次预测结果如表9-3所示：

表9-3 专家第2次预测

预测次数	A	B	C	D	E	F	G	中位数	改变意见人数	差距
1	110	70	66	70	110	66	64	70	—	46
2	90	70	82	70	82	68	64	70	4	26

第3次预测：营销经理将第2次预测的结果分发给各专家，然后作第3次预测。第3次预测结果如表9-4所示：

表9-4 专家第3次预测

预测次数	A	B	C	D	E	F	G	中位数	改变意见人数	差距
1	110	70	66	70	110	66	64	70	—	46
2	90	70	82	70	82	68	64	70	4	26
3	90	76	82	70	82	68	76	76	2	22

第4次预测：营销经理将第3次预测的结果分发给各专家，然后作第4次预测。第4次预测结果如表9-5所示：

表9-5 专家第4次预测

预测次数	A	B	C	D	E	F	G	中位数	改变意见人数	差距
1	110	70	66	70	110	66	64	70	—	46
2	90	70	82	70	82	68	64	70	4	26
3	90	76	82	70	82	68	76	76	2	22
4	90	76	82	70	82	68	76	76	0	22

可以看出，在作第4次预测时，各专家不再修改各自的预测数字，说明他们已经满意第3次预测，营销经理可以将第4次预测的数字作为最后预测的结果。

预测结果最终处理阶段，就是要把最后一轮的专家意见加以统计归纳处理，推出代表专家意见的预测位和离散程度；然后，预测组织者对专家意见作出分析评价并确定预测方案。

在最终处理阶段(包括轮番征询阶段)，最主要的工作是用一定的统计方法对专家的意见作出统计归纳处理。

资料来源：王枝茂，米子川. 商务调查与市场预测[M]. 北京：中国财政经济出版社，2005.

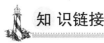

知识链接

德尔菲法的起源和应用

德尔菲法是20世纪40年代由赫尔默（Helmer）和戈登（Gordon）首创的。1946年，美国兰德公司为避免集体讨论存在的屈从于权威或盲目服从多数的缺陷，首次用这种方法来进行定性预测，后来该方法被迅速广泛采用。

德尔菲是古希腊地名。相传太阳神阿波罗（Apollo）在德尔菲杀死了一条巨蟒，成了德尔菲的主人。德尔菲有座阿波罗神殿，是一个预卜未来的神谕之地，于是人们就借用此名，把它作为这种方法的名字。

德尔菲法最初产生于科技领域，后来逐渐被应用于许多领域的预测，如军事预测、人口预测、医疗保健预测、经营和需求预测、教育预测等。此外，还用来进行评价、决策、管理沟通和规划工作。

资料来源：世界经理人网站

二、定量预测方法

（一）回归预测法

回归预测法是在分析研究变量间相关关系的基础上建立回归模型，然后根据自变量的已知数值来推测因变量数值的一种预测方法。按照自变量的不同，回归预测模型可分为一元回归、多元回归和自回归三种。当某种现象（因变量）发展只受一个主要因素（自变量）影响并表现为显著线性相关时，则可建立一元线性回归模型进行预测；当某种现象的发展受两个或两个以上的主要因素影响，且表现为显著线性相关时，应当建立多元线性回归模型进行预测。回归方程的建立与预测已在第十一章中作介绍，这里不再赘述。

（二）移动平均法

移动平均法是指根据时间数列资料逐项移动依次计算包含一定项数的序时平均数，形成一个序时平均数时间数列据以进行预测的方法。它将观察期的统计数据由远而近按一定跨越期逐一求取平均值，并将最后一个平均值确定为预测值。这种按一定跨越期逐一求取平均值会随时间顺延而顺延，形成一个新的时间数列。新的时间数列在一定程度上消除了随机波动的影响，使历史数据得到一些修匀，比原时间数列更容易看出数据的变化规律。移动平均法预测的准确程度取决于移动跨越期的长短。跨越期越短，预测值对数据波动的反映越灵敏，就越有利于反映实际数据的波动情况，但反映长期变动趋势的效果较差；跨越期越长，预测值反映实际数据波动的灵敏度有所降低，但有利于避免偶然因素对预测结果的影响。因此，应选择合理的跨越期。若为了反映长期变动趋势,跨越期可以适当长些;若为了灵敏地反映历史数据的变动趋势,跨越期可以适当短一些。移动平均法按其计算移动平均数的次数不同,分为一次移动平均法和二次移动平均法。

1. 一次移动平均法

一次移动平均法是对时间数列按一定的观察期连续计算平均值并取最后一个平均值作为预测值的方法。平均值的计算,既可采用简单平均,又可采用加权平均。相应的方法就称为"简单移动平均法"或"加权移动平均法"。

(1)简单移动平均法。对移动期数的连续移动所形成的各组数据,使用算术平均法计算各数据的移动平均值,并将其作为下一期预测值,其计算公式为:

$$\hat{y}_t = \frac{y_{t-1} + y_{t-2} + \cdots + y_{t-n}}{n}$$

$$\hat{y}_{t+1} = \frac{y_t + y_{t-1} + y_{t-2} + \cdots + y_{t-n+1}}{n} \tag{9.1}$$

式中:$\hat{y}_{t+1}$ 是 $t+1$ 期的移动平均值(预测值);y_t 是第 t 期的实际发生数;n 为移动跨越期的期数。

【例 9.2】 有一个企业某年的前 11 个月销售额已知(见表 9-6),现预测该企业这年第 12 个月的销售额情况。

表 9-6 企业的月度销售额　　　　　　　　　　　(单位:万元)

月份	1	2	3	4	5	6
销售额	254	292.4	297.8	330.3	291.1	327.6
月份	7	8	9	10	11	12
销售额	321.2	354.3	304.6	348.4	350.8	

假定移动跨越期分别为 2 月和 3 月,用移动平均法预测的 12 月份的销售额预测值(移动平均值)。

表 9-7 简单移动平均值计算　　　　　　　　　　(单位:万元)

月份	销售额	二期移动平均	三期移动平均
1	254.0		
2	292.4		
3	297.8	273.2	
4	330.3	295.1	281.4
5	291.1	314.05	306.8
6	327.6	310.7	306.4
7	321.2	309.35	316.3
8	354.3	324.4	313.3
9	304.6	337.75	334.4
10	348.4	329.45	326.7
11	350.8	326.5	335.8
12	预测值	349.6	334.6

(2)加权移动平均法。加权移动平均法是对不同重要程度的数据乘以不同的权数并将这些乘积之和除以各权数之和,求得加权平均数,并以此来预测下一期数据。

$$\hat{y}_t = \frac{y_{t-1} \cdot f_1 + y_{t-2} \cdot f_2 + \cdots + y_{t-n} \cdot f_n}{\sum f_i} \quad (f_1 > f_2 > f_3 > \cdots > f_n)$$

$$\hat{y}_{t+1} = \frac{y_t \cdot f_1 + y_{t-1} \cdot f_2 + y_{t-2} \cdot f_3 + \cdots + y_{t-n+1} \cdot f_n}{\sum f_i} \quad (9.2)$$

对移动间隔(步长)和权数的选择,也应以预测精度来评定,选择一个预测误差最小的移动间隔和权数的组合。当时间数列的波动较大时,最近期的观察值应赋予最大的权数,较远的时期的观察值赋予的权数依次递减;当时间数列的波动不是很大时,对各期的观察值应赋予近似相等的权数;所选择的各期的权数之和必须等于1。

2. 二次移动平均法

为了避免利用移动平均法预测有趋势的数据时产生系统误差,出现了线性二次移动平均法。这种方法是以一次移动平均值作为时间数列,再计算一次移动平均值数列,在此基础上分析这两次平均值的滞后偏差,并利用其变化规律建立线性方程来进行预测的方法,这种方法适用于具有线性变动趋势的预测。

仍以前例资料为例,二次移动平均值的计算见表9-8($n=2$):

表9-8 二次移动平均值计算　　　　　　　　　　(单位:万元)

月份	y_t	$\bar{y}_t$	$\bar{\bar{y}}_t$	a_t	b_t
1	254.0				
2	292.4	273.2			
3	297.8	295.1	284.15	306.05	21.9
4	330.3	314.05	304.58	323.53	18.95
5	291.1	310.7	312.38	309.03	−3.35
6	327.6	309.35	310.03	308.68	−1.35
7	321.2	324.4	316.88	331.93	15.05
8	354.3	337.75	331.08	344.43	13.35
9	304.6	329.45	333.60	325.30	−8.3
10	348.4	326.5	327.98	325.03	−2.95
11	350.8	349.6	338.05	361.15	23.1

二次移动平均值一般不直接用于预测,而是利用它来求取线性预测模型的模型参数,线性预测模型为:

$$\bar{y}_t = \frac{1}{n}(y_t + y_{t-1} + \cdots + y_{t-n+1})$$

$$\bar{\bar{y}} = \frac{1}{n}(\bar{y}_t + \bar{y}_{t-1} + \cdots + \bar{y}_{t-n+1})$$

$$\begin{cases} a_t = 2\bar{y}_t - \bar{\bar{y}}_t \\ b_t = \dfrac{2}{n-1}(\bar{y}_t - \bar{\bar{y}}_t) \end{cases}$$

$$F_{t+m} = a_t + b_t m \quad P \tag{9.3}$$

m 为预测超前期数。

式中:F_{t+m} 是 $t+m$ 期的预测值;m 是向未来预测的期数;a_t 是模型参数,即线性方程式的截距;b_t 是模型参数,即线性方程式的斜率。模型参数是以二次移动平均值为依据推导出来的。由于时间数列呈明显的线性变动趋势时,一次移动平均值总是落后于实际值,二次移动平均值也落后于一次移动平均值,形成滞后的偏差,并且两次偏差大体相同。利用直线方程即可计算未来某期的预测值。

$$F_{11+1} = 361.15 + 23.1 \times 1 = 384.25(万元)$$

二次移动平均法既可计算未来某一期的预测值,也可计算未来若干期的预测值,因而与前面几种平均法相比有了很大的进步。但是,预测模型的参数是根据已有的数据来确定的,当数据趋势有逐渐改变的迹象时,这种方法就不宜用以推算未来较多期的预测值,而只能以推算较少期的近期预测值。

(三)指数平滑法

指数平滑法是一种特殊的加权移动平均法,是以本期的实际发生数和上期的预测值为基数,分别给予不同的权数来计算指数平滑值,并以此确定预测结果的方法。指数平滑法按时间数列资料被平滑的次数,可分为一次指数平滑法、二次指数平滑法和二次以上的多次指数平滑法。一次指数平滑法适用于水平型时间数列,二次指数平滑法适用于线性趋势型时间数列,二次以上的多次指数平滑法可以用于非线性时间数列的预测,但计算比较烦琐,实际运用也比较少。因此,这里只介绍一次指数平滑法和二次指数平滑法。

1. 一次指数平滑法

一次指数平滑法以预测对象的上期实际发生数和上期预测值为资料,用平滑系数来确定二者的权数来计算其加权平均数(即平滑值),并根据平滑值确定本期预测值。

$$\begin{aligned}
\hat{y}_{t+1} &= \frac{y_t + (y_{t-1} + y_{t-2} + \cdots + y_{t-n+1} + y_{t-n}) - y_{t-n}}{n} \\
&= \frac{y_t}{n} + \frac{(y_{t-1} + y_{t-2} + \cdots + y_{t-n+1} + y_{t-n})}{n} - \frac{y_{t-n}}{n} \\
&= y_t/n + \hat{y}_t - \frac{\hat{y}_t}{n} \quad (以\ \alpha = \frac{1}{n}\ 代入) \\
&= \alpha y_t + (1-\alpha)\hat{y}_t
\end{aligned}$$

$\hat{y}_{t+1}$ 是本期实际值与本期预测值的加权算术平均数($0 < \alpha < 1$),上式可变形为:

$$\hat{y}_{t+1} = \alpha y_t + \hat{y}_t - \alpha \hat{y}_t = \hat{y}_t + \alpha(y_t - \hat{y}_t) \tag{9.4}$$

式中:$\hat{y}_{t+1}$ 为 $t+1$ 期的平滑值(本期预测值);y_t 为 t 期的实际发生数(上期实际数);$\hat{y}_t$ 为 t 期的平滑值(上期预测值);α 为平滑系数。

【例 9.3】 某公司 2008 年前 8 个月销售额资料见表 9-9,用指数平滑法预测 9 月份该公司销售额。已知 1 月份预测值为 150.8 万元,α 分别取 0.2 和 0.8。

表 9-9　某公司 2008 年各月销售情况　　　　　　　（单位：万元）

月份	实际销售额	一次指数平滑预测数	
		$\alpha=0.2$	$\alpha=0.8$
1	154	150.8	150.8
2	148	$0.2\times154+(1-0.2)\times150.8=151.44$	153.36
3	142	150.75	149.07
4	151	149	143.41
5	145	149.4	149.48
6	154	146.52	145.9
7	157	149.62	152.38
8	151	151.1	156.08
9	—	151.08	152.02

一次指数平滑法预测模型的实际意义是，某期市场现象的预测值等于以权数 α 调整的前一期的实际发生数加上以剩余权数 $(1-\alpha)$ 调整的前一期的平滑值。

将上述公式中的上期预测值 y_t 展开，可以发现指数平滑法是加权移动平均预测法的发展和改进。其特点是：对离预测期最近的数据，赋予了最大的权数。对离预测期渐远的数据，赋予了由近向远的按等比级数递减的权数；等比级数的首项为 α，公比为 $(1-\alpha)$，α 是一个可以在 $[0,1]$ 范围内进行调节的数值。α 值越小时，数据资料对预测值的影响由近向远地缓慢减弱；α 值越大时，数据资料对预测值的影响由近向远地迅速减弱。预测者通过调整 α 值的大小，可以调节近期数据或远期数据对预测值的影响程度。因此，指数平滑法的预测结果，既没有忽视远期数据的影响，又能敏感地反映市场现象的变化，而且不要求有太多的数据资料，可节省大量的计算。

运用指数平滑法，需事先估计出初始值。初始值是指最早的一个预测值，它不能从公式中求得，只能加以估计。一般地说，初始值距离预测期越远，对预测值的影响也越小；反之则越大。当时间数列的数据较多时，初始值对预测值的影响就很小，可用最早的实际发生数来代替；如果时间数列的数据较少，初始值需要另作估算。简便的估算方法是选取前面 3 个实际发生数的平均值作为初始值。

运用指数平滑法，还需要选定合适的平滑系数 α。α 值的确定，通常是先选用若干个 α 值进行测试，并计算出不同 α 值的预测误差，经比较后选取误差较小的 α 值用于预测。但是，通过测试来确定 α 值的工作量较大，所以在实际工作中，也可以根据预测者的经验判断来确定。一般对于趋势型时间数列，平滑系数应取相对较大的值，即在 $[0.6,1]$ 之间取值；对于水平型时间数列，平滑系数应取相对较小的值，即在 $[0,0.3]$ 之间取值；对于水平型和趋势型混合的时间数列，平滑系数应取适中的值，即在 $[0.3,0.6]$ 之间取值。

一次指数平滑法只能预测时间数列后面一期的情况，而且当时间数列具有线性趋势时，平滑值仍有滞后偏差；平滑值及其滞后偏差都随着平滑系数 α 的不同取值而有所变化。因此，往往需要将平滑值作必要的修正以后，才能确定预测值。如果时间数列具有明显的线性趋势,则适合采用二次指数平滑法。

2. 二次指数平滑法

二次指数平滑法是对一次指数平滑值序列再进行一次指数平滑值的计算,求得二次指数平滑值序列,通过对二次指数平滑值序列的比较分析,建立起线性方程来进行市场预测的方法。这种方法克服了一次指数平滑法只能预测未来一期的缺点,可用于趋势型时间数列的预测。但二次指数平滑值必须通过一次指数平滑值来计算。单一参数(布朗线性)二次指数平滑法公式为:

$$S_t^{(2)} = \alpha S_t^{(1)} + (1-\alpha) S_{t-1}^{(2)}$$
$$a_t = 2S_t^{(1)} - S_t^{(2)}$$
$$b_t = \frac{\alpha}{1-\alpha}(S_t^{(1)} - S_t^{(2)}) \tag{9.5}$$

式中:$S_t^{(2)}$ 为 t 期(本期)的二次指数平滑值;$S_{t-1}^{(2)}$ 为 $t-1$ 期(上期)的二次指数平滑值,$S_t^{(1)}$ 为 t 期(本期)的一次指数平滑值;α 为平滑系数。

从上面的公式可以看出,二次指数平滑值的计算是将一次指数平滑公式的有关项目进行替换,即用本期的一次指数平滑值 $S_t^{(1)}$ 替换上期的实际发生数;用上期的二次指数平滑值 $S_{t-1}^{(2)}$ 替换上期的一次平滑值,二者的原理是一样的。计算二次指数平滑值时,也需要确定初始值和平滑系数 α,其确定方法与一次指数平滑法的确定方法相同。二次指数平滑值仍不能直接用于预测,也要通过两次指数平滑值来求取线性预测模型的模型参数。模型参数计算出来后,直线方程式便能确定下来了。对 T 赋予不同的值,就能计算出 t 期以后若干期的预测值。因此,二次指数平滑法对于具有明显线性趋势的时间数列,不但可用于短期预测,而且还可用于近期或中期市场预测,它与一次指数平滑法相比是更先进的方法。

(四)季节指数预测法

季节变动是指某些市场现象由于受自然气候、生产条件、生活习惯等因素的影响,在一定时间中随季节的变化而呈现出周期性的变化规律。如农副产品受自然气候影响,形成市场供应量的季节性变动;节日商品、礼品性商品受民间传统的影响,其销售量也具有明显的季节变动现象。对季节变动进行分析研究,掌握其变动规律,可以预测季节型时间数列的季节变动值。季节变动的主要特点是每年都重复出现,各年同月(或季)具有相同的变动方向,变动幅度一般相差不大。因此,研究市场现象的季节变动,收集时间数列的资料一般应以月(或季)为单位,并且至少需要有 3 年或 3 年以上的市场现象各月(或季)的资料,才能观察到季节变动的一般规律性。

季节指数法,就是根据预测目标各年按月(或季)编制的时间数列资料,以统计方法测定出反映季节变动规律的季节指数,并利用季节指数进行预测的预测方法。测定季节指数的方法大体有两类,一是不考虑长期趋势的影响,直接根据原时间数列计算季节指数;二是考虑长期趋势的存在,先将长期趋势消除,然后计算季节指数。季节变动的测定与预测已在第四章中作介绍,这里不再赘述。

三、预测误差分析

运用科学方法研究现象发展的过去和现在,探求规律、预测未来,是行之有效的。但是,这种研究总是建立在现象所处环境和条件未发生重大变化、情况相对稳定的假设上。而事实上现象的变化是错综复杂的,预测的结果往往与未来的实际情况会有所偏离,产生预测误差,即观测值与预测值的离差 $e_i(e_i = y_i - \hat{y}_i)$。预测误差的大小反映预测准确程度的高低,要想提高预测的质量,必须针对预测对象特点,精心选择预测方法。常用的测定预测误差的指标有:

1. 平均误差

$$\overline{e} = \frac{\sum_{i=1}^{n} e_i}{n} \tag{9.6}$$

2. 平均绝对误差

$$\text{MAE} = \frac{\sum_{i=1}^{n} |e_i|}{n} \tag{9.7}$$

3. 均方误差

$$\text{MSE} = \frac{\sum_{i=1}^{n} e_i^2}{n} \tag{9.8}$$

4. 标准误差

$$\text{RMSE} = \sqrt{\frac{\sum_{i=1}^{n} e_i^2}{n}} \tag{9.9}$$

5. 平均绝对百分误差

$$\text{MAPE} = \frac{\sum_{i=1}^{n} \left| \frac{Y_i - Y_i}{Y_i} \times 100\% \right|}{n} \tag{9.10}$$

第三节 Excel 在统计预测中的应用

Excel 在统计预测中有着广泛运用,在第四章时间数列长期趋势、季节变动预测中和第七章回归预测模型的建立已经有详细的介绍,本节主要介绍 Excel 在移动平均法和指数平滑法预测中的一般操作方法。

一、Excel 在移动平均预测法中的应用

已知一个企业某年前 11 个月的销售额（见表 9-6），现用移动平均法预测该企业这年第 12 个月的销售额情况。

（一）Excel 在一次移动平均法中的应用

第 1 步，选择"工具"菜单中的"数据分析"命令，此时弹出数据分析对话框。在"分析工具"列表框中，选择"移动平均"工具。这时弹出移动平均对话框，如图 9-3 所示。

第 2 步，在输入框中指定输入参数。在输入区域框中指定统计数据所在区域 B1:B12；因指定的输入区域包含标志行，所以选中标志位于第一行复选框；在"间隔"框内键入移动平均的项数 3（本例选取移动平均项数 $N=3$）。

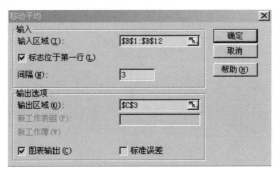

图 9-3 移动平均对话框

第 3 步，在输出选项框内指定输出选项。可以选择输出到当前工作表的某个单元格区域、新工作表或是新工作簿。本例选定"输出区域"，并键入输出区域左上角单元格地址 C3；选中"图表输出"复选框。若需要输出实际值与一次移动平均值之差，还可以选中"标准误差"复选框。

第 4 步，单击"确定"按钮。这时，Excel 给出一次移动平均的计算结果及实际值与一次移动平均值的曲线图，如图 9-4 所示：

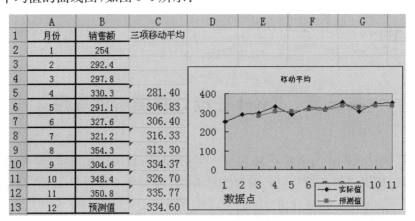

图 9-4 Excel 移动平均分析图

(二) Excel 在二次移动平均法中的应用

二次移动平均法是以一次移动平均值作为时间数列,再计算一次移动平均值数列,在此基础上分析这两次平均值的滞后偏差,并利用其变化规律建立线性方程来进行预测的方法。这种方法适用于具有线性变动趋势的预测。

二次移动平均值一般不直接用于预测,而是利用它来求取线性预测模型的模型参数。线性预测模型为:

$$\bar{y}_t = \frac{1}{n}(y_t + y_{t-1} + \cdots + y_{t-n+1})$$

$$\bar{\bar{y}} = \frac{1}{n}(\bar{y}_t + \bar{y}_{t-1} + \cdots + \bar{y}_{t-n+1})$$

$$\begin{cases} a_t = 2\bar{y}_t - \bar{\bar{y}}_t \\ b_t = \dfrac{2}{n-1}(\bar{y}_t - \bar{\bar{y}}_t) \end{cases}$$

$$F_{t+m} = a_t + b_t m \quad P \tag{9.3}$$

m 为预测超前期数。

以上例数据为例,二次移动平均值的计算如图 9-5 所示($n=2$):

	A	B	C	D	E	F
1		y_t	$\bar{y}_t$	$\bar{\bar{y}}_t$	a_t	b_t
2	月份					
3	1	254				
4	2	292.4	273.2			
5	3	297.8	295.1	284.15	306.05	21.9
6	4	330.3	314.05	304.58	323.53	18.95
7	5	291.1	310.7	312.38	309.03	-3.35
8	6	327.6	309.35	310.03	308.68	-1.35
9	7	321.2	324.4	316.88	331.93	15.05
10	8	354.3	337.75	331.08	344.43	13.35
11	9	304.6	329.45	333.6	325.3	-8.3
12	10	348.4	326.5	327.98	325.03	-2.95
13	11	350.8	349.6	338.05	361.15	23.1

图 9-5 某企业销售额及其二次移动平均结果

利用直线方程即可计算未来某期的预测值。

$$F_{11+1} = 361.15 + 23.1 \times 1 = 384.25(万元)$$

二、Excel 在指数平滑预测法中的应用

(一) Excel 在一次指数平滑法中的应用

某公司 2008 年前 8 个月销售额资料如表 9-9 所示,用指数平滑法预测 9 月份该公司销售额,α 取 0.8。用 Excel 进行预测,具体操作步骤如下:

第1步，选择"工具"菜单中的"数据分析"命令，此时弹出数据分析对话框。在"分析工具"列表框中，选择"指数平滑"工具。这时弹出移动平均对话框，如图9-6所示。

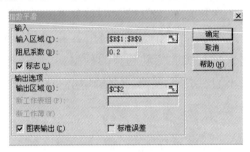

图9-6 指数平滑对话框

第2步，在输入框中指定输入参数。在输入区域框中指定统计数据所在区域B1:B9；因指定的输入区域包含标志行，所以选中标志位于第1行复选框；在"阻尼系数"框内分别键入0.2(本例选取阻尼系数=1−α=0.2)。

第3步，在输出选项框内指定输出选项。可以选择输出到当前工作表的某个单元格区域、新工作表或是新工作簿。本例选定"输出区域"，并键入输出区域左上角单元格地址C2；选中"图表输出"复选框。若需要输出实际值与一次移动平均值之差，还可以选中"标准误差"复选框。

第4步，单击"确定"按钮。这时，Excel给出一次指数平滑法的计算结果及实际值与一次指数平滑预测值的曲线图，如图9-7所示：

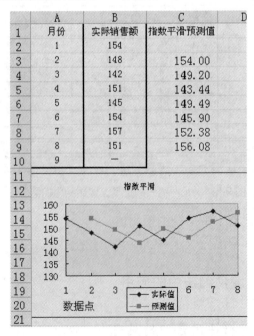

图9-7 某企业销售额一次指数平滑法预测分析图

第5步，第9期的预测值为：$\hat{y}_9 = 0.8 \times 151 + 0.2 \times 156.08 = 152.02$(万元)

(二)Excel 在二次指数平滑法中的应用

在利用二次指数平滑法进行趋势预测时,通常设直线趋势预测模型为:$\hat{y}_{t+T}=a_t+b_tT$。式中 t 为当前时期数;T 为由当前时期数 t 到预测期的时期数,即 t 期以后模型外推的时间;$\hat{y}_{t+T}$ 为第 $t+T$ 期的预测值;a_t 为截距;b_t 为斜率。a_t,b_t 又称为"平滑系数"。根据移动平均法可得截距 a_t 和斜率 b_t 的计算公式为:

$$a_t = 2S_t^{(1)} - S_t^{(2)} ; \quad b_t = \frac{2}{N-1}(S_t^{(1)} - S_t^{(2)})$$

现在对某地区近 21 年的消费额(见表 9-10)用指数平滑法建立趋势预测模型,预测第 23 年的消费额。

表 9-10 某地区消费额

年份序号	消费额(亿元)	年份序号	消费额(亿元)
1	22	12	66
2	31	13	63
3	38	14	69
4	43	15	74
5	41	16	76
6	48	17	77
7	47	18	82
8	54	19	85
9	59	20	91
10	57	21	97
11	59		

用 Excel 进行预测,具体操作步骤如下:

第 1 步,选择"工具"菜单中的"数据分析"命令,此时弹出数据分析对话框。在"分析工具"列表框中,选择"指数平滑"工具。这时弹出移动平均对话框,如图 9-8 所示:

图 9-8 指数平滑对话框

第 2 步,在输入框中指定输入参数。在输入区域框中指定统计数据所在区域 B1:B22;因指定的输入区域包含标志行,所以选中标志位于第 1 行复选框;在"阻尼系数"框内键

入 $1-\alpha=0.1$(本例选取平滑系数 $\alpha=0.9$)。

第 3 步,在输出选项框内指定输出选项。可以选择输出到当前工作表的某个单元格区域、新工作表或是新工作簿。本例选定"输出区域",并键入输出区域左上角单元格地址 C1。

第 4 步,单击"确定"按钮。这时,Excel 给出一次指数平滑的计算结果,最后一个数使用填充柄,如图 9-9 所示。

第 5 步,进行二次指数平滑。操作步骤类似一次指数平滑,指示数据【输入区域】输入 C2:C21,在【阻尼系数】输入 0.1,【输出区域】输入 D1,最后一个数使用填充柄得到。如图 9-9 所示:

第 6 步,建立预测模型。利用前述截距 a_t 和斜率 b_t 计算公式可得:

$$a_{21}=96.994, b_{21}=5.922$$

于是可得 $t=21$ 时的直线趋势预测模型为:$\hat{y}_{21+T}=96.994+5.922T$

预测第 23 年该地区的年消费额是:

$$T=2 \quad \hat{y}_{第22年}=96.994+5.922\times 2=108.838(亿元)。$$

	A	B	C	D	E	F
1	年份	消费额(亿元)	$S^{(1)}$	$S^{(2)}$	a_t	b_t
2	1	22	22.00	22.00	22.000	0.000
3	2	31	30.10	29.29	30.910	7.290
4	3	38	37.21	36.42	38.002	7.128
5	4	43	42.42	41.82	43.021	5.403
6	5	41	41.14	41.21	41.074	-0.611
7	6	48	47.31	46.70	47.925	5.494
8	7	47	47.03	47.00	47.064	0.295
9	8	54	53.30	52.67	53.934	5.674
10	9	59	58.43	57.85	59.006	5.182
11	10	57	57.14	57.21	57.072	-0.640
12	11	59	58.81	58.65	58.974	1.440
13	12	66	65.28	64.62	65.944	5.964
14	13	63	63.23	63.37	63.089	-1.252
15	14	69	68.42	67.92	68.928	4.550
16	15	74	73.44	72.89	73.995	4.973
17	16	76	75.74	75.46	76.030	2.569
18	17	77	76.87	76.73	77.016	1.274
19	18	82	81.49	81.01	81.963	4.279
20	19	85	84.65	84.29	85.012	3.273
21	20	91	90.36	89.76	90.973	5.472
22	21	97	96.34	95.68	96.994	5.922

图 9-9 Excel 二次指数平滑法分析图

第四节 统计决策概述

一、统计决策的概念

(一)什么是决策

决策就是为了实现特定的目标,根据客观的可能性,在占有一定信息的经验基础上,借助一定工具、技巧和方法,对影响目标实现的诸因素进行准确的计算和判断选优后,对未来的行动作出决定。

(二)决策的基本特征

1. 未来性

决策总是面对未来的,已经发生的事和正在发生的事是不需要决策的,决策产生于行动之前。由于未来是不确定的,因此决策具有风险性,科学的预测可以减少这种风险。

2. 选择性

决策离不开决断,决断离不开比较和选择,决策过程包括目标选择和决策方案选择。

3. 实践性

比较选择后得到的最优方案还只是思维结果,要付诸实施才能实现决策目标。实践可使决策者的认识产生飞跃,不实施的决策是毫无意义的,决策方案的最优性也无从谈起。

(三)组成决策系统的基本因素

决策是一项系统工程,组成决策系统的基本因素有决策主体、体现决策主体利益和愿望的决策目标、决策的对象以及决策所处的环境。决策是由人作出的,人是决策的主体,决策主体既可以是个人,也可以是一个组织——由决策者所构成的系统。决策者进行决策的客观条件是他必须具有判断、选择和决断的能力,承担决策后果的法定责任。决策是围绕目标展开的,决策的开端是确定目标,终端是实现目标。决策目标既体现主体的主观意志,又反映客观现实,没有决策目标就没有决策。决策对象是决策的客体。决策对象涉及的领域十分广泛,可以包括人类活动的各个方面。决策对象具有一个共同点,即人可以对决策对象施加影响。凡是人的行为不能施加影响的事物,不作为决策的对象。决策环境是指相对于主体、构成主体存在条件的物质实体或社会文化要素。决策不是在一个孤立的封闭系统中进行的,而是依存于一定环境,同环境进行物质、能量和信息交换。决策系统与环境构成一个密不可分的整体,它们之间相互影响、相互制约、息息相关。

(四)统计决策

统计决策是为实现已确定的目标而抉择行动方案,也是对"做什么"和"怎么做"的问题作出回答。这使统计在国民经济宏观调控和企业微观管理中发挥着更大的作用。

统计决策有广义和狭义之分。凡是使用统计方法进行决策的方法称为"广义的统计决策"。狭义的统计决策是指在不确定情况下所作的决策。在不确定情况下进行的决策需要具备以下四个条件:第一,决策者要求达到一定目标,如治疗结果最好、成本最低、医疗服务质量最好等等,从不同的目的出发往往有不同的决策标准;第二,存在两个或两个以上可供选择的方案,所有的方案构成一个方案集合;第三,存在着不以决策者主观意志为转移的客观状态,或称为"自然状态",所有可能出现的自然状态构成状态空间;第四,在不同情况下采取不同方案产生的结果是可以计量的,所有结果构成一个结果空间。

二、统计决策的种类

决策所要解决的问题是多种多样的,所对应的决策过程、思维方式、运用技术也各不相同。

(一)按决策问题所处的条件,可分为确定型决策、不确定型决策和对抗型决策

1.确定型决策

确定型决策是指可供选择方案的条件已确定。例如,医院要进一批降压药,一种是长效药,但价格较高;一种是短效药,但价格便宜,选择哪一种就需要决策。在这个例子中,如果药品的疗效和价格都已确定,如何选择关键在于取决于医院的要求。

2.不确定型决策

不确定型决策是指决策时的条件是不确定的,可以细分成两种。一种是各种可能情况出现的已知概率,可以结合这些概率来作出判断、选择方案,这样要冒一定的风险,所以称为"风险型决策";另一种是未知任何信息的决策,称为完全不确定情况下的决策。

3.对抗型决策

对抗型决策的特点是包含了两个或几个方面之间的竞争,并且不是所有的决策都在决策者的直接控制之下,要考虑到竞争方的策略。例如,战国时期"田忌赛马"的故事就是对抗型决策的典型例子。

(二)按照问题的性质,可分为程序化决策和非程序化决策

1.程序化决策

程序化决策也称为"结构化决策",是针对经常出现、具有某种规律的问题作出的决策。解决这类问题通常可按其规律明确决策程序,建立相应决策规则,遇到同类问题出现时便可重复应用决策规则妥善处理。

2.非程序化决策

非程序化决策也称"非结构化决策",是指针对偶然出现的特殊性问题或首次出现的情况或问题作出决策。解决这类问题一般没有一定的规则,需要创造性思维才能加以解决,且越是高层的决策,非程序化决策越多。

(三)按照决策涉及的范围,可分为总体决策和局部决策

1.总体决策

总体决策是涉及各个重要方面的决策,如卫生保健制度的宏观战略和医疗保险方案的实施计划等,它决定着卫生保健事业的发展方向、行动纲领和保障目标,是卫

生事业全局性的决策。

2. 局部决策

局部决策是指仅涉及个别对象或个别方面的决策,如药品的销售决策、医院的财务决策、物质技术设备的技术改革决策等等。局部决策是总体决策的组成部分,是一定时期内实现总体决策的手段。

(四)按照决策过程是否运用数学模型来辅助决策,可分为定性决策和定量决策

1. 定性决策

定性决策重在对决策问题质的把握,其决策变量、状态变量及目标函数等无法从数量上来刻画,只能作抽象的概括或定性的描述,如组织机构设置的优化、人事决策、选择目标市场等都属此类。

2. 定量决策

定量决策重在对决策问题量的刻画,这类决策问题中的决策变量、状态变量、目标函数都可以用数量来表示,决策过程中运用数学模型来辅助人们寻求满意的决策方案,如医院内部的药品库存控制决策、成本计划、医院的床位设置和提供服务的种类等。

不过,定性和定量的划分是相对的。实际决策分析中,在定量分析之前,往往要进行定性分析;而对一些定性分析问题,也要尽可能使用各种方式将其转化为定量分析,如考评干部德、才及能力,可采取层次分析的方法或者利用模糊数学方法进行评判。定性和定量分析结合使用,可以提高决策的科学性。

(五)按照决策目标的数量可分为单目标决策和多目标决策

1. 单目标决策

单目标决策是指决策要达到的目标只有一个。如个人的医疗保险决策即是单目标决策,决策者的目标就是尽可能地减少因为疾病带来的经济损失,追求健康投资收益的极大化。

2. 多目标决策

多目标决策是指决策要达到的目标不止一个。在实际决策中,很多都是多目标决策问题,如医院管理的目标决策就是一个多目标决策问题,医院提供医疗服务的目标除了救死扶伤、提高社会效益外,还有很多其他目标,如降低成本、提高经济效益、改进服务态度、树立医院形象、加强技术革新、提高竞争能力、合理配置资源、提高服务效率等,多目标决策问题一般比较复杂。

(六)按照决策的整体构成可分为单阶段决策和多阶段决策

1. 单阶段决策

单阶段决策是某个时期的某一问题的决策,整个问题只由一个阶段构成。因此,单

个阶段的最优决策为整个决策问题的最优决策,如医院的年度人员培训计划等。

2. 多阶段决策

多阶段决策也称"动态决策",它具有如下特点:

(1)决策问题是由多个不同阶段的决策问题构成;

(2)前一阶段决策的结果直接影响下一阶段的决策,是下一阶段决策的出发点;

(3)必须分别作出各个阶段的决策,但各阶段决策结果的最优之和不一定保证整体决策结果的最优性。多阶段决策必须追求整体的最优性。

(七)按照决策采用的统计理论可分为传统决策和贝叶斯决策

1. 传统决策

传统决策是指根据样本的结果来推断总体,如假设检验中根据统计量的估计值作出拒绝还是接受原假设的结论,不考虑任何主观的先验信息。

2. 贝叶斯决策

贝叶斯决策则是主张利用主观的先验信息,广义上说,管理决策通常都应用先验信息,均可称为"贝叶斯决策";而狭义的贝叶斯决策则是指将样本信息与先验信息相结合,利用贝叶斯的后验概率公式所作的决策。

三、统计决策的原则

(一)全局性原则

企业作为社会的一个组成单位,一方面,它是整个国民经济的子系统,要贯彻执行政府的有关方针、政策、法令、制度,适应社会的限制条件;另一方面,企业自身又是一个系统,企业的经营决策,要保证总体优化,必须协调好企业内部各部门、各单位、各环节之间的关系,进行综合平衡。这是决策的首要原则。

(二)科学性原则

决策是一个复杂的过程,必须遵循科学的决策程序,尊重客观规律、尊重科学,从实际出发,实事求是。确定有效的决策标准,采用科学的决策方法,建立有效的决策体系和作好决策的组织工作。

(三)满意原则

决策遵循的是满意原则,而不是最优原则。对决策者来说,要想决策达到最优,必须获得决策所需要的全部信息、拟定所有可能达到目标的方案、准确预测每种方案在未来执行的结果。然而,由于人的"有限理性",这些条件都是无法达到的,现实情况决定了决策者难以作出最优决策,只能作出相对满意的决策,这就是决策的满意原则。

(四)可行性原则

每一项决策都会有若干条件的制约,必须从实际出发,使决策方案切实可行,才能提高效率,获得更多收益,避免浪费和减少风险。应采用定性和定量相结合的方法,认真进行可行性研究和分析论证,量力而行,选取切实可行的满意方案。

(五)经济性原则

经济性原则具体体现为决策的效益原则和节约原则。讲求效益是决策的根本目的,要把速度与效益、短期效益与长期效益、企业效益与社会效益有机地结合起来。节约原则有两重含义:第一,决策过程本身所使用的费用最少;第二,决策内容也力求成本最低。

(六)创新性原则

科学的决策,要求决策者既要有技术经济分析的能力,又要有战略眼光和进取精神,勇于开拓新路子,提出新设想,创造新方法。

四、统计决策的作用和步骤

(一)决策的作用

预测是决策的基础,决策是根据预测所作出的决断。在市场经济条件下,统计决策发挥着巨大的作用。这是因为在充满激烈竞争的市场中,决策者对信息掌握不足,对事物发展所导致的结果往往捉摸不透,而摆在决策者面前又有很多行动方案可供采用,这时统计决策可以帮助决策者选择一种行动方案。

决策的功能可表达为:目标→决策→行动→结果。即由目标出发,作出决策,由决策指挥行动,由行动产生相应的结果。可见,科学的统计决策起着由目标到达结果的中间媒介作用,能够避免盲目行动所带来的风险。在卫生管理领域,从基础医疗机构的决策到部门卫生决策、地区卫生决策,以至全国性的卫生决策,都需要在统计决策的基础上采用有事实依据的最优行动方案,尽可能减少由于盲目决定而导致的损失。

信息是现代社会的重要资源,是决策的基础,没有信息,就无法进行决策或者只能作出盲目的决策。决策信息包括决策系统内、外的信息,如有关决策主体信息、决策主体需求信息、实现目标可能性信息、决策对象信息及决策环境信息等。决策信息的搜集必须花费一定的费用,包括人力的耗费、财力的耗费乃至决策方案更改的机会成本等。因此,在搜集到一定的信息之后就应立即作出决策,即使仍有很多信息没有搜集全,也应如此。

(二)统计决策的步骤

决策制定过程通常被描述为"在不同方案中进行选择",但这种观点显然过于简单了,因为决策制定是一个过程而不是简单的方案选择。也有人认为,作出决策是顷刻之间的事。可是,刹那间的决定有可能过于草率,容易造成大错。因此,严格地说决策是一个过程,其步骤如图9-10所示。图9-10描述了决策的制定过程,从认识决策需要开始,到选择能解决问题的方案,最后到反馈方案结束。

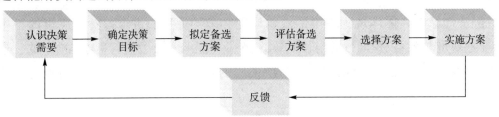

图9-10 决策制定过程

1.认识决策需要

在决策前,决策者必须知道为什么要决策,因此决策过程开始就是认识决策需要。一些刺激因素通常会激发决策需要的意识。当组织环境中发生的变化带来了新的机遇或威胁时,这些刺激因素就会凸现出来。当然,我们不是简单地认识这些因素,必须考察它们对整个组织的一些影响程度,考虑这些因素对组织和员工需要的满足感,并对其进行较为准确的评估,寻找最紧迫和最重要的需要。只有这样,才能提高作出决策的可能性。

确定需要的准确度有赖于获得信息的精确程度,因此决策者首先要力求获得最精确的、可信赖的信息,否则将不能发现真实的决策需要;其次要正确地解释精确的信息。

除了来自外部环境中的变化,激发决策需要的刺激因素还可能来自于组织内部管理者的行为。一个组织拥有大量的技术、能力和资源,而这些因素都掌握在企业员工和营销、生产以及研发等各个部门手中,积极寻找利用这些能力的管理者往往能创造出决策需要。因此,在决策需要过程中,管理者既可以在需要形成之后对其认识评价,发挥被动反应作用,也可以主动创造决策需要,发挥积极作用。总之,无论是主动还是被动,管理者必须认识到决策的需要,并以一种及时、恰当的方式作出反应。

2.确定决策目标

管理就是为了实现组织目标,体现为组织要获得的结果,因此,决策前必须要明确获得结果的数量和质量,因为它将成为决策其他步骤的行动指南。

决策目标就其重要程度一般分为三类,即必须达到的目标、希望达到的目标和不予重视的目标。必须完成的目标,对组织和决策来讲是绝对重要的,完成它就意味着决策取得了成功;希望完成的目标,对组织和决策来讲是相对重要的,能够全面完成更好,部分完成也算决策的收获,因此,它是一种弹性的要求;不予重视的目标,是对组织和决策重要性不大的、在决策方案中无需专门考虑的目标。

3. 拟定备选方案

认识到决策需要,明确决策目标后,管理者接下来要做的事情就是拟定备选方案,用来应对出现的机遇和威胁,达到组织目标。这一步需要丰富的想象力和创造力。事实证明,没有恰当地拟定不同的备选方案并对其进行分析是许多管理者作出错误决策的重要原因之一。

但是,在大多数情况下,备选方案不会很清楚和明确。主要问题在于,管理者很难对特定问题提出具有创造性的解决方案。因为他们中的一些人也许已经习惯于从单一的角度看待和分析问题,即形成了某种"管理思维定势"。因此,在明确目标这一步,要积极培养组织的学习能力和创造力,帮助管理者抛开固有的关于世界的思维模式,从而提出创造性的备选方案以解决问题。

4. 评估备选方案

一旦管理者拟出了一系列备选方案,他们就必须对每种方案的优点和缺点进行评估。要想客观地评价这些备选方案,关键是要准确地定义机遇和威胁,然后确定出可能对解决问题或利用机遇的备选方案选择产生影响的决策标准。作出不良决策的原因就在于管理者没有确定对于达成一项决策很重要的决策标准。

评估的方法通常有三种,即经验判断法、数学分析法和试验法。经验判断法是依靠决策者的实践经验和判断能力来选择方案的一种方法。对于比较复杂的方案,可用起码的满意程度或关键评价标准淘汰一些方案。数学分析法是用数学模型进行科学计算以选择方案的方法。当选择重大方案时,既缺乏实践经验,又无法采用数学模型,可选择少数的几个典型环境为试点单位,以取得经验和数据,作为选择方案依据的方法,这就是试验法。

管理者在评估备选方案时,需要同时考虑以下 4 种标准:

第一,合法性。管理者必须保证可能入选的行动方案是合法的,不会违背任何国内和国际的法律以及政府法规。

第二,合乎道德。管理者必须确保可能入选的行动方案是合乎道德的,不会给任何一个利益相关者带来不必要的伤害。实际上,管理者作出的很多决策可能对一部分利益相关者是有利的,而对另外一些利益相关者是有害的。因此,在对每一备选方案进行分析时,管理者必须对各种决策可能产生的影响有一个清楚的认识。

第三,经济可行性。管理者必须确定一种备选方案在经济上是否有可行性,也就是说,在既定的组织目标下,备选方案是否能够实施。通常情况下,管理者都要对各种备选方案进行一个成本收益分析,以确定哪一种方案将会为组织带来最大的财务净收益。

第四,实用性。管理者必须确定自己是否拥有实施备选方案的能力和资源,必须保证所选择的备选方案不会威胁到组织其他目标的实现。如有些备选方案在经济上可能优于其他方案,但是该方案有可能威胁到组织的其他重要项目,这也表明该方案不具有实用性。

5. 选择方案

在对备选方案进行详细分析之后，下一项任务就是对不同的备选方案进行排序和筛选，主要参考上述 4 项标准，然后从中选择。在排序时，管理者确保所有可能获得的信息都被纳入考虑范围之内，但是，获得一项决策所需要的全部相关信息并不意味着管理者拥有的信息是完全的。由于人的"有限理性"，在大多数情况下，管理者获得的信息是不完全的。因此，管理者在选择方案时，必须仔细考察所掌握的全部事实，并确信自己已获得足够的信息。

6. 实施方案

在选定了最满意的备选方案之后，就需要予以实施。在实施方案过程中，还需要作出许多后续的相关决策。一旦确定了一项行动方案，方案的实施将不可避免地会对各方造成不同程度的影响。所以说，管理者要善于做思想工作，帮助他们认识损害只是暂时的，或者说决策必须服从大局利益，以便化解决策方案实施的阻力。

7. 反馈

决策过程的最后一个步骤就是从反馈中学习。有效的管理者总是善于对过去的成功或失败进行反思，并从中吸取经验和教训。不对决策结果进行评价的管理者不仅不能从经验中有所收获，相反，他们还会停滞不前，甚至有可能一而再、再而三地犯同样的错误。为了避免这些问题，管理者必须建立起一种从过去决策的结果中进行学习的正式程序。

第五节 单目标决策方法

一、非确定型决策法

非确定是指对自然状态出现的概率无法确定，即决策问题中涉及的条件有些是未知的。对其中有些随机变量，连它们的概率分布也不知道，这时就要采取一些不必知道状态概率的决策方法。以下介绍一些常见的方法，这些方法只是决策者优选的原则，所选原则不同，得到的最优方案也不同。

（一）悲观决策法（Max—Min 决策法）

悲观决策法，也称为"小中取大法"，或"wald 法"，其基本思想是把事情估计得很不利（效益最小），最优方案则是从各方案的最坏情形中，取一个最好的方案。

设有一非确定型决策，备选方案为 $A_i (i=1,2,\cdots,m)$，自然状态有 n 种，损益值为 $\theta_{ij} (i=1,2,\cdots,m; j=1,2,\cdots,n)$。若用 $f(A_i)$ 表示采取方案 A_i 时的最小收益，即

$$f(A_i) = \min\{\theta_{i1}, \theta_{i2}, \cdots, \theta_{in}\}, i=1,2,\cdots,m$$

则满足
$$f(A_*) = \max_{1\leqslant i\leqslant m} f(A_i) \tag{9.11}$$
的方案 A_* 为最优。

(二)乐观决策法(Max—Max 决策法)

乐观决策法也称为"大中取大法",与 Max—Min 决策法相反。Max—Max 总把事情估计得最好(效益最大),最优方案则是从最好情形的各方案中,取一个最好的方案。

若用 $g(A_i)$ 表示采取方案 A_i 时的最大收益,即
$$g(A_i) = \max\{\theta_{i1}, \theta_{i2}, \cdots, \theta_{in}\}, i = 1, 2, \cdots, m$$
则满足
$$g(A_*) = \max_{1\leqslant i\leqslant m} g(A_i) \tag{9.12}$$
的方案 A_* 为最优。

这个原则是从最好情况着眼的、带有冒险性质的一种决策方法,它反映了决策者的乐观情绪。当决策者估计出现最好状态的可能性甚大,而且即使出现最坏状态损失也不十分严重时,可以采用这一决策原则。

(三)折中决策法(Hurwicz 决策法)

折中决策法是决策者为克服上面完全乐观或完全悲观的情绪而采取的一种折中办法。根据历史经验先确定一个乐观系数 $\alpha(0<\alpha<1)$,然后求每个方案的折中效益值 H_i,即:
$$H_i = \alpha \min_{1\leqslant i\leqslant m}\{\alpha_{ij}\} + (1-\alpha)\max_{1\leqslant j\leqslant n}\{\alpha_{ij}\} \quad (i=1,2,3,\cdots,m; j=1,2,\cdots,n) \tag{9.13}$$

最后比较多个方案的折中值,选择其中最大者所对应的方案作为最优方案。

显然,当 $\alpha=1$ 时就是悲观决策法,$\alpha=0$ 时就是乐观决策法。

(四)最小遗憾决策法(Savage 决策法)

最小遗憾决策法,又称"Min—Max 后悔值决策法"。其基本思想是将每一种状态下的最优值(效益最大)定为理想目标,并将该状态下其他效益值与最优值的差称为未达到理想的后悔值,然后把每个方案的最大后悔值找出来,再从中找出最小值所对应的方案作为最优方案,即先求后悔值
$$N_{ij} = \max_{1\leqslant i\leqslant m}(a_{kj} - a_{ij}) \quad (i=1,2,\cdots,m; j=1,2,\cdots,n) \tag{9.14}$$

这样就构成一个后悔矩阵 $N = (N_{ij})_{m\times n}$,然后根据该矩阵选取每个方案对应的最大后悔值,最后从中选取最小值。

(五)应用举例

【例 9.4】 某公司生产某产品,有 3 种生产方案,其效益情况如表 9-11 所示:

表 9-11　各种方案在不同情况下的收益　　　　　　　　　(单位:千元)

方案 \ 状态(效益值)	市场景气	市场不景气
A_1	200	−20
A_2	150	20
A_3	100	60

试分别用悲观决策法、乐观决策法、折中决策法和最小最大后悔值法对该问题进行决策分析。

解: (1)悲观决策法。

$$i = 1 \text{ 时}, \min_{1 \leqslant j \leqslant 2} a_{1j} = \min\{200, -20\} = -20$$

$$i = 2 \text{ 时}, \min_{1 \leqslant j \leqslant 2} a_{2j} = \min\{150, 20\} = 20$$

$$i = 3 \text{ 时}, \min_{1 \leqslant j \leqslant 2} a_{3j} = \min\{100, 60\} = 60$$

$$\text{从而} \max_{1 \leqslant i \leqslant 3} \min_{1 \leqslant j \leqslant 2} a_{ij} = \{-20, 20, 60\} = 60$$

即 A_3 为最优方案。

(2)乐观决策法。

$$i = 1 \text{ 时}, \max_{1 \leqslant j \leqslant 2} a_{1j} = max\{200, -20\} = 200$$

$$i = 2 \text{ 时}, \max_{1 \leqslant j \leqslant 2} a_{2j} = \max\{150, 20\} = 150$$

$$i = 3 \text{ 时}, \max_{1 \leqslant j \leqslant 2} a_{3j} = \max\{100, 60\} = 100$$

$$\text{从而} \max_{1 \leqslant i \leqslant 3} \max_{1 \leqslant j \leqslant 2} a_{ij} = \{200, 150, 100\} = 200$$

即 A_1 为最优方案。

(3)折中决策法。

① 取 $\alpha=0.3$,则 $1-\alpha=0.7$,由上面的公式有:

$$H_1 = 0.7 \times 200 + 0.3 \times (-20) = 134$$
$$H_2 = 0.7 \times 150 + 0.3 \times 20 = 111$$
$$H_3 = 0.7 \times 100 + 0.3 \times 60 = 88$$

显然,H_1 最大,即 A_1 为最优方案。

② 取 $\alpha=0.4$,则 $1-\alpha=0.6$,由上面的公式有:

$$H_1 = 0.6 \times 200 + 0.4 \times (-20) = 68$$
$$H_2 = 0.6 \times 150 + 0.4 \times 20 = 72$$
$$H_3 = 0.6 \times 100 + 0.4 \times 60 = 76$$

显然，H_3 最大，即 A_3 为最优方案。

由此可见，采用折中决策法，当 α 取值不同时，也会导致决策方案的不同。

（4）最小最大后悔值决策法。

由表 9-11 可以得到：

$$\max_{1\leq k\leq 3} \alpha_{k_1} = \max\{200, 150, 100\} = 200$$

$$\max_{1\leq k\leq 3} \alpha_{k_2} = \max\{-20, 20, 60\} = 60$$

因此，由上面的公式可得到后悔矩阵如下：

$$(N_{ij})_{3\times 2} = \begin{bmatrix} 0 & 80 \\ 50 & 40 \\ 100 & 0 \end{bmatrix}$$

每个方案对应的最大后悔值为：

$N_1 = \max\{0, 80\} = 80$

$N_2 = \max\{50, 40\} = 50$

$N_3 = \max\{100, 0\} = 100$

从而 $\min\{80, 50, 100\} = 50$，因此 A_2 最优。

二、决策树法

以上讨论的均是某一阶段的决策问题，当面对多阶段决策问题时，我们通常采用决策树法，其目标可以是最大期望值，也可以是最大期望效用。

（一）决策树的含义

决策树又称为"决策流程网络"或"决策图"，是把方案的一系列因素按它们的相互关系用树状结构表示出来，再按一定程序进行优选和决策的技术和方法。

（二）决策树构成及符号说明

□——决策点。由它引出的分枝为策略方案分枝，分枝数反映可能的策略方案数。

○——策略方案节点，节点上方注有该策略方案的期望值。由它引出的分枝为概率分枝，每个分枝上注明自然状态及其出现的概率，分枝数反映可能的自然状态数。

△——事件节点，又称"末梢"。它的旁边注有每一策略方案在相应状态下的期望值（或损益值）。

（三）决策树的计算和决策

从右向左依次进行计算，在策略方案节点上计算该方案的期望值，而后在决策点上比较各策略方案的期望值并进行决策。

(四)决策树进行决策和方案优选的步骤

第1步,绘制决策树图;
第2步,预计可能事件(可能出现的自然状态)及其发生的概率;
第3步,计算各策略方案的损益期望值;
第4步,比较各策略方案的损益期望值,进行择优决策。

判断准则:若决策目标是效益,应取期望值大的方案;若决策目标是费用或损失,应取期望值小的方案。

(五)应用举例

【例 9.5】 学校建设图书馆,工程分2期进行施工。第1期工程完工后,由于某些原因,第2期工程要2个月后才能开工,这就面临工地上的机械设备是否搬迁的问题。具体情况如表9-12所示:

表9-12 工程方案损益及概率

方案 \ 概率 损益值	天气晴好(0.6)	下雨(0.4)
方案B不搬迁 一般保养	3000	15000
方案B不搬迁 特殊保养 10000	小损失(0.8) 1000	大损失(0.2) 4000
方案A搬迁	8000	

根据上述资料,用决策树方法对此进行决策。

解:(1)绘制决策树。

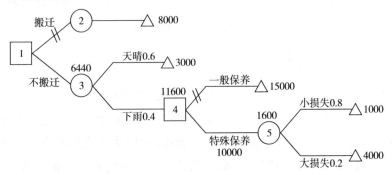

(2)计算各方案的损益期望值。

B方案:$0.8 \times 1000 + 0.2 \times 4000 = 1600$(元)
　　　　$1600 + 10000 = 11600$(元)
　　　　$0.4 \times 11600 + 0.6 \times 3000 = 6440$(元)

A方案:8000(元)

(3)方案期望值的比较和优选。

因为 11600 元＜15000 元，所以应该选择特殊保养；又因为 6640 元＜8000 元，所以应该不搬迁，即选择 A 方案。因此，最后决策为不搬迁并且采用特殊保养。

第六节　多目标决策方法

多目标决策方法是从 20 世纪 70 年代中期发展起来的一种决策分析方法。决策分析是在系统规划、设计和制造等阶段为解决当前或未来可能发生的问题，从若干可选的方案中选择或决定最佳方案的一种分析过程。在社会经济系统的研究控制过程中我们所面临的系统决策问题常常是多目标的。例如，我们在研究生产过程的组织决策时，既要考虑生产系统的产量最大，又要使产品质量高，生产成本低等问题。由于这些目标之间的相互作用和矛盾，使决策过程相当复杂，导致决策者常常很难轻易作出决策。这类具有多个目标的决策就是多目标决策。多目标决策方法是从 20 世纪 70 年代中期发展起来的一种决策分析方法，现已广泛地应用于工艺过程、工艺设计、配方配比、水资源利用、环境、人口、教育、能源、企业、高速武器系统设计和评价、经济管理等领域。

一、多目标决策的类型和原则

常用的多目标决策的目标体系可以分为 3 类：一是单层目标体系。即各目标同属于总目标之下，各目标之间是并列的关系。二是树形多层目标体系。即目标分为多层，每个下层目标都隶属于一个而且只隶属于一个上层目标，下层目标是对上层目标更具体的说明。三是非树形多层目标体系。即目标分为多层，每个下层目标隶属于某几个上层目标（至少有一个下层目标隶属于不止一个上层目标）。

处理多目标决策问题，一般遵循 2 个原则：

原则一，在满足决策需要的前提下，尽量减少目标个数。常用的方法有：一是除去从属目标，归并类似目标。二是把那些只要求达到一般标准而不要求达到最优的目标降为约束条件。三是采取综合方法将能归并的目标用一个综合指数来反映。例如，反映一所医院的医疗质量，可以把各项与医疗质量相关的主要指标（如 3 日确诊率、治愈好转率、平均住院等指标）合并成一个类似医疗质量综合指数的综合指标。

原则二，分析各目标重要性的大小、优劣程度，分别赋予不同的权数。将注意力首先集中到必须达到而且重要性大的目标上，然后再考虑次要的目标。如一个连续 2 年平均住院日超标的医院，可以将第 3 年的缩短住院天数、加快病床周转速度作为优先目标，而将提高病床占用率作为次要目标。

二、多目标决策的方法

多目标决策问题一般属于复杂系统的决策问题，解决这种问题是目前决策领域仍在探索的较前沿的领域。现有较为成熟的方法有多属性效用理论、字典序数法、多目标规划、层次分析、优劣系数、模糊多目标决策等,此处主要介绍层次分析法。

层次分析法(Analytic Hierachy Process,简称 AHP)作为系统工程对非定量事件进行评价的一种分析方法,是 1973 年由美国学者 T·L·萨蒂(T·L·Saaty)最早提出的。运用它解决问题,可以分为 4 个步骤:

一是分解原问题,并建立层次结构模型;

二是收集数据,用相互比较的办法构造判断矩阵;

三是层次单排序及一致性检验;

四是进行总排序和一致性检验,找出各个子目标对总目标的影响权重,并以此作为决策依据。

此处以供应链绩效评价为例,来说明层次分析法在决策中的应用。纵观企业绩效评价的大量研究成果,不难发现,传统的企业绩效评价指标一般是基于功能的,主要体现在会计和财务指标上,注重的是对结果的反映。在评价过程中显得比较单一和被动。层次分析法正好弥补了这一缺陷,它首先将复杂的问题层次化,将问题分解为不同的组成因素,并按照因素的相互关联和隶属关系将其按不同层次聚集组合,形成一个多层次的分析结构。一般层次分析结构可分为目标层、准则层和方案层 3 层。现以基于顾客满意度的供应链绩效评价为例叙述层次分析的决策步骤。

(一)分解原问题,并建立层次结构模型

以顾客满意度为目标层(A),并根据企业生产的产品性质和特点,以及实现商业化的基本条件,将评价指标确立为柔性(B_1)、可靠性(B_2)、价格(B_3)、质量(B_4),这 4 个指标为准则层。接着将上述 4 个指标进行进一步分解,确立 13 个评议指标作为第 3 层。其中柔性包括产品柔性(C_1)、时间柔性(C_2)和数量柔性(C_3);可靠性包括失去销售比(C_4)、准时交货率(C_5)和顾客抱怨率(C_6);价格包括平均单品促销率(C_7)和同比价格优势(C_8);质量包括服务质量(C_9)、顾客满意率(C_{10})、修退货率(C_{11})、差错率(C_{12})和产品残损率(C_{13})(见图 9-11)。

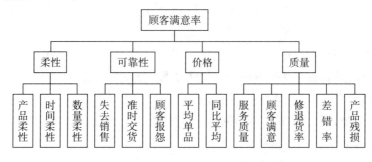

图 9-11 供应链绩效评价指标层次结构

(二)构造判断矩阵

AHP方法的信息基础是判断矩阵,为了减少主观因素的影响,一般采用Saaty提出的"1—9比率标度法"(见表9-13)。根据各指标的相对重要程度,将隶属于同一指标的各指标进行两两比较,形成判断矩阵。如 b_{ij} 表示在隶属于 A_i 各个指标中,指标 b_i 对于指标 b_j 的相对重要程度。一般地,隶属于指标 A_i 的指标 $B_j(j=1,2,3,\cdots,n)$,其判断矩阵为一 n 维方阵。通过专家、财务分析人员对影响因素的相对重要性予以量化,构成判断矩阵 A。各目标层对准则层的判断矩阵是由专家对各影响指标的相对重要性作出的评价,结果见表9-13所示。

表9-13 判断矩阵标度

标度值	1	3	5	7	9	倒数	2,4,6,8
含义	B_i比B_j 同等重要	B_i比B_j 稍微重要	B_i比B_j 明显重要	B_i比B_j 强烈重要	B_i比B_j 极端重要	$B_{ji}=1/B_{ij}$	重要程度介于上述奇数之间

$$\begin{array}{c} \quad A \quad B_1 \quad B_2 \quad \cdots \quad B_n \\ \begin{array}{c} B_1 \\ B_2 \\ \cdots \\ B_2 \end{array} \begin{bmatrix} b_{11} & b_{12} & \cdots & b_{1n} \\ b_{21} & b_{22} & \cdots & b_{2n} \\ \vdots & \vdots & \vdots & \vdots \\ b_{n1} & b_{n2} & \cdots & b_{nn} \end{bmatrix} \end{array} \tag{9.15}$$

(三)单排序计算方法

利用排序原理,求得各指标排序矢量。排序计算的方法有方根法、和积法以及幂法,此处采用方根法。其计算过程如下:

第一,计算判断矩阵每一行元素的乘积 M_i:

$$M_i = \prod_{i=1}^{n} b_{ij}, i=1,2,3,\cdots,n, j=1,2,3,\cdots,n \tag{9.16}$$

第二,计算各行元素乘积 M_i 的 n 次方根 W_i:

$$W_i = \sqrt[n]{M_i}, i=1,2,3,\cdots,n \tag{9.17}$$

第三,将向量 $(W_1,W_2,W_3,\cdots,W_n)^T$ 归一化,计算如下:

$$\overline{W_i} = \frac{W_i}{\sum_{i=1}^{n} W_i}, i=1,2,3,\cdots,n \tag{9.18}$$

第四,计算判断矩阵的最大特征值 $\lambda_{\max}$:

$$\lambda_{\max} = \sum_{i=1}^{n} \frac{(AW)_i}{nW_i}, i=1,2,3,\cdots,n \tag{9.19}$$

其中:$(AW)_i$ 为向量 AW 的第 i 个元素;矩阵 A 为 $[b_{ij}]_{n\times n}$。

(四)一致性检验

在评价的过程中,为了保证得到权重的合理性,必须对每个判断矩阵进行一致性检验,看是否满足:

$$CR = \frac{\lambda_{\max} - n}{(n-1)RI} < 0.1 \tag{9.20}$$

否则应该对判断矩阵进行修正,直到满足一致性要求为止。式中 RI 表示平均随机一致性指标,其具体数值见表 9-14。

表 9-14 随机检验指标在 1~9 阶矩阵下的数值

矩阵阶数	1	2	3	4	5	6	7	8	9
RI 的值	0	0	0.58	0.90	1.12	1.24	1.32	1.41	1.45

(五)总排序计算

对总排序指标的计算,采取自上而下的方法,将每个单一准则的权重进行合成,直到计算出最底层中各个评价指标的权重。

和其他方法相比,应用层次分析法对供应链绩效实施评价,能把复杂系统分解为各种组成因素,形成有序的层次结构指标体系,且大部分数据都可通过实际测得,能被决策者接受,对实施供应链管理有一定借鉴意义。该方法除应用于供应链绩效评价外,在企业价值评价、供应商选择、零售商绩效评价、供应链风险评价等方面也有一定的应用。

复习思考题

1. 何谓统计预测,其主要步骤有哪些?
2. 何谓统计预测模型,它主要有哪几类?
3. 决策程序以及每一决策阶段应遵循的原则是什么?
4. 简述单目标风险型决策的分析方法以及分析思想。
5. 什么是多目标决策,其决策方法主要有哪些?
6. 某城市 2017 年 1—11 月各月的粮油需求量如表所示,试运用一次移动平均法($n=3$)计算 2017 年 1—12 月粮油需求量的预测值。(单位:吨)

月份	1	2	3	4	5	6	7	8	9	10	11
粮油需求量	195	220	200	195	185	180	185	180	190	230	210

7. 某产品的销售额如下:

月份	1	2	3	4	5	6	7	8	9	10	11	12
销售额(万元)	130	380	330	410	440	390	380	400	450	420	390	

(1)试用一次移动平均法($n=4$)对 12 个月的销售额进行预测。

(2)试用一次指数平滑法($\alpha=0.1$)作出预测。

8. 根据下表数据运用一次平滑法对 2017 年 1 月我国平板玻璃的月生产量进行预测(取 $\alpha=0.3,0.5,0.7$),并计算均方误差选择使其最小的 α 进行预测。

时间	2017	2	3	4	5	6	7	8	9	1	11	12
产量(万重量箱)	203.8	214	230	224	221	198	208	229	207	227	248	260

9. 已知 19 期的发电量(单位:千瓦时)如下:

时期	1	2	3	4	5	6	7	8	9	10
发电量	676	825	774	716	940	1159	1384	1524	1668	1668
时期	11	12	13	14	15	16	17	18	19	
发电量	1958	2031	2234	2566	2820	3006	3093	3277	3514	

用布朗单一参数线性指数平滑法预测第 20、21、22、23 期的发电量($\alpha=0.3$)。

10. 某地区 2013－2017 年水稻产量资料如下:

年份	2003	2004	2005	2006	2007
水稻产量(万吨)	320	332	340	356	380

试用最小平方法预测 2008 年水稻产量(按直线计算)。

11. 某商店鲜蛋分季销售资料如下(单位:万吨):

年份＼季度	第一季度	第二季度	第三季度	第四季度
2013	15.5	39	13.6	6
2014	16.8	38.7	14.1	6.7
2015	18.5	42.9	14.4	9.5
2016	16.3	28.5	11.7	7.2

根据以上资料用水平模型计算各季的季节比率。

案例研讨

华为的"小灵通"决策

相信有部分读者使用过中国电信的"小灵通",但正是在这个产品上的投资决策失误,差点让华为就此寿终正寝。

2014 年 4 月,任正非在华为上海研究所专家座谈会上谈到:"我们在追赶的时候是容易的,但在领先的时候不容易,因为不知道路在哪儿。我当年精神抑郁,就是为了一个小灵通,为了一个决策,我痛苦了近 10 年。我并不怕来自外部的压力,而是怕来自内部的压力。我不让做,会不会使公司就走向错误,崩溃了?做了,是否会损失我争夺战略高地的资源？内心是恐惧的。TD市场刚来的时候，因为我们没有足够的投入，所以没有机会，第一轮招标我们就输了。第二轮我们投入了，翻上来了。第三轮开始我们就逐步领先了，我们这叫后发制人战略。但那8年是怎么过来的？要我担负华为垮了的责任，我觉得压力很大呀，这么多人的饭碗要掉了。因为不知道，所以很害怕，很抑郁。"

20世纪末，经营固定电话业务的运营商中国电信没有移动业务牌照，客户流失严重。为了留住和拓展客户，中国电信决定采用一种"既不完全是固话，也不完全是移动"的非主流技术PHS与中国移动和中国联通竞争，也就是我们俗称的"小灵通"。当时华为无线业务的重点是2G和3G，任正非亲自否决了"小灵通"项目，认为这只是个短暂的机会，不能做机会主义者。

正是这个决策差点让华为就此倒下。2000—2003年，中兴通讯和UT斯达康依靠小灵通业务的高速发展，在规模上逼近华为。华为2002年首次出现创业以来销售收入的负增长，并因大力投资当时在全球还没有商用的3G业务导致该年亏损，员工也大规模流失。据《下一个倒下的会不会是华为》这本书透露，当时华为管理层已经决定把公司卖给摩托罗拉，转行从事如日中天的房地产业务。如果不是摩托罗拉新上任的董事长否决了该项收购案，华为已不复存在。为了扭转被动局面，2003年华为在小灵通市场上杀了个"回马枪"，但这时的目标已不再是赢利，而是用低价阻击竞争对手的快速发展。经历了这次失误，华为的战略导向从"不做机会主义者"转变为"不做机会主义者，但不放弃任何机会"。虽然后续发展表明，正是华为在3G等主流技术上的巨大而持续的投入挽救了华为，使其成为全球主流供应商，而UT斯达康成了一个真正的机会主义者。但如果华为没有错过小灵通这一机会，就不会导致2001—2004年间的被动局面。正是基于对战略失误的深入思考，华为决定加大在战略和规划管理上的投入力度，从2005年开始更大规模地推广市场管理流程体系。轮值CEO徐直军在2012年说：从2005年开始，我们就建立了一个战略营销体系，更多聚焦怎么倾听客户需求，怎么理解客户需求，跟客户探讨他到底要什么，然后来定义我们的产品和产品的规格。通过这些年的努力，这个体系也建立起来了。这就使我们做什么的判断能力、决策能力提升了。综观华为在战略规划、市场和产品规划上走过的路，为什么在2005年后很少再犯类似的错误，最重要的原因就是它全面引入集成产品开发中的市场管理体系，改变了战略和决策机制。

资料来源：刘劲松，胡必刚. 华为能，你也能：IPD重构产品研发[M]. 北京大学出版社，2015.

附 录

附表一 随机数表

列 行	(1)	(2)	(3)	(4)	(5)	(6)	(7)	(8)	(9)	(10)	(11)	(12)
1	32044	69037	29655	92114	81034	40582	1584	77184	85762	46505	53633	15371
2	23821	96070	82592	81642	8971	7441	9037	81530	56195	98425	21533	64827
3	82383	94987	66441	28677	95961	78346	37916	9416	42438	48432	16744	59182
4	68310	21792	71635	86089	38157	95620	96718	79554	50209	17705	29755	2090
5	94856	76940	22165	1414	1413	37231	5509	37489	56459	52983	96409	59779
6	95000	61958	83430	98250	70030	5436	74814	45978	9277	13827	52953	71540
7	20764	64638	11359	32556	89822	2713	81293	52970	25080	33555	90262	31720
8	71401	17964	50940	95753	34905	93566	36318	79530	51105	26952	54105	48221
9	38464	75707	16750	61371	1523	69205	32122	3436	14489	2086	67582	66521
10	59442	59247	74955	82835	98378	83513	47870	20795	1352	89906	19305	26904
11	11818	40951	99279	32222	75433	27937	46214	48872	26536	41042	40596	25017
12	66785	6837	96483	230	58220	9756	533	17614	98144	82427	62138	69210
13	5933	69834	57402	35168	54138	44850	11527	5692	84810	44109	55109	39017
14	31722	97334	77178	70361	15819	35037	46319	21085	37957	5102	93335	66817
15	95118	88373	26934	42991	142	90852	14199	93593	76028	23664	47180	76234
16	14347	69760	76397	91159	85189	84766	88814	90023	62928	14789	53471	822
17	64447	95461	95772	84261	82306	90347	97519	3144	16530	52542	21857	19942
18	82291	62993	93884	69165	14135	25283	35685	47029	62941	37099	72881	3865
19	45631	73570	53937	2803	60044	85567	10497	26882	50000	47039	4120	19431
20	59594	78376	47900	30057	94668	4629	10087	13562	13800	15764	91658	66838
21	72010	44720	92746	82059	42361	54456	66999	77103	47491	65161	86859	71560
22	35419	4632	7000	25529	72128	90404	5118	34453	42189	82994	18450	69697
23	71750	86044	76982	81606	93646	776	6017	10638	8818	94242	65467	43308
24	84739	48460	8613	88344	27585	44997	58464	68682	56828	78191	53879	64035
25	38929	79307	78252	14446	21545	34737	48625	61374	32181	17834	22256	27132
26	67690	88918	6316	8110	24591	38729	53296	64295	87158	64938	62955	91406
27	64601	76493	91280	23056	21242	26983	34203	40045	82157	65050	41256	26715
28	72065	44093	88240	17510	73412	88774	96914	5702	17130	20916	58746	11631
29	90225	74930	8500	64177	13202	15085	15734	57555	63812	57696	22222	10157
30	28621	5997	60429	26054	65632	27972	42932	81090	49530	35918	80372	22246

附表二 正态分布双侧临界值表

$$\alpha = 1 - \frac{1}{\sqrt{2\pi}} \int_{-z_{\frac{\alpha}{2}}}^{z_{\frac{\alpha}{2}}} e^{-\frac{z^2}{2}} dz$$

α	0	1	2	3	4	5	6	7	8	9	α
0	∞	2.575829	2.326348	2.17009	2.053749	1.959964	1.880794	1.811911	1.750686	1.695398	0
0.1	1.644854	1.598193	1.554774	1.514102	1.475791	1.439531	1.405072	1.372204	1.340755	1.310579	0.1
0.2	1.281552	1.253565	1.226528	1.200359	1.174987	1.150349	1.126391	1.103063	1.080319	1.058122	0.2
0.3	1.036433	1.015222	0.994458	0.974114	0.954165	0.934589	0.915365	0.896473	0.877896	0.859617	0.3
0.4	0.841621	0.823894	0.806421	0.789192	0.772193	0.755415	0.738847	0.722479	0.706303	0.690309	0.4
0.5	0.67449	0.658838	0.643345	0.628006	0.612813	0.59776	0.582841	0.568051	0.553385	0.538836	0.5
0.6	0.524401	0.510073	0.49585	0.481727	0.467699	0.453762	0.439913	0.426148	0.412463	0.398855	0.6
0.7	0.38532	0.371856	0.358459	0.345125	0.331853	0.318639	0.305481	0.292375	0.279319	0.266311	0.7
0.8	0.253347	0.240426	0.227545	0.214702	0.201893	0.189113	0.176374	0.163658	0.150969	0.138304	0.8
0.9	0.125661	0.113039	0.100434	0.087845	0.07527	0.062707	0.050154	0.037608	0.025069	0.012533	0.9

α	0.001	0.0001	0.00001	0.000001	0.0000001	0.00000001	α
u_α	3.29053	3.89059	4.41717	4.89164	5.32672	5.73073	u_α

附表三　标准正态分布表

$$\varphi = \frac{1}{\sqrt{2\pi}} \int_{-\infty}^{z} e^{-\frac{z^2}{2}} dz$$

z	0	0.01	0.02	0.03	0.04	0.05	0.06	0.07	0.08	0.09	z
0	0.5000	0.5040	0.5080	0.5129	0.5160	0.5199	0.5239	0.5279	0.5319	0.5359	0
0.1	0.5398	0.5438	0.5478	0.5517	0.5557	0.5596	0.5636	0.5675	0.5714	0.5753	0.1
0.2	0.5793	0.5832	0.5871	0.591	0.5948	0.5987	0.6026	0.6064	0.6103	0.6141	0.2
0.3	0.6179	0.6217	0.6255	0.6293	0.6331	0.6368	0.6406	0.6443	0.648	0.6517	0.3
0.4	0.6554	0.6591	0.6628	0.6664	0.67	0.6736	0.6772	0.6808	0.6844	0.6879	0.4
0.5	0.6915	0.695	0.6985	0.7019	0.7054	0.7088	0.7123	0.7157	0.719	0.7224	0.5
0.6	0.7257	0.7291	0.7324	0.7357	0.7389	0.7422	0.7454	0.7486	0.7517	0.7549	0.6
0.7	0.758	0.7611	0.7642	0.7673	0.7703	0.7734	0.7764	0.7794	0.7823	0.7852	0.7
0.8	0.7881	0.791	0.7939	0.7967	0.7995	0.8023	0.8051	0.8078	0.8106	0.8133	0.8
0.9	0.8159	0.8186	0.8212	0.8238	0.8264	0.8289	0.8315	0.834	0.8365	0.8389	0.9
1	0.8413	0.8438	0.8461	0.8485	0.8508	0.8531	0.8554	0.8577	0.8599	0.8621	1
1.1	0.8643	0.8665	0.8686	0.8708	0.8729	0.8749	0.877	0.879	0.881	0.883	1.1
1.2	0.8849	0.8869	0.8888	0.8907	0.8925	0.8944	0.8962	0.898	0.8997	0.90147	1.2
1.3	0.9032	0.9049	0.90658	0.90824	0.90988	0.91149	0.91309	0.91309	0.91621	0.91774	1.3
1.4	0.91924	0.92073	0.9222	0.92364	0.92507	0.92647	0.92785	0.92922	0.93056	0.93189	1.4
1.5	0.93319	0.93448	0.93574	0.93699	0.93822	0.93943	0.94062	0.94179	0.94295	0.94408	1.5
1.6	0.9452	0.9463	0.94738	0.94845	0.9495	0.95053	0.95154	0.95254	0.95352	0.95449	1.6
1.7	0.95543	0.95637	0.95728	0.95818	0.95907	0.95994	0.9608	0.96164	0.96246	0.96327	1.7
1.8	0.96407	0.96485	0.96562	0.96638	0.96712	0.96784	0.96856	0.96926	0.96995	0.97062	1.8
1.9	0.97128	0.97193	0.97257	0.9732	0.97381	0.97441	0.975	0.97558	0.97615	0.9767	1.9
2	0.97725	0.97778	0.97831	0.97882	0.97932	0.97982	0.9803	0.98077	0.97124	0.98169	2
2.1	0.98214	0.98257	0.983	0.98341	0.98382	0.98422	0.98461	0.985	0.98537	0.98574	2.1
2.2	0.9861	0.98645	0.98679	0.98713	0.98745	0.98778	0.98809	0.9884	0.9887	0.98899	2.2
2.3	0.98928	0.98956	0.98983	0.9^{2}0097	0.9^{2}0358	0.9^{2}0613	0.9^{2}0863	0.9^{2}1106	0.9^{2}1344	0.9^{2}1576	2.3
2.4	0.9^{2}1802	0.9^{2}2024	0.9^{2}224	0.9^{2}2451	0.9^{2}2656	0.9^{2}2857	0.9^{2}3053	0.9^{2}3244	0.9^{2}3431	0.9^{2}3613	2.4
2.5	0.9^{2}379	0.9^{2}3963	0.9^{2}4132	0.9^{2}4297	0.9^{2}4457	0.9^{2}4614	0.9^{2}4766	0.9^{2}4915	0.9^{2}506	0.9^{2}5201	2.5
2.6	0.9^{2}5339	0.9^{2}5473	0.9^{2}5604	0.9^{2}5731	0.9^{2}5855	0.9^{2}5975	0.9^{2}6093	0.9^{2}6207	0.9^{2}6319	0.9^{2}6427	2.6

续表

z	0	0.01	0.02	0.03	0.04	0.05	0.06	0.07	0.08	0.09	z
2.7	0.9²6533	0.9²6636	0.9²6736	0.9²6833	0.9²6928	0.9²702	0.9²711	0.9²7197	0.9²7282	0.9²7365	2.7
2.8	0.9²7445	0.9²7523	0.9²7599	0.9²7673	0.9²7744	0.9²7814	0.9²7882	0.9²7948	0.9²8012	0.9²8074	2.8
2.9	0.9²8134	0.9²8193	0.9²825	0.9²8305	0.9²8359	0.9²5411	0.9²8462	0.9²8511	0.9²8559	0.9²8605	2.9
3	0.9²865	0.9²8694	0.9²8736	0.9²8777	0.9²8817	0.9²8856	0.9²8893	0.9²893	0.9²8965	0.9²8999	3
3.1	0.9³0324	0.9³0646	0.9³0957	0.9³126	0.9³1553	0.9³1836	0.9³2112	0.9³2378	0.9³2636	0.9³2886	3.1
3.2	0.9³3129	0.9³3363	0.9³359	0.9³381	0.9³4024	0.9³423	0.9³4429	0.9³4623	0.9³481	0.9³4991	3.2
3.3	0.9³5166	0.9³5335	0.9³5499	0.9³5658	0.9³5811	0.9³5959	0.9³6103	0.9³6242	0.9³6376	0.9³6505	3.3
3.4	0.9³6631	0.9³6752	0.9³6869	0.9³6982	0.9³7091	0.9³7197	0.9³7299	0.9³7398	0.9³7493	0.9³7585	3.4
3.5	0.9³7674	0.9³7759	0.9³7842	0.9³7922	0.9³7999	0.9³8074	0.9³8146	0.9³8215	0.9³8282	0.9³8347	3.5
3.6	0.9³8409	0.9³8469	0.9³8527	0.9³8583	0.9³8637	0.9³8689	0.9³8739	0.9³8787	0.9³8834	0.9³8879	3.6
3.7	0.9³8922	0.9³8964	0.9⁴0039	0.9⁴0426	0.9⁴0799	0.9⁴1158	0.9⁴1504	0.9⁴1838	0.9⁴2159	0.9⁴2468	3.7
3.8	0.9⁴2765	0.9⁴3052	0.9⁴3327	0.9⁴3593	0.9⁴3848	0.9⁴4094	0.9⁴4331	0.9⁴4558	0.9⁴4777	0.9⁴4988	3.8
3.9	0.9⁴519	0.9⁴5385	0.9⁴5573	0.9⁴5753	0.9⁴5926	0.9⁴6092	0.9⁴6253	0.9⁴6406	0.9⁴6554	0.9⁴6696	3.9
4	0.9⁴6833	0.9⁴6964	0.9⁴709	0.9⁴7211	0.9⁴7327	0.9⁴7439	0.9⁴7546	0.9⁴7549	0.9⁴7748	0.9⁴7843	4
4.1	0.9⁴7934	0.9⁴8022	0.9⁴8106	0.9⁴8186	0.9⁴8263	0.9⁴8338	0.9⁴8409	0.9⁴8477	0.9⁴8542	0.9⁴8605	4.1
4.2	0.9⁴8665	0.9⁴8723	0.9⁴8778	0.9⁴8832	0.9⁴8882	0.9⁴8931	0.9⁴8978	0.9⁵0226	0.9⁵0655	0.9⁵1066	4.2
4.3	0.9⁵146	0.9⁵1837	0.9⁵2199	0.9⁵2545	0.9⁵2876	0.9⁵3193	0.9⁵3497	0.9⁵3788	0.9⁵4066	0.9⁵4332	4.3
4.4	0.9⁵4587	0.9⁵4831	0.9⁵5065	0.9⁵5288	0.9⁵5502	0.9⁵5706	0.9⁵5902	0.9⁵6089	0.9⁵6268	0.9⁵6439	4.4
4.5	0.9⁵6602	0.9⁵6759	0.9⁵6908	0.9⁵7051	0.9⁵7187	0.9⁵7318	0.9⁵7442	0.9⁵7561	0.9⁵7675	0.9⁵7784	4.5
4.6	0.9⁵7888	0.9⁵7987	0.9⁵8081	0.9⁵8172	0.9⁵8258	0.9⁵834	0.9⁵8419	0.9⁵8494	0.9⁵8566	0.9⁵8634	4.6
4.7	0.9⁵8699	0.9⁵8761	0.9⁵8821	0.9⁵8877	0.9⁵8931	0.9⁵8983	0.9⁶032	0.9⁶0789	0.9⁶1235	0.9⁶1661	4.7
4.8	0.9⁶2067	0.9⁶2453	0.9⁶2822	0.9⁶3173	0.9⁶3508	0.9⁶3827	0.9⁶4131	0.9⁶442	0.9⁶4696	0.9⁶4958	4.8
4.9	0.9⁶5208	0.9⁶5446	0.9⁶5673	0.9⁶5889	0.9⁶6094	0.9⁶6289	0.9⁶6475	0.9⁶6652	0.9⁶6821	0.9⁶6981	4.9

附表四 二项分布临界值表

$\alpha = 0.05$ 和 0.01 下，$P = 1/2$，x 或 $n - x$（不论何者为大）的临界值

n	单侧检验		双侧检验	
	0.05	0.01	0.05	0.01
5	5	—	—	—
6	6	—	6	—
7	7	7	7	—
8	7	8	8	—
9	8	9	8	9
10	9	10	9	10
11	9	10	10	11
12	10	11	10	11
13	10	12	11	12
14	11	12	12	13
15	12	13	12	13
16	12	14	13	14
17	13	14	13	15
18	13	15	14	15
19	14	15	15	16
20	15	16	15	17
21	15	17	16	17
22	16	17	17	18
23	16	18	17	19
24	17	19	18	19
25	18	19	18	20
26	18	20	19	20
27	19	20	20	21
28	19	21	20	22
29	20	22	21	22
30	20	22	21	23

附表五　χ^2 分布临界值表 $P\{\chi^2(n) > \chi_\alpha^2(n)\} = \alpha$

n \ α	0.995	0.990	0.975	0.950	0.900	0.100	0.050	0.025	0.010	0.005
1			0.001	0.100	0.016	2.706	3.841	5.024	6.635	7.879
2	0.010	0.020	0.051	0.103	0.211	4.605	5.991	7.378	9.210	10.597
3	0.072	0.115	0.216	0.352	0.584	6.251	7.815	9.348	11.354	12.838
4	0.207	0.297	0.484	0.711	1.064	7.779	9.488	11.143	13.277	14.860
5	0.412	0.554	0.831	1.145	1.610	9.236	11.071	12.833	15.086	16.750
6	0.676	0.872	1.237	1.635	2.204	10.645	12.592	14.449	16.812	18.548
7	0.989	1.239	1.690	2.167	2.833	12.017	14.067	16.013	18.475	20.278
8	1.344	1.646	2.180	2.733	3.490	13.362	15.507	17.535	20.090	21.955
9	1.735	2.088	2.700	3.325	4.168	14.684	16.911	19.023	24.666	23.589
10	2.156	2.558	3.247	3.940	4.865	15.987	18.307	20.483	23.209	25.188
11	2.603	3.053	3.816	4.575	5.578	17.275	19.675	21.920	24.725	26.757
12	3.074	3.571	4.404	5.226	6.304	18.549	21.026	23.337	26.217	28.299
13	3.565	4.107	5.009	5.892	7.042	19.812	22.362	24.736	27.688	29.819
14	4.075	4.660	5.629	6.571	7.790	21.064	23.685	26.119	29.141	31.819
15	4.601	5.229	6.262	7.261	8.547	22.307	24.996	27.488	30.578	32.801
16	5.142	5.812	6.908	7.962	9.312	23.542	26.296	28.845	32.000	34.267
17	5.697	6.408	7.564	8.672	10.085	24.769	27.587	30.191	33.409	35.718
18	6.265	7.015	8.231	9.390	10.865	25.989	28.869	31.526	34.805	37.156
19	6.844	7.633	8.907	10.117	11.651	27.204	30.144	32.852	36.191	38.582
20	7.434	8.260	9.591	10.851	12.440	28.412	31.410	34.170	37.566	39.997
21	8.034	8.897	10.283	11.591	13.240	29.615	32.671	36.479	38.932	41.401
22	8.643	9.542	10.982	12.338	14.042	30.813	33.924	36.781	40.289	42.796
23	9.260	10.196	11.689	13.091	14.848	32.007	35.172	38.076	41.638	44.181
24	9.886	10.856	12.401	13.848	15.659	33.196	36.415	39.364	42.980	45.559
25	10.520	11.524	13.120	14.611	16.473	34.382	37.652	40.646	44.314	46.928
26	11.160	12.198	23.844	15.379	17.292	35.563	38.885	41.923	45.642	48.290
27	11.808	12.879	14.573	16.151	18.114	36.741	40.113	43.194	46.963	49.640
28	12.461	13.565	15.308	16.928	18.939	37.916	41.337	44.461	48.278	50.993
29	13.121	14.257	16.047	17.708	19.768	39.087	42.557	45.722	49.588	52.336
30	13.787	14.954	16.791	18.493	20.599	40.256	43.773	46.979	50.892	53.672
31	14.458	15.655	17.539	19.281	21.434	41.422	44.985	48.232	52.101	55.003
32	15.134	16.362	18.291	20.072	22.271	42.585	46.194	49.480	53.486	56.328
33	15.815	17.074	19.047	20.867	23.110	43.745	47.400	50.725	54.776	57.648
34	16.501	17.789	19.806	21.664	23.952	44.903	48.602	51.966	56.061	58.964
35	17.192	18.509	20.569	22.465	24.797	46.059	49.802	53.203	57.342	60.275
40	20.707	22.164	24.433	26.509	29.051	51.806	55.759	59.342	63.691	66.766
50	27.991	29.707	32.357	34.764	37.689	63.167	67.505	71.420	76.154	79.490
60	35.535	37.485	43.482	43.188	46.459	74.397	79.082	83.298	88.379	91.952
70	43.275	45.442	48.758	51.740	55.329	85.527	90.531	95.023	100.425	104.215
80	51.172	53.540	57.153	60.392	64.278	96.578	101.879	106.629	112.329	116.321
90	59.196	61.754	65.647	69.126	73.291	107.565	113.145	118.136	124.116	128.299
100	67.328	70.065	74.222	77.930	82.358	118.408	124.342	129.561	135.807	140.169
200	152.241	156.432	162.728	168.279	174.835	226.021	233.994	241.058	249.445	255.264
300	240.663	245.972	253.912	260.878	269.068	331.789	341.395	349.874	359.906	366.844

附表六　t 分布临界值表

自由度	单侧 $\alpha=0.10$ 双侧 $\alpha=0.20$	$\alpha=0.05$ $\alpha=0.10$	$\alpha=0.025$ $\alpha=0.05$	$\alpha=0.01$ $\alpha=0.02$	$\alpha=0.005$ $\alpha=0.01$
1	3.078	6.314	12.706	31.821	63.657
2	1.886	2.920	4.303	6.965	9.925
3	1.638	2.353	3.182	4.541	5.841
4	1.533	2.132	2.776	3.747	4.604
5	1.476	2.015	2.571	3.365	4.032
6	1.440	1.943	2.447	3.143	3.707
7	1.415	1.895	2.365	2.998	3.499
8	1.397	1.860	2.306	2.896	3.355
9	1.383	1.833	2.262	2.821	3.250
10	1.372	1.812	2.228	2.764	3.169
11	1.363	1.796	2.201	2.718	3.106
12	1.356	1.782	2.179	2.681	3.055
13	1.350	1.771	2.160	2.650	3.012
14	1.345	1.761	2.145	2.624	2.977
15	1.341	1.753	2.131	2.602	2.947
16	1.337	1.846	2.120	2.583	2.921
17	1.333	1.740	2.110	2.567	2.898
18	1.330	1.734	2.101	2.552	2.878
19	1.328	1.729	2.093	2.539	2.861
20	1.325	1.725	2.086	2.528	2.845
21	1.323	1.721	2.080	2.218	2.831
22	1.321	1.717	2.074	2.508	2.819
23	1.319	1.714	2.069	2.500	2.807
24	1.318	1.711	2.064	2.492	2.797
25	1.316	1.708	2.060	2.485	2.787
26	1.315	1.706	2.056	2.479	2.779
27	1.314	1.703	2.052	2.473	2.771
28	1.313	1.701	2.048	2.467	2.763
29	1.311	1.699	2.045	2.462	2.756
30	1.310	1.697	2.042	2.457	2.750
40	1.303	1.684	2.021	2.423	2.704
50	1.299	1.676	2.009	2.403	2.678
60	1.296	1.671	2.000	2.390	2.660
70	1.294	1.667	1.994	2.381	2.648
80	1.292	1.664	1.990	2.374	2.639
90	1.291	1.662	1.987	2.368	2.632
100	1.290	1.660	1.984	2.364	2.626
125	1.288	1.657	1.979	2.357	2.616
150	1.287	1.655	1.976	2.351	2.609
200	1.286	1.653	1.972	2.345	2.601
∞	1.282	1.645	1.960	2.326	2.576

附表七　F 分布临界值表 ($\alpha = 0.05$)

$$P(F > F_\alpha(n,m)) = \alpha$$

m \ n	1	2	3	4	5	6	7	8	9	10	15	20	40	60	∞
1	161	200	216	225	230	234	237	239	241	242	246	248	251	252	254
2	18.5	19	19.2	19.3	19.3	19.3	19.4	19.4	19.4	19.4	19.4	19.4	19.5	19.5	19.5
3	10.13	9.55	9.28	9.12	3.01	8.94	8.89	8.85	8.81	8.79	8.7	8.66	8.59	8.87	8.53
4	7.71	6.94	6.59	6.39	6.26	6.16	6.09	6.04	6	5.96	5.68	5.8	5.72	5.69	5.63
5	6.61	5.79	5.41	5.19	5.05	4.95	4.88	4.82	4.77	4.74	4.62	4.56	4.46	4.43	4.37
6	5.99	5.14	4.76	4.53	4.39	4.28	4.21	4.15	4.1	4.06	3.94	3.87	3.77	3.74	3.67
7	5.59	4.74	4.35	4.12	3.97	3.87	3.79	3.73	3.68	3.64	3.51	3.44	3.34	3.3	3.23
8	5.32	4.46	4.07	3.84	3.69	3.58	3.5	3.44	3.39	3.35	3.22	3.15	3.04	3.01	2.93
9	5.12	4.26	3.86	3.63	3.48	3.37	3.29	3.23	3.18	3.14	3.01	2.94	2.83	2.79	2.71
10	4.96	4.1	3.71	3.48	3.33	3.22	3.14	3.07	3.02	2.98	2.85	2.77	2.66	2.62	2.54
11	4.84	3.98	3.59	3.36	3.2	3.09	3.01	2.95	2.9	2.85	2.72	2.65	2.53	2.49	2.4
12	4.75	3.89	3.49	3.26	3.11	3	2.91	2.85	2.8	2.75	2.62	2.54	2.43	2.38	2.3
13	4.67	3.81	3.41	3.18	3.03	2.92	2.83	2.77	2.71	2.67	2.53	2.46	2.34	2.3	2.21
14	4.6	3.74	3.34	3.11	2.96	2.85	2.76	2.7	2.65	2.6	2.46	2.39	2.27	2.22	2.13
15	4.54	3.68	3.39	3.06	2.9	2.79	2.71	2.64	2.59	2.54	2.4	2.33	2.2	2.16	2.17
16	4.49	3.63	3.24	3.01	2.85	2.74	2.66	2.59	2.54	2.49	2.35	2.28	2.15	2.11	2.01
17	4.45	3.59	3.2	2.96	2.81	2.7	2.61	2.55	2.49	2.45	2.31	2.23	2.1	2.06	1.96
18	4.41	3.55	3.16	2.93	2.77	2.66	2.58	2.51	2.46	2.41	2.27	2.19	2.06	2.02	1.92
19	4.38	3.52	3.13	2.9	2.74	2.63	2.54	2.48	2.82	2.38	2.23	2.16	2.03	1.98	1.88
20	4.35	3.49	3.1	2.87	2.71	2.6	2.51	2.45	2.39	2.35	2.2	2.12	1.99	1.95	1.84
21	4.32	3.47	3.07	2.84	2.68	2.57	2.49	2.42	2.37	2.32	2.18	2.1	1.96	1.92	1.81
22	4.3	3.44	3.05	2.82	2.66	2.55	2.46	2.4	2.34	2.3	2.15	2.07	1.94	1.89	1.78
23	4.28	3.42	3.03	2.8	2.64	2.53	2.44	2.37	2.32	2.27	2.13	2.05	1.91	1.86	1.76
24	4.26	3.4	3.01	2.78	2.62	2.51	2.42	2.36	2.3	2.25	2.11	2.03	1.89	1.84	1.73
25	4.24	3.39	2.99	2.76	2.6	2.49	2.4	2.34	2.28	2.24	2.09	2.01	1.87	1.82	1.71
30	4.17	3.32	2.92	2.69	2.53	2.42	2.33	2.27	2.21	2.16	2.01	1.93	1.79	1.74	1.62
40	4.08	3.23	2.84	2.61	2.45	2.34	2.25	2.18	2.12	2.08	1.92	1.84	1.69	1.64	1.51
60	4	3.15	2.76	2.53	2.37	2.25	2.17	2.1	2.04	1.99	1.84	1.75	1.59	1.53	1.39
120	3.92	3.07	2.68	2.45	2.29	2.18	2.09	2.02	1.96	1.91	1.75	1.66	1.5	1.43	1.25
∞	3.84	3	2.6	2.37	2.21	2.1	2.01	1.94	1.88	1.83	1.67	1.57	1.39	1.32	1

($\alpha = 0.05$) 续表

m\n	1	2	3	4	5	6	7	8	9	10	15	20	40	60	∞
1	4052	5000	5403	5625	5764	5859	5928	5982	6023	6056	6157	6109	6287	6313	6366
2	98.5	99	92.2	92.2	99.3	99.3	99.4	99.4	99.4	99.4	99.4	99.4	99.5	99.5	99.5
3	34.1	30.8	29.5	28.7	28.2	27.9	27.7	27.5	27.3	27.2	26.9	26.7	26.4	26.3	26.1
4	21.2	18	16.7	16	15.5	15.2	15	14.8	14.7	14.5	14.2	14	13.7	13.7	13.5
5	16.3	13.3	12.1	11.4	11	10.7	10.5	10.3	10.2	10.1	9.72	9.55	9.29	9.27	9.02
6	13.7	10.9	9.78	9.15	8.75	8.47	8.26	8.1	7.98	7.87	7.56	7.4	7.14	7.6	6.88
7	12.2	9.55	8.45	7.85	7.46	7.19	6.99	6.84	6.72	6.62	6.31	6.16	5.91	5.82	5.65
8	11.3	8.65	7.59	7.01	6.63	6.37	6.18	6.03	5.91	5.81	5.52	5.36	5.12	5.03	4.86
9	10.6	8.02	6.99	6.42	6.06	5.8	5.61	5.47	5.35	5.26	4.96	4.81	4.57	4.48	4.31
10	10	7.56	6.55	5.99	5.64	5.39	5.2	5.06	4.94	4.85	4.56	4.41	4.17	3.98	3.91
11	9.65	7.21	6.22	5.67	5.32	5.07	4.89	4.74	4.63	4.54	4.25	4.1	3.86	3.78	3.6
12	9.33	6.93	5.95	5.41	5.06	4.82	4.64	4.5	4.39	4.3	4.01	3.86	3.62	3.54	3.36
13	9.07	6.7	5.74	5.21	4.86	4.62	4.44	4.3	4.19	4.1	3.82	3.66	3.43	3.34	3.17
14	8.86	6.51	5.56	5.4	4.7	4.46	4.28	4.14	4.03	3.94	3.66	3.51	3.27	3.18	3
15	8.68	6.36	5.42	4.89	4.56	4.32	4.14	4	3.89	3.8	3.52	3.37	3.13	3.05	2.87
16	8.53	6.23	5.29	4.77	4.44	4.2	4.03	3.89	3.78	3.69	3.41	3.26	3.02	2.93	2.75
17	8.4	6.11	5.19	4.67	4.34	4.1	3.93	3.79	3.68	3.59	3.31	3.16	2.92	2.83	2.65
18	8.29	6.01	5.09	4.58	4.25	4.01	3.84	3.71	3.6	3.51	3.23	3.08	2.84	2.75	2.57
19	8.19	5.93	5.01	4.5	4.17	3.94	3.77	3.63	3.52	3.43	3.15	3	2.76	2.67	2.49
20	8.1	5.85	4.94	4.43	4.1	3.87	3.7	3.56	3.46	3.37	3.09	2.94	2.69	2.61	2.42
21	8.02	5.78	4.87	4.37	4.04	3.81	3.64	3.51	3.4	3.31	3.03	2.88	2.64	2.55	2.36
22	7.95	5.72	4.82	4.31	3.99	3.76	3.59	3.45	3.35	3.26	2.98	2.83	2.58	2.5	2.31
23	7.88	5.66	4.76	4.26	3.94	3.71	3.54	3.41	3.3	3.21	2.93	2.78	2.54	2.45	2.26
24	7.82	5.61	4.72	4.22	3.9	3.67	3.5	3.36	3.26	3.17	2.89	2.74	2.49	2.4	2.21
25	7.77	5.57	4.68	4.18	3.86	3.63	3.46	3.32	3.22	3.13	2.85	2.7	2.45	2.36	2.17
30	7.56	5.39	4.51	4.02	3.7	3.47	3.3	3.17	3.07	2.98	2.7	2.55	2.3	2.21	2.01
40	7.31	5.18	4.31	3.83	3.51	3.29	3.12	2.99	2.89	2.8	2.52	2.37	2.11	2.02	1.8
60	7.08	4.98	4.13	3.65	3.34	3.12	2.95	2.82	2.72	2.63	2.35	2.2	1.94	1.84	1.6
120	6.85	4.79	3.95	3.48	3.17	2.96	2.79	2.66	2.56	2.47	2.19	2.03	1.76	1.66	1.33
∞	6.63	4.61	3.78	3.32	3.02	2.8	2.64	2.51	2.41	2.32	2.04	1.88	1.59	1.47	1

附表八　累计泊松分布数值表

$$\sum_{c=0}^{x} \frac{e^{-\lambda}\lambda^c}{c!}$$

x	λ									
	0.1	0.2	0.3	0.4	0.5	0.6	0.7	0.8	0.9	1
0	0.9048	0.8187	0.7408	0.6703	0.6065	0.5488	0.4966	0.4493	0.4066	0.3679
1	0.9953	0.9825	0.9631	0.9384	0.9098	0.8781	0.8442	0.8088	0.7725	0.7358
2	0.9998	0.9989	0.9964	0.9921	0.9856	0.9769	0.9659	0.9526	0.9371	0.9197
3	1.0000	0.9999	0.9997	0.9992	0.9982	0.9966	0.9942	0.9909	0.9865	0.9810
4		1.0000	1.0000	0.9999	0.9998	0.9996	0.9992	0.9986	0.9977	0.9963
5				1.0000	1.0000	1.0000	0.9999	0.9998	0.9997	0.9994
6							1.0000	1.0000	1.0000	0.9999

x	λ									
	1.1	1.2	1.3	1.4	1.5	1.6	1.7	1.8	1.9	2
0	0.3329	0.3012	0.2725	0.2466	0.2231	0.2019	0.1827	0.1653	0.1496	0.1353
1	0.6990	0.6626	0.6268	0.5918	0.5578	0.5249	0.4932	0.4628	0.4337	0.4060
2	0.9004	0.8795	0.8571	0.8335	0.8088	0.7834	0.7572	0.7306	0.7037	0.6767
3	0.9743	0.9662	0.9569	0.9463	0.9344	0.9212	0.9068	0.8913	0.8747	0.8571
4	0.9946	0.9923	0.9893	0.9857	0.9814	0.9763	0.9704	0.9636	0.9586	0.9473
5	0.9990	0.9985	0.9978	0.9968	0.9955	0.9940	0.9920	0.9896	0.9868	0.9834
6	0.9999	0.9997	0.9996	0.9994	0.9991	0.9987	0.9981	0.9974	0.9966	0.9955
7	1.0000	1.0000	0.9999	0.9999	0.9998	0.9997	0.9996	0.9994	0.9992	0.9989
8			1.0000	1.0000	1.0000	1.0000	0.9999	0.9999	0.9998	0.9998

x	λ									
	2.1	2.2	2.3	2.4	2.5	2.6	2.7	2.8	2.9	3
0	0.1225	0.1108	0.1003	0.0907	0.0821	0.0743	0.0672	0.0608	0.0550	0.0498
1	0.3796	0.3546	0.3309	0.3084	0.2873	0.2674	0.2487	0.2311	0.2146	0.1991
2	0.6496	0.6227	0.5960	0.5694	0.5438	0.5438	0.4936	0.4695	0.4460	0.4232
3	0.8386	0.8194	0.7993	0.7787	0.7576	0.7576	0.7141	0.6919	0.6696	0.6472
4	0.9379	0.9275	0.9162	0.9041	0.8912	0.8774	0.8629	0.8477	0.8313	0.8153
5	0.9796	0.9751	0.9700	0.9643	0.9580	0.9510	0.9433	0.9349	0.9258	0.9161
6	0.9941	0.9925	0.9906	0.9884	0.9858	0.9828	0.9794	0.9756	0.9713	0.9665
7	0.9985	0.9980	0.9974	0.9967	0.9958	0.9947	0.9934	0.9919	0.9901	0.9881
8	0.9997	0.9995	0.9994	0.9991	0.9989	0.9985	0.9981	0.9976	0.9969	0.9962
9	0.9999	0.9999	0.9999	0.9998	0.9997	0.9996	0.9995	0.9993	0.9991	0.9989
10	1.0000	1.0000	1.0000	1.0000	0.9999	0.9999	0.9999	0.9998	0.9998	0.9997
11					1.0000	1.0000	1.0000	1.0000	0.9999	0.9999

续表

x	λ									
	3.1	3.2	3.3	3.4	3.5	3.6	3.7	3.8	3.9	4
0	0.0450	0.0408	0.0369	0.0334	0.0302	0.0273	0.0247	0.0224	0.0202	0.0183
1	0.1847	0.1712	0.1586	0.1468	0.1359	0.1257	0.1162	0.1074	0.0992	0.1916
2	0.4012	0.3799	0.3594	0.3397	0.3208	0.3027	0.2854	0.2689	0.2531	0.2381
3	0.6248	0.6025	0.5803	0.5584	0.5366	0.5152	0.4942	0.4735	0.4532	0.4335
4	0.7982	0.7806	0.7626	0.7442	0.7254	0.7064	0.6872	0.6678	0.6484	0.6288
5	0.9057	0.8946	0.8829	0.8705	0.8576	0.8441	0.8301	0.8156	0.8001	0.7851
6	0.9612	0.9554	0.9490	0.9421	0.9347	0.9267	0.9182	0.9091	0.8995	0.8893
7	0.9858	0.9832	0.9802	0.9769	0.9733	0.9692	0.9648	0.9599	0.9546	0.9489
8	0.9953	0.9943	0.9931	0.9917	0.9901	0.9883	0.9863	0.9840	0.9815	0.9786
9	0.9986	0.9982	0.9978	0.9973	0.9967	0.9960	0.9952	0.9942	0.9931	0.9919
10	0.9996	0.9995	0.9994	0.9992	0.9990	0.9987	0.9984	0.9981	0.9977	0.9972
11	0.9999	0.9999	0.9998	0.9998	0.9997	0.9996	0.9995	0.9994	0.9993	0.9991
12	1.0000	1.0000	1.0000	0.9999	0.9999	0.9999	0.9999	0.9998	0.9998	0.9997
13				1.0000	1.0000	1.0000	1.0000	1.0000	0.9999	0.9999

x	λ									
	4.1	4.2	4.3	4.4	4.5	4.6	4.7	4.8	4.9	5
0	0.0166	0.0150	0.0136	0.0112	0.0111	0.0101	0.0091	0.0082	0.0074	0.0067
1	0.0845	0.0780	0.0719	0.0063	0.0611	0.0563	0.0518	0.0477	0.0439	0.0404
2	0.2238	0.2102	0.1974	0.1851	0.1736	0.1626	0.1523	0.1425	0.1333	0.1247
3	0.4142	0.3954	0.3772	0.3594	0.3423	0.3257	0.3097	0.2942	0.2793	0.2650
4	0.6093	0.5898	0.5704	0.5512	0.5321	0.5132	0.4946	0.4763	0.4582	0.4405
5	0.7693	0.7531	0.7367	0.7199	0.7029	0.6858	0.6684	0.6510	0.6335	0.6160
6	0.8786	0.8675	0.8558	0.8436	0.8311	0.8180	0.8046	0.7908	0.7767	0.7622
7	0.9427	0.9361	0.9290	0.9214	0.9134	0.9049	0.8960	0.8867	0.8769	0.8666
8	0.9755	0.9721	0.9683	0.9642	0.9597	0.9549	0.9497	0.9442	0.9382	0.9319
9	0.9905	0.9889	0.9871	0.9851	0.9829	0.9805	0.9778	0.9749	0.9717	0.9682
10	0.9966	0.9959	0.9952	0.9943	0.9933	0.9922	0.9910	0.9896	0.9880	0.9863
11	0.9989	0.9986	0.9983	0.9980	0.9976	0.9971	0.9966	0.9960	0.9953	0.9945
12	0.9997	0.9996	0.9995	0.9993	0.9992	0.9990	0.9988	0.9986	0.9983	0.9980
13	0.9999	0.9999	0.9998	0.9998	0.9997	0.9997	0.9996	0.9995	0.9994	0.9993
14	1.0000	1.0000	1.0000	0.9999	0.9999	0.9999	0.9999	0.9999	0.9998	0.9998
15				1.0000	1.0000	1.0000	1.0000	1.0000	0.9999	0.9999

附表九　符号秩检验表

n \ α	0.05（单边） 0.1（双边）	0.025（单边） 0.05（双边）	0.005（单边） 0.01（双边）
5	0		
6	2	0	
7	3	2	
8	5	3	0
9	8	5	1
10	10	8	3
11	13	10	5
12	17	13	7
13	21	17	9
14	25	21	12
15	30	25	15
16	35	29	19
17	41	34	23
18	47	40	27
19	53	46	32
20	60	52	37
21	67	58	42
22	75	65	48
23	83	73	54
24	91	81	61
25	100	89	68

附表十 符号检验临界值表

本表列出了满足 $P(B \geq b) \leq \alpha$ 的临界值 b

α \ n	0.01	0.05	0.1	α \ n	0.01	0.05	0.1	α \ n	0.01	0.05	0.1
4			4	17	14	13	12	34	25	23	22
5		5	5	18	15	13	13	35	25	23	22
6		6	6	19	15	14	13	36	26	24	23
7	7	7	6	20	16	15	14	37	26	24	23
8	8	7	7	21	17	15	14	38	27	25	24
9	9	8	7	22	17	16	15	39	28	26	24
10	10	9	8	23	18	16	16	40	28	26	25
11	10	9	9	24	19	17	16	41	29	27	26
12	11	10	9	25	19	18	17	42	29	27	26
13	12	10	10	26	20	18	17	43	30	28	27
14	12	11	10	27	20	19	18	44	31	28	27
15	13	12	11	28	21	19	18	45	31	29	28
16	14	12	12	29	22	20	19	46	32	31	28
				30	22	20	20	47	32	30	29
				31	23	21	20	48	33	31	29
				32	24	22	21	49	34	31	30
				33	24	22	21	50	34	32	31

附表十一 秩和检验表

表中列出了秩和下限及秩和上限的值

$\alpha = 0.05$				$\alpha = 0.025$			
n_1	n_2	$T_1(\alpha)$	$T_2(\alpha)$	n_1	n_2	$T_1(\alpha)$	$T_2(\alpha)$
2	4	3	11	2	6	3	15
2	5	3	13	2	7	3	17
2	6	4	14	2	8	3	19
2	7	4	16	2	9	3	21
2	8	4	18	2	10	4	22
2	9	4	20	3	4	6	18
2	10	5	21	3	5	6	21
3	3	6	15	3	6	7	23
3	4	7	17	3	7	8	25
3	5	7	20	3	8	8	28
3	6	8	22	3	9	9	30
3	7	9	24	3	10	9	33
3	8	9	27	4	4	11	25
3	9	10	29	4	5	12	28
3	10	11	31	4	6	12	32
4	4	12	24	4	7	13	35
4	5	13	27	4	8	14	38
4	6	14	30	4	9	15	41
4	7	15	33	4	10	16	44
4	8	16	36	5	5	18	37
4	9	17	39	5	6	19	41
4	10	18	42	5	7	20	45
5	5	19	36	5	8	21	49
5	6	20	40	5	9	22	53
5	7	22	43	5	10	24	56
5	8	23	47	6	6	26	52
5	9	25	50	6	7	28	56
5	10	26	54	6	8	29	61
6	6	28	50	6	9	31	65
6	7	30	54	6	10	33	69
6	8	32	58	7	7	37	68
6	9	33	63	7	8	39	73
6	10	35	67	7	10	43	83
7	7	39	66	8	8	49	87
7	8	41	71	8	9	51	93
7	9	43	76	8	10	54	98
7	10	46	80	9	9	63	108
8	8	52	84	9	10	66	114
8	9	54	90	10	10	79	131
8	10	57	95				
9	9	66	105				
9	10	69	111				
10	10	93	127				

附表十二 游程检验中 r 的临界值表

表 a 和表 b 是对不同的 n_1 和 n_2 给出的各种不同的 r 的临界值。对于单样本游程检验，小于等于表 a 或大于等于表 b 中之值的任何 r 值，在 0.05 的水平上显著

表 a

n_2 \ n_1	2	3	4	5	6	7	8	9	10	11	12	13	14	15	16	17	18	19	20
2																			
3																			
4																			
5			2	2	3														
6		2	2	3	3														
7		2	2	3	3	3													
8		2	3	3	3	4	4												
9		2	3	3	4	4	5	5											
10		2	3	3	4	5	5	5	6										
11		2	3	4	4	5	5	6	6										
12	2	2	3	4	4	5	6	6	7	7	7								
13	2	2	3	4	5	5	6	6	7	7	8	8							
14	2	2	3	4	5	5	6	7	7	8	8	9	9						
15	2	3	3	4	5	6	6	7	7	8	8	9	9	10					
16	2	3	4	4	5	6	6	7	8	8	9	9	10	10	11				
17	2	3	4	4	5	6	7	7	8	9	9	10	10	11	11	11			
18	2	3	4	5	5	6	7	8	8	9	9	10	10	11	11	12	12		
19	2	3	4	5	6	6	7	8	8	9	10	10	11	11	12	12	13	13	
20	2	3	4	5	6	6	7	8	9	9	10	10	11	12	12	13	13	13	14

表 b

n_2 \ n_1	2	3	4	5	6	7	8	9	10	11	12	13	14	15	16	17	18	19	20
2																			
3																			
4																			
5			9	9															
6			9	10	11														
7				11	12	13													
8				11	12	13	14												
9					13	14	14	15											
10					13	14	15	16	16										
11					13	14	15	16	17	17									
12					13	14	16	16	17	18	19								
13						15	16	17	18	19	19	20							
14						15	16	17	18	19	20	20	21						
15						15	16	18	18	19	20	21	22	22					
16							17	18	19	20	21	21	22	23	23				
17							17	18	19	20	21	22	23	23	24	25			
18							17	18	19	20	21	22	23	24	25	25	26		
19							17	18	20	21	22	23	23	24	25	26	26	27	
20							17	18	20	21	22	23	24	25	25	26	27	28	28

附表十三 Wilcoxon 符号秩检验临界值表

本表列出满足 $P\{w^+ \leqslant c_1\} \leqslant \frac{\alpha}{2}$，$P\{w^+ \geqslant c_2\} \leqslant \frac{\alpha}{2}$ 的临界值 c_1、c_2

n	$\alpha = 0.10$		$\alpha = 0.05$	
	c_1	c_2	c_1	c_2
5	0	15	—	—
6	2	19	0	21
7	3	25	2	26
8	5	31	3	33
9	8	37	5	40
10	10	45	8	47
11	13	53	10	56
12	17	61	13	65
13	21	70	17	74
14	25	80	21	84
15	30	90	25	95
16	35	101	29	107
17	41	112	34	119
18	47	124	40	131
19	53	137	46	144
20	60	150	52	158
21	67	164	58	173
22	75	178	66	187
23	83	193	73	203
24	91	209	81	219
25	100	225	89	236
26	110	241	98	253
27	119	259	107	271
28	130	276	116	290
29	140	295	126	309
30	151	314	137	328

附表十四 Spearman 秩相关系数检验表

临界值 $P(r_s \geq C_\alpha) \leq \alpha$

n	$\alpha=0.05$	$\alpha=0.025$	$\alpha=0.01$	$\alpha=0.005$
5	0.9	—	—	—
6	0.829	0.886	0.943	—
7	0.714	0.786	0.893	—
8	0.643	0.738	0.833	0.811
9	0.6	0.683	0.783	0.833
10	0.564	0.648	0.745	0.794
11	0.523	0.623	0.736	0.818
12	0.497	0.591	0.703	0.78
13	0.475	0.566	0.673	0.745
14	0.457	0.545	0.646	0.716
15	0.441	0.525	0.623	0.689
16	0.425	0.507	0.601	0.666
17	0.412	0.49	0.582	0.645
18	0.399	0.476	0.564	0.625
19	0.388	0.462	0.549	0.608
20	0.377	0.45	0.534	0.591
21	0.368	0.438	0.521	0.576
22	0.359	0.428	0.508	0.562
23	0.351	0.418	0.496	0.549
24	0.343	0.409	0.485	0.537
25	0.336	0.4	0.475	0.526
26	0.329	0.392	0.465	0.515
27	0.323	0.385	0.456	0.505
28	0.317	0.377	0.448	0.496
29	0.311	0.37	0.44	0.487
30	0.305	0.364	0.432	0.478

附表十五　Kendall 相关性检验统计量 K 的临界值表

本表列出满足 $P(K \geq k_\alpha) \leq \alpha$ 的临界值

n	α		
	0.025	0.050	0.10
5	1.000	0.800	0.800
6	0.867	0.733	0.600
7	0.714	0.619	0.524
8	0.643	0.571	0.429
9	0.556	0.500	0.389
10	0.511	0.467	0.378
11	0.491	0.418	0.345
12	0.455	0.394	0.323
13	0.436	0.359	0.308
14	0.407	0.363	0.275
15	0.390	0.333	0.275
16	0.383	0.317	0.250
17	0.368	0.309	0.250
18	0.346	0.294	0.242
19	0.333	0.287	0.228
20	0.326	0.274	0.221
21	0.314	0.267	0.210
22	0.307	0.264	203.000
23	0.296	0.257	0.202
24	0.290	0.246	0.196
25	0.287	0.240	0.193
26	0.280	0.237	0.188
27	0.271	0.231	0.179
28	0.265	0.228	0.180
29	0.261	0.222	0.172
30	0.255	0.218	0.172
31	0.252	0.213	0.166
32	0.246	0.210	0.165
33	0.242	0.205	0.163
34	0.237	0.201	0.159
35	0.234	0.197	0.156
36	0.232	0.194	0.152
37	0.228	0.192	0.150
38	0.223	0.189	0.149
39	0.220	0.188	0.147
40	0.218	0.185	0.144

附表十六　正态分布概率表

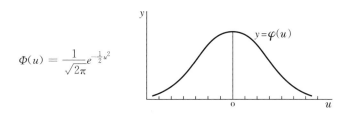

$$\Phi(u) = \frac{1}{\sqrt{2\pi}} e^{-\frac{1}{2}u^2}$$

t	F(t)	t	F(t)	t	F(t)	t	F(t)
0.00	0.0000	0.23	0.1819	0.46	0.3545	0.69	0.5098
0.01	0.0080	0.24	0.1897	0.47	0.3616	0.70	0.5161
0.02	0.0160	0.25	0.1974	0.48	0.3688	0.71	0.5223
0.03	0.0239	0.26	0.2051	0.49	0.3759	0.72	0.5285
0.04	0.0319	0.27	0.2128	0.50	0.3829	0.73	0.5346
0.05	0.0399	0.28	0.2205	0.51	0.3899	0.74	0.5407
0.06	0.0478	0.29	0.2282	0.52	0.3969	0.75	0.5467
0.07	0.0558	0.30	0.2358	0.53	0.4039	0.76	0.5527
0.08	0.0638	0.31	0.2434	0.54	0.4108	0.77	0.5587
0.09	0.0717	0.32	0.2510	0.55	0.4177	0.78	0.5646
0.10	0.0797	0.33	0.2586	0.56	0.4245	0.79	0.5705
0.11	0.0876	0.34	0.2661	0.57	0.4313	0.80	0.5763
0.12	0.0955	0.35	0.2737	0.58	0.4381	0.81	0.5821
0.13	0.1034	0.36	0.2812	0.59	0.4448	0.82	0.5878
0.14	0.1113	0.37	0.2886	0.60	0.4515	0.83	0.5935
0.15	0.1192	0.38	0.2961	0.61	0.4581	0.84	0.5991
0.16	0.1271	0.39	0.3035	0.62	0.4647	0.85	0.6047
0.17	0.1350	0.40	0.3108	0.63	0.4713	0.86	0.6102
0.18	0.1428	0.41	0.3182	0.64	0.4778	0.87	0.6157
0.19	0.1507	0.42	0.3255	0.65	0.4843	0.88	0.6211
0.20	0.1585	0.43	0.3328	0.66	0.4907	0.89	0.6265
0.21	0.1663	0.44	0.3401	0.67	0.4971	0.90	0.6319
0.22	0.1741	0.45	0.3473	0.68	0.5035	0.91	0.6372

参考文献

[1] 贾俊平. 统计学基础[M]. 北京:中国人民大学出版社,2010.
[2] 袁卫,刘超. 统计学——思想、方法与应用[M]. 北京:中国人民大学出版社,2011.
[3] 吴杨,王涛. 统计学[M]. 北京:经济科学出版社,2010.
[4] 曾五一. 统计学[M]. 北京:中国金融出版社,2006.
[5] 刘超. 简明应用统计学[M]. 北京:中国人民大学出版社,2010.
[6] 余华银. 统计学[M]. 长春:吉林大学出版社,2006.
[7] 贾俊平,郝静. 统计学案例与分析[M]. 北京:中国人民大学出版社,2010.
[8] [美]戴维·R·安德森等. 商务与经济统计精要[M]. 北京:机械工业出版社,2005.
[9] 王吉利. 统计学教学案例[M]. 北京:中国统计出版社,2004.
[10] 卞毓宁. 统计学[M]. 北京:经济科学出版社,2006.
[11] 袁卫,庞皓,曾五一等. 统计学[M]. 北京:高等教育出版社,2005.
[12] [加]凯勒,沃拉克. 统计学:在经济和管理中的应用[M]. 北京:中国人民大学出版社,2006.
[13] 黄良文. 统计学原理[M]. 北京:中国统计出版社,2000.
[14] 全国统计专业技术资格考试大纲,考试用书编写委员会. 统计工作实务[M]. 北京:中国统计出版社,2012.
[15] 马庆国. 管理统计[M]. 北京:科学出版社,2002.
[16] 冯士雍. 抽样调查理论与方法[M]. 北京:中国统计出版社,1998.
[17] 赵卫亚. 计量经济学教程[M]. 上海:上海财经大学出版社,2003.
[18] 魏宗舒. 概率论与数理统计教程[M]. 北京:高等教育出版社,1983.
[19] 徐国祥. 统计预测和决策[M]. 上海:上海财经大学出版社,1998.
[20] 郭显光. 统计学[M]. 合肥:安徽大学出版社,2001.
[21] 易丹辉. 统计预测[M]. 北京:中国统计出版社,2001.
[22] 王振龙. 时间序列分析[M]. 北京:中国统计出版社,2000.
[23] 金勇进,蒋妍,李序颖. 抽样技术[M]. 北京:中国人民大学出版社,2002.
[24] 何晓群. 现代统计分析方法与应用[M]. 北京:中国人民大学出版社,1998.

后 记

随着现代信息社会对数据和数量分析以及信息资料管理能力的重视,统计方法的运用渗透到科学研究、社会分析和生产实践的各个领域,特别是在信息化社会的今天,理、工、农、医、经济、管理以及人文社会科学对统计数据分析的需求正在持续增加,统计学正日益成为强有力的分析工具和决策方法。

在长期的统计学教学过程中,我们深切感受到编写实用、适用、好用的应用型统计学教材的重要性,一直在寻找这样定位的教材,也一直想做这方面的努力和尝试。

恰逢安徽大学出版社策划出版专门面向应用型人才培养定位的教材。我们于是积极参与,汇聚旗下,各位统计学教学同仁为了共同的目标也纷纷参加编写,最终成就本书。

本教材是在2012年出版的《统计学》基础上进行的修订,是集体智慧的结晶,参加本教材编写修订分工如下:吴杨编写第一章,王珺编写第二章,张权中编写第三章,胡云霞编写第四章,王翠翠编写第五章,陈兆荣编写第六章、第九章,黄雯编写第七章,华欢欢编写第八章。

本教材在编写过程中参考和吸收了国内外同类教材和一些相关著作、报刊等文献资料,并引用了一些材料和观点,除了把这些文献目录列于本书后面外,同时在此向文献的作者们深致谢忱。限于水平本教材难免存在许多不足和错漏之处,恳请有关专家和读者批评指正。

真诚感谢安徽大学出版社在本书策划、编写过程中给予的大力支持和指导!

编 者

2018 年 12 月